"Quando minha esposa e eu estávamos tentando navegar pelo mundo digital de dispositivos e redes sociais com nossas três filhas adolescentes, todos os caminhos nos levaram ao maravilhoso Dr. Michael Rich. Baseando-se em suas experiências como pediatra e ex-cineasta, ele tem a rara capacidade de oferecer diretrizes bem fundamentadas e sensatas para quem entra nesse admirável mundo novo. Este livro é indispensável e logo se tornará seu melhor amigo, repleto de dicas para o dia a dia e sabedoria duradoura."

— Sanjay Gupta, MD

Professor associado de Neurocirurgia da Emory University, correspondente médico-chefe da CNN e autor *best-seller* nº 1 do *New York Times* e do *Wall Street Journal*

"O Dr. Rich apresenta a todos nós adultos 'preocupados, mas confusos' — pais, cuidadores, educadores e criadores de mídia — uma maneira positiva e proativa de pensar sobre o valor das mídias digitais atuais na vida de nossas crianças... Por mais de 50 anos, temos valorizado profundamente pesquisas como esta e o papel que desempenham em garantir que a mídia que produzimos ajude as crianças a se tornarem mais inteligentes, fortes e respeitosas."

— Steve Youngwood

CEO da Sesame Workshop, produtora de *Vila Sésamo*, e querido amigo do Garibaldo

"Um clássico instantâneo. Um livro no qual pessoas que se preocupam e se inquietam com o que as telas estão fazendo conosco, especialmente com nossas crianças, podem encontrar a orientação que só a verdade pode fornecer, bem como as respostas especializadas que procuram... De fato um trabalho excepcional, um presente genuíno para todos."

— Edward Hallowell, MD

Psiquiatra e autor de *Driven to Distraction*

"Finalmente! Um guia atencioso, sábio e alegre sobre as possibilidades e os perigos de nossa existência cada vez mais digital. Como produtora e artista em telas grandes e pequenas, estou profundamente consciente de seu poder de refletir nossos eus autênticos e direcionar nossos relacionamentos com os outros. Assim como *Free to Be... You and Me* nos lembrou de nossa humanidade compartilhada, neste livro você conhecerá jovens e seus pais enquanto trabalham com o midiatra para otimizar sua saúde e desenvolvimento em um mundo em constante evolução. A compaixão, a imaginação e o humor caloroso do Dr. Rich servem como uma bússola para todos nós enquanto ensinamos e aprendemos com a próxima geração."

— Marlo Thomas

Ativista, atriz e autora

"Criar um filho em uma era de telas constantes requer reflexão não apenas sobre nosso próprio uso, mas também sobre o de nossas crianças. Não sabíamos como encontrar um equilíbrio. O Dr. Rich usou suas experiências e nos deu um roteiro para achar esse equilíbrio!"

— Hank Azaria

Pai, ator e dublador de mais de 30 personagens em *Os Simpsons*

"Este é o guia essencial que estávamos esperando! Este livro oportuno, extraordinariamente bem escrito e resultado de pesquisa minuciosa é o guia indispensável para entender como apoiar seu filho enquanto ele aprende a navegar em seu mundo... Confie na orientação do Dr. Rich. Eu confio — ele é meu especialista de referência no cenário digital."

— Kenneth Ginsburg, MD, MS Ed

Diretor fundador do Center for Parent and Teen Communication
e professor de Pediatria da University of Pennsylvania

"Michael Rich é o Dr. Spock da era digital. Em sua prática e neste livro, ele auxilia os pais a ajudarem seus filhos — de crianças a adolescentes — a navegarem pelo mundo em constante mudança da conexão digital. Ele faz isso com compaixão, compreensão e profundo respeito tanto pelos pais quanto pelos jovens."

— Larry Magid

Jornalista de tecnologia e CEO e cofundador da ConnectSafely

"Leitura obrigatória para todos os desenvolvedores de produtos e redatores de políticas que trabalham em grandes empresas de tecnologia. Fornece *insights* baseados em evidências que as empresas de mídia podem usar para mitigar e prevenir possíveis danos contra os jovens. O livro também destaca oportunidades de mídia para entretenimento e educação — fundamental para qualquer pessoa interessada em entender como preservar o bem-estar dos jovens que crescem em um mundo midiático."

— Tracy Elizabeth, EdD

Chefe de segurança familiar e saúde do desenvolvimento do TikTok

"Uma orientação prática e sincera para navegar pela paisagem midiática. Por meio da perspectiva de um pai, assumindo seus próprios sucessos e fracassos, este livro fornece explicações e abordagens práticas... Este livro pode ajudar pais e filhos a se reconectarem pessoalmente enquanto ensina a todos como aproveitar o que há de bom em nosso mundo digital."

— Stacy Drury, MD, PhD

Psiquiatra-chefe do Boston Children's Hospital e diretora de Psiquiatria da Harvard Medical School

"Pais, educadores e, sim, até mesmo adolescentes se beneficiarão da visão geral reflexiva, oportuna e envolvente do Dr. Rich sobre o que significa crescer imerso em um mundo de ubiquidade digital. Seu trabalho... demonstra empatia, profunda compreensão e fortes prescrições para o que aflige a todos nós."

— John Battelle

Cofundador da Wired, autor *best-seller* e professor titular da Northeastern University

"Como pais e avós, e como cidadãos do mundo, temos um papel crítico a desempenhar enquanto as crianças aprendem sobre o uso saudável da mídia. A mensagem mais importante que o Dr. Rich transmite é estar sempre presente para seu filho. Este livro pode reforçar o trabalho mais importante que fazemos, o de acolhimento e orientação da próxima geração."

— T. Berry Brazelton, MD

Autor de *Touchpoints* e professor emérito de Pediatria da Harvard Medical School

"Um guia brilhante, perspicaz e científico do qual todos precisamos para permanecer sãos e humanos no mundo atual repleto de telas."

— Tiffany Shlain

Cineasta indicada ao Emmy, autora *best-seller* nacional de *24/6: The Power of Unplugging One Day a Week* e fundadora do Webby Awards

"Por meio de sua abordagem honesta e prática, o Dr. Rich elimina o medo e a culpa, capacitando pais e cuidadores com o conhecimento necessário para navegar pelo mundo digital junto com seus filhos. Ele oferece orientação respaldada por pesquisas, não em manchetes sensacionalistas, e proporciona um senso de alívio genuíno para pais de nativos digitais — verdadeiramente uma leitura reconfortante!"

— Tami Bhaumik

Vice-presidente de civilidade e parcerias do Roblox

"Um roteiro para o desenvolvimento saudável da criança, um chamado claro para mim e meus muitos colegas educadores de tecnologia para ouvir profundamente os jovens com os quais trabalhamos, capacitá-los com habilidades de educação midiática e acompanhá-los no futuro da cidadania digital."

— Richard Culatta

CEO da International Society for Technology in Education (ISTE)

"Leitura obrigatória para pais, educadores, pediatras e profissionais da tecnologia. Mais do que uma simples prescrição para limitar o tempo de tela, este livro é um chamado à ação para colaboração. O Dr. Rich criou uma estrutura, baseada em pesquisa acadêmica e experiência direta como pediatra e pai, para que todos os adultos trabalhem com seus filhos ou seus alunos no sentido de criar um plano de uso saudável de tecnologia e mídia."

— Catherine Teitelbaum

Chefe de confiança familiar da Amazon Kids

"O livro certo na hora certa... Reflexivo em vez de reativo, sutil em vez de ingênuo, baseado em forças em vez de focado no medo, e empoderador em vez de avassalador... Sou grato por este guia notável, minha nova referência."

— Doug Bolton, PhD

Psicólogo, educador e ex-diretor da educação básica

"O Dr. Rich lançou um novo movimento que todo criador e inovador tecnológico deve considerar: como projetar para o bem-estar digital baseado em evidências e centrado no humano. Sua orientação sábia e suas dicas práticas para cuidadores definem um novo uso digital mais sensato que combate a atual epidemia de solidão entre nossas crianças, com uma comunidade atenciosa no centro. Sua prescrição é uma que todo tomador de decisão responsável deve considerar, começando agora mesmo!"

— Michael H. Levine, PhD

Vice-presidente senior da Noggin/Paramount

O guia do midiatra

R498g Rich, Michael.

O guia do midiatra : como criar crianças saudáveis, inteligentes e respeitosas em um mundo saturado de telas / Michael Rich ; tradução : Marcos Vinícius Martim da Silva ; revisão técnica : Evelyn Eisenstein, Cristiano Nabuco de Abreu. – Porto Alegre : Artmed, 2025.

xviii, 415 p. : il. ; 21 cm.

ISBN 978-65-5882-324-7

1. Psicologia. 2. Educação. 3. Uso da internet – Crianças e adolescentes. 4. Tecnologias da informação – Crianças e adolescentes. I. Título.

CDU 159.923

Catalogação na publicação: Karin Lorien Menoncin – CRB 10/2147

Michael Rich, MD, MPH
com Teresa H. Barker

O guia do midiatra

Como criar crianças saudáveis, inteligentes e respeitosas em um mundo saturado de telas

Tradução
Marcos Vinícius Martim da Silva

Revisão técnica
Evelyn Eisenstein
Médica pediatra e clínica de adolescentes. Coordenadora da Rede E.S.S.E. Mundo Digital e do Grupo de Trabalho sobre Saúde na Era Digital da Sociedade Brasileira de Pediatria (SBP) e do Centro de Estudos Integrados Infância, Adolescência e Saúde (CEIIAS). Membro da Society for Adolescent Medicine (SAHM) e da Academia de Medicina do Rio de Janeiro (AMRJ).

Cristiano Nabuco de Abreu
Psicólogo clínico com pós-doutorado pelo Departamento de Psiquiatria da Faculdade de Medicina da Universidade de São Paulo (USP). Fundou, em 2005, a primeira unidade latino-americana para tratamento das dependências tecnológicas na USP. Presidente da Associação Matera: Sustentabilidade e Bem-estar Digital e coordenador do Curso de Especialização em Dependências Tecnológicas da Pontifícia Universidade Católica do Paraná (PUCPR).

artmed

Porto Alegre
2025

Obra originalmente publicada sob o título *The Mediatrician's Guide: A Joyful Approach to Raising Healthy, Smart, Kind Kids in a Screen-Saturated World*, 1st Edition
ISBN 9780785255727

Gerente editorial
Alberto Schwanke

Coordenadora editorial
Cláudia Bittencourt

Editora
Paola Araújo de Oliveira

Arte sobre capa original
Kaele Finalizando Ideias

Preparação de originais
Mirela Favaretto

Editoração
AGE – Assessoria Gráfica Editorial Ltda.

(Artmed é um selo editorial do GA EDUCAÇÃO LTDA.)
Rua Ernesto Alves, 150 – Bairro Floresta
90220-190 – Porto Alegre – RS
Fone: (51) 3027-7000

SAC 0800 703 3444 – www.grupoa.com.br

IMPRESSO NO BRASIL
PRINTED IN BRAZIL

Autores

Michael Rich, MD, MPH, é Professor Associado de Pediatria da Harvard Medical School e atua como médico de adolescentes no Boston Children's Hospital. Pediatra, pesquisador em saúde infantil, pai e cineasta, é fundador e diretor do Digital Wellness Lab (Laboratório de Bem-estar Digital) e do primeiro programa médico baseado em evidências que aborda questões de saúde física, mental e social associadas à utilização da tecnologia digital, a Clinic for Interactive Media and Internet Disorders (CIMAID, Clínica para Transtornos de Mídia Interativa e Internet). Como midiatra, oferece respostas práticas, executáveis e baseadas em evidências às perguntas de pais, educadores e clínicos sobre a utilização das mídias por crianças e adolescentes e as implicações positivas e negativas para sua saúde e desenvolvimento.

Teresa H. Barker, coautora de livros de não ficção especializada em assuntos relacionados a parentalidade, família, saúde e memórias, vive em Chicago.

O livro e minha vida são dedicados a Lydia, que salvou minha vida e dela compartilhou na criação de filhos saudáveis, inteligentes e respeitosos, e às crianças, aos adolescentes e aos pais de quem cuidei e com quem tanto aprendi.

A capa deste livro é uma obra de arte coletiva criada por centenas de crianças, adolescentes e suas famílias que ofereceram suas selfies *para serem trabalhadas pelo autor e pela diretora de arte Belinda Bass em um fotomosaico de uma bela criança olhando para todos nós em busca de orientação, encorajamento e conforto. Serve como uma metáfora visual para o tema deste livro.*

Agradecimentos

Este livro é fruto de uma aldeia global à qual desejo expressar minha gratidão. Desde que comecei a trabalhar nele, em 2007, ele amadureceu e, como todo adolescente, agora precisa seguir seu próprio caminho no mundo.

Na verdade, ele jamais teria vindo à luz sem a atuação generosa, paciente e cuidadosa de Teresa H. Barker. Embora ainda não tenhamos nos encontrado pessoalmente, Teresa foi fundamental para a realização deste livro. Em inúmeras reuniões por vídeo, ela me incentivou a registrar minhas pesquisas, reflexões e recomendações. Demonstrou paciência diante dos meus reiterados atrasos, causados pelas demandas de minhas outras funções — pai, clínico, pesquisador, professor e defensor de políticas públicas em saúde. Quando me senti sobrecarregado, ela me encorajou a continuar escrevendo; quando tentei relaxar, ela me trouxe de volta ao foco. E, nos momentos em que temi que o ecossistema digital evoluísse tão rapidamente a ponto de tornar obsoleta qualquer coisa que eu escrevesse antes mesmo da publicação, Teresa insistiu que eu prosseguisse, lembrando que dispositivos, aplicativos e plataformas mudam, mas continuaremos a precisar viver bem e criar bem nossos filhos no ambiente físico-digital do futuro. Repetidas vezes, ela me recordou que os fundamentos de nossa relação com as telas — sejam televisores ou *smartphones* —, se geridos com atenção plena, contribuirão para que sejamos mais saudáveis, inteligentes e respeitosos uns com os outros. Teresa, meu agradecimento é insuficiente diante do que você fez.

Como você, leitor, deve ter notado, há centenas de referências às pesquisas que fundamentam este livro e minha prática clínica. Kaitlin Allair Tiches foi simplesmente extraordinária: localizou estudos vagamente lembrados em quase 20 áreas diferentes, encontrou pesquisas recentes e corrigiu minha memória inúmeras vezes — tudo isso em questão de minutos, muitas vezes fora do horário comercial. Nenhuma inteligência artificial (IA) se compara a ela!

Ao longo dos anos, muitas mãos ajudaram a moldar esta obra. Sou profundamente grato ao Dr. Philip McRae, da Alberta Teachers' Association, com quem desenhei e conduzi pesquisas, ensinei diversos educadores, ofereci orientação às linhas de frente da educação e do cuidado infantil durante as dificuldades da pandemia de covid-19 e desenvolvi aplicações produtivas das primeiras versões de IA generativa. Julie Polvinen operacionalizou a proposta de dar voz a crianças enfermas ao entregar-lhes filmadoras e dizer: "Ensinem-nos!". Kristelle Lavallee Collins colaborou comigo na redação de mais de 400 respostas a pais, professores e clínicos que buscaram o Pergunte ao Midiatra *on-line*, além de gravar comigo uma temporada completa do *podcast Ask the Mediatrician* (*Pergunte ao midiatra*, em tradução livre). Lauren Rubenzahl sentou-se à minha mesa de cozinha por meses, ajudando-me a estruturar a primeira versão do que se tornaria *O guia do midiatra: como criar crianças saudáveis, inteligentes e respeitosas em um mundo saturado de telas*. Amanda Bauch conduziu-me com maestria em minha primeira experiência com publicação de livros. Meaghan Porter demonstrou paciência e dedicação ao supervisionar e estimular a aventura de trabalhar comigo — sem sua atenção focada e generoso incentivo, este livro ainda seria apenas um sonho distante. Agradeço ao editor Matt Baugher por ter comparecido à minha apresentação para influenciadores parentais e reagido como pai. Agradecimentos adicionais à *designer* Kait Lamphere, à revisora Dawn Hollomon, à diretora sênior de *marketing* Sicily Axton, à gerente de *marketing* Hannah Harless e a toda a equipe da HarperCollins. Obrigado também aos revisores Amy Kerr, Kelsey Michener, Merry MacIvor, Janna Walkup, Phil Newman e Andrew Buss, pela meticulosa atenção aos detalhes no aprimoramento do texto e das notas. Estendo minha gratidão às agentes literárias Katherine Flynn e Madeleine Morel.

Sou grato a tantos clínicos inteligentes e compassivos com quem tive a honra e o privilégio de aprender não apenas a ciência da medicina pediátrica, mas também sua arte e humanidade. T. Berry Brazelton, MD, ajudou-me a descobrir a magia do recém-nascido; Lewis First, MD, mostrou-me a alegria de cuidar de pré-adolescentes; e Bob Masland, MD, revelou-me a alegria — primeiro tímida, depois brilhante — de ver um adolescente perceber que alguém realmente se importa com ele e o escuta de verdade. Em especial, quero homenagear a coragem e a confiança depositadas em mim por minha mentora em medicina do adolescente, S. Jean Emans, MD. Ela ouviu cada ideia não convencional que propus: "Quero entregar filmadoras a crianças para que nos mostrem, de dentro para fora, a experiência da doença!"; "Quero tentar publicar pesquisas médicas com dados incorporados em vídeo"; "Quero desenvolver um método para medir o uso ativo e a exposição ambiental de crianças a mídias em tela e utilizá-lo para acompanhar a saúde e o desenvolvimento de centenas delas em diferentes partes do mundo, por dez anos". Ela ouvia, fazia perguntas pontuais e permitia que eu tentasse tantas vezes quanto fosse necessário, mesmo quando não havia financiamento ou quando as tentativas iniciais não funcionavam plenamente.

Sinto-me privilegiado por ter me formado, trabalhado e ensinado naquele que considero o melhor hospital pediátrico do mundo, o Boston Children's Hospital. Sua excelência não reside apenas em sua tecnologia de ponta e instalações excepcionais, mas nas pessoas que atrai. Aprendi muito com enfermeiros, assistentes sociais, psicólogos, nutricionistas, especialistas em desenvolvimento infantil e, sim, com os palhaços e cães que cuidam de nossos jovens pacientes. Sinto-me humilde diante da coragem, esperança e alegria das crianças e dos adolescentes a quem tive a honra de cuidar. Só posso mencionar alguns exemplos; espero que possam representar todos (e vocês sabem quem são) aqueles de quem cuidei e com quem tanto aprendi: Mel, que começou zangada com o mundo e com todos ao seu redor, mas hoje se tornou uma voz poderosa na defesa de direitos; Esther, cujo sorriso iluminava o ambiente e cujos abraços eram terapêuticos; Nathan, que disse: "Quero ser médico como você"; e Nick, que, quando me senti derrotado por não conseguir salvar sua vida, me confortou dizendo: "Nem sempre é possível curar, mas sempre é possível cuidar".

Preciso reconhecer tudo que aprendi com o exemplo de meus pais, tanto no serviço ao próximo quanto no valor de buscar o máximo de educação possível. Talvez eu jamais tivesse me tornado midiatra se não fossem minhas experiências como cineasta. Faço menção especial a Francis Coppola, que me disse, em um café da manhã em 1979, que a tecnologia do futuro permitiria que uma menina de 8 anos, de Ohio, fosse o Mozart do cinema. Conheci Francis em uma filmagem ao lado de meu mentor em cinema, Akira Kurosawa. Embora meus quase dois anos como seu assistente de direção em *Kagemusha* tenham sido árduos — por vezes, dolorosamente difíceis —, aprendi com ele e com seus filmes que um verdadeiro herói não é perfeito, mas está sempre em processo de se tornar, buscando constantemente se aprimorar, enquanto o vilão acredita estar completo.

Sou grato a todos os profissionais da tecnologia, do entretenimento e da saúde que tiveram a visão e a coragem de baixar suas defesas para, comigo, tornar realidade a ousada iniciativa do Digital Wellness Lab (Laboratório de Bem-estar Digital) do Boston Children's Hospital. Antigone, Bill, Carolyn, Jordan, três Michaels, Peter, Steve, Tami — vocês sabem quem são e espero que sintam a profundidade de minha gratidão e camaradagem. Após décadas de polarização, conseguimos reunir nossas competências para criar um ambiente digital melhor para todos nós e para as futuras gerações, para que sejamos mais saudáveis, inteligentes e respeitosos uns com os outros. O Digital Wellness Lab foi construído sobre a incansável pesquisa de David Bickham, PhD, e suas equipes, e jamais teria alcançado sua plena realização sem a gestão especializada de Cori Stott, EdM, MBA. Outros membros de nossa comunidade que ofereceram valiosas percepções e apoio constante incluem Rebecca Barker, Steve Weiner, Aaron e Lauren Weiner e seus nativos digitais, Rachel e Kristen Rau e seus nativos digitais, Dolly Joern, Leslie Rowan, Sue Shellenbarger e Margaret Browning.

Por fim, e acima de tudo, não posso expressar adequadamente minha gratidão a Lydia, minha parceira de vida na medicina pediátrica, na pesquisa em saúde da criança e, principalmente, na criação de dois jovens excepcionais, Jason e Ian, que toleraram anos do meu tempo excessivo diante das telas enquanto eu trabalhava neste livro. Não sem objeções, pois, como crianças saudáveis, inteligentes e nem sempre respeitosas, já me chamaram de "adolescente das telas" e desafiaram minha aparente hipocrisia como midiatra. Crítica reconhecida e aceita. Estou presente com vocês agora.

Em nome das crianças e das famílias que se beneficiarão, presto minha homenagem e agradecimento a todos.

Michael Rich, MD, MPH

Apresentação à edição brasileira

Qualquer pessoa deseja uma receita de bolo que seja fácil, prática e, de preferência, com ingredientes acessíveis — ou até gratuitos — disponíveis ao simples toque dos dedos em uma busca digital. Espera-se, com isso, um resultado saboroso e saudável. Essa é, em grande parte, a lógica da vida digital atual.

Seguindo essa mesma tendência, vemos muitos cuidadores e pais tentando aplicar essa fórmula também na educação e no cuidado de crianças e adolescentes — como se fosse possível, com poucos passos, alcançar um resultado simples, rápido e funcional. Mas, assim como no preparo de um bom alimento, o desenvolvimento humano exige tempo, atenção e condições adequadas.

Surge, então, a pergunta essencial: como promover crescimento e saúde emocional com ingredientes seguros e afetivos, evitando riscos invisíveis e sobreaquecimentos provocados por algoritmos impessoais do outro lado das telas digitais? Este é, hoje, o grande desafio de inúmeras famílias brasileiras: equilibrar afeto, presença e proteção em um mundo hiperconectado, sem delegar à tecnologia um papel que deveria ser, acima de tudo, humano.

Este é muito mais do que um livro de receitas. Ele é um convite a investir na educação e na saúde de crianças e adolescentes que já nasceram imersos no mundo digital. Trata-se de ampliar horizontes e desenvolver o potencial de cada um, com segurança, equilíbrio e atenção — dentro e fora das telas, sem excessos, sem danos, sem adoecimentos. Transformar cada pedacinho de bolo em uma verdadeira receita brasileira — respeitando as diferentes temperaturas dos fornos e as múltiplas realidades contextuais — foi um processo coletivo, sensível e cuidadoso. O resultado é uma obra comprometida com temas urgentes do nosso tempo: ética, respeito, compaixão, saúde, cuidado mútuo e alegria de viver em comunidade.

Coube a nós, revisores técnicos, a inclusão de notas de rodapé a fim de esclarecer cada detalhe e explicar as expressões usadas no linguajar dos Estados Unidos, para que fizessem sentido em língua portuguesa. Como pesquisadores e clínicos atuando nessa área do mundo digital, temos nos debruçado sobre as questões que envolvem o uso excessivo de telas por crianças e adolescentes ao longo dos últimos 20 anos. Percorremos esse caminho desde os aspectos médicos até os psicológicos e compreendemos, ao longo dessa trajetória, que muitas das temáticas aqui abordadas ainda são extremamente escassas tanto na literatura nacional quanto internacional.

Os dados nacionais sobre o uso de dispositivos digitais por crianças e adolescentes são alarmantes e superam os índices da maioria dos países. O Brasil tem ocupado, de forma recorrente, o topo dos *rankings* mundiais em tempo de exposição às telas. Atualmente, o tempo médio ultrapassa as 10 horas diárias — o que equivale a mais de cinco meses por ano dedicados exclusivamente a interações com dispositivos digitais. Esse cenário exige atenção urgente e um olhar crítico sobre os hábitos digitais da população infantojuvenil.

Embora tenhamos colaborado, ao longo dos anos, com diferentes governos na construção de políticas públicas voltadas ao ambiente digital, no que tange especificamente à saúde, ainda estamos engatinhando. As iniciativas, quando surgem, tendem a priorizar as questões de segurança e proteção de dados, voltando-se apenas para algumas das causas do problema, mas desconsiderando completamente as suas consequências mais profundas. Apesar de, recentemente, haver sinais de maior preocupação por parte do poder público, as questões de saúde seguem, em grande parte, fora do escopo das prioridades nas políticas digitais — reflexo da escassez de entendimento técnico e da dificuldade em dimensionar a real gravidade dos impactos físicos e mentais do uso excessivo de telas, especialmente entre o público infantojuvenil.

No Brasil, temos acompanhado inúmeras famílias e pacientes — especialmente crianças e adolescentes — que apresentaram transtornos emocionais, mentais ou comportamentais associados ao uso precoce, excessivo e prolongado da internet, das redes sociais e dos jogos eletrônicos *on-line*. Como fruto dessa experiência clínica e acadêmica, publicamos diversos artigos e livros sobre o tema, incluindo a participação do Dr. Michael Rich como coautor de obras publicadas em língua portuguesa, entre eles o *Vivendo esse mundo digital*, publicado pela Artmed.

A divisão das responsabilidades nos cuidados de saúde durante a infância e a adolescência é papel de cada adulto no aprimoramento de uma receita que fique não apenas cada vez mais saborosa, atrativa e resolutiva, mas, principalmente, que inclua ingredientes de mais cuidados para a proteção social, digital e na prevenção das doenças de saúde mental e comportamental. Que este livro sirva, portanto, como um chamado à ação. Não apenas para profissionais, pesquisadores e formuladores de políticas públicas, mas para todas as famílias, educadores e cuidadores que desejam — com afeto, ciência e responsabilidade — construir caminhos mais saudáveis para as crianças e os adolescentes. Em tempos de algoritmos velozes, que possamos, juntos, recuperar o tempo lento do vínculo, da escuta e da presença real e autêntica. Porque, no fundo, a melhor receita ainda é aquela feita à mão, com olhos atentos e coração disponível.

Evelyn Eisenstein
Cristiano Nabuco de Abreu

Sumário

Introdução

Crescendo digital — e criando os pais que crescem também

Nicki, 14 anos, e sua mãe entraram em meu consultório e sentaram-se a poucos metros uma da outra, mas a tensão crepitava como uma cerca invisível de alta voltagem entre elas. A mãe foi a primeira a quebrar o silêncio carregado. Ela olhou com exasperação para a filha.

"Sinto que não conheço você!"

Nicki se curvou, olhando fixamente para o *smartphone* em suas mãos. "Aham."

Apenas o topo da cabeça de Nicki estava visível enquanto seus polegares continuavam a deslizar rapidamente pela tela de seu *smartphone*.

Sua mãe a encarou em silêncio, o corpo enrijecendo de frustração. "Nós esperamos...", ela olhou para a tela de seu próprio telefone, "*sete semanas* por esta consulta. Você *queria* esta consulta! E agora você nem consegue tirar os olhos desse maldito telefone!" Ela se virou para mim. "Doutor, sinto que a perdi!" Ela me olhou suplicante. Nicki continuou mandando mensagens.

"Quando foi que você sentiu que a perdeu?", perguntei.

A perturbação da pandemia de covid-19 nas rotinas escolares e na vida social de Nicki tinha sido o ponto de virada. "Ela ficava no telefone o dia todo e a noite toda, até durante as aulas *on-line*. E não fazia o dever de casa. Ficou mal-humorada. Irritada se você pedisse para ela parar de mandar mensagens. Ou mesmo só para prestar atenção. Nunca vinha jantar. Ficava acordada muito depois do pai dela e eu irmos dormir. Então ela dormia até a tarde se eu deixasse. E ela nunca estava — *está* — sem aquele telefone."

"Quando ela ganhou seu *smartphone*?"

"Quando todo mundo ganhou — no 5º ano."

"Quarto!", Nicki interrompeu, sem olhar para cima. Aproveitei a abertura na conversa.

"Como posso ajudar *você*, Nicki?"

Nicki desviou o olhar do telefone e me olhou rapidamente.

"Eu não preciso de ajuda", disse ela, acenando em direção à mãe. "*Ela* precisa."

O ponto de Nicki não poderia ter sido mais verdadeiro. Ajuda é necessária, não apenas para sua mãe nesse momento, mas para a maioria dos pais, desde a chegada de um recém-nascido e conforme eles crescem. Comer, dormir, brincar, aprender, amar — o tempo invariavelmente conduz o desenvolvimento em todas essas frentes. O desafio da era digital é que as telas* se tornaram não apenas características onipresentes em nossa paisagem, mas o próprio ambiente imersivo. Enquanto nós, pais, podemos ver um mundo virtual e "o mundo real", as crianças nascem e vivem em um único mundo no qual se movem perfeitamente entre o físico e o digital.

Por gerações, as questões e preocupações dos pais eram sobre o sono, a alimentação, a socialização, a aprendizagem e o crescimento das crianças. *O que é normal? Devo me preocupar? Como posso ajudá-las a se tornarem as melhores versões de si mesmas?* Hoje, essas questões e preocupações permanecem as mesmas para pais de crianças de todas as idades e estágios de desenvolvimento, do recém-nascido ao bebê, idade escolar, adolescência e até a idade adulta jovem —, mas são transformadas pelo ecossistema digital em que elas estão crescendo. Discussões sobre saúde e bem-estar com pediatras como eu, com professores e com outros pais invariavelmente incluem questões sobre a exposição das crianças e o eventual uso de mídia digital. *Quais são os efeitos de tudo isso em meu filho e como posso protegê-lo de danos?*

---

* N. de R. T. É importante salientar que, neste livro, sempre que o autor menciona "tela(s)", mesmo sem especificar em qual dispositivo, ele se refere a uma tela digital.

E quanto ao tempo de tela?

Todos nós, adultos e crianças,* passamos mais horas de vigília em telas do que envolvidos em qualquer outra atividade. O "tempo de tela" tornou-se imensurável. Estamos cercados por telas em paredes e em postos de gasolina, em elevadores e em nossos bolsos, em nossos pulsos e, em breve, em muitas de nossas cabeças. Constantemente deslizamos entre o digital e o físico. Enviamos mensagens, conversamos, socializamos, aprendemos, brincamos, fotografamos, criamos, compramos, assistimos e fazemos vídeos — tudo em dispositivos que carregamos 24 horas por dia, sete dias por semana. Compartilhamos nossas fotos, nossas ideias, nossas opiniões. *On-line*, compartilhamos nossas angústias, nossos sonhos e até segredos que não dividimos de forma privada com família ou amigos. Houve um tempo em que *IRL* (*in real life*) significava "na vida real", interações no mundo físico em oposição ao chamado mundo virtual. Um *encontro* significava reunir-se pessoalmente. Essas distinções parecem antiquadas hoje porque nossas interações digitais são tão reais quanto as físicas — graças ao FaceTime e a outros aplicativos. *Videochats*, reuniões por Zoom, salas de aula remotas e redes sociais mudaram nossa forma de viver e de nos comportar. Essa realidade não foi criada pela covid-19, mas o confinamento da pandemia a moveu das margens para o centro de nossas famílias. Como as telas interativas se tornaram a única ferramenta para tudo, desde escola e trabalho até compras e namoro, não podíamos mais negar que vivemos nossa vida real em um mundo virtual no qual rimos juntos, choramos juntos, cantamos juntos e nos apavoramos juntos — mesmo quando estamos sozinhos.

Desde a virada do milênio, com a expansão da internet banda larga cada vez mais rápida e dos dispositivos móveis, o tempo de tela das crianças tem crescido constantemente ano após ano.

Se parece que crianças e adolescentes estão passando muito tempo interagindo com telas, é porque a maioria está. Uma rápida retrospectiva mostra que essa tendência já estava bem estabelecida anos antes da pandemia. Em

---

* N. de R. T. A fim de mantermos o texto fluido e de acordo com o mais usual na língua portuguesa, mantivemos, de forma geral, os termos crianças (*children*) e adolescentes (*adolescents*), com as especificações de idade descritas pelo autor conforme o contexto em que aparecem. Em inglês, há diferenciação etária em termos desenvolvimentais designada pelas palavras *toddlers* (crianças entre 1 e 3 anos), *children* (crianças e adolescentes de até 12 anos), *pre-teens* (9 a 12 anos), *teens* (13 a 19 anos), *youngsters* (jovens; adolescentes) e *youth* (jovem, juventude). Em português, usamos crianças para 0 a 12 anos e adolescentes como a faixa entre 12 e 18 anos, segundo os critérios etários do Estatuto da Criança e do Adolescente (ECA).

2015, quase todas (97%) as crianças de 0 a 4 anos usavam *smartphones* ou *tablets*; 90% delas começaram antes do primeiro aniversário.[1] Entre o nascimento e o segundo aniversário, bebês e crianças passam em média 49 minutos diários usando mídia em tela; crianças de 2 a 4 anos usam por 2h30; de 5 a 8 anos, 3h05; de 8 a 12 anos, 5h33; e de 13 a 18 anos, 8h39.[2] Quase um terço (29%) do tempo em que as crianças estão em telas, elas estão realizando multitarefas com duas ou mais janelas.[3] Em 2018, nove em cada 10 adolescentes de 13 a 17 anos acessavam a internet por dispositivos móveis diariamente; 46% relataram estar *on-line* "quase constantemente".[4]

TEMPO DE TELA POR IDADE AO LONGO DO TEMPO*

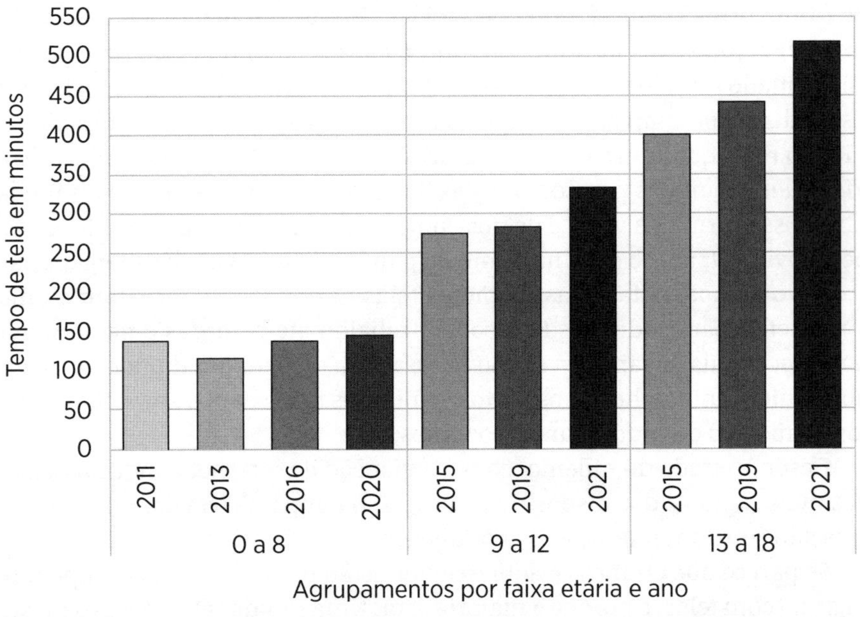

Victoria Rideout e Michael B. Robb, *The Common Sense Census: Media Use By Kids Age Zero to Eight, 2020* (San Francisco, CA: Common Sense Media, 2020); Victoria Rideout et al., *Common Sense Census: Media Use By Tweens and Teens, 2021* (São Francisco, CA: Common Sense, 2022).

* N. de R. T. No Brasil, o Comitê Gestor da Internet (CGI) compilou as estatísticas TIC para crianças de 0 a 8 anos. Veja os resultados em: https://cetic.br/pt/publicacao/estatisticas-tic--para-criancas-de-0-a-8-anos-de-idade/.

Em 15 de março de 2020, quando o mundo entrou em modo pandêmico, mais da metade das crianças e adolescentes dos Estados Unidos foi impedida de ir à escola, e até 25 de março, todas as escolas públicas estadunidenses estavam fechadas. Após as duas semanas inicialmente projetadas, ficou claro que o confinamento não terminaria logo, e as escolas se apressaram para oferecer aulas *on-line*. A qualidade dessas aulas variava muito. Muitas escolas mudaram os sistemas de notas para aprovado-reprovado, e algumas não faziam chamada devido a preocupações justificadas com a equidade para estudantes que tinham acesso inadequado a dispositivos e conectividade de banda larga. O uso de telas, já alto, explodiu.[5] Praticamente da noite para o dia, 48% das crianças e adolescentes estavam usando telas por mais de 6 horas diárias, um aumento de quase 500%.[6] A maior parte desse tempo de tela não era educacional — YouTube (78,21%), Netflix (49,64%) e TikTok (33,41%) dominavam sua visualização —, mas as crianças aprendiam com isso.[7] Antes da pandemia de covid-19, 60% dos pais relatavam que seus filhos usavam telas por 3 horas ou menos por dia; durante o confinamento, 70% revelaram que seus filhos estavam tendo uma média de mais de 4 horas por dia.[8] E os pais se sentiam culpados. O limite de tempo de tela de 2 horas por dia recomendado pela American Academy of Pediatrics estava fixo em sua mente.[9] As crianças estavam excedendo 2 horas em telas apenas para o ensino remoto e tinham pouco mais para fazer quando a escola terminava — então permaneciam *on-line*. Seu tempo de tela recreativo aumentou 17%.[10] Os conflitos familiares sobre o uso de telas aumentaram 49%.[11]

O confinamento continuou naquele verão e durante o outono, quando a maioria dos estudantes retornou ao ensino remoto, oferecido de forma mais organizada. Mas surgiram novos problemas. Muitos alunos permaneciam "subconectados", competindo por internet de banda larga limitada com pais que trabalhavam em casa, perdendo conexão e interesse, usando dispositivos, como *smartphones*, que eram totalmente inadequados para a aprendizagem. Mesmo aqueles com boa conectividade e bons dispositivos haviam desenvolvido hábitos de "atenção flutuante", com múltiplas janelas abertas para conversas por mensagem, vídeos, redes sociais ou compras. Usando várias mídias e alternando para o que chamava sua atenção, as crianças eram cumulativamente expostas aos conteúdos em tela por ainda mais tempo. Professores e crianças tornaram-se pioneiros no mundo educacional híbrido, usando dispositivos e aplicativos digitais como ferramentas para aprender, pesquisar, comunicar e criar. Os pais estavam cada vez mais divididos entre querer que seus filhos tivessem aptidão com as ferramentas do século XXI e preocupar-se sobre o que as crianças estavam fazendo com elas.

O uso de tecnologia educacional que aumentou drasticamente com o ensino remoto ofereceu a oportunidade de repensar o uso de telas. Os limites diários da American Academy of Pediatrics de 1 a 2 horas de "tempo de tela educacional de qualidade" foram recomendados em uma época em que a televisão aberta era a principal tela na vida das crianças. Mesmo então, os pais se sentiam incapazes de determinar o que era qualidade e o que era educacional, muito menos impor efetivamente um limite. Hoje, com telas em todo lugar, tanto em ambientes internos como externos, o tempo de tela é impossível até de medir. Abandone a ilusão de que você pode impor limites de tempo de tela ou mesmo medir esse tempo no ambiente de mídia atual. Mais importante, abandone a culpa por não poder restringir o tempo de seus filhos nas telas. Essa energia é mais bem utilizada ao ajudar seu filho a aprender a usar as telas de maneiras saudáveis e produtivas — e ao aprender a substituir limites diários de tempo de tela por mínimos diários sem tela. A menos que você coloque seus filhos em um tanque de privação sensorial ou se junte a uma comunidade livre de tecnologia completamente isolada, eles estão expostos e interagem com um ambiente saturado de mídia. A maioria de suas interações e comunicações pessoais depende da tecnologia como interface. Deletar a mídia é indesejável não apenas porque estaríamos negando a eles o uso positivo das ferramentas mais poderosas e eficazes já criadas para aprender, comunicar e se conectar com o mundo mais amplo, mas porque não estaríamos fornecendo a eles as habilidades para reconhecer e evitar as influências negativas da mídia que tememos.

Independentemente dos avisos e dogmas que ouvimos, não há resposta simples para o desafio complexo de criar nativos digitais, mesmo para pais que também são nativos digitais. A evolução em velocidade relâmpago da mídia e da tecnologia ultrapassa o ritmo da evolução humana, e mesmo aqueles que cresceram preocupando seus pais com *videogames* e "navegando na *web*" estão lidando com a entrada de seus próprios filhos no ambiente digital.

Então não seremos pais perfeitos, não importa o quanto tentemos. Mas podemos almejar fazer nosso melhor — e continuar aperfeiçoando isso. Como pediatra, posso assegurar que as crianças são notavelmente resilientes. Elas sobreviverão — e prosperarão — apesar das, e frequentemente *por causa das*, nossas deficiências como pais.

Para criar bem uma criança (e criar uma criança saudável) na era digital, estamos orquestrando três alvos em movimento, que acompanharemos nos capítulos seguintes:

- o arco do desenvolvimento humano, do bebê à criança, ao adolescente e ao adulto;
- a evolução constante do ambiente digital que estimula e desafia o desenvolvimento;
- a transformação contínua no comportamento humano conforme todos usamos esses poderosos dispositivos digitais.

Existem várias teorias sobre o porquê os humanos chegaram ao topo do reino animal que inclui organismos maiores, mais fortes, mais rápidos, mais predatórios e mais bem protegidos. Talvez seja nosso cérebro superior (mas não o maior), nossos polegares opositores (que todos os primatas superiores têm, e alguns têm dedões dos pés opositores também), ou nossa capacidade de andar eretos, liberando nossas mãos para usar ferramentas (sim, alguns primatas superiores fazem isso também). Mas uma teoria dominante é que nossa maior força é nosso impulso para sermos sociais, nossa necessidade e nossa capacidade de nos comunicarmos e nos conectarmos uns com os outros.[12] Outros animais caçam juntos ou defendem o rebanho contra predadores, mas esses comportamentos de rebanho são motivados por instintos individuais de sobrevivência e são facilmente derrotados quando um animal se separa do rebanho. Os humanos constroem relacionamentos e confiança por meio da comunicação. De histórias contadas ao redor de uma fogueira ao compartilhamento de imagens nas redes sociais, usamos a mídia para comunicar nossas semelhanças, ideias, esperanças e sonhos. Compartilhamos risos e medos. Construímos conexões mais amplas que nós, com família, amigos, comunidades, nações e religiões. Nossa necessidade de sermos sociais e nossas capacidades de comunicação permitiram a nós, humanos, elevarmo-nos acima de nossos desejos, nossas necessidades e nossos medos individuais para nos unirmos, trabalharmos juntos e até nos sacrificarmos por um bem maior.

Hoje as crianças nascem em um único ecossistema no qual se movem entre os ambientes físico e digital. Como nativos digitais, são adotantes precoces e inovadores, encontrando usos para tecnologias que seus inventores nunca imaginaram. Com o surgimento de programas escolares híbridos e de aprendizagem remota, as crianças aprenderam a usar dispositivos, aplicativos e plataformas digitais não como brinquedos, mas como ferramentas poderosas. No entanto, independentemente de quão bem aprendam, muitas delas experimentam o mesmo esgotamento de tela fisicamente exaustivo e mentalmente entorpecedor que os adultos com frequência sentem trabalhando de forma remota.

O conforto e a habilidade das crianças no espaço digital são apenas a iteração de nossa necessidade humana de conexão e comunicação, de formar vínculos. Apresentadas à tela sensível ao toque de um *tablet* ou *smartphone*, até mesmo crianças muito novas naturalmente formam uma interface ágil, flexível e ingênua entre sua mente, olhos, dedos e esses dispositivos inteligentes. Sendo a natureza humana o que é, as crianças podem descobrir o novo, criar o belo e, com a mesma facilidade, ir a lugares muito sombrios. Elas ainda não têm o desenvolvimento cerebral ou a experiência de vida para reconhecer ou temer ameaças, muito menos saber como evitá-las. Mas elas têm a nós. Não importa quão rebelde, retraído ou mal-humorado seu filho possa estar, você ainda é a influência mais poderosa na vida dele. Seu filho, em qualquer idade, precisa de sua orientação, oferecida com o máximo de respeito e o mínimo de "julgamento" que você puder reunir. Sua capacidade de permanecer no momento enquanto ele experimenta e organiza questões e escolhas, de ouvi-lo profundamente e de falar com ele com autoridade, respeito e compaixão o ajudará a encontrar seu caminho e assumir suas decisões. Em minha prática clínica e como pai buscando dar sentido a informações às vezes confusas, descobri que a melhor abordagem é abraçar as contradições e seguir em frente com os olhos e a mente abertos. Absolutos não são a resposta. Quando mudamos de temerosos e combativos para informados e deliberados com nossas expectativas, podemos ver as promessas e os perigos do uso da mídia e implementar estratégias confiáveis para usar essas ferramentas poderosas com sabedoria.

Sempre foi verdade que cada nova geração cresce em um mundo diferente daquele de seus pais. Isso não é novidade. Quando os pais de hoje eram crianças, as coisas mudavam mais lentamente. Seus pais se preocupavam com riscos no mundo físico, incluindo acidentes de carro, maconha, drogas sintéticas e gravidez na adolescência, e as comunidades eram mais estáveis — a aldeia que criava a criança estava próxima, era conhecida e largamente coesa. Mas agora, em grande parte devido à tecnologia digital, a aldeia é global, e a mudança está ocorrendo exponencialmente. Nosso mundo tem se tornado cada vez mais desestabilizado de maneiras que podem parecer alarmantes. Temos visto a mídia digital ser usada como ferramenta para ganho individual à custa da sociedade ou ser transformada em arma para espalhar desinformação. Preocupar-se com a vulnerabilidade de nossos filhos e querer protegê-los é um instinto tão antigo quanto o tempo em uma paisagem mutante que parece cada vez mais perigosa. Protegê-los conscientemente é nosso desafio. Apoiar seu sucesso é nossa oportunidade. Em última análise, os objetivos da parentalidade permanecem os mesmos. Queremos criar nossos filhos para serem saudáveis, inteligentes, educados — e felizes. O que devemos fazer é traduzir nossos instintos parentais e nossa experiência humana para o admirável mundo novo que nossos filhos habitam.

Diferentemente das gerações anteriores de pais, cujas habilidades tradicionais ajudavam a preparar as crianças para a vida adulta, hoje o desafio é diferente. Nossos filhos são hábeis, aprendendo ferramentas digitais mais rapidamente do que nós. *Smartphones* com aplicativos de risco, perigosos ou nocivos, redes sociais e realidades virtual e aumentada estão nas mãos das crianças antes que tenhamos compreendido o dispositivo ou o aplicativo mais recente e mais incrível, muito menos desenvolvido uma estratégia para gerenciá-lo. Mas se reconhecermos e respeitarmos o conhecimento de nossos filhos, pedindo que nos ensinem a tecnologia e compartilhem suas experiências com a mídia, podemos ter a oportunidade de aprender recursos-chave, identificar áreas de preocupação e compartilhar nossa sabedoria e experiência para ajudá-los a fazerem escolhas que lhes permitam desfrutar da mídia e usá-la de forma sábia.

A formação de um midiatra*

Assim como muitos pais, eu simultaneamente amo e me preocupo com a mídia digital, para meus filhos e para mim mesmo. Conheço as pesquisas mostrando danos potenciais de assistir à televisão, mas isso não significa que eu diria para você jogá-la pela janela. Desde a infância, aprendi muito do que sei sobre o mundo, as pessoas que vivem nele e como devo me comportar por meio de filmes, televisão, música e, mais recentemente, mídia interativa *on-line*.

Não apenas tenho sido um consumidor vitalício de mídia em tela, mas também produzo mídia. Por 12 anos, antes de decidir me tornar médico, fui cineasta e escritor na indústria cinematográfica. Tive a honra e o privilégio de trabalhar como assistente de direção do mestre japonês do cinema, Akira Kurosawa. Ele fez *Os sete samurais*, um filme de ação com espadas que é possivelmente o maior longa-metragem antiviolência já feito; *Rashomon*, um filme que revela e tornou-se sinônimo das múltiplas facetas da verdade na experiência humana; e meu favorito, *Viver*, que segue os últimos seis

* N. de R. T. Este termo, que significa pediatra especializado em mídia, foi cunhado pelo autor de maneira simbólica, apontando a necessidade de o profissional conhecer mais profundamente os efeitos das mídias digitais sobre o comportamento e a saúde das pessoas.

meses de um homem moribundo enquanto ele descobre, pela primeira vez, como viver.

O que me atraiu para a mídia também me atraiu para a medicina — um conjunto de habilidades altamente técnicas que permitiu que eu me aproximasse dos humanos e lidasse com a condição humana. Para mim, o cinema combinou uma exploração íntima do que significa ser humano com um poder único de capturar a atenção das pessoas e mudar seus corações e suas mentes. O poder da mídia de transformar vidas me fez querer fazer filmes. Foi o mesmo desejo de fazer uma diferença positiva na vida das pessoas que me levou à medicina. Completei o círculo, reconhecendo o poder da mídia em tela para mudar pessoas, especialmente jovens, que são seus usuários mais intensos e impressionáveis, e para aproveitar essa mudança a fim de promover seu bem-estar.

Aprendemos enquanto avançamos: a parentalidade como um estudo de pesquisa longitudinal pessoal

Dois de meus filhos nasceram antes de eu me tornar pediatra; dois nasceram depois. Dei a cada um deles o melhor que pude com base no que sabia e acreditava na época. Vendo a mídia como uma oportunidade notável para expandir seus mundos, proporcionei aos dois primeiros música desde o nascimento e mídia educacional em tela assim que puderam se sentar. Eles assistiam a vídeos para aprender línguas estrangeiras e brincavam com *software* educacional de leitura e matemática no computador. Com meu terceiro e quarto filhos, incorporei o que havia aprendido com a ciência da saúde infantil e a experiência clínica, limitando e focando sua exposição à mídia ao que precisavam conforme seu cérebro em desenvolvimento podia processar.

Com minhas opiniões originais autoconfiantes sobre mídia em tela, não havia considerado o fato de que o cérebro de uma criança é muito diferente do meu — que ainda está se desenvolvendo enquanto recebe e responde a estímulos audiovisuais e experiências de vida. Uma das grandes forças do cérebro humano é que tudo que ele percebe pode mudar seu curso de desenvolvimento. Como adulto, tive muitas experiências com as quais posso comparar o que vejo e ouço ao meu entretenimento. Para uma criança, que está aprendendo sobre o mundo e como se comportar nele, o entretenimento é frequentemente sua primeira exposição a vários aspectos da experiência humana. Se as crianças aprendem a usar uma colher observando outros, experimentando por si mesmas e então tornando isso próprio, o que fazem com o que veem em uma tela? Como pediatra, fiquei preocupado que pudesse haver desfechos relacionados à saúde em razão da exposição à mídia; então, em minhas avaliações clínicas, incorporei questões sobre uso de mídia em tela entre outras influências ambientais na saúde. Quando supus que a exposição à mídia poderia ter influenciado a condição de uma criança, recomendei modificações em seu uso, e frequentemente a saúde da criança melhorou. Observei meus pacientes e continuei aprendendo com as pesquisas. Quanto mais eu aprendia, mais eu usava, e melhor meus pacientes ficavam.

Como pai, tive sucessos e cometi erros. Mais importante: aprendi muito com meus filhos, assim como aprendi com meus pacientes. Descobri que é possível criar bem na era digital, criar filhos felizes e saudáveis que são capazes de usar a mídia de maneiras positivas — e de desligar suas telas quando estão vivenciando experiências mais valiosas. Sou sortudo por ter a combinação única de conhecimento em mídia e *expertise* médica, além de filhos resilientes e uma parceira na criação deles que tolerou meu processo de tentativa e erro. Escrevi este livro para compartilhar o que aprendi, fornecendo evidências científicas e estratégias parentais comprovadas para substituir a inquietação sobre os efeitos da mídia por conhecimento, habilidades e confiança para criar crianças maravilhosas em um ambiente saturado de mídia.

Para os preocupados, mas confusos

Quando comecei a explorar questões na intersecção de mídia e saúde infantil, me importava profundamente com os problemas, mas estava da mesma forma muito confuso. As notícias traziam histórias de como assistir à TV torna as crianças obesas ou jogar *videogames* as ensina a matar. Mas a maioria das crianças usa mídia em tela, frequentemente de forma intensa, e elas não são todas assassinas obesas. Para cada advertência bem-intencionada de defensores das crianças, há um artista criando jogos educacionais ou um líder de tecnologia que zomba da noção de que a mídia em tela pode afetar negativamente seus usuários. É para pais como eu, os preocupados, mas confusos, que ofereço este guia para dar sentido ao *tsunami* de informações e opiniões chegando até você. A parentalidade é um trabalho árduo — e sem folga. Cada decisão, da comida que compramos às escolas que escolhemos, e cada permissão que damos, de andar de bicicleta a ir ao *shopping*, requer uma rápida análise de risco-benefício. Aqui você encontrará as melhores informações para tomar essas decisões de maneira informada, que permita a você permanecer fiel ao que acredita e ao que deseja para seus filhos.

Estou compartilhando com você o que vi, ouvi e aprendi em mais de 30 anos como pediatra com ênfase especial em adolescentes e 12 anos como cineasta e roteirista. Trago minha experiência clínica em manter crianças saudáveis na atenção primária e em cuidar de crianças e adolescentes enfrentando dificuldades com uso problemático de mídia interativa (PIMU, do inglês *problematic interactive media use*), que inclui não ter controle sobre jogo, uso de redes sociais, uso de pornografia e/ou consumo compulsivo de informações *on-line*. Após cuidar de crianças e adolescentes sofrendo com questões de saúde relacionadas à mídia por quase 20 anos, fundei a Clinic for Interactive Media and Internet Disorders (CIMAID, Clínica para Transtornos de Mídia Interativa e Internet) no Boston Children's Hospital em 2017, onde minha equipe e eu tratamos centenas de jovens. Ao passar para você o que aprendi lá e no Digital Wellness Lab (Laboratório de Bem-estar Digital), também no Boston Children's Hospital, espero construir uma fundamentação sólida de compreensão baseada em evidências sobre o que acontece entre uma criança em crescimento e o ecossistema digital em constante evolução. Uma vez que o ambiente digital e a forma como nos comportamos nele estão constantemente mudando, nossa investigação no Digital Wellness Lab sempre será um trabalho em andamento, desde nossas pesquisas regulares de rastreamento* sobre o que está acontecendo com as crianças, até nossa pesquisa longitudinal *Global Growing Up Digital* (GUD, Pesquisa Global sobre Crescimento no Mundo Digital) com a Sesame Workshop, até nossa exploração direcionada aos jovens sobre suas experiências vividas em seus mundos físico-digitais contínuos. Nossos objetivos de pesquisa e cuidado clínico sempre serão alvos em movimento. E nossas estratégias parentais serão as mesmas.

Meus papéis como pai e pediatra superam meu papel como pesquisador, então este livro está organizado em torno do que todo pai deseja: criar uma criança bem ajustada, produtiva e feliz que tenha um relacionamento saudável com a mídia e com os outros. Essa discussão naturalmente inclui esperanças e medos — potenciais para sucessos de uma criança e preocupações com riscos —, mas com foco em estratégias ativas e preventivas de saúde

---

* N. de R. T. No original, *pulse survey*. São pesquisas de rastreamento de comportamento realizadas em intervalos regulares (geralmente de três a quatro vezes no ano) sobre os adolescentes afetados (e/ou seus pais, dependendo das questões investigadas) em um ponto no tempo de tal maneira que possam seguir as tendências dos usos das mídias interativas e dos resultados na saúde.

que constroem uma base forte para uso de mídia agradável, razoável e responsável no contexto da vida plena de seus filhos.

Essa é, afinal, uma era e uma oportunidade extraordinárias para todos nós. Como pais, não devemos ser temerosos, mas conscientes. Devemos proteger nossos filhos de danos, mas também nos inclinar para oportunidades para aproveitar os aspectos positivos. Quando o uso de mídia em tela apresenta preocupações de saúde — para qualquer um de nós, em qualquer idade —, vamos nos apoiar em evidências e recorrer à experiência clínica para desenvolver abordagens novas que nutram o domínio de uso de mídia mais saudável e mais consciente.

Este livro abrange os assuntos que mais importam aos pais, substituindo opiniões por uma compreensão acessível da ciência que mostra como o uso de mídia pelas crianças pode afetar sua saúde física, mental e social. Apoiando-se nisso, fornece estratégias práticas clinicamente testadas para pais, professores e demais pessoas que trabalham com crianças e adolescentes para prevenir, reconhecer e intervir precocemente em problemas de saúde e desenvolvimento relacionados à mídia.

Na **Parte 1: O quê?**, cada capítulo aborda uma área distinta da saúde e do desenvolvimento infantojuvenil, começando com uma compreensão clara das necessidades de uma criança, depois examinando como a exposição à mídia pode afetar esse aspecto da saúde e o bem-estar de maneiras positivas e negativas. Compartilho o que sabemos e examino as maneiras como usamos a mídia e como isso pode influenciar desfechos de saúde e desenvolvimento. Compartilho maneiras pelas quais a ciência pode informar nossas análises parentais de risco-benefício, guiar nossas escolhas e nos ajudar a desenvolver estratégias para *usar* a mídia conscientemente, em vez de simplesmente evitá-la, a fim de melhorar o presente e o futuro de nossos filhos. Finalmente, em cada capítulo, escrevo uma **Prescrição de mídia saudável**, que delineia o que **Você pode** fazer para desfrutar da mídia, usá-la bem e estar bem.

Na **Parte 2: E então?**, mergulho em alguns problemas específicos de saúde relacionados ao uso de mídia, principalmente em torno do *conteúdo* ao qual as crianças são expostas, que mais preocupam os pais: ansiedade e depressão; imagem corporal distorcida e alimentação desordenada, da anorexia à obesidade; agressão e violência; uso de álcool e outras substâncias; e uma nova condição da era digital, o PIMU. Também compartilho histórias positivas de como jovens aproveitaram a mesma mídia para abordar problemas, desde mudanças climáticas até homofobia e *bullying*, em suas escolas. Usando casos de crianças, adolescentes e famílias reais (sem seus nomes reais e com detalhes disfarçados para proteger sua privacidade), compartilho o processo por meio do qual pacientes e seus pais chegam a um acordo em relação a problemas relacionados à mídia que afetam a saúde e o desenvolvimento e como identificamos estratégias de tratamento e as implementamos juntos, ajudando crianças e adolescentes a se recuperarem e a autorregularem seu uso de mídia com o apoio de pais que estão mais bem equipados para serem guias efetivos.

Na **Parte 3: E agora?**, desviamos nossa lente do conteúdo da mídia para focar em como o *contexto* no qual crianças e adolescentes usam mídias — quando, onde e com quem — influencia sua saúde e seu desenvolvimento. Veremos como o contexto do uso de mídia por um jovem afeta desfechos de saúde física (obesidade, sono), mental (ansiedade, depressão), cognitiva (STEAM,* criatividade) e social (relacionamentos, desempenho acadêmico) tão poderosamente quanto o conteúdo consumido. Examino a diferença entre limites de tempo de tela e limitar o tempo de tela e por que uma estratégia não funciona, mas a outra sim. Enquanto o conteúdo de mídia disponível para crianças e jovens só pode ser modificado gradualmente por meio de forças legislativas e de mercado, o contexto no qual a mídia é usada pode ser mudado imediatamente pelos jovens e pelas famílias que a acessam. Empoderados por habilidades de letramento digital, os jovens podem estar conscientes de como a mídia os afeta e ser intencionais em usá-la de maneiras que os ajudem a serem mais saudáveis, inteligentes e mais empáticos e em evitar mídia que diminua ou trabalhe ativamente contra seu desenvolvimento saudável.

Finalmente, a **Parte 4: Idades e estágios: um guia de bem-estar digital** oferece estratégias e dicas específicas baseadas em evidências, organizadas por estágios do desenvolvimento. Como o ecossistema digital no qual crianças e adolescentes estão vivendo está constantemente evoluindo, o manual oferece fundamentos que podem ser construídos com informações atuais do *Guia de bem-estar digital familiar on-line*, disponível em https://digitalwellnesslab.org/parents/family-digital-wellness-guide.** Para manter suas habilidades, a confiança e o prazer nessa aventura parental e familiar atualizados, os recursos do Digital Wellness Lab, que variam de *checklists* úteis a ferramentas de planejamento e discussão para compartilhar com sua escola ou comunidade, ajudarão você a traduzir ideias em ação.

---

* N. de R. T. As disciplinas STEAM são ciência, tecnologia, engenharia, artes e matemática.

** N. de R. T. Até o momento da publicação deste livro não há tradução oficial do *Guia de bem-estar digital familiar* para a língua portuguesa. No entanto, o material *on-line* pode ser traduzido utilizando-se ferramentas de tradução gratuitas dos próprios navegadores.

Você tem tudo o que precisa para criar seus filhos com sucesso a fim de serem o melhor que podem ser. "Sim, você pode!" destaca que você não está reinventando a parentalidade, mas traduzindo seus instintos parentais e até mesmo o que aprendeu (e o que jurou *nunca* aprender) de seus pais para o ecossistema físico-digital no qual está criando e ensinando seus filhos.

Você pode adaptar essas dicas parentais para "melhores ajustes" práticos entre o estilo de vida de sua família e o que é ideal para a saúde de seus filhos em todas as idades. O manual oferece atividades alternativas divertidas para que as telas não sejam mais a opção padrão quando seu filho está entediado ou inquieto ou quando você simplesmente precisa de uma pausa. Ele oferece maneiras pelas quais você pode trabalhar com provedores de cuidados infantis, professores, orientadores educacionais, pediatras e grupos escolares ou comunitários a fim de obter o melhor para seus filhos.

Não aceite simplesmente o que eu digo como a melhor ou a única maneira. Lembre-se, você conhece seu filho melhor do que qualquer pessoa, e será o juiz mais próximo e o melhor avaliador de como ele é afetado pela mídia que usa e como a utiliza. Você fará as melhores escolhas quando combinar informações e estratégias neste livro com o conhecimento íntimo que tem de seu filho. Não há resposta certa absoluta. Há apenas a melhor resposta no momento e — se não funcionar — a resiliência para se recuperar e redirecionar para a próxima melhor resposta. Lembre-se: viver e criar filhos em um ecossistema digital em rápida mudança é, e sempre será, um trabalho em andamento. Este não é um guia definitivo de como criar filhos em nosso ambiente físico-digital. É um convite para se juntar a mim na construção desse conhecimento fundamental e usar sua própria curiosidade, suas habilidades de observação e seus instintos de acolhimento para ser parte da aldeia global que agora é necessária para criar uma criança.

Esse processo é dinâmico. O cenário da mídia evolui constantemente, e, como pais e cidadãos do mundo, devemos evoluir com ele. Espero que os princípios e as perspectivas que compartilho o ajudem a criar bem seus filhos agora com *smartphones* e *tablets* e, em um futuro próximo, com realidade virtual/aumentada imersiva, 3D e inteligência artificial (IA) generativa. Este é apenas o começo do nosso processo de dominar a matriz da mídia e usar nosso conhecimento para criar filhos saudáveis, inteligentes e atenciosos em um admirável novo mundo digital. As mídias vieram para ficar — e *devem* ficar como meio de conectar, comunicar e expressar nossa humanidade. Espero que este livro ajude você e as crianças de quem você cuida a desfrutarem das mídias e usá-las com sabedoria.

Parte 1

O quê?

Capítulo 1

Criando bem os filhos em um mundo de telas

Modelação, orientação e monitoramento*

Olhamos para nossos filhos e nos perguntamos, esperançamos e nos preocupamos. Eles estão crescendo em um mundo drasticamente diferente e que muda mais rapidamente do que o nosso. Metade do que eles enfrentam, das mudanças climáticas ao tribalismo político até o potencial de guerra nuclear, é o que estamos entregando a eles. A outra metade, do compartilhamento de *memes* a conversas uns com os outros com os polegares e falas em uma linguagem que nem sempre entendemos (Qualé?), é exclusivamente deles. Parece que prestam mais atenção a seus telefones do que a nós. Que tipo de adultos nossos filhos serão, crescendo expostos a notícias ruins instantâneas e constantes, redes sociais competitivas e sarcásticas, *sexting* e *cyberbullying*, jogos de tiro em primeira pessoa e transmissão ao vivo de violência real? Que tipo de pais eles precisam que sejamos? Imaginamos os adultos que esperamos que eles sejam — saudáveis, inteligentes, empáticos, realizados, felizes —, então nos perguntamos e nos preocupamos novamente. Sabemos que não temos experiência, mas podemos aprender como acolher, proteger e criá-los bem nesse ecossistema digital?

Sim, podemos! *Por estar fazendo essas perguntas*, você *tem* os instintos, a paixão e a compaixão para criar bem seus filhos na era digital. Tudo o que você precisa agora é entender *com eles* o ecossistema físico-digital no qual estão crescendo e usar as habilidades parentais e a experiência de vida que tem para guiá-los bem em seu admirável mundo novo.

---

* N. de R. T. No original, o autor chama de 3Ms: *model, mentor, monitor*. Ele propõe que os pais sejam modelos referenciais para os seus filhos, atuando como orientadores (responsáveis) e monitorando as crianças e os adolescentes.

Vemos os eventos trágicos envolvendo crianças e adolescentes nos quais a mídia digital desempenha um papel proeminente. Advertências graves de manchetes, professores e defensores das crianças — nós as ouvimos e ficamos amedrontados. No entanto, nós também somos atraídos pelo mais recente dispositivo tecnológico brilhante e reluzente. E relutamos em ser os únicos pais que negam isso a seus filhos. Então damos a eles aquele *videogame*, aquele *smartphone*, aquele aplicativo de rede social — então nos irritamos com o comportamento deles e nos sentimos culpados. Como conciliamos o quanto amamos, usamos e queremos compartilhar as mídias com os riscos que podem apresentar ao bem-estar de nossos filhos? E quanto a nós e ao nosso próprio uso de mídias?

Desde o início dos tempos, tem sido responsabilidade dos pais proteger e educar os filhos, ensiná-los como sobreviver e prosperar no mundo como ele é — e imaginar e ter as habilidades para criar um mundo melhor. As mídias têm sido há muito tempo parte da parentalidade, desde cantar músicas para recém-nascidos a ler livros cartonados para um bebê até ensinar crianças em idade escolar a ler e escrever. É importante reconhecer que, embora nós e nossos filhos estejamos usando telas para trabalho, educação, entretenimento, conexão e comunicação, colocamos as mídias em tela no topo de uma hierarquia de perigo. Em 1938, E. B. White, autor de *A teia de Charlotte* e *Stuart Little*, escreveu em um ensaio presciente para a *Harper's Magazine*:

> Acredito que a televisão será o teste do mundo moderno, e que nesta nova oportunidade de ver além do alcance de nossa visão descobriremos ou um novo e insuportável distúrbio da paz geral ou uma radiância salvadora no céu. Permaneceremos ou cairemos pela televisão — disso tenho certeza.[1]

Hoje as telas não são um ou/ou. São *tanto* uma radiância salvadora, tendo transformado nosso sistema educacional e nos mantido em contato com entes queridos durante o confinamento da covid-19, *quanto* um distúrbio insuportável da paz geral, já que todos nós, adultos e crianças, passamos a maior parte de nossas horas de vigília prestando atenção a uma ou mais telas em vez de uns aos outros. Estamos presos na tensão entre o que queremos para nós mesmos e nossos filhos e o que realmente fazemos. E independentemente de quaisquer escolhas que façamos (ou não façamos), nos sentimos culpados seja por negar a nossos filhos algo que querem, seja por ceder à pressão social e permitir (ou negligenciar benignamente) que vagueiem sozinhos pelo ecossistema digital.

Recomendações bem-intencionadas para rejeitar ou restringir severamente a mídia em tela são impossíveis para a maioria dos pais. E tudo bem. Porque banir telas, mesmo colocá-las sob suspeita, é de fato contraproducente. Isso desvia o foco. As telas vieram para ficar, e o que nossos filhos realmente precisam é aprender a usá-las com discernimento e eficiência — e a desligá-las quando estiverem substituindo experiências mais saudáveis e humanas.

Nicki, cuja história abriu a Introdução, vivenciou os esforços de sua mãe para controlar seu uso do *smartphone* não como uma tentativa de cuidado, mas como algo extremo, controlador e até assustador — ameaçando cortá-la de seu mundo de amigos — o típico mundo de uma adolescente. Como Nicki apontou naquele dia em meu consultório, olhando por cima de seu telefone com exasperação, "Tudo que ela quer fazer é tirar meu telefone! Ela não entende — todos os meus amigos estão lá!". A mãe de Nicki pensava estar lutando contra o telefone, mas, na verdade, ela estava contra um impulso definidor da nossa humanidade: somos animais sociais e, simplesmente, as mídias se tornaram o mecanismo para expressar nossa humanidade em maneiras majoritariamente estimulantes e criativas. Seja um livro, seja um filme, seja uma música, as mídias nos unem. Rimos, choramos e conversamos. As mídias nos envolvem, e a nossos filhos, da maneira mais primordial e humana. As mídias são inerentemente sociais.

Nossas abordagens temerosas e regras rígidas geram conflito e culpa, mas pouca mudança. Não são a maneira de equipar nossos filhos com as habilidades e a sagacidade para navegar pelo ecossistema digital e usar essa poderosa tecnologia de forma responsável. No relato médico de um caso agora cada vez mais raro em que um pai ou uma mãe orgulhosamente anuncia que não tem telas em casa, digo para conseguir uma. Quando eu estava fornecendo cuidados de saúde em uma universidade local nos anos 1990, notamos que havia um subconjunto de calouros que passavam muito de seu tempo nas salas comuns do dormitório, até perdendo aulas, para assistir a maratonas de novelas e reprises de séries de comédia. Investigando mais, descobrimos que muitos deles haviam crescido em lares sem televisões. Assim como os estudantes que perdem o controle com álcool, drogas ou sexo, uma vez que alcançam a relativa liberdade da faculdade, eles se fartavam de televisão, buscando uma sensação que não tinham conhecido quando eram crianças. Privados da experiência televisiva, não haviam aprendido a gerenciar seu uso de tela, equilibrando-o com suas outras obrigações e atividades. A melhor estratégia para proteger seu filho de dano potencial é ensiná-lo não apenas a sobreviver, mas a prosperar no ambiente de mídia em tela: cultivar sua consciência, desenvolver seu pensamento crítico, despertar sua criatividade e estimular sua empatia, fornecendo-lhe as habilidades para aproveitar as possibilidades positivas e reconhecer e evitar as influências negativas das telas que nos cercam.

Estamos todos juntos nisso, vivendo e criando filhos no ambiente digital. Podemos aprender uns com os outros e nos apoiar como pais, mas, mais importante, nós e nossos filhos estamos juntos nessa experiência. Nesse espaço compartilhado, os pais têm um potencial tremendo para trazer discernimento e propósito a esse contexto — e para aprender com os filhos.

Ser *pai ou mãe* é mais importante como um conjunto de ações e atitudes do que como um mero substantivo. Cada um exerce a parentalidade de maneiras diferentes e cria cada filho diferentemente. A parentalidade é uma jornada, um trabalho em andamento que nunca termina. Você conhece seu filho melhor do que qualquer pessoa e o criará melhor do que qualquer outro poderia em razão desse conhecimento profundo. Você não será o pai/a mãe perfeito(a); nenhum de nós é. Como pediatra que cuidou de milhares de jovens do nascimento à idade adulta (e até mesmo de alguns de seus filhos), posso assegurar que as crianças são notavelmente resilientes e perdoadoras. Então, em vez de desperdiçar energia com indecisão, culpa ou perfeccionismo, vamos unir um corpo crescente de ciência com a arte testada pelo tempo da parentalidade e a realidade de que você conhece seu filho como um indivíduo único melhor do que qualquer pessoa na Terra. Embora os valores dos pais possam diferir (mesmo entre parceiros na criação dos filhos), a maioria concorda em uma coisa: **o desejo pelo melhor para seus filhos**. As nuances disso podem parecer diferentes de família para família, mas o campo de teste é o mesmo: o mundo ao nosso redor, como ele é.

Novas mães enviam mensagens enquanto amamentam. Pais verificam *e-mails* durante o café da manhã, enquanto empurram o carrinho ou no parquinho com seus filhos. Bebês brincam com *tablets* para diversão dos amigos e orgulho dos pais. Avós visitam em videochamadas, admirando a arte das crianças e lendo livros juntos, celebrando aniversários e feriados, e compartilhando os altos e baixos do dia a dia. Desde o nascimento, as crianças vivem em um ambiente físico-digital contínuo. É diferente do mundo em que crescemos, e devemos aprender com elas a vê-lo como elas o veem.

Quase metade (46%) dos adolescentes relatou estar *on-line* durante todo ou quase todo o tempo em que estão acordados.[2] Mais de dois terços (68%) levam seus *smartphones* para a cama, e 36% acordam pelo menos uma vez durante a noite para verificar seus telefones.[3] Em 2021, o "*media multitasking*", um fenômeno viabilizado por dispositivos móveis como *smartphones*, *tablets* e plataformas portáteis de jogos, expôs os adolescentes a uma média diária de 8h39 de conteúdo em tela — *sem incluir* o uso relacionado à escola no ano em que muitos estudantes estavam em ensino remoto.[4] Para as crianças e os adolescentes de hoje, as mídias interativas em tela funcionam de maneira semelhante à força descrita por Obi-Wan Kenobi: "Um campo de energia criado por todos os seres vivos. Ele nos cerca, nos penetra e mantém a galáxia unida".[5]

Em seu livro *Brain and Culture: Neurobiology, Ideology, and Social Change* (em tradução livre, *Cérebro e cultura: neurobiologia, ideologia e mudança social*), o professor emérito de Yale e psiquiatra Bruce Wexler destacou que, mesmo como bebês, nossos filhos desejarão aquilo que veem e que consideramos atraente. O que captura nossa atenção também captura a deles. Técnicas de neuroimagem mostraram que "o uso repetitivo e socialmente endossado de objetos feitos pelo homem, como instrumentos musicais, está associado a mudanças reais na estrutura do cérebro", escreveu ele.[6] "Por esses meios, os adultos influenciam quais elementos do fluxo contínuo de estímulos sensoriais os bebês percebem com maior intensidade, com os quais se familiarizam mais e sobre os quais mais pensam."[7] O que funciona com bebês funciona ao longo de toda a infância. As crianças estão sempre nos observando, imitando como lidamos com o mundo e com o que ele nos impõe, analisando os resultados e, por fim, decidindo como agirão — com sorte, de maneira ainda melhor.

Ao longo de mais de meio século de pesquisa, os cientistas concentraram-se amplamente em dispositivos individuais, desde televisores até *smartphones*, e na duração do uso de telas, medindo resultados específicos de saúde, como obesidade e agressividade. Dadas a multiplicidade de dispositivos atualmente e sua presença quase constante desde o início da vida das crianças, estudos com foco restrito são proveitosos, mas têm utilidade limitada para a criação dos nativos digitais de hoje. É mais realista e eficaz compreender a experiência holística dos jovens com as telas como um ambiente digital. Eles estão crescendo em lares com uma ou mais telas em cada cômodo. Suas casas são inteligentes, controladas por assistentes digitais ativados por voz. Seus pais têm telas nos bolsos e nos pulsos. A internet das coisas é a internet de nós.

Quando a mãe de Nicki se ausentou do consultório, Nicki olhou por cima do telefone. "Aff, ela simplesmente não entende..."

"Então... o que ela poderia fazer melhor?"

Nicki pensou por um momento. "Prestar mais atenção em mim. Ela está sempre ocupada."

A mãe de Nicki, assim como muitos pais, gerenciava as demandas conflitantes do trabalho e da família. Ela dependia da conectividade constante e da mobilidade de seus *smartphone, tablet* e *laptop*, alternando entre tarefas relacionadas a trabalho, organização da agenda dos filhos, leitura de notícias, compras, resolução de conflitos entre colegas, organização de fotos das férias e planejamento das próximas (explorando *links* interessantes, mas irrelevantes, como todos fazemos). O que a levou ao meu consultório com Nicki foram suas preocupações de que estava "perdendo" a filha — perdendo-a para o vórtice das redes sociais e o interminável leque *on-line* de mensagens, compras, entretenimento *e mais*! Ela estava certa — sua filha estava se afastando —, mas estava enganada quanto aos motivos. Não se tratava apenas do telefone ou das distrações das telas de Nicki. Tratava-se tanto do uso de mídias da filha quanto do da mãe e de uma relação entre mãe e filha que havia se tornado repleta de distrações, irritações, desconfiança e insatisfação. Ambas haviam sucumbido às constantes seduções do ambiente digital. Se começarmos a pensar em nossa "infosfera" como pensamos em nossa atmosfera, podemos prestar mais atenção à "qualidade do ar" e ao microclima familiar. Podemos buscar e usar aquilo que melhora nosso conhecimento, nossa saúde e nossos relacionamentos, vivendo e prosperando juntos no ambiente digital.

Os 3Ms dos pais: modelar, orientar, monitorar

Os pais são os primeiros e melhores professores de seus filhos. Costumamos brincar que as crianças prestam atenção a apenas 1% do que dizemos, mas a 100% do que fazemos. E é verdade: elas observam tudo — o que fazemos, como fazemos e com que frequência —, incluindo o uso de nossos *smartphones, laptops, tablets, smartwatches*, televisores e redes sociais. As crianças olham para os pais a fim de entenderem como se comportar no mundo. Consultamos nossos *smartphones* em média 96 vezes por dia, a cada 10 minutos, e passamos cerca de 5h24 diários neles.[8] Nossos filhos veem isso não apenas como algo normal, mas como um comportamento a ser imitado enquanto crescem. Compreendendo que a forma como nossos filhos interagem com o ambiente digital afetará sua saúde, seu desenvolvimento, sua felicidade e seu sucesso, nosso primeiro objetivo é *ser* a mudança que queremos *ver* — ou seja, **MODELAR** os comportamentos que esperamos que eles aprendam.

Isso começa, talvez surpreendentemente, pela maneira mais básica de estabelecer expectativas sobre como nos comportamos no mundo e, especificamente, no cotidiano impregnado de mídias. Impomos ou discutimos? Recomendo expectativas em vez de regras, porque regras não funcionam tão bem quanto expectativas. Como parte da busca normativa por autonomia, muitos adolescentes (inclusive eu, na minha época) questionam reflexivamente a autoridade e desafiam regras impostas por essa autoridade. Regras são unilaterais e inegociáveis, emitidas e aplicadas (ou não) pela autoridade dos pais. Adolescentes, especialmente, podem interpretá-las como sugestões e decidir se desejam ou não segui-las. Quando os pais tentam impor suas regras, isso gera conflitos ou leva o adolescente a agir "às escondidas", fingindo aderir às regras enquanto continua sua vida *on-line* longe dos olhos dos pais. Embora sejam diferentes em termos de desenvolvimento, pré-adolescentes e crianças mais novas frequentemente têm uma resposta semelhante — resistência —, e quanto mais você insiste na aplicação rígida de regras, mais rapidamente perde o terreno da razão que precisará construir no futuro. Criar bem no ecossistema digital é um processo de estabelecer expectativas em vez de impor regras.

As expectativas podem abordar os mesmos temas das regras, mas são ouvidas e seguidas de maneira muito diferente. Elas são estabelecidas quando você se torna **ORIENTADOR** de seu filho no uso de cada nova ferramenta digital e são ajustadas à medida que ele cresce e as utiliza de diferentes formas. O consenso pode ser alcançado ao refletir juntos sobre como usos saudáveis podem ajudar seu filho a atingir seus objetivos e como usos prejudiciais podem afastá-lo dele. Seja explícito tanto sobre os aspectos positivos quanto sobre os negativos, ajustando-se à idade e à maturidade do seu filho. Em todas as idades, é essencial falar sobre como ser um bom cidadão digital. Eventualmente, será necessário abordar temas como pornografia, *sites* de ódio e outros conteúdos perturbadores. Essa conversa de orientação não é feita em uma única ocasião; é o início de muitas discussões breves e casuais ao longo do crescimento da criança em um ambiente psicossocial em constante mudança.

As expectativas são sugeridas pelos pais para a família como um coletivo. Expectativas como refeições em família e horários de sono livres de dispositivos; todas as telas desligadas uma hora antes de dormir; e conversas familiares tendo prioridade sobre *smartphones* são baseadas na colaboração entre pais e filhos para construir relacionamentos e comportamentos que beneficiem todos. Regras foram feitas para serem quebradas; expectativas nos unem. E é muito pior — potencialmente mais dissuasivo — sentir a decepção dos pais por não atender às expectativas compartilhadas do que sentir sua raiva por quebrar uma regra parental.

Psicólogos do desenvolvimento identificaram quatro estilos parentais resultantes dos níveis de responsividade e exigência dos pais com seus filhos.

	Alta responsividade	Baixa responsividade
Alta exigência	Autoritativo	Autoritário
Baixa exigência	Permissivo	Negligente

Terence Sanvictores e Magda D. Mendez, "Types of Parenting Styles and Effects on Children," *StatPearls [Internet]* (Treasure Island, FL: StatPearls Publishing), atualizado em 18 de setembro de 2022, https://www.ncbi.nlm.nih.gov/books/NBK568743/.

Pais engajados e eficazes que têm altas expectativas para seus filhos e desejam fazer o melhor por eles em termos de saúde mental, educação e caráter tendem a ser exigentes. Quando estamos no nosso melhor, equilibramos os altos padrões que temos para eles ouvindo suas necessidades e opiniões, praticando uma parentalidade autoritativa prazerosa. Mas sejamos honestos: quando estamos estressados, frustrados ou cansados, facilmente recaímos na parentalidade autoritária: ditando regras — algo que muitos de nós experimentamos ocasionalmente quando crianças. O objetivo da parentalidade eficaz (e deste livro) é avançar em direção à parentalidade autoritativa.

A forma como modelamos o uso das mídias importa mais do que gostamos de admitir. Se gritamos com nossos filhos para desligarem a televisão ou pararem de jogar *videogames* enquanto verificamos nossos *e-mails* no telefone, eles veem isso como o auge da hipocrisia e nos ignoram — abertamente ou às escondidas. Até mesmo crianças muito novas percebem essas inconsistências. Quando os pais dizem uma coisa, mas fazem outra, perdem credibilidade e autoridade. As crianças aprendem automaticamente a se comportar com dispositivos digitais da mesma forma que seus pais se comportam; assim como usam cinto de segurança ou capacete sem questionar se isso é o hábito dos pais. Quando estamos distraídos com *smartphones* ou *laptops* constantemente, privamos nossos filhos de tempo e de atenção importantes — além disso, ensinamos esses mesmos hábitos a eles. Nós também nos beneficiamos ao modelar os comportamentos desejados: usar dispositivos digitais conscientemente em momentos específicos; deixá-los de lado quando estamos com nossos filhos; mantê-los fora dos quartos ou das refeições familiares. Pesquisas sobre parentalidade digital autoritativa e relatos de pais que guardaram seus telefones durante momentos familiares mostram reduções na ansiedade parental; maior prazer ao ouvir seus filhos ou seus parceiros; além de maior produtividade *on-line*.

Minha amiga e colaboradora Tiffany Shlain — artista, cineasta e criadora do Webby Awards — pratica um "*detox* tecnológico" desde 2010. Em tempos difíceis (perder o pai para o câncer e dar à luz), ela e seu marido, Ken, professor de robótica na University of California, Berkeley, participaram do National Day of Unplugging: "Foi incrível", disse Tiffany. "Recuperei minha presença, senti como se tivesse recuperado minha alma." Assim, ela e sua família começaram a praticar isso semanalmente, desligando toda a tecnologia por 24 horas, da noite de sexta-feira até a noite de sábado. Durante a pandemia de covid-19, quando todos nós dependíamos da internet para aprender, trabalhar, nos comunicar e nos conectar com outras pessoas, contrariando as expectativas, eles continuaram a fazê-lo, e "nossos *detoxes* tecnológicos foram dez vezes mais importantes".[9] Sua filha adolescente observou que os *detoxes* tecnológicos eram os únicos dias em que ela não sentia que a família estava em quarentena — porque estavam juntos e presentes, como sempre havia sido.

PRESCRIÇÃO DE MÍDIA SAUDÁVEL

Reduza a hiperestimulação, adote a presença consciente com um período *off-line*

Desligar as distrações digitais por um período é uma das melhores coisas que você pode fazer por seu filho, por seu parceiro e por você mesmo. Uma pausa cognitiva da hiperestimulação causada por *smartphones*, chamadas no Zoom e pela conectividade constante da vida digital oferece a todos a chance de respirar fundo e experimentar um impulso emocional e social. O tempo desconectado ajuda seu filho a desenvolver o hábito do uso consciente da mídia e fortalece os laços familiares ao passar momentos sem as "tecnointerferências" das distrações digitais. Parte do domínio e do uso consciente das mídias, tanto para seu filho quanto para você, envolve reservar intencionalmente tempo longe dos dispositivos digitais e estar verdadeiramente presente no momento, sem distrações, juntos.

Se possível, sentem-se juntos para fazer pelo menos uma refeição diária sem telas. Isso significa nada de telefones ou *tablets* à mesa e nenhuma TV ligada ao fundo. Pesquisas mostram que, quando os pais estão distraídos por telas, conversam menos com seus filhos e são menos pacientes com eles.[10] Aproveite esse momento para conversar como família, ouvir, rir, compartilhar experiências e verificar como cada um está se sentindo.

Você também pode adotar um *detox* tecnológico ou digital e colher os benefícios que Tiffany Shlain e sua família experimentaram. Trata-se de reservar um momento regular para desconectar-se intencionalmente e optar pela conexão no aqui e agora com os outros. Pode ser uma tarde ou um dia inteiro, mas precisa ser longo o suficiente para dar à mente e às emoções uma pausa completa do fluxo contínuo de estímulos. Seu filho precisa disso!

VOCÊ PODE

Criar tradições. Celebrar a família, a amizade, a comunidade e o cuidado mútuo. É surpreendentemente fácil com estes três passos simples:

1. ***Planeje uma atividade especial em um ambiente privado.*** Desconecte-se em casa e cozinhem uma refeição especial juntos, planejem uma noite de jogos de tabuleiro ou embarquem em uma aventura ao ar livre.
2. ***Aproveite ao máximo.*** No início, pode parecer estranho ou desconfortável "simplesmente estar" com os outros ou até mesmo sozinho sem dispositivos digitais, mas a ciência mostra que isso é importante, e você sentirá a diferença. A cada *detox* digital sucessivo, o desconforto dá lugar a uma sensação de liberdade. Você não estará mais disponível para amigos, familiares ou qualquer pessoa tentando vender algo para você. Esse tempo dedicado à improvisação *off-line* ajuda seus filhos a desenvolverem habilidades cerebrais relacionadas a escuta ativa, conversação, reflexão, autoconsciência, autoexpressão e resolução mais eficaz de problemas na escola e na vida. E ajuda *você* a reduzir o estresse — o que é ainda melhor para seus filhos!
3. ***Mantenha o hábito.*** Explore e aproveite os momentos *off-line* e mostre aos seus filhos que essa qualidade de tempo juntos é uma prioridade. É isso que eles aprenderão — e aprenderão a apreciar também. Uma vez que você se acostumar, desligar os dispositivos para momentos sem distrações se torna mais fácil. Sempre vale a pena deixar as distrações de lado para focar em si mesmo e nas pessoas que ama. Até mesmo o desconforto inicial é uma prática útil para momentos semelhantes que surgirão ao longo da vida. Aprender as habilidades para lidar com situações sociais desconfortáveis ou ansiosas é apenas uma das muitas formas pelas quais uma família solidária serve como o primeiro espaço de socialização de uma criança.

As mídias não são inerentemente malignas, mas são poderosas. Quando tudo é considerado, criar bem os filhos continua sendo o que sempre foi: compreender os fatos do desenvolvimento infantil e como as exposições ambientais afetam sua saúde e seu desenvolvimento, estabelecer metas claras para seus filhos, tomar decisões informadas e implementar o plano de forma clara e consistente.

Sem as preconcepções de fazer as coisas "da maneira certa", crianças são adotantes precoces e inovadoras, encontrando usos para tecnologias digitais que seus inventores nunca imaginaram. Essa mente aberta e curiosa permite que elas superem os adultos em algumas situações de aprendizagem, sugere um novo estudo. Pesquisadores surpreenderam adultos e crianças de 4 a 5 anos participantes de um estudo ao tornar informações inicialmente irrelevantes importantes para uma tarefa que precisavam completar. "Os adultos tiveram dificuldade em se reajustar porque não aprenderam as informações que consideraram desnecessárias", disse Vladimir Sloutsky, coautor do estudo e professor de psicologia da Ohio State University. "As crianças, por sua vez, se adaptaram rapidamente às novas circunstâncias porque não estavam ignorando nada. Tenho certeza de que muitos pais reconhecerão essa tendência das crianças de notar tudo, mesmo quando preferiríamos que não o fizessem."[11]

A dádiva de uma mente ingênua apresenta oportunidades e riscos. Dispositivos digitais, plataformas e aplicativos são ferramentas poderosas, não brinquedos ou recompensas por desempenho acadêmico ou punições por mau comportamento. Por mais divertido que seja ver o que uma criança faz com um *tablet*, consequências não intencionais devem ser consideradas. Se essa criança perceber que deixa os pais orgulhosos ao mostrar que sabe manipular o *tablet* ou que recebe o dispositivo toda vez que faz birra, ela aprenderá a fazer o necessário para obtê-lo e desenvolverá o hábito de usá-lo. As implicações em longo prazo de substituir experiências do mundo real e das pessoas ao seu redor nessa fase rica e rápida de aprendizagem só serão percebidas mais tarde em sua vida.

Com a proliferação de dispositivos móveis como *tablets*, *smartphones* e consoles portáteis de jogos, pais, professores e outros profissionais que trabalham com crianças têm se preocupado com o tempo excessivo diante das telas, substituindo brincadeiras físicas, convivência com amigos, realização de tarefas escolares e momentos em família. Cada vez mais, após um dia na escola com os amigos, as crianças correm para casa para ligar as telas e jogar, conversar ou explorar. Durante os confinamentos da covid-19, quando muitas escolas migraram para o ensino remoto, diversos fenômenos interessantes ocorreram. Sem experiência prévia no uso produtivo das telas, uma minoria significativa de crianças simplesmente não acessou as aulas *on-line* ou participou sem ligar a câmera; outras abriram janelas ou dispositivos adicionais para jogar ou conversar durante o horário escolar — como já faziam após as aulas. Muitas continuaram *on-line* após a escola, conectando-se umas às outras frequentemente em espaços virtuais como *Roblox*, *Minecraft* ou *Fortnite*. Em uma pesquisa realizada pelo Digital Wellness Lab (Laboratório de Bem-estar Digital), a maioria dos pais relatou que as escolas fizeram um bom trabalho ao ensinar remotamente disciplinas acadêmicas como matemática, ciências e língua inglesa. No entanto, sentiram que seus filhos não tiveram o mesmo desempenho na aprendizagem socioemocional (SEL, do inglês *social emotional learning*), na aquisição das chamadas "*soft skills*" (habilidades emocionais), como interagir e comunicar-se efetivamente com os outros.[12] Diferentemente de algumas disciplinas acadêmicas, essas habilidades são utilizadas ao longo da vida.

A escola é o primeiro lugar onde as crianças aprendem a funcionar como indivíduos e a criar sua comunidade. Muitos educadores acreditam que a SEL é tão importante quanto — ou até mais importante do que — as disciplinas acadêmicas. Agora ensinada formalmente em algumas escolas, a SEL acontece em todas elas: no recreio, no refeitório ou nos corredores entre aulas. É onde as crianças vivem e aprendem (às vezes da maneira difícil) como se comportar umas com as outras, negociar e construir uma sociedade. Como as escolas não puderam reproduzir essas oportunidades supervisionadas por adultos no ambiente remoto, as crianças criaram suas próprias experiências sociais *on-line*. Antes do "ano da aprendizagem remota", víamos como nossos filhos eram habilidosos com dispositivos digitais e permitíamos seu uso — apesar das preocupações — como entretenimento. No entanto, ao percebermos tanto a falta de preparo das crianças para usar essas tecnologias poderosas de maneira produtiva quanto a ausência de orientações sobre seu uso social, ficou claro que uma abordagem passiva à parentalidade no ambiente digital não estava funcionando.

O que funciona é ser um orientador ativo sobre o uso de mídia digital de nossos filhos, introduzindo cada ferramenta digital poderosa apenas quando a criança precisa e pode usá-la de forma eficaz, responsável e com respeito por si mesma e pelos outros. Sentado lado a lado com seu filho, você pode ensiná-lo a usar mídias interativas, compartilhar a experiência com ele e ser pai no ambiente digital. Dessa forma, pode observar as ações e as reações de seu filho, orientar suas funções cerebrais executivas ainda em formação, como controle de impulsos, e ajudá-lo a navegar e a usar a internet de maneiras que cuidem de si e dos outros. Lembre-se de que a orientação é um diálogo, não uma palestra. Você aprenderá tanto com seus filhos quanto eles aprenderão com você. Estar aberto às ideias deles e aprender habilidades com eles são as melhores maneiras de mostrar seu respeito e ganhar sua confiança. Assegure-os de que você sempre estará disponível em segundo plano para **MONITORAR** suas atividades enquanto navegam pelo ambiente digital. Assim como você os orienta e protege no mundo físico, fará isso à medida que eles se movem para o espaço digital. Discuta diretrizes razoáveis e chegue a entendimentos mútuos sobre como eles atenderão a esse padrão de autocuidado e consideração pelos outros. Uma diretriz razoável é que brincadeiras ou entretenimento não essenciais não devem preceder o dever de casa, o tempo com a família, a atividade física ou o sono. Em última análise, o que é melhor para uma criança em desenvolvimento é um cardápio rico e diversificado de experiências, que pode incluir mídias digitais, mas sem excluir a variedade da vida.

Ao discutir como apresentar ferramentas digitais poderosas aos jovens, frequentemente utilizo a analogia de ensinar uma criança a dirigir um carro. Assim como os dispositivos digitais, os automóveis são ferramentas que podem expandir o mundo de um jovem e proporcionar liberdade, mas quando operados de forma descuidada, podem causar danos a eles mesmos ou a outros. Sentamo-nos ao lado do aprendiz de motorista, tensos, orientando, aconselhando e corrigindo enquanto ele conduz duas toneladas de metal pelo mundo. Ajudamos o aprendiz a dominar a arte de dirigir com inteligência e segurança com orientações como "Mantenha-se no centro da pista" ou "Acompanhe o fluxo do trânsito", em vez de ensiná-los temerosamente a evitar desastres: "Não bata naquela árvore!". Devemos trazer essa mesma competência e confiança ao orientá-los para dominar o ecossistema digital. Infelizmente, muitos de nós nos sentimos menos confiantes *on-line* do que ao volante. Somos intimidados tanto pela facilidade digital dos nossos filhos quanto pelos alertas catastróficos. Pais bem-intencionados têm ficado em um limbo, sentindo-se despreparados para ensinar sobre dispositivos e aplicativos que seus filhos conhecem melhor do que eles.

Bem antes da covid-19, muitos pais haviam cedido o ambiente digital aos seus filhos. Então, a pandemia nos lançou abruptamente em um cenário "totalmente virtual o tempo todo". Crianças da educação infantil, anteriormente consideradas muito novas para dispositivos digitais, começaram suas jornadas escolares *on-line*; o "momento de roda" consistia em olhar para crianças desconhecidas em quadrados na tela. As crianças alternavam entre sala de aula e desenhos animados, palestras e redes sociais, ciência e reprodução automática no YouTube, acreditando que poderiam realizar multitarefas nas mídias.

O problema é que o cérebro humano só consegue pensar em uma coisa por vez.[13] O que acreditamos ser multitarefa é, na verdade, alternância rápida entre pensamentos, imagens ou sons. Pensar sobre muitas coisas diferentes em sequência rápida pode abranger diversas ideias, mas não nos permite refletir profundamente sobre nenhuma delas.[14] Somente por meio do pensamento profundo e da reflexão sobre conceitos de matemática, ciência ou literatura conseguimos integrar ideias à nossa experiência pessoal, consolidar essa aprendizagem em nossa biblioteca pessoal de conhecimento e construir a partir dela para desenvolver novas ideias criativas. É essa síntese reflexiva de novas informações integradas ao que já sabemos que gera inovação — e isso sofre quando alternamos tarefas. A mudança repentina para o uso contínuo de telas pegou todos desprevenidos e silenciou nossa resposta como orientadores.

Para alguns, a parentalidade digital evoluiu naturalmente em resposta ao desafio imposto pela quarentena. As crianças demonstraram sua competência com ferramentas digitais enquanto os pais trouxeram sua orientação para o espaço digital, ajudando seus filhos com controle de impulsos, foco e conclusão de tarefas, bem como etiqueta *on-line*. Irônica e felizmente, o conceito anteriormente abstrato de educar dentro e fora dos espaços digitais e físicos ocorreu organicamente. Para outras famílias — especialmente aquelas com menos recursos — foi uma luta diária estressante devido à conexão inadequada com largura de banda insuficiente e dispositivos pequenos ou lentos demais para atender às necessidades dos empregos dos pais e à escolarização das crianças.

Forçados pelas circunstâncias a relaxar as preocupações sobre o tempo total das crianças diante das telas durante a quarentena pandêmica, colhemos alguns benefícios inesperados. Ao final de um dia escolar remoto, muitas crianças estavam cansadas das telas e experimentaram um esgotamento do Zoom tão intenso quanto seus pais. Em vez de correrem para jogos *on-line* ou redes sociais, queriam sair para brincar ao ar livre, andar de bicicleta ou simplesmente passar tempo com amigos — fisicamente distantes mas juntos na vida real. O que não puderam ouvir dos pais ou professores descobriram por conta própria: as mídias interativas são ferramentas necessárias para a vida — não apenas espaços para brincar ou fontes de entretenimento.

PERGUNTE AO MIDIATRA

Como posso competir com as mídias atraentes pela atenção do meu filho?

Sinto-me como um substituto ineficaz para o conteúdo criativo e os aplicativos divertidos que meu filho encontra on-line *ou no* smartphone. *Como posso competir?*

Você pode se sentir intimidado pelo conforto e pelas habilidades de seus filhos no ambiente digital e hesitar em entrar nesse mundo com eles. No entanto, em um momento em que as crianças passam mais horas acordadas consumindo mídias do que realizando qualquer outra atividade, precisamos oferecer aquilo que as mídias não podem proporcionar. A solução para criar filhos saudáveis, felizes e produtivos na era digital é humana, não tecnológica. As crianças transitam sem esforço entre os mundos *off-line* e *on-line*. Devemos acompanhá-las, educando-as ao longo de todo o caminho.

Não se preocupe em tentar competir. Seu papel como modelo e orientador o coloca em uma posição única. Como principal guia, dê um passo atrás para obter uma visão clara do ambiente digital e explorem juntos experiências que nutram, ensinem e apoiem seu filho, seguindo os interesses dele. Pense de forma ampla — felizmente, a gama completa de opções de mídias vai muito além dos dispositivos e das plataformas digitais populares. Livros, música, desenho, conversas, brincadeiras imaginativas e o ambiente natural rico em sensações são todos tipos de mídia — formas de comunicação humana enviadas e recebidas. O melhor de tudo é que você é a tela sensível que responde ao toque.

Tendo modelado e sendo orientadores sobre o uso de mídias digitais por seus filhos, os pais digitais devem monitorar esse uso para permanecerem engajados. Estudos mostram que o envolvimento ativo dos pais no consumo de mídia dos filhos, incluindo assistir juntos e conversar (não dar palestras!) sobre o conteúdo, está associado a resultados positivos na saúde física e mental das crianças, bem como em seu desenvolvimento social, emocional e acadêmico. Os benefícios incluem sono de melhor qualidade, comportamento menos agressivo, melhor desempenho escolar e atitudes mais pró-sociais.

Não importa o quão inteligente, experiente e estável seu filho possa ser, ele encontrará todo tipo de material e atividades *on-line*, incluindo algumas que o intrigarão, confundirão, envolverão e assustarão. Alguns conteúdos podem ser relativamente inofensivos. Outras formas vêm com sérios riscos e consequências potenciais. Caso em questão, o "desafio da canela", um desafio alimentar em que os participantes se registram comendo uma colher de canela em pó em menos de um minuto sem beber nada. Esse desafio, de acordo com a Wikipedia, a enciclopédia colaborativa *on-line*, tem circulado desde 2001, tendendo em ondas ao longo de quase um quarto de século. Um dos muitos desafios alimentares, do molho picante aos cachorros-quentes, o desafio da canela aumentou em popularidade em 2007.[15] Em agosto de 2012, havia pelo menos 51.100 vídeos do desafio no YouTube.[16] Em seu auge, as menções no X, anteriormente conhecido como Twitter, chegaram a quase 70.000 por dia.[17] Sua popularidade aumentou, apesar da ampla cobertura alertando sobre os perigos, que incluem boca e garganta secas e o risco de aspiração — inalação para os pulmões —, o que pode causar inflamação, lesões e, em casos graves, pneumonia por aspiração. Reações mais comuns, mas às vezes severas, incluem tosse intensa, queimação na boca, vômitos, sangramentos nasais e dificuldade para respirar. Um desafio alimentar pode parecer divertido ou engraçado para uma criança, mas a lição de cautela é clara.

Embora o "desafio da canela" não seja o mais prejudicial ou perigoso dos desafios ou conteúdos *on-line*, pais digitais não precisam de algo mais forte para reforçar o argumento: tendo explorado e aprendido sobre o ambiente digital juntos, devemos ser capazes de monitorar as atividades *on-line* de nossos filhos. Mas como fazer isso? Os pais não têm tempo para acompanhar tudo o que seus filhos fazem *on-line*. Além disso, crianças e adolescentes buscam desesperadamente privacidade enquanto lidam com novas sensações e emoções intensas durante a puberdade.

Os pais não precisam estar em alerta o tempo todo. Se o acesso parental ao dispositivo, à plataforma ou ao aplicativo da criança for acordado previamente, ele se torna uma parte integrante do uso de mídia interativa. É nesse contexto que estabelecer uma relação mutuamente respeitosa, focada em apoiar o sucesso dos filhos em vez de policiá-los, torna-se essencial. Não é necessário monitorar constantemente as atividades *on-line* das crianças; o importante é *ter a capacidade de fazê-lo.*

Isso funciona por vários motivos.

1. Quando as crianças sabem que podem ser monitoradas a *qualquer momento* pelos pais, tendem a se comportar melhor *consistentemente* — assim como trabalhadores sujeitos a testes aleatórios de drogas. Os jovens têm consciência de que, se você os observar e encontrar

conteúdo ou comportamentos problemáticos, seja deles ou de outros, isso será considerado um uso irresponsável e desrespeitoso do dispositivo, da plataforma ou do aplicativo. A consequência será a perda de acesso por um período previamente acordado quando essa possibilidade foi introduzida.

2. Quanto mais transparente for essa relação entre pais e filhos sobre a necessidade de monitoramento para garantir um uso bem-sucedido dessas ferramentas poderosas, melhor será o resultado. Pedir permissão explícita para monitorar as redes sociais dos filhos e garantir confidencialidade demonstra respeito à privacidade deles e reforça o interesse genuíno em seu bem-estar. Para que isso funcione efetivamente, é essencial respeitar o indivíduo emergente que é seu filho. Evite julgamentos, repreensões públicas ou zombarias sobre o que ele posta; isso pode destruir sua confiabilidade e sua autoridade como pai ou mãe.
3. Mesmo assim, é provável que seu filho considere criar uma conta privada em uma rede social da qual você não tenha conhecimento. Apesar de todo o temor em relação às *finstas* (contas falsas no Instagram), essas contas clandestinas geralmente são privadas, restritas às pessoas mais próximas e confiáveis, o que pode não incluir os pais. Diferentemente das contas públicas, as *finstas* tendem a ser autênticas e sinceras, em vez de performáticas e arriscadas — sendo, assim, muito mais saudáveis para os jovens que estão descobrindo a si mesmos.
4. Como sua "porta" está aberta (pelo menos para as contas que eles reconhecem), seu filho sabe que pode trazer até as coisas mais constrangedoras para você ajudá-lo a dar sentido a elas. Isso faz seu filho se sentir mais seguro, mesmo que ele nunca admita isso.

E quanto às crianças que querem privacidade? Pré-adolescentes e adolescentes são biologicamente impulsionados a se individualizar — embora não tenham clareza sobre o que estão buscando ao fazer isso. Tudo o que sabem é que não querem ser como seus pais nem demonstrar qualquer vulnerabilidade diante de seus colegas. Eles buscam desesperadamente um espaço privado para processar suas dúvidas. Há uma geração, meninas adolescentes mantinham diários manuscritos trancados em gavetas ao lado da cama. Hoje, esse diário é representado pelas redes sociais. Existe uma ilusão de que uma conta em rede social é segura e privada, mas ela não está trancada em uma gaveta; está em um *outdoor*. O que as crianças postam *on-line* constitui sua pegada digital, uma representação pública delas que pode se espalhar rapidamente e permanecer, já que provavelmente será preservada em algum servidor ou disco rígido. Quanto mais ousado ou chamativo for o conteúdo, maior a probabilidade de atrair a atenção que elas desejam — e de ser salvo, compartilhado e possivelmente até viralizado.

Monitorar os comportamentos *on-line* de pré-adolescentes e adolescentes pode parecer invasivo e extremamente injusto para eles. No entanto, a razão disso não é uma questão de justiça, mas de biologia. Eles têm pressa para crescerem, serem independentes e terem privacidade. O desejo de ter mais do que tinham na infância é normal e desejável. Contudo, o anseio por privacidade, como muitos desejos na adolescência, excede sua capacidade nesse estágio de desenvolvimento cerebral. Para eles, privacidade significa "para que meus pais não vejam!". Enquanto um pai orientador pode explicar as barreiras de privacidade que os protegerão no futuro, o córtex pré-frontal deles, responsável por funções executivas como julgamento, ainda está em maturação e só será plenamente desenvolvido entre meados e o final dos 20 anos. (Curiosamente, antes que os neurocientistas descobrissem isso, as locadoras de carros já haviam determinado que não era lucrativo alugar veículos para pessoas com menos de 25 anos devido ao maior risco de prejuízo em comparação ao lucro.)

O desenvolvimento do cérebro humano segue o cronograma da natureza. Praticar o amor exigente protege o futuro dos nossos filhos. A capacidade de monitorar suas atividades *on-line* deve ser uma condição para que eles obtenham dispositivos ou plataformas interativas. É importante deixá-los saber que usar mídias interativas não é apenas um privilégio condicionado ao comportamento deles, mas também uma responsabilidade de respeitar a si mesmos e aos outros por meio do que publicam, compartilham ou aprovam ao aceitar. Embora reclamem, protestem e tentem contornar sua capacidade de monitorá-los — e você não terá tempo ou energia para fazer isso o tempo todo —, eles saberão que podem levar qualquer dúvida ou preocupação sobre suas experiências *on-line* até você.

O impasse entre Nicki e sua mãe sobre o telefone mostrou potencial para melhora com uma atividade compartilhada. Isso frequentemente ocorre.

"E se você ajudasse sua mãe a criar uma conta no Instagram?", perguntei a Nicki.

"Não... Ela nunca..."

"Do que ela gosta?"

"Comer. E cozinhar. Eu também gosto de cozinhar. É bem calmante."

"E se vocês criassem receitas juntas? Poderiam tirar fotos das refeições e compartilhá-las com os amigos dela e os seus. Sabe, sua mãe se sentiria muito melhor, e aposto que pararia de pegar tanto no seu pé se soubesse o que você está vendo e postando de vez em quando", sugeri.

"De jeito nenhum! Não vou mostrar isso a ela! Estamos só falando sobre garotos. E sobre como o Sr. Spencer é um bobo..."

"Ela talvez ficasse aliviada ao saber que você não está se conectando com um pedófilo."

"É, talvez... Mas... Acho que posso tentar a ideia da comida."

A paternidade consciente nos convoca a recorrer a tradições consagradas pelo tempo e a criar novas para dar aos nossos filhos o melhor início na vida e prepará-los para um futuro que não podemos prever com precisão. Nosso desafio é reformular tradições e adaptar práticas sensatas à era digital. A educação midiática (ou o que prefiro chamar de *domínio das mídias*) — compreender como as mídias funcionam e usá-las com sabedoria — é tão importante hoje quanto ler, escrever e fazer contas sempre foram. Independentemente de onde você esteja nessa curva de aprendizagem, seja um pai experiente em tecnologia ou não, nada disso está além das suas capacidades ou das do seu filho enquanto ele cresce para se tornar um usuário competente e confiante das mídias.

PRESCRIÇÃO DE MÍDIA SAUDÁVEL

A orientação coloca você no fluxo e no conhecimento

É importante estar tão presente e envolvido no espaço digital do seu filho quanto no mundo físico dele. Orientá-lo ao apresentar dispositivos digitais e aplicativos é um processo que envolve ouvi-lo atentamente sobre o que ele quer fazer *on-line* e como deseja fazer isso. Se você permanecer curioso, aberto e sem julgamentos, será capaz de aprender com ele o que outras crianças estão fazendo *on-line* e comunicar que está interessado em apoiá-lo a alcançar seus objetivos.

Cada meio possui seus pontos fortes e limitações: livros, televisão, realidade aumentada, filmes, internet, redes sociais, realidade virtual, música, *videogames* e aplicativos. Esses meios inevitavelmente mudam com o tempo e com a idade e o desenvolvimento do seu filho. Mas, em qualquer idade ou estágio, sua presença — seu envolvimento — é a forma mais eficaz de potencializar os benefícios e minimizar os riscos do ambiente digital.

VOCÊ PODE

- ***Redefinir a dinâmica.*** Mude sua visão de si mesmo como um fiscal — policiando seus filhos em uma disputa pelo uso da mídia — para um apoiador do sucesso deles.
- ***Abordar questões de preocupação à medida que surgem — ou antes disso.*** Fale sobre elas de maneira reconfortante, objetiva, calma e atenciosa.
- ***Manter-se acessível.*** Você quer que seu filho tenha confiança para recorrer a você com dúvidas ou informações sobre algo que encontrou *on-line*.
- ***Sempre perguntar o que seu filho pensa ou sente sobre o assunto da conversa.*** Não diga a ele que o que pensa ou sente está "certo" ou "errado".
- ***Usar frases na primeira pessoa e evitar impor julgamentos.*** Fale sobre seus sentimentos e ideias, não sobre o que você acha que os dele "deveriam" ser.
- ***Responder de forma ponderada.*** Se precisar de mais informações ou de tempo para refletir sobre algo, reconheça isso e planeje resolver a questão com seu filho. Ele verá como é uma deliberação cuidadosa — algo que provavelmente não testemunhará com frequência no ambiente *on-line*.

Capítulo 2

O que é bem-estar digital?

A abordagem integral da criança para o uso saudável das mídias

Jonah foi trazido para sua primeira consulta de acompanhamento com duas semanas de vida. Seus pais eram jovens, ele era o primeiro filho, e eles apreciaram a maneira como eu conversava com ele quando o examinei na maternidade.

"Você falava com ele como se fosse seu filho... mas como se ele tivesse 6 anos. Sem voz infantilizada. Quero fazer isso", disse sua mãe. Ela me contou que as primeiras duas semanas de Jonah tinham sido relativamente tranquilas. Ele acordava a cada duas ou três horas para mamar durante a noite (procedimento padrão para um recém-nascido). Mamava bem e voltava a dormir. No entanto, quando mamava durante o dia, ficava constantemente soltando o seio, olhando ao redor, e precisava ser persuadido a voltar, prolongando suas sessões de amamentação por 20 minutos ou mais. "E ele não fica tanto tempo sem mamar durante o dia", explicou sua mãe. "Acho que não está se alimentando tanto quanto durante a noite."

Fiz todas as perguntas padrão sobre amamentação: "Como Jonah está posicionado? Como você oferece o mamilo?".

Suas respostas foram sempre: "Exatamente como faço à noite".

Então perguntei: "O que você faz quando o amamenta à noite?".

Ela riu. "Está brincando? Estou meio dormindo. Apenas olho para ele e desejo mentalmente que ele encha a barriga para eu poder voltar a dormir!".

"E o que você faz quando o amamenta durante o dia?"

"Sento-me na minha poltrona confortável, coloco-o para mamar e ligo a TV para me atualizar sobre o que está acontecendo fora da minha bolha materna. Às vezes ligo para minha mãe para reclamar da vida."

"O que Jonah faz?"

“Ele me olha por um tempo, depois começa a olhar ao redor do quarto e solta o seio.”

“Tente olhar de volta para ele na próxima vez e veja se isso muda seu comportamento. Desligue a TV. Não faça ligações. Vamos ver o que acontece.”

Como pediatra, meu foco principal é manter a saúde integral da criança, fornecendo práticas preventivas baseadas em evidências para famílias e comunidades protegerem e promoverem a saúde e o desenvolvimento infantil. O cuidado integral abrange não apenas a saúde física, mental e social imediata, mas também o desenvolvimento físico, psicológico, social, emocional, criativo, intelectual e comportamental saudável. Corpo e mente estão inextricavelmente ligados ao longo da vida. Saúde e desenvolvimento caminham juntos durante a infância e a adolescência. Nutrição, exercício, aprendizagem e socialização são importantes para otimizar o bem-estar geral para todos nós, mas especialmente para os mais jovens. Enquanto os adultos com frequência precisam se esforçar para se alimentarem corretamente e se exercitar para manterem-se saudáveis, os instintos naturais das crianças e sua resiliência juvenil as ajudam a permanecerem bem. O que é bem-estar nesse ambiente drasticamente diferente, nosso mundo saturado de telas, no qual as crianças de hoje estão crescendo? *O que é bem-estar digital?* Essas questões são o fundamento do meu trabalho — e do seu como família. O Digital Wellness Lab (Laboratório de Bem-estar Digital), onde nos focamos em conselhos práticos baseados em evidências para a parentalidade e nas pesquisas e políticas que os apoiam, define bem-estar digital desta forma:

> Bem-estar digital é um estado positivo de saúde mental, física e socioemocional buscado por meio do engajamento intencional, autêntico e equilibrado com a tecnologia e as mídias interativas.[1]

O que isso significa para você e seu filho? O universo mais amplo dos bebês contém uma verdade universal para todos nós. Se você ainda não assistiu, recomendo fortemente o documentário *Bebês* (2010),[2] que acompanha lactentes da Namíbia, de Tóquio, de São Francisco e da Mongólia. Ricos e pobres, vivendo com pais altamente instruídos e funcionalmente analfabetos, apenas observamos (não há narração) o desenvolvimento físico, cognitivo e socioemocional dos bebês durante os dois primeiros anos de vida. As crianças vivem de maneiras diferentes ao redor do mundo, mas as chaves para o bem-estar físico, mental, emocional e social são consistentes: uma combinação saudável de sono, brincadeiras, alimentação nutritiva, relacionamentos sustentadores — que incluem apego seguro a um dos pais ou cuidador primário — e um ambiente estimulante que promova curiosidade, aprendizagem e resiliência.

Como as mídias têm presença tão pronunciada em nossa vida, e cada uma dessas necessidades básicas afeta as outras, a exposição das crianças às mídias e o seu uso potencialmente afetam todos os aspectos de sua saúde e seu desenvolvimento, principalmente:

- sono;
- nutrição;
- autorregulação;
- brincadeira livre imaginativa;
- desenvolvimento cerebral e crescimento intelectual;
- desenvolvimento da linguagem;
- comportamento social e habilidades sociais;
- desenvolvimento emocional;
- atividade física vigorosa;
- contato ao ar livre com o mundo natural;
- relacionamentos e intimidade emocional;
- saúde mental.

Os efeitos em longo prazo da exposição e do uso de mídias por bebês e crianças levarão anos para serem estabelecidos por estudos científicos à medida que crescem e se desenvolvem, mas décadas de pesquisas rigorosas sobre saúde e desenvolvimento na primeira infância oferecem muitas percepções para informar nossas escolhas no ambiente digital atual. Refletindo uma síntese de descobertas, as diretrizes da American Academy of Pediatrics sugerem que exposição muito precoce ou excessiva às mídias digitais pode contribuir ao longo do tempo para problemas significativos de saúde, incluindo obesidade, além de potencialmente prejudicar o desenvolvimento cognitivo e cerebral, as funções executivas e o desenvolvimento social e emocional.[3]

O sono é um componente vital da saúde e do desenvolvimento, mas é um dos danos mais comuns das agendas lotadas das crianças — e os efeitos adversos do uso de mídia no sono estão bem documentados.[4] Pesquisas mostram que o uso de mídia e até a exposição passiva podem afetar a quantidade e a qualidade do sono das crianças, o que, por sua vez, podem afetar sua saúde física e mental. Além disso, o sono ruim deixa a criança excessivamente cansada durante o dia e a torna mais vulnerável a outras complicações de saúde e de comportamento, incluindo:

- dificuldades de aprendizagem, escuta, concentração e resolução de problemas;[5]
- sensação de estresse e preocupação, ansiedade ou medo;[6]
- irritabilidade com amigos e família, mudanças de humor ou comportamento desafiador;[7]
- alimentação não saudável e ganho de peso;[8]
- menor resistência imunológica.[9]

No entanto, esses não são resultados inevitáveis da presença das mídias na vida das crianças. São sinais de incompatibilidade, um desequilíbrio, padrões de exposição ou de uso de mídia que não estão apoiando a saúde e o desenvolvimento ideais na infância. A presença constante de telas na vida contemporânea exige uma atualização das medidas tradicionais de bem-estar para incluir o bem-estar digital — uma forma de considerar tanto os benefícios quanto os riscos do uso de mídia para a saúde das crianças. Embora saibamos que o uso de telas pode prejudicar o sono saudável, também conhecemos medidas concretas que podem ser adotadas para minimizar esses efeitos, e à medida que aplicativos para redução do estresse, relaxamento, meditação, música calmante e outros conteúdos tranquilizantes se proliferam, eles são um lembrete de que as mídias são neutras; podemos escolher usá-las de maneiras que apoiem a saúde e o desenvolvimento ideais de nossos filhos.

O bem-estar digital pode ser adaptado à idade e ao estágio de desenvolvimento de cada criança — e precisará ser atualizado conforme a criança tiver diferentes necessidades e demonstrar uso responsável de dispositivos e aplicativos. Você pode ajustar essas estratégias ao contexto de uso de mídia em sua casa e em outros ambientes físicos, às dinâmicas familiares, às necessidades individuais de saúde ou comportamentais e a quão de perto e por quem a atividade é monitorada.

Uma revisão de escopo de 2023 de 35 estudos recentes sobre definições de bem-estar digital refletiu orientações diversas, desde filosóficas até pedagógicas e práticas.[10] Mas um denominador comum era o objetivo de usar as mídias para maximizar benefícios e minimizar efeitos adversos em contextos psicológicos, sociais, acadêmicos e profissionais, equilibrando vida *off-line* e *on-line*,[11] tempo de tela e atividades sem tela,[12] brincadeiras físicas e digitais.[13] O bem-estar digital incluía "florescer" por meio de autonomia, domínio, propósito e conexão com pessoas[14] e ter resiliência e capacidades críticas para lidar com riscos *on-line* e alcançar segurança na internet.[15] A maioria dos estudos na revisão de escopo focou em três domínios principais — físico, mental e socioemocional —, mas Audrey Yue e colaboradores propuseram alcançar o bem-estar digital aderindo a um modelo abrangente de nove partes:

- segurança e proteção;
- direitos e responsabilidades;
- saúde e autocuidado;
- criatividade;
- inteligência emocional;
- comunicação;
- consumismo;
- emprego e empreendedorismo;
- ativismo e engajamento cívico.

Yue sugeriu uma estrutura tridimensional que integra: 1) criar e manter uma relação saudável com a tecnologia que possa ser utilizada de maneira equilibrada e civilizada; 2) identificar e compreender os impactos positivos e negativos do engajamento com atividades digitais; e 3) estar ciente das formas de gerenciar e controlar fatores que contribuem para o bem-estar digital.[16]

Como as pesquisas formais focadas no bem-estar digital para crianças são escassas e lentas, é importante recorrer ao vasto conhecimento baseado em evidências que já temos sobre as necessidades desenvolvimentais infantis e, então, considerar suas observações e seu conhecimento íntimo de seu filho para avaliar as escolhas de mídia que você faz.

O ato de equilibrar: nossa presença e a presença das mídias

Ao buscarmos o desenvolvimento ideal e o bem-estar digital de uma criança, a primeira evidência poderosa que temos é o olhar entre o recém-nascido e seu cuidador. Os recém-nascidos enxergam apenas em preto e branco com alto contraste e conseguem focar apenas objetos a cerca de 25 centímetros de distância (o espaço entre o seio materno e seu olhar voltado para baixo).[17] A coordenação complexa entre os olhos e o cérebro do bebê em um sistema visual sofisticado ocorrerá ao longo dos dois primeiros anos de vida. Mesmo subdesenvolvido nesses estágios iniciais, o sistema visual do bebê já é sua ferramenta sensorial mais importante para perceber, explorar e compreender o mundo. Eles olham fixamente para qualquer coisa nessa linha de visão de 25 centímetros. Durante a amamentação, seu olhar está fixo no rosto da mãe até que ela desvie o olhar. A amamentação nutre não apenas o corpo do bebê, mas também a relação entre bebê e mãe — e a saúde mental de ambos. Este é o primeiro de muitos momentos no desenvolvimento de seu filho no ecossistema digital em que aquilo com que você alimenta sua mente é tão importante quanto o que você oferece ao seu corpo. O contato pele a pele, os sons do bebê e esse olhar atento entre mãe e filho fazem ambos liberarem o hormônio ocitocina, que estimula a descida do leite, quando este é liberado das glândulas mamárias para os ductos.[18] (É por isso que mães que amamentam frequentemente têm vazamento de leite ao ouvirem o choro de um bebê.) A descida do leite é importante para a amamentação, mas a ocitocina tem efeitos psicológicos cruciais tanto na mãe quanto no bebê. É chamada de "hormônio do carinho" porque acalma ambos, estimula o toque físico, a fala em tons afetuosos e, sim, o aconchego.[19] A ocitocina, com a betaendorfina, outro hormônio liberado durante a amamentação e o contato pele a pele, reduz a ansiedade, produz sensações de felicidade e calma, constrói apego seguro e parece ser protetora contra depressão pós-parto para a mãe.[20] Para pais que alimentam seus bebês com mamadeira, esse olhar é um importante suporte para o vínculo pai-bebê, especialmente quando a alimentação envolve contato visual, aconchego e sons suaves.[21] Embora possa parecer que o momento da alimentação seja um "tempo livre" na vida agitada 24 horas por dia, sete dias por semana de uma nova mãe ou um novo pai, não perca essa oportunidade crucial pegando seu telefone para ver o que você perdeu. Esse é um momento precioso e fugaz para criar vínculo com seu recém-nascido.

Jonah conseguia olhar fixamente para o rosto sonolento de sua mãe durante as mamadas noturnas, mas quando ela se distraía com a televisão e as ligações telefônicas durante o dia, seu comportamento sugeria que ele se sentia abandonado, desconectado e ansioso. Envolvida com notícias e conversas carregadas de emoção, a epinefrina (adrenalina) da mãe fluía em vez de ocitocina. A distração e a ansiedade de Jonah aumentavam com as de sua mãe. Embora os *smartphones* sejam menores e mais silenciosos do que televisões, *laptops* e *tablets*, não são menos intrusivos. É fácil tirar um telefone do bolso enquanto se faz outra coisa, seja entrar num elevador, seja amamentar um bebê. Mas as múltiplas funções dos *smartphones* demandam possivelmente ainda mais atenção do que uma televisão. Na hora da alimentação, seja amamentação, seja mamadeira, agora é possível assistir às notícias *e* conversar com sua mãe ou com seus amigos *e* postar fotos do seu bebê *e* enviar mensagens *e* fazer compras *e*... tudo em um único dispositivo. E tudo isso à custa do olhar atento do seu bebê durante a amamentação.

PERGUNTE AO MIDIATRA

Amamentação digital — refeições com o bebê e mídias em interação

O envio de mensagens durante a amamentação afeta o vínculo entre mãe e bebê?

Esta é uma das questões mais importantes para os pais na era digital, que se repetirá, em várias formas, tanto para pais quanto para filhos, da primeira infância à adolescência: "Como manter a conexão humana em meio à conectividade infinita do ambiente digital?".

A conexão entre pais e filhos — o vínculo emocional positivo, mútuo e sustentado entre ambos — pode ser o fator isolado mais protetor na vida de uma criança em termos de saúde física e mental e sua socialização como membro de uma família e do mundo mais amplo. O cérebro humano se desenvolve notavelmente rápido durante os primeiros meses de vida, e a interação com outras pessoas, particularmente com cuidadores primários, é crucial para esse desenvolvimento. O simples contato físico de ser segurado e o contato visual do olhar entre pais e bebê durante a amamentação natural ou artificial podem ajudar a construir essa conexão. Pesquisas mostram que o olhar face a face entre mães e seus filhos pode afetar positivamente o humor das crianças e ajudá-las a regular suas emoções. A atenção focada do pai proporciona benefícios semelhantes.[22] Mesmo muito depois da primeira infância, o olhar entre pais e filhos permanece uma fonte poderosa e primordial de nutrição e força para ambos.

Enviar mensagens durante a alimentação do bebê desvia a atenção do cuidador. Embora a atenção constante não seja necessária, é importante ter em mente que o momento da alimentação é uma oportunidade única para passar um tempo íntimo com seu filho e ajudar a construir essa poderosa conexão. Olhar suavemente um para o outro em silêncio pode ser calmante, centralizador e uma ótima maneira de desenvolver a compreensão dos sinais físicos sutis do bebê. Ler em voz alta, conversar ou cantar para seu bebê e criança em estágio inicial do desenvolvimento pode aumentar seu desenvolvimento linguístico enquanto reforça a conexão.

Lembre-se: nosso desafio é encontrar o equilíbrio entre o uso das mídias, como o envio de mensagens de texto, e nossas necessidades humanas.

O envio de mensagens não é inerentemente prejudicial — pode ser uma ferramenta importante para buscar informações e se comunicar, especialmente quando uma criança está dormindo. Limite o envio de mensagens quando estiver com seu filho para não perder os momentos especiais que ele proporciona com suas ações e falas e para não modelar comportamentos desconectados e distraídos. As crianças aprendem mais com nossas ações do que com nossas palavras, então permaneçamos conectados a elas e sirvamos de modelo de conexão com os outros e com o mundo.

Todo pai e toda mãe querem saber: *o que posso fazer para ajudar meu bebê a ter o melhor começo possível?* O futuro do bebê como aprendiz ativo, indivíduo social e emocionalmente engajado e resiliente da infância à idade adulta resulta de neurônios se conectando com outros neurônios em seu cérebro, e essas conexões sendo reforçadas pelo uso ou eliminadas pelo desuso. Os estímulos para os neurônios se conectarem e serem reforçados ou eliminados vêm do ambiente. Então, quais características do nosso ambiente físico-digital otimizam o desenvolvimento cerebral de uma criança desde a primeira infância?

O vínculo e a construção de uma relação segura com um dos pais ou cuidador primário é a base do desenvolvimento saudável. O que acontece se um bebê em crescimento não tiver interações calorosas e acolhedoras com seus cuidadores nos estágios mais precoces de sua vida? Sem interação humana rica e complexa, o cérebro em desenvolvimento não alcança seu potencial.

Tragicamente, a história nos proporcionou um experimento de décadas. Do final dos anos 1960 até 1990, sob a ditadura de Nicolae Ceauşescu, o governo totalitário da Romênia buscou expandir a economia nacional com trabalhadores. Celebrava mães que produziam dez ou mais filhos, enquanto proibia contracepção e aborto e taxava pessoas sem filhos. O resultado foi um aumento nos nascimentos de crianças, rapidamente abandonadas porque seus pais empobrecidos não podiam sustentá-las. O governo institucionalizou cerca de 170 mil dessas crianças em orfanatos, onde eram eficientemente trocadas e alimentadas com mamadeiras apoiadas em seus berços. Mas eram deixadas sozinhas. Não eram seguradas. Ninguém falava com elas. Ninguém as olhava nos olhos. Ninguém lia ou cantava para elas. Quando psicólogos norte-americanos entraram pela primeira vez nas creches romenas de escala industrial após a queda do regime Ceaușescu, ficaram atônitos com o silêncio. Bebês, crianças mais novas e até crianças mais velhas estavam em fileiras e mais fileiras de berços, olhando fixamente.[23] Um desses psicólogos, Dr. Nathan Fox, observou: "A coisa mais notável sobre a sala dos bebês era como ela era silenciosa, provavelmente porque os bebês haviam aprendido que seus choros não obtinham resposta".[24]

Pesquisas conduzidas por Fox, Dr. Charles Nelson, meu colega no Boston Children's Hospital e na Harvard Medical School, e outros mostraram que os órfãos romenos tinham cérebros menores, com menos substância cinzenta (células cerebrais) e substância branca (conexões com outras células cerebrais). À medida que cresceram, tiveram dificuldades com função cognitiva (pensamento), desenvolvimento da linguagem e habilidades motoras grossas e finas (força e coordenação muscular grande e pequena). Seus déficits mais proeminentes e persistentes são problemas comportamentais socioemocionais e transtornos psiquiátricos.[25] Privados de interação humana quando bebês, descobriu-se que apresentaram mais dificuldades em formar vínculos humanos e estabelecer e manter atenção. Anos depois, muitos apresentaram deficiências intelectuais, sensoriais e de movimento marcantes que persistiram até o início da idade adulta e provavelmente permanecerão por toda a vida.

Os efeitos da negligência, no entanto, não se limitam a situações extremas como orfanatos totalitários. Estudos com crianças estadunidenses cujos pais foram negligentes em diferentes graus mostraram que algumas têm "baixo controle de impulsos, isolamento social, problemas para lidar e regular emoções, baixa autoestima, comportamentos patológicos como tiques, birras, roubo e autopunição, baixo funcionamento intelectual e baixo desempenho acadêmico".[26] A negligência nem sempre é extrema. Ter telas em praticamente todos os espaços físicos, em nossos bolsos e pulsos é um cenário para micronegligência, momentos de distração que podem criar problemas instantâneos, como quando um motorista está ajustando o GPS, ou causar negligência cumulativa e incremental, como quando um dos pais está rotineiramente enviando mensagens de texto enquanto está com um bebê ou criança.

O dilema digital das distrações

O ambiente digital tornou cada vez mais complexa a tarefa de criar uma criança física, mental e socialmente saudável. Décadas de estudos realizados por pediatras, psicólogos infantis e educadores nos forneceram uma boa compreensão do arco do desenvolvimento humano normal, da primeira infância à idade adulta. Contudo, cada criança é um alvo móvel nesse arco, variando de maneiras únicas e respondendo tanto a estímulos genéticos quanto a ambientais. Novos pais estão abertos e aprendendo constantemente com seu primeiro filho. Com o segundo, com frequência se surpreendem e ficam perplexos, às vezes frustrados, às vezes encantados. Pensando que já haviam compreendido essa tarefa da parentalidade com o primeiro filho, muitas vezes esperam que o segundo siga padrões similares de comportamento, aprendizagem e crescimento. E rapidamente se desencantam dessa noção. Não apenas cada criança é apenas uma combinação única de genes que a predispõe a responder aos estímulos de maneiras individuais, mas os estímulos que experimenta são diferentes. Hoje, o ambiente digital em que vivemos evolui tão rapidamente que os estímulos que as crianças experimentam são diferentes não apenas daqueles que seus pais vivenciaram quando crianças, mas também daqueles que seus irmãos mais velhos experimentaram. Tenha em mente que, como pai ou mãe, você está navegando por três alvos móveis:

1. a criança em desenvolvimento;
2. o ambiente digital em rápida evolução que afeta e reflete esse desenvolvimento;
3. a transformação em todos os nossos comportamentos conforme usamos nossos dispositivos digitais.

Os *smartphones*, mais do que qualquer outro dispositivo, exacerbaram a parentalidade distraída. É muito fácil sentir que estamos presentes, supervisionando, quando na verdade estamos apenas parcialmente ali, empurrando uma criança no balanço enquanto rolamos a tela das mensagens, ou "observando" (mas não realmente) enquanto sobem em um trepa-trepa. Mais de 200 mil acidentes em parquinhos requerem atendimento médico anualmente, e pesquisas observacionais nesses locais mostraram que os pais olham para seus telefones em vez de para suas crianças durante 30% do tempo — e que as crianças assumem mais riscos físicos quando seus pais estão distraídos.[27] A parentalidade exige trabalho intensivo, demandando atenção na maior parte do tempo em que um bebê ou uma criança está acordada. Os pais têm empregos ou outras atividades que exigem pensamento e capacidade de resposta. É tentador, talvez até essencial, que tentem acompanhar suas múltiplas demandas realizando "múltiplas tarefas", mesmo enquanto cuidam de uma criança.

Nossa tentativa de realizar múltiplas tarefas precedeu em muito os *smartphones*. Os pais têm cozinhado refeições enquanto ajudam um filho com o dever de casa, equilibrado demandas do trabalho enquanto mantêm um olho nas crianças brincando e dirigindo enquanto conversam com alguém no carro. O cérebro experimenta esse tipo de malabarismo entre tarefas assim como um malabarista mantém várias bolas no ar alternando o foco e respondendo à demanda conforme cada bola se dirige ao chão. E a alternância de atividades funciona (na maior parte do tempo) para malabarismo ou para cozinhar porque essas ações envolvem memória muscular e reflexos bem praticados, não pensamento reflexivo nem a resposta em fração de segundo necessária para pegar uma criança prestes a cair. Em contrapartida, até o *e-mail*, a mensagem ou a notificação mais rotineira requer mais recursos cognitivos. Convocar esses recursos exige desviá-los da atenção à criança. E muito mais que risco físico está em jogo. Os órfãos romenos estavam fisicamente seguros, confinados em seus berços, mas o dano causado pela negligência revelou-se profundo e duradouro, possivelmente irreversível.

Tentamos viver nossa vida ao máximo, encaixando o quanto possível. Quando *smartphones* e *tablets* foram introduzidos, acreditávamos que aumentariam nossa eficiência, permitindo realizar mais em menos tempo porque poderíamos responder imediatamente. E acreditávamos que isso nos daria mais tempo para nós mesmos e nossas famílias. Mas o que aconteceu foi diferente. Explorando nossa maior eficiência como vantagem competitiva, voltamos para casa após o trabalho mas continuamos trabalhando, durante a noite, nos fins de semana, sempre que possível. Nossos chefes, colegas e concorrentes fazem o mesmo. Exigimos atenção e produtividade 24 horas por dia, sete dias por semana, 365 dias por ano de nós mesmos e uns dos outros, não apenas em nosso trabalho, mas também em nossas interações sociais.

Uma pesquisa realizada pela pediatra desenvolvimental e comportamental Dra. Jenny Radesky em 2014 descobriu que 73% dos pais estudados usavam *smartphone*, *tablet* ou *laptop* enquanto comiam com seus filhos. Quando os pais estavam usando seus dispositivos, tinham 39% menos interações não verbais com seus filhos e 20% menos interações verbais. As interações verbais que tinham eram predominantemente disciplinares, breves e ríspidas.[28] A psicóloga do desenvolvimento Dra. Kathy Hirsh-Pasek e a educadora Dra. Roberta Michnick Golinkoff estudaram a dinâmica da aprendizagem na primeira infância à medida que esta evoluiu das salas de aula e dos lares tradicionais para o uso interativo, móvel e potencialmente constante de telas. Em um estudo experimental sobre como a interação responsiva (falar e responder) entre pai/mãe e filho afeta o desenvolvimento da linguagem, elas fizeram mães ensinarem a seus filhos de 2 anos verbos sem sentido descrevendo ações simples, como pular ou sacudir brinquedos de pelúcia. Elas repetiriam a nova palavra o mesmo número de vezes durante o mesmo período. Mas metade das sessões responsivas era interrompida pela mãe atendendo seu telefone por 30 segundos antes de retornar para ensinar a criança pelo resto do tempo. Quando as mães pediam aos pequenos para demonstrarem as ações, as crianças cujas interações responsivas com suas mães foram interrompidas por uma breve ligação telefônica não conseguiam fazê-lo, enquanto aquelas cujas interações não foram interrompidas conseguiam.[29]

A pesquisadora Hirsh-Pasek recriou uma variação desse experimento para as câmeras de televisão de Diane Sawyer, fazendo mães brincarem com seus filhos e depois serem interrompidas por uma ligação telefônica. Quando suas mães desviavam a atenção para o telefone, a maioria das crianças clamava por atenção, mostrando-lhes brinquedos ou algo que estavam fazendo ("Olha para mim!"), ficando progressivamente aflitas. De partir o coração, uma menina, ao ver sua mãe envolvida em uma conversa telefônica, dirigiu-se à cadeira e sentou-se quieta, esperando que a mãe voltasse sua atenção para ela. Por um breve momento, tornou-se uma bebê silenciosa como as institucionalizadas em orfanatos.[30]

Décadas antes da existência dos *smartphones*, o Dr. Edward Tronick, no Boston Children's Hospital, conduziu o "Experimento da face imóvel" com crianças de 1 ano. Suas mães interagiam com elas, conversando e sorrindo, e os bebês respondiam com balbucios de saudação, sorrisos e apontavam para coisas interessantes no ambiente. Em seguida, as mães se viravam brevemente e retornavam com expressões faciais imóveis e inexpressivas. Os bebês as cumprimentavam, estendiam os braços em sua direção, apontavam para objetos de interesse para ver se seus olhares as seguiriam. Quando os rostos de suas mães permaneciam imóveis, ficavam progressivamente aflitos, arqueando as costas para sair de seus assentos, gritando dolorosamente. Perder a poderosa comunicação visual do olhar materno, como ocorre quando as mães observam telas, é sentido como abandono.[31]

Testando suas observações clínicas, o psiquiatra infantil Dr. William Beardslee conduziu um abrangente estudo longitudinal com filhos de pais deprimidos. Descobriu que ser criado por um genitor retraído e minimamente responsivo devido à depressão aumenta de quatro a seis vezes o risco de depressão na criança.[32] Um pai ou mãe lendo mensagens de texto, verificando notificações ou fazendo compras no celular apresenta uma face imóvel e mostra-se tão retraído e minimamente responsivo quanto um genitor deprimido. Em nossas momentâneas distrações digitais com nossos filhos, estaremos continuamente interrompendo uma conexão humana necessária que terá implicações para seu aprendizado ou até mesmo para sua saúde mental?

À medida que os bebês se tornam progressivamente conscientes do mundo ao seu redor, ficam especialmente dependentes dos pais e de outros humanos atenciosos para responder e interagir com eles. Como faziam durante a amamentação, buscam rostos para conexão. Estão aprendendo a serem humanos estudando humanos. E aprendendo como se comportarem observando aqueles ao seu redor.

Conexão é humana, conectividade é tecnológica

A conexão — relacionamentos profundos e significativos com outros — é tão essencial para a saúde humana quanto alimento e abrigo. Já a conectividade — uma medida do nosso alcance digital em seguidores e curtidas — é quantificável, adequada para competir com outros, mas não para sustentar o espírito humano. Nossos mundos são mais amplos devido à nossa conectividade quase infinita, mas nossas conexões são cada vez mais superficiais, e nossa saúde mental e estrutura social sofrem. Apesar de todas as formas pelas quais as crianças usam as mídias para se manterem conectadas entre si ou com o mundo — mensagens, jogos, postagem de fotos e atualizações de *status* —, frequentemente escolhem essas conexões a distância em vez de interações presenciais, face a face. A conectividade digital parece menos constrangedora e mais segura para jovens autoconscientes, mas o "efeito de resfriamento" das telas (descrito primeiramente pelo teórico da mídia canadense Marshall McLuhan) diminui a emoção, e a comunicação assíncrona pode levar à desconexão, a mal-entendidos e a mágoas.[33] As crianças e os adolescentes de hoje têm mais conectividade contínua do que nunca e com frequência a escolhem em detrimento de oportunidades para conexões significativas com outros.

As melhores e piores características de nossas ferramentas digitais amplificam a diferença entre conectividade e conexão. Videochamadas com família e amigos aliviam parte do isolamento e criam oportunidades para desenvolver amizades — até mesmo encontros virtuais. Mas a conectividade constante via tela pode se tornar estressante, até opressiva. Tentamos diminuir nossa timidez com outros interagindo por meio das telas, mas esperamos, até mesmo ansiamos, encontrar relacionamentos significativos ali. As mídias interativas não impedem nosso desenvolvimento das habilidades sociais necessárias para nos conectar e comunicar significativamente; é como as usamos que determina se elas nos conectam em relacionamentos humanos sustentáveis ou limitam nossas conexões ao superficial.

A saúde mental de seu filho será um fio condutor importante ao examinarmos o desenvolvimento social infantil e adolescente, amizades, namoro, sexo, intimidade emocional e autorregulação. Preocupações sobre efeitos adversos do uso não saudável de mídia são justificadas, mas as crianças podem aprender a gerenciar seu uso de mídia e desenvolver hábitos saudáveis que apoiem o aprendizado, relacionamentos satisfatórios, conexões sociais gratificantes e senso de comunidade.

Impressionados com a melhora na amamentação de Jonah e, ainda mais, em sua capacidade de se acalmar sozinho, seus pais mudaram completamente seus próprios hábitos de mídia. O pai explicou ao chefe e aos colegas que, por razões de saúde familiar, não poderia responder a mensagens de trabalho fora do expediente, e desligava o telefone ao sair do escritório. Conforme Jonah foi desmamado e cresceu até a primeira infância, sua mãe lia para ele durante o momento de aconchego. Quando Jonah estava acordado, eles focavam no tempo em família, jogando, passando tempo ao ar livre, passeando com o cachorro e fazendo projetos juntos. Só assistiam à televisão ou acessavam a internet quando Jonah dormia, disse sua mãe, acrescentando que um benefício inesperado era assistirem a programas de melhor qualidade porque tinham menos tempo para TV. Na consulta de acompanhamento dos 3 anos de Jonah, sua mãe perguntou hesitante se ele poderia assistir à televisão educativa porque seus amigos da pré-escola falavam sobre Elmo. Surpreso por ele ainda não usar telas, descrevi assistir à *Vila Sésamo* e a outros programas educativos com Jonah como parte saudável de um cardápio equilibrado e diversificado de experiências.* No *check-up* dos 4 anos, quando perguntei sobre seu uso de telas, sua mãe reconheceu que não era perfeita em controlá-lo, em parte porque ele assistia à televisão com seu amigo Eric durante encontros na casa dele. Ela disse que Jonah "ficava muito empolgado com algumas lutas entre 'mocinhos' e alienígenas", mas frequentemente escolhia continuar brincando

---

* N. de R. T. No Brasil, os programas de TV e os vídeos passam por uma classificação indicativa do Ministério da Justiça e Segurança Pública e somente aqueles com o critério L (livre e com o fundo verde) são indicados. O Guia Prático, já em sua 4ª edição, está disponível em: https://www.gov.br/mj/pt-br/assuntos/seus-direitos/classificacao-1/paginas-classificacao-indicativa/guia-de-classificacao e é atualizado a cada dois anos. Nos Estados Unidos, a entidade responsável pela classificação indicativa é a Entertainment Software Rating Board (ESRB) e, internacionalmente, é a International Age Rating Coalition (IARC).

com seus LEGOs quando podia assistir em casa, e estava começando a ler para ela durante o momento de aconchego.

PRESCRIÇÃO DE MÍDIA SAUDÁVEL

Check-up de bem-estar digital familiar

O bem-estar digital é um trabalho em andamento contínuo, não um ponto estático. É uma relação evolutiva com o uso de mídia moldada por dinâmicas pessoais, familiares, sociais, escolares e profissionais. O ambiente familiar proporciona um contexto para fazer escolhas intencionais de mídia, praticá-las, modificá-las conforme as crianças crescem e desenvolver hábitos saudáveis. Use este questionário para avaliar o uso atual de mídia de sua família e identificar oportunidades de fazer escolhas intencionais. Não há respostas certas ou erradas — apenas informações úteis para iniciar conversas sobre escolhas saudáveis.

Faça a si mesmo estas perguntas periodicamente para desenvolver estratégias familiares conforme as crianças crescem:

1. Quais dispositivos de tela existem em sua casa?
2. Quais dispositivos cada membro da família usa? Quando e onde os usam?
3. Assistir à mídia ou jogar é algo feito sozinho ou como atividade compartilhada?
4. Que mídias você assiste ou joga com seu(s) filho(s)?
5. As telas são ligadas com um propósito e desligadas quando este é alcançado?
6. Vocês têm um horário regular de refeição em família? Alguma tela é usada à mesa?
7. Seus filhos usam telas em seus quartos ou antes de dormir?
8. Você ou seu(s) filho(s) usam tela quando conversam entre si?
9. A creche ou escola de seu filho usa telas? Como as usam?
10. Sua família tem expectativas compartilhadas sobre o uso de tela de todos? Quais são?

Capítulo 3

Cérebros famintos

Conectados pela curiosidade, impulsionados para conexão

O nascimento de Maya foi rotineiro. A enfermeira obstétrica dava instruções em voz alta o suficiente para serem ouvidas sobre os sons dos esforços da nova mãe. O novo pai acariciava nervosamente os cabelos da mãe, afastando-os de sua testa suada. A obstetra murmurava calmamente para sua residente, depois incentivava a mãe em tom mais alto e voltava a ensinar a residente. Os gritos e gemidos da mãe ficavam cada vez mais altos. Um pequeno tufo de cabelo molhado apareceu, depois uma cabeça, e então um bebê inteiro! — e tudo ficou em silêncio. O pai cortou o cordão umbilical com as mãos trêmulas. Como pediatra residente, envolvi a recém-nascida em um cobertor, secando-a com cuidado. Ela respirou fundo, semicerrando os olhos contra a luz enquanto eu a limpava na mesa aquecida, envolvia-a em outro cobertor limpo e a colocava no peito da mãe. Sua mãe disse: "Olá, Maya...". Maya virou a cabeça em direção ao som e olhou para os pais com os olhos cheios de lágrimas. Seus olhos se abriram bem por um longo momento imóvel, então sua cabeça relaxou sobre o peito da mãe, seus olhos se fecharam e ela dormiu.

Mesmo os nascimentos mais rotineiros são dramáticos para o recém-nascido. Saindo da escuridão quente e dos ritmos constantes do coração da mãe, com ocasionais murmúrios abafados de sua voz, um recém-nascido é subitamente lançado em luzes brilhantes, uma cacofonia de sons ásperos e vozes estranhas, tremendo de frio até encontrar calor novamente — uma voz familiar atraindo sua atenção para olhar pela primeira vez para os rostos de seus pais. Inundado por novas e intensas sensações, ele absorve tudo o que pode — e então desliga.

De muitas maneiras, esse é o padrão que você verá ao longo da vida do seu filho: desde os primeiros anos até a adolescência (e até mesmo na idade adulta, se você pensar bem). Em diferentes idades e estágios de desenvolvimento, seu filho buscará sensações, absorverá o máximo que puder e depois precisará de uma pausa para processar tudo isso, descansar e então se reconectar com você e com o mundo ao seu redor. O que sempre foi uma jornada complexa de desenvolvimento da infância à idade adulta tornou-se ainda mais complexo no ambiente midiático atual. Mas com desafios vêm oportunidades. Enquanto navegamos por esses desafios, é importante sentir a alegria de amar nossos filhos e compartilhar as maravilhas da vida nesse cenário emocionante com eles. Com essa trajetória em mente, à medida que avançamos pelos marcos do desenvolvimento cerebral precoce, teremos um vislumbre de padrões cerebrais e comportamentais semelhantes que surgirão ao longo do *continuum* das idades e dos estágios de desenvolvimento. Uma compreensão mais profunda do "porquê" subjacente ao desenvolvimento cerebral inicial — juntamente às habilidades de modelação, orientação e monitoramento — não apenas ajudará com seu bebê e criança, mas também preparará você para o futuro com mais confiança.

O cérebro humano: conexões e poda

Quando um bebê saudável nasce, a maioria de seus órgãos já é uma versão pequena e plenamente funcional do que eles se tornarão — exceto um. Seu coração, pulmões, fígado e rins começam imediatamente a desempenhar as funções que terão por toda a vida, mas seu cérebro está apenas iniciando a fase mais importante de crescimento. Outros mamíferos, como filhotes de cães e bezerros, conseguem se erguer e, ainda que cambaleantes, caminhar quase imediatamente após o nascimento. O recém-nascido humano, no entanto, não anda até cerca de 1 ano. Mesmo nossos parentes mais próximos, os primatas superiores como chimpanzés e orangotangos, nascem com circuitos cerebrais programados para a sobrevivência — eles conseguem agarrar-se ao pelo da mãe para obter calor e proteção e mover-se para encontrar o mamilo da mãe em busca de sustento.

Humanos nascem com o cérebro de um feto, pouco mais do que um receptor de estímulos sensoriais. Nossos recém-nascidos são incapazes de comunicar algo além do desconforto. Não conseguem caminhar nem agarrar objetos. Não conseguem manter-se aquecidos ou obter alimento. São indefesos, completamente dependentes dos outros. Ao contrário dos animais que nascem com um cérebro capaz de habilidades de sobrevivência, o cérebro humano nasce como puro potencial.

Embora isso nos torne vulneráveis como recém-nascidos, a oportunidade de construir nosso cérebro em resposta aos estímulos e desafios do mundo nos dá uma vantagem significativa em longo prazo sobre os animais cujas arquiteturas cerebrais já vêm predefinidas para a sobrevivência.[1] Nós, humanos, temos muitas falhas — e pode-se argumentar razoavelmente que alguns animais são mais inteligentes em certos aspectos —, mas apenas o cérebro humano produziu espaçonaves, sinfonias e supercomputadores. A forma como o cérebro de um bebê cresce e se desenvolve pode fazer a diferença entre um erudito e alguém que fica para trás. É porque o cérebro humano se desenvolve dentro dos ambientes físico e psicossocial em que irá funcionar — e em resposta a ele — que acabamos com (discutivelmente) o cérebro mais inteligente, flexível e criativo do reino animal.

Nascemos com quase todos os estimados 86 bilhões de neurônios que teremos no cérebro adulto.[2] Contrariando o senso comum, não temos mais neurônios do que outras espécies — seja no total ou no córtex cerebral, a parte do cérebro com a qual pensamos. O elefante africano tem cerca de três vezes mais neurônios totais, enquanto as baleias-piloto têm mais do que o dobro dos neurônios corticais em comparação conosco.[3]

O cérebro humano triplica de volume nos dois primeiros anos de vida, não devido à geração de mais neurônios, mas sim à formação de conexões úteis e eficazes entre os neurônios existentes.[4] Essas conexões, chamadas de sinapses, são os meios pelos quais os neurônios se comunicam. Um maior número de sinapses interconectadas gera funções cerebrais mais complexas. A retirada reflexiva de uma parte do corpo diante de um estímulo doloroso requer poucas conexões sinápticas; já o desenvolvimento da teoria da relatividade exige muitas. Cada um dos estimados 25 bilhões de neurônios em nosso córtex cerebral pode desenvolver mais de dez mil sinapses. No auge do desenvolvimento neural, durante os primeiros anos de vida, o cérebro humano é capaz de formar até 1 milhão de conexões sinápticas por segundo.[5]

Como qualquer pessoa que passa tempo com crianças pode observar, o desenvolvimento da arquitetura cerebral e das capacidades de um bebê ocorre de forma sequencial. Os bebês geralmente andam antes de falar. O desenvolvimento cerebral segue uma ordem específica, com certas habilidades se desenvolvendo antes de outras — e as oportunidades para esse desenvolvimento se encerram em momentos diferentes. Desde os primeiros momentos, o cérebro humano registra estímulos vindos dos olhos, ouvidos, nariz, língua e de cada terminação nervosa sensorial, e essas sensações desencadeiam movimentos. Por razões de sobrevivência — como a necessidade de retirar-se da dor —, as conexões sinápticas ao longo das vias sensório-motoras se formam primeiro, atingindo seu pico entre 2 e 4 meses de idade.[6]

O desenvolvimento da linguagem segue as vias sensório-motoras, com a formação sináptica atingindo seu pico entre 7 e 9 meses e desacelerando drasticamente aos 5 anos. Isso explica por que é tão fácil para crianças em fase inicial do desenvolvimento aprenderem línguas estrangeiras e tão mais difícil para crianças em idade escolar.[7] As sinapses envolvidas em funções cognitivas superiores, como pensar, criar, aprender academicamente e inovar, desenvolvem-se mais lentamente, atingindo seu pico entre 1 e 2 anos e continuando bem na adolescência e além.[8]

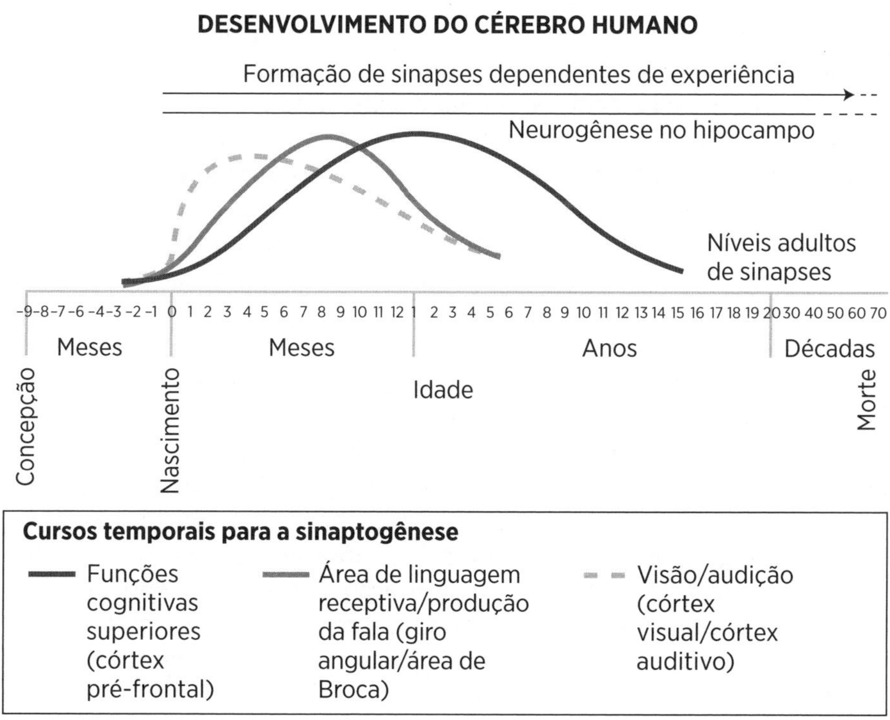

Deborah Phillips et al., *From Neurons to Neighborhoods: The Science of Early Childhood Development* (Washington, DC: National Academy Press, 2000), https://www.ncbi.nlm.nih.gov/books/NBK225562/figure/mmm00006/.

Tudo o que Maya, como uma recém-nascida saudável, estava percebendo era novo e intenso. Quando a coloquei na mesa aquecida, ela esticou os braços em um reflexo de Moro, uma reação de sobressalto aos estímulos que a inundavam. Recém-nascidos são incapazes de distinguir estímulos importantes de estímulos irrelevantes. Eles reagem a cada estímulo com um sobressalto e tentam compreendê-lo até que o próximo os surpreenda novamente. Isso é normal e indica que suas capacidades sensoriais são muito maiores do que suas habilidades analíticas e sua experiência de vida. À medida que Maya crescer, o reflexo de Moro desaparecerá conforme seu cérebro aprender a interpretar os estímulos vindos do ambiente.[9] Conforme seus sentidos amadurecem, sua sensibilidade e complexidade aumentam. Para registrar e responder aos estímulos relevantes, primeiro para sua sobrevivência e depois para se concentrar no que lhe interessa, o cérebro de Maya precisa evoluir do estado de "sobressalto até desligar" para um estado capaz de focar no que é importante para ela e de filtrar o que não é.

Em suma, essa é a tarefa do cérebro ao longo da vida, tornando fascinante entender como ele começa e como nossa interação com mídia e tecnologia pode afetá-lo, especialmente ao revelar o poder duradouro da força não tecnológica que dá início a tudo: os relacionamentos humanos.

Essa verdade fundamental sobre os benefícios duradouros do vínculo precoce com seu filho merece ser repetida: desde o nascimento, o vínculo emocional positivo mútuo e sustentado entre pais e filhos pode ser o fator mais protetor ao longo da vida da criança em termos de saúde física, saúde mental e socialização como membro da família e da sociedade em geral.[10] As interações mais simples podem ter efeitos profundos. Essa conexão importante entre pais e filhos, iniciada no nascimento por meio do sustento físico — o vínculo desenvolvido na proximidade face a face durante a amamentação — continua à medida que crescem. A tradição de compartilhar refeições em família é universal, atravessando culturas e tempos. Compartilhar uma refeição e um tempo sem distrações fortalece os vínculos e oferece um espaço seguro para relaxar e simplesmente conversar com aqueles que você ama e confia. A conexão e a comunicação familiar estão entre as atividades mais importantes para melhorar e proteger a saúde mental, mesmo entre jovens mais silenciosos ou retraídos. Refeições familiares sem telas demonstraram melhorar não apenas a nutrição saudável, mas também o bem-estar geral.[11] Quando qualquer tela — televisão ou *smartphone* — está presente na sala sem um propósito claro e intencional, os efeitos positivos de uma refeição compartilhada são amplamente perdidos.[12]

Sinais importantes estimulam a formação sináptica, conectando neurônios que levam o som a outros que desencadeiam fome, um sorriso ou uma vocalização. A repetição de sinais significativos reforça as conexões sinápticas iniciais e cria outras para respostas emocionais mais complexas.[13] O cérebro de um bebê precisa distinguir estímulos importantes — como o som da voz da mãe — de ruídos ambientais irrelevantes — como o ronco de um caminhão lá fora. Enquanto o cérebro infantil constrói sua sensibilidade conectando seus bilhões de neurônios reativos mas descoordenados, ele simultaneamente aprimora sua capacidade de sintetizar respostas em sensações, sentimentos e pensamentos. Para que um bebê entenda que o padrão de luzes detectado por seus olhos é o rosto da mãe, as informações visuais relevantes precisam ser percebidas enquanto as irrelevantes são descartadas — assim como conseguimos ouvir uma voz específica em um ambiente lotado e barulhento.

O cérebro em desenvolvimento de Maya gradualmente focou o fluxo de entradas sensoriais que a surpreendiam quando recém-nascida por meio de um processo conhecido como *poda sináptica*. Assim como podar uma árvore frutífera, eliminando galhos improdutivos para fortalecer os produtivos, ao eliminar conexões sinápticas que transmitiam sinais menos úteis, o cérebro de Maya melhorou sua capacidade de identificar e perceber sinais importantes, como diferenciar a voz de sua mãe dos ruídos do ambiente. Ela ainda ouve os ruídos, mas os filtra como irrelevantes. É assim que o cérebro humano em desenvolvimento constantemente aprimora a relação sinal-ruído — o sinal dominante que o cérebro "ouve" acima do ruído de fundo distrativo de sinais menos importantes ou indesejados.[14] Assim, é essencial que os estímulos fornecidos ao cérebro em desenvolvimento otimizem as funções necessárias e desejadas para o cérebro maduro. Perceber, sintetizar e responder a esses estímulos fortalece o cérebro, tornando-o mais resiliente e criativo. Não usar o cérebro dessa forma pode levar à perda de circuitos que poderiam ser necessários no futuro — a forma da natureza de "use ou perca". Veremos em breve como isso se manifesta no ambiente midiático. O cérebro que Maya terá na vida adulta será resultado de um trabalho contínuo em progresso, conectando neurônios e podando conexões desnecessárias, algo que ocorre mais rapidamente nos primeiros dias, semanas, meses e anos de vida.

O ambiente em que uma criança cresce e se desenvolve fornece os estímulos para o desenvolvimento cerebral. Embora isso possa oferecer aos humanos uma vantagem competitiva sobre os animais cujas redes cerebrais já vêm predefinidas para reflexos de sobrevivência, também significa que o ambiente da criança em crescimento pode alterar drasticamente seu desenvolvimento. Sem estímulos ricos e complexos, o cérebro não alcança seu potencial.

O estado atual do conhecimento sobre o desenvolvimento do cérebro humano aponta para três características ambientais da primeira infância associadas a cérebros saudáveis, criativos e flexíveis à medida que as crianças crescem:

- interação com pais, irmãos e outros seres humanos;[15]
- movimentação no mundo físico e manipulação dele;[16]
- brincadeira livre.[17]

Crianças que se sentem seguras e amadas, cercadas por pessoas que as veem e ouvem, que conversam e escutam, que leem para elas, cantam, dançam e brincam com elas, crescem para se tornarem indivíduos afetuosos, confiantes e curiosos. O apego seguro ou saudável com seu cuidador primário é o que permite à criança sentir que tem uma base segura para explorar o mundo e confiar que encontrará conforto e acolhimento quando precisar. Essa é a primeira forma pela qual os bebês aprendem a organizar seus sentimentos e ações, baseando-se na estabilidade dessa relação. Em estudos contínuos sobre órfãos romenos após a reforma nos orfanatos, os vínculos de apego dessas crianças foram testados em comparação com crianças da comunidade que cresceram em famílias. Bebês entre 12 e 31 meses entraram em uma sala de jogos desconhecida com sua "figura de apego", uma enfermeira do orfanato, enquanto as crianças da comunidade entraram com um dos pais. Então, um estranho entrou no ambiente, e as figuras de apego (pais ou enfermeiras) saíram. Todas as crianças da comunidade, 100%, buscaram seus pais quando o estranho entrou e ficaram angustiadas quando eles saíram. Entre as crianças do orfanato, apenas 3% demonstraram apego seguro à enfermeira. A maioria apresentou respostas "desorganizadas" ao estranho na sala: algumas congelaram, enquanto outras se aproximaram e recuaram — comportamentos associados à psicopatologia na vida adulta.[18] Esses resultados explicam por que os berçários eram tão assustadoramente silenciosos quando os psicólogos chegaram pela primeira vez. Crianças que não tiveram interações humanas nos primeiros meses nunca aprenderam que poderiam buscar conforto para aliviar seu sofrimento. Confinadas em berços com pouca ou nenhuma oportunidade de se movimentar ou brincar, seu desenvolvimento psicológico foi prejudicado, o crescimento físico foi retardado e as habilidades motoras finas e grossas foram atrasadas.

Quando essas descobertas foram divulgadas, a Romênia proibiu a institucionalização de crianças menores de 2 anos, transferindo muitas delas para lares adotivos. Retestadas aos 3 anos e meio, quase metade das crianças transferidas para lares adotivos demonstrou vínculos de apego humano, sendo que aquelas adotadas antes dos 2 anos apresentaram maior melhora. Mesmo com mais atenção e compaixão dos funcionários dos orfanatos, apenas 18% das crianças que permaneceram nesses locais estabeleceram vínculos seguros — possivelmente porque, com muitos cuidadores em vez de um ou dois fixos, as crianças não sabiam com quem poderiam se comunicar para aliviar sua angústia.[19] Embora crianças com vínculos estabelecidos continuassem apresentando taxas mais baixas de ansiedade, depressão e empatia limitada aos 4 anos e meio, 40% das que haviam sido institucionalizadas foram posteriormente diagnosticadas com um transtorno psiquiátrico grave.[20] Crianças ainda institucionalizadas apresentavam cérebros menores e atividade cerebral significativamente mais baixa do que aquelas nunca institucionalizadas.[21] As dificuldades profundas na formação de vínculos humanos, na manutenção da atenção e nas deficiências intelectuais, sensoriais e motoras observadas nas crianças romenas institucionalizadas são extremas; no entanto, um espectro de questões menos graves foi identificado em crianças com interações limitadas com cuidadores consistentes.[22]

Bebês criados em ambientes calorosos, complexos e estimulantes otimizam suas oportunidades de desenvolvimento cerebral. Aqueles que exploram o mundo físico — desde sacudir um chocalho até pegar um cereal e colocá-lo na boca ou empilhar blocos para derrubá-los — têm oportunidades de aperfeiçoar suas habilidades motoras finas. Crianças que rolam uma bola de um lado para o outro, dançam ao som da música ou sobem no sofá para pular constroem força física e coordenação motora ampla. O brincar livre — seja desenhando em uma folha em branco com lápis de cor, brincando na caixa de areia ou vestindo fantasias — permite às crianças imaginarem e criarem o que quiserem no momento presente e no futuro.[23]

Quando uma criança usa seu cérebro para perceber, sintetizar e responder ao que vê, ouve, sente e faz, ela está construindo e reforçando conexões sinápticas para um cérebro mais forte, flexível, resiliente e criativo. Se o potencial do cérebro em desenvolvimento não for desafiado, conexões sinápticas podem não ser formadas. Conexões neurais importantes não serão reforçadas, tornando-as vulneráveis à poda sináptica.[24] São a estrutura e a força dessa arquitetura que criam a singularidade e o poder do cérebro humano. Assim como o estresse do exercício estimula os ossos em crescimento a se remodelarem para ficarem mais fortes, o cérebro em desenvolvimento responde às demandas ambientais construindo redes neurais mais complexas e sofisticadas. Proteger esse processo no ambiente digital — reconhecendo do que o cérebro em desenvolvimento realmente necessita e o que é genuinamente fortalecedor — é essencial para o bem-estar integral da criança: saber quando priorizar a interação humana em vez da interação digital é fundamental. Especialmente com bebês e crianças mais novas, devemos usar nossa inteligência natural para fazer essa escolha. Como a ciência sobre o uso de telas está nos mostrando: as aparências podem enganar.

Olhar não é aprender: a resposta de orientação captura a atenção do seu bebê

Jack tinha sido um bebê perfeito. Dormia a noite toda desde cedo, era fácil de acalmar, sentou-se aos 5 meses e começou a andar aos 13 meses. Quando foi descoberto, durante sua consulta de 2 anos, que ele estava atrasado no desenvolvimento da linguagem, seus pais ficaram preocupados. Ele não havia mostrado sinais anteriores de atraso no desenvolvimento, e eles lhe proporcionaram muito amor e estímulos variados, como móbiles, vídeos infantis e brinquedos interativos de aprendizado. Uma avaliação neurológica completa não revelou pistas.

O neurologista classificou o atraso de linguagem de Jack como uma variante normal, tranquilizando os pais ao dizer que, como ele estava atingindo todos os outros marcos do desenvolvimento, sua linguagem se ajustaria com o tempo. No entanto, os pais, um advogado e uma contadora fiscal, queriam melhorar suas chances e foram à biblioteca estudar tudo o que puderam encontrar. Eles ofereceram ao filho todo tipo de suporte recomendado, incluindo um *tablet* com *software* educativo. Então, um ano depois, a professora da educação infantil expressou preocupação com o vocabulário limitado de Jack e perguntou à mãe sobre o tempo que ele passava assistindo à TV quando bebê. A professora havia ouvido dizer que assistir à TV poderia atrasar o desenvolvimento da linguagem. A mãe de Jack ficou chocada. Ela achava que os vídeos educativos estavam ajudando o filho. Para ser sincera, disse ela, recebia tantos conselhos diferentes de tantas fontes que não conseguia acompanhar tudo. Jack parecia assistir aos vídeos com atenção enquanto ela trabalhava silenciosamente ao lado dele, embora olhasse para ela a cada poucos minutos. Ele não reclamava, e ela conseguia terminar seu trabalho.

No final dos anos 1990 e início dos anos 2000, o presente mais popular em chás de bebê era o *Baby Einstein*, uma série de vídeos que prometia ensinar ao seu bebê linguagem, música, cultura e muito mais para transformá-lo "em um Einstein". Os pais adoravam a ideia. Os bebês eram atraídos pelos vídeos e os assistiam com atenção: brinquedos coloridos saltitavam ao som de música clássica. Em 2002, um artigo de jornal exaltava que os vídeos *Baby Einstein* estavam "hipnotizando bebês por todo o país".[25] Uma pesquisa nacional revelou que 27% das famílias norte-americanas com bebês entre 6 e 24 meses tinham um ou mais vídeos *Baby Einstein*.[26] *Baby Einstein* foi um enorme sucesso comercial. Bebês "assistiam" aos vídeos, permitindo que seus pais tomassem banho ou preparassem uma refeição enquanto eles ficavam hipnotizados pela "babá eletrônica". Seguiram-se *Baby Wordsworth, Mozart, Galileo, Van Gogh e Shakespeare*, além de *Teletubbies, Your Baby Can Read!*, *Baby Genius* e outros, que ocuparam o lucrativo mercado criado por essa tendência. Contudo, a ciência começou a acompanhar esse fenômeno.

Em 1999, a American Academy of Pediatrics recomendou que crianças menores de 2 anos fossem desencorajadas a usar telas. Essa orientação foi publicada em um comunicado oficial que chegou à primeira página do *New York Times*.[27] A recomendação gerou controvérsias, especialmente entre pais que integraram a televisão — na época, a única tela amplamente disponível — à rotina da família. Muitos questionavam: "Como posso alimentar minha família se não puder deixar as crianças assistirem à TV enquanto preparo o jantar?" (O que, claro, levanta a questão de como sobrevivemos sem comer até a televisão se tornar amplamente acessível após a Segunda Guerra Mundial). Embora essa recomendação inicial fosse baseada mais em observações empíricas de pediatras do que em estudos rigorosos, pesquisas posteriores sobre neurodesenvolvimento sobre os efeitos do uso precoce de telas apoiaram tal orientação.[28]

Não havia evidências que sustentassem as alegações do *Baby Einstein* de que "seu filho aprenderá a identificar diferentes partes do corpo e também descobrirá seus cinco sentidos... em espanhol, inglês e francês".[29] Pesquisadores da University of Washington publicaram um estudo em 2007 revelando que, para cada hora diária em média que bebês assistiam aos vídeos *Baby Einstein*, eles conheciam de seis a oito palavras a menos e apresentavam 10% menos pontuação em testes de habilidades linguísticas em comparação a bebês da mesma idade que não assistiam aos vídeos.[30] Um estudo de 2010 da

University of California, Riverside, descobriu que crianças entre 12 e 15 meses que assistiam frequentemente ao *Baby Wordsworth* — um vídeo da série *Baby Einstein* que prometia aumentar o vocabulário dos bebês — não apresentavam aumento na compreensão ou no uso de palavras em comparação a crianças de mesma idade, gênero e estágio de desenvolvimento cognitivo que não assistiam ao vídeo. As únicas diferenças no desenvolvimento linguístico observadas foram aumentos na compreensão e produção de vocabulário em crianças que tinham sido mais expostas à leitura com mais frequência.[31] Reclamações feitas à Federal Trade Commission (Comissão Federal de Comércio dos Estados Unidos) resultaram na remoção da palavra *educacional* das embalagens e propagandas do *Baby Einstein*. Sob ameaça de um processo por propaganda enganosa movido por um grupo de defesa infantil — que estimava que o *Baby Einstein* detinha 90% do mercado de "mídia para bebês" —, a Disney ofereceu reembolsos aos pais frustrados. Isso custou à empresa cerca de 100 milhões de dólares antes de vender o *Baby Einstein* em 2013.[32]

O que estava acontecendo? Para os pais e produtores de vídeos infantis, parecia que os bebês estavam prestando atenção aos vídeos. Como poderiam não estar aprendendo o que viam — aprendendo menos, na verdade, do que bebês que não assistiam a vídeos projetados para ensiná-los? Para ser justo, os produtores de vídeos infantis, assim como os pediatras, baseavam-se em suas observações. Os bebês olhavam e continuavam olhando para os vídeos, então os produtores presumiam que eles deviam estar aprendendo. Em contrapartida, pediatras observavam atrasos no desenvolvimento em crianças que haviam assistido a muita televisão quando bebês e concluíam que isso poderia estar relacionado ao hábito de assistir à TV.

Em 1863, o fisiologista neurológico Ivan Sechenov descreveu sua descoberta da resposta de orientação: uma atenção reflexiva a uma mudança nova no ambiente que não é súbita o suficiente para provocar a resposta de sobressalto, mas pode exigir uma reação imediata.[33] Pensa-se que essa resposta tenha evoluído como um reflexo de sobrevivência, sendo observada em bebês que giram a cabeça em direção a um estímulo visível ou audível.[34] A bebê Maya demonstrou a resposta de sobressalto ao nascer e, posteriormente, a resposta de orientação quando entrei no consultório para sua consulta de 2 meses. Bebês se voltam para qualquer novidade no ambiente, usando seus sentidos para determinar o que é e se aquelas imagens ou sons representam uma ameaça ou um benefício potencial. No entanto, quando o estímulo deixa de ser novo, eles se habituam e desviam o olhar.[35] Vídeos infantis não mantêm a atenção dos bebês; em vez disso, capturam e recapturam continuamente a resposta de orientação ao introduzirem estímulos novos com cortes rápidos, efeitos sonoros e mudanças de cena. Observando isso com olhos adultos, parece que os bebês estão assistindo à tela. É tentador concluir que eles estão engajados e aprendendo com o conteúdo. Infelizmente, tudo o que podem estar aprendendo é a fixar o olhar no estímulo oferecido pelas telas.

Vídeos atraem a atenção de bebês e crianças mesmo quando o conteúdo exibido não é direcionado ou interessante para eles. Trabalhos pioneiros do Dr. Daniel Anderson, da University of Massachusetts Amherst, mostraram que, quando crianças tinham à disposição uma variedade de brinquedos, suas brincadeiras eram espontâneas, contínuas e concentradas, proporcionando oportunidades cognitivamente ricas para imaginação, resolução de problemas e criação de mundos. No entanto, ao ligar uma televisão sintonizada em um canal de entretenimento ao fundo, sua atenção era distraída e as brincadeiras eram interrompidas. Elas olhavam para a televisão por alguns segundos, abandonavam um brinquedo no meio da brincadeira e reiniciavam com outro e mais outro, sem nunca se engajarem completamente ou concluírem suas atividades lúdicas.[36] A televisão interrompia as brincadeiras das crianças — e também distraía os pais delas.*

Com o aumento dramático no uso de telas por crianças cada vez mais jovens, empresas de mídia estão tentando penetrar mercados ainda mais precoces com seus produtos. Elas sabem que precisam convencer seus consumidores — os pais — de que seus filhos estão aprendendo com esses itens. Dado o sucesso educacional comprovado para crianças em idade pré-escolar com programas baseados em evidências rigorosamente avaliadas como *Vila Sésamo*, psicólogos do desenvolvimento e educadores têm explorado ativamente como crianças em fase inicial do desenvolvimento percebem e respondem à mídia digital.[37]

Uma questão crítica que precisa ser respondida é em que idade e estágio de desenvolvimento crianças conseguem decodificar que imagens bidimensionais em uma tela representam o mundo tridimensional. Dra. Georgene Troseth e Dra. Judy DeLoache demonstraram que crianças de 2 anos e meio conseguiam encontrar um brinquedo que haviam visto ser escondido em uma tela de vídeo, enquanto crianças de 2 anos não conseguiam. Embora os resultados experimentais tenham surgido após a recomendação da American Academy of Pediatrics, em 1999, desencorajando o uso de telas antes dos

* N. de R. T. É importante que pais, em parques infantis de recreação, fiquem olhando suas crianças em vez de ficarem distraídos com seus celulares.

2 anos, eles reforçam a ideia de que crianças menores de 2 anos podem ser distraídas pelas telas, mas não aprendem com elas.[38] Já que a aprendizagem por telas não parece ensinar bebês e crianças mais novas da mesma forma que ensina crianças pré-escolares, como podemos enriquecer a primeira infância em um mundo onde as telas são inevitáveis e usadas para praticamente todas as atividades cotidianas? Três atividades conhecidas por promover cérebros fortes, flexíveis e criativos — interagir com adultos atenciosos, explorar fisicamente o mundo sensorial e brincar livremente — estão notavelmente ausentes ou são fracamente imitadas nas telas digitais. Podemos fazer mais do que simplesmente delegar o desenvolvimento cerebral infantil às telas.

Construir e nutrir relacionamentos humanos é a tarefa número um, mais bem realizada de forma individualizada

Ler para um bebê é muito mais do que contar uma história que pode ser exibida em uma tela. Observe como os bebês assistem a vídeos: presos com segurança em um assento, frequentemente enquanto o responsável está ocupado em outro lugar. A atenção do bebê é capturada e recapturada pela tela, mas ele é distraído de construir e enriquecer sua relação com você. Mesmo quando você está presente, a tela também sequestra *sua* atenção. Pesquisas mostram que, quando a TV está ligada, os adultos falam muito menos com seus bebês e crianças, reduzindo pela metade ou até eliminando completamente as palavras dirigidas a eles.[39] Contrariando as alegações de que vídeos infantis estimulam a interação entre pais e filhos, isso pode explicar por que crianças expostas à TV na primeira infância apresentam maior prevalência de atrasos no desenvolvimento da linguagem e problemas de atenção.[40]

Uma tela fria e plana que exibe uma história não pode competir com um colo quente, braços acolhedores e uma voz familiar lendo essa mesma história. Para atrair a atenção das crianças, mídias digitais voltadas para as mais novas frequentemente incluem recursos que *tablet*s podem oferecer e livros não. Toque no desenho de um leão e ele ruge; toque duas vezes e ele exibe um vídeo de um leão real rugindo. Quando um livro é lido por um adulto amoroso, ele aponta para o leão, diz seu nome, imita o rugido — e ensina o bebê a rugir também. Isso envolve a criança em imaginar e se apropriar da ideia de um leão em vez de simplesmente receber uma imagem e som pré-fabricados.

O vínculo criado ao ler juntos dá maior valor ao aprendizado por causa de quem ensinou à criança. O rugido produzido ao tocar na figura do leão não provoca risadas crescentes ou brincadeiras engraçadas como quando o pai ou a mãe faz isso. Nesse caso, a criança aprende a repetir a brincadeira com alegria crescente, criando memórias não apenas sobre o que é um leão, mas também sobre o que é um pai ou mãe. Ler juntos em um *tablet* pode ser tão eficaz quanto ler um livro físico — desde que o *tablet* seja tratado como tal.[41] O colo é mais importante do que o aplicativo. Quando a criança é segurada, conversada, abraçada, olhada nos olhos e ouvida, uma experiência social e sensorial completa libera ocitocina tanto no responsável quanto na criança, estabelecendo as bases para a aprendizagem e para a conexão humana que ela buscará ao longo da vida.[42]

O poder da conexão humana abre espaço para um uso positivo de telas interativas com crianças menores de 2 anos: chamadas de vídeo com pessoas queridas conhecidas. Bebês não prestam muita atenção a videochamadas com aqueles que nunca encontraram pessoalmente. No entanto, uma vez que seu bebê conheça avós, familiares ou amigos presencialmente, breves interações audiovisuais com eles — embora menos enriquecedoras do que estar junto fisicamente — são prazerosas para ambos os lados. Mesmo essas interações devem ser limitadas ao tempo de atenção da criança; por isso, vale observar quando o foco dela muda (e evita magoar os sentimentos da avó). Curiosamente, ainda não está claro se a criança decodifica a imagem visual como um símbolo da avó ou reconhece apenas sua voz enquanto observa os padrões de cores e movimentos na tela.[43] Tais interações são emocionalmente valiosas para os adultos em ambos os lados da tela, e o calor e a felicidade da conexão humana que elas modelam são absorvidos pela criança.

O cérebro e o corpo em desenvolvimento buscam sensações

Diferentemente dos adultos, que podem aprender por meio de conceitos abstratos, as crianças aprendem de forma concreta, a partir do que vivenciam. As principais tarefas de desenvolvimento de bebês e crianças consistem em dominar os cinco sentidos e utilizá-los para compreender o mundo e seu lugar nele. O desenvolvimento interligado do cérebro, da mente e do corpo depende da experiência direta — uma imersão sensorial prática no mundo físico. A aprendizagem sensorial estimula a curiosidade, a criatividade e a alegria de aprender.

A primeira infância é um período em que as crianças são intensamente atraídas por novas sensações, embora também possam demonstrar cautela diante delas. Elas constroem seu conhecimento sobre o mundo e sobre como se comportarem nele a partir das experiências sensoriais proporcionadas pelo ambiente. Já vimos como o componente sensorial de ouvir uma voz amorosa lendo uma história enquanto sentem o calor de um colo, o cheiro de um corpo familiar, observam imagens e até provam um livro de páginas rígidas é mais rico do que apenas ver e ouvir essa história em uma tela. Crianças podem ser avisadas de que o prato está quente, mas ainda assim frequentemente irão tocá-lo. Embora muitas resistam a experimentar novos alimentos — talvez um resquício evolutivo para evitar doenças —, quando participam da preparação da comida, tendem a prová-la com mais frequência e muitas vezes descobrem que gostam do sabor de maçãs, cenouras e até de espinafre, mas talvez não de fígado.

Embora seu filho possa desenhar com milhões de cores em um *tablet* digital, ele perderá o interesse rapidamente. Contudo, ao pintar com os dedos usando apenas cores primárias, ele não está limitado pelas regras impostas pelo dispositivo, aprendendo sobre misturar azul e amarelo para formar verde, sentindo o cheiro (e às vezes até provando) da tinta e percebendo sua textura ao espremê-la entre os dedos. Além disso, descobre com alegria a reação interessante que provoca tanto no responsável quanto no irmãozinho ao pintar o cabelo deste último. Um ambiente rico em estímulos para todos os cinco sentidos constrói mentes abertas, curiosas e corajosas.

Bebês e crianças estão apenas começando a compreender que têm um corpo físico. Eles estão descobrindo seus limites e capacidades. À medida que aprendem a viver nessa incrível máquina biológica chamada corpo humano, identificam suas partes — olhos, nariz, boca, dedos, pés, genitália. Qual pai ou mãe não se encantou com o prazer de seu bebê ao descobrir os próprios dedos dos pés ou com sua recém-adquirida habilidade de sacudir um chocalho? Ou quem não ficou constrangido quando seu filho pequeno mostrou sua descoberta entre as pernas para o parente ou amigo mais propenso a se ofender? Qual responsável não se maravilhou ao observar seu filho se esforçando para aprender uma habilidade no parquinho e, em seguida, levar essa confiança para o próximo desafio? É assim que eles exploram e celebram seu corpo. Toda essa fisicalidade está profundamente entrelaçada com o desenvolvimento cerebral.

À medida que desenvolvem maiores capacidades físicas — desde sentar até engatinhar, andar apoiado, caminhar e correr —, as crianças naturalmente desejam perseguir cada nova habilidade até dominá-la e, então, passar para o próximo desafio físico. Brincadeiras que envolvem atividade física, nas quais testam seus limites, aumentam suas habilidades e autoconfiança, estabelecendo as bases para uma boa imagem corporal e autorrespeito fundamentados no que podem fazer, em vez de como aparentam ser.

Os riscos nessa faixa etária estão principalmente relacionados aos desafios necessários para a aprendizagem — aprender a andar, cair, tentar novamente e cair de novo até finalmente conseguir. Tentar tarefas repetidamente será um padrão que seguirá ao longo da vida. E está tudo bem se elas se machucarem no processo. É assim que aprendem. Queremos que aprendam. O que precisam é de um ambiente seguro para experimentarem coisas novas e — especialmente as crianças mais novas — saberem que têm a mãe ou o pai para resgatá-las quando caírem.

Para crianças, esse é um momento maravilhoso para levá-las ao ar livre: deitar na grama olhando as nuvens e as árvores, engatinhar pelo quintal ou curvar-se para observar pássaros ou insetos. Quando começam a andar, é mais seguro e divertido cair em folhas secas do outono do que em uma mesa de centro. Elas vão se sujar de lama, e nós as lavaremos com mangueira. Aprenderão que a terra não é um lugar perigoso ou sujo, mas seu lar — um espaço onde podem ser, ainda que por um momento, selvagens e livres. A natureza não apenas oferece infinitas oportunidades de exploração física e brincadeiras imaginativas, como também ensina a criança desde cedo a valorizar e preservar o planeta. Algumas escalarão árvores; algumas cairão; algumas poderão até se machucar. Mas um braço quebrado pode ser consertado; um espírito quebrado não pode.

A brincadeira livre nutre a curiosidade, a criatividade e a alegria de aprender

Bebês e crianças estão aprendendo como aprender e desenvolvendo o amor pela aprendizagem. Poucos dos fatos que uma criança assimila em seus primeiros anos persistirão de forma significativa durante sua vida escolar e além. O que permanecerá ao longo da vida é a disposição destemida para enfrentar desafios, resolver problemas, trabalhar em equipe, ser persistente, imaginar e criar. Como observado em programas de aprendizagem precoce, tanto digitais quanto analógicos, a memorização mecânica e a repetição podem permitir que uma criança imite o que viu ou ouviu. No entanto, isso pode ter um efeito contrário se ela passar a desgostar de exercícios repetitivos, sentir-se tratada como um "pônei de exibição" por pais superprotetores e acabar resistindo à educação em qualquer forma.

As crianças vivem no presente, com pouca consciência do futuro e, felizmente, memória limitada do passado. São naturalmente brincalhonas, experimentando e interagindo com as pessoas e os lugares ao seu redor.

Embora descobertas recentes tenham mostrado que Aristóteles estava errado — a natureza nem sempre abomina o vácuo —, as crianças certamente abominam. Quando instruídas a ficarem quietas, invariavelmente começam a brincar entre si ou sozinhas, conversando, cantando ou se movimentando, muitas vezes para o desgosto de pais ou professores. Elas buscam estímulos sensoriais e, se não os encontram no ambiente, criam-nos por conta própria. Elas simplesmente brincam! Suas brincadeiras não têm regras predeterminadas; no entanto, as crianças aprendem a desenvolver uma estrutura que dá sentido — e diversão! — às suas atividades. Diferentemente de jogos criados por adultos ou esportes organizados, na brincadeira livre geralmente não há objetivo a alcançar, conflito a vencer ou ponto final. É o próprio processo de brincar pelo prazer de brincar que atrai as crianças e a partir do qual elas aprendem.

A maneira mais importante de apoiar a aprendizagem e o crescimento de seu filho é nutrir sua curiosidade, criatividade e alegria em aprender. Transforme novas experiências em aventuras e ajude-o a sentir-se seguro para assumir riscos necessários. Ele precisa de tempo e espaço para explorar o mundo ao seu redor e descobrir as coisas por conta própria. Transmita-lhe a segurança de que você realmente se importa com o que ele pensa, sente e compreende e que está presente para ouvir, observar, ler e genuinamente valorizar o que cria. Esse é um ótimo momento para envolver as crianças na criação de mídia — seja colocando papel e giz de cera diante delas enquanto observam uma montanha ou ouvindo música enquanto lhes entrega um tambor. Fazer essa conexão entre consumir e produzir mídia — no sentido mais amplo da palavra — ensinará que os meios são ferramentas de comunicação entre as pessoas.

PRESCRIÇÃO DE MÍDIA SAUDÁVEL

Estratégias para construção do cérebro em bebês e além

Em todas as idades, desde o nascimento até a adolescência, o desenvolvimento saudável do cérebro depende de interações físicas diretas, face a face, com pessoas e com o mundo natural. A exposição e o uso de mídias podem promover ou prejudicar esse desenvolvimento.

Para criar um ambiente enriquecedor e repleto de possibilidades para a mente e o corpo de seu filho, envolva os sentidos de maneira amorosa e lúdica.

VOCÊ PODE

- ***Abraçar seu filho.*** Pesquisas mostram que crianças em idade escolar cujas mães as acolhem têm um hipocampo maior, uma estrutura-chave importante para aprendizagem, memória e resposta ao estresse.[44]
- ***Conversar com seu filho desde o nascimento.*** Estudos indicam que, ao ouvir sons da fala, especialmente em interações face a face, o cérebro dos bebês ensaia os mecanismos da fala bem antes do primeiro aniversário.[45]
- ***Estimular a criatividade com brinquedos táteis e de baixa tecnologia.*** Bonecas simples, fantasias, instrumentos musicais e blocos que podem ser montados e desmontados permitem que a criança crie e reconstrua mundos imaginários.
- ***Estimular os sentidos do seu filho.*** Ofereça refeições que explorem sabores e texturas. Brinque de jogos visuais, como esconde-esconde para bebês ou "Eu vejo" durante viagens de carro até a adolescência. Cante (mesmo desafinado — eles lembrarão *disso* para sempre), dance e crie ritmos.
- ***Levar seu filho para fora de casa.*** Estar na natureza desafia, educa, intriga e acalma as crianças, promovendo autopercepção e pensamento reflexivo.
- ***Desligar mídias de fundo para reduzir distrações visuais e auditivas.*** Assim, as crianças ouvirão sons sutis do ambiente doméstico, da natureza e da vida urbana, além de aprenderem a apreciar o silêncio.
- ***Ajudar seu filho a aprender a se acalmar sozinho.*** Leia para ele, embale-o ou toque música *antes* de dormir; depois desligue tudo e deixe-o adormecer por conta própria. Evitar telas antes do sono pode parecer óbvio, mas até músicas suaves ou móbiles estimulam os centros de excitação do cérebro, dificultando o sono. Não permita que ele dependa de mídias para dormir, pois isso gerar conflitos entre excitação e sono por anos.
- ***Caminhar, correr e brincar de pega-pega.*** A atividade física revigora as células cerebrais e promove crescimento e resiliência.[46]
- ***Evitar usar mídias como babá eletrônica.*** Inclua seu filho em suas atividades em vez de excluí-lo delas. Coloque-o no chão com uma colher e uma tigela enquanto prepara o jantar ou no assento enquanto observa a água escorrer pela cortina do chuveiro; isso afinará seus sentidos.

- ***Reservar tempo para que ele fique entediado.*** O tédio é onde surgem imaginação e inovação — não apenas porque cria um espaço vazio na consciência da criança, mas porque esse espaço é desconfortável e precisa ser preenchido. Incentive-o a preenchê-lo com algo novo em vez de recorrer às mídias.
- ***Contar histórias e desenvolver o cérebro.*** A narração constrói redes neurais integradas para memória, atenção, reflexão, integração e compreensão.[47]
- ***Incentivar seu filho a criar em diferentes meios*** — argila, vídeo, texto ou música — e compartilhar essas criações quando ele desejar mostrá-las. Dê ferramentas ao seu filho, um espaço seguro para criar e um olhar ou ouvido apreciativo quando ele optar por compartilhar algo criado por ele mesmo.
- ***Modelar hábitos saudáveis ao usar mídias ou ouvir música: aproveite-as intencionalmente e desligue-as quando terminar para focar na próxima atividade.***

Do sobressalto ao foco sustentado: o desenvolvimento da atenção do nascimento à idade adulta

Charlie, de 5 anos, era agitado, inquieto, desatento na pré-escola e disruptivo em casa. Suzanne, de 13 anos, era quieta e bem-comportada em sala de aula, mas começou a ter dificuldades escolares quando ingressou nos anos finais do ensino fundamental. Walter, de 17 anos, era hiperfocado, intenso e impossível de interromper. Problemas relacionados à atenção, como esses, estão entre as preocupações mais frequentes que os pais trazem até mim. “Por que ela se distrai sempre que eu falo com ela?” “Os professores dizem que ele é incontrolável, levantando-se e andando pela sala durante a aula!” “Não importa quantas vezes eu diga algo a ele, parece que nunca fixa. Entra por um ouvido e sai pelo outro.” Confrontados com os desafios de atenção dos filhos, os pais sentem-se ineficazes em casa. Ao ouvirem preocupações dos professores, temem que seus filhos estejam fracassando na escola. As crianças sentem-se perdidas tanto acadêmica quanto socialmente. Elas tentam, falham, sua ansiedade aumenta e acabam reagindo de forma inadequada.

Ampliar a capacidade de atenção de uma criança — aumentando sua habilidade de absorver informações, processá-las na memória operacional e concluir tarefas — é uma tarefa essencial para o cérebro em desenvolvimento. A atenção sustentada torna-se cada vez mais importante à medida que as crianças crescem, frequentam aulas, fazem deveres de casa e eventualmente trabalham e constroem carreiras. Estima-se que 6,1 milhões de crianças nos Estados Unidos, entre 2 e 17 anos, tenham sido diagnosticadas com transtornos de atenção, e esse número continua a crescer.[48] Para a maioria delas, a distração prejudica o desempenho acadêmico; para muitas, também afeta as interações sociais devido à dificuldade em acompanhar conversas.

Pode ser que o número de jovens com transtornos de atenção não esteja realmente aumentando, mas sim que esses comportamentos estejam sendo reconhecidos mais cedo e em mais crianças. Um professor pode levar suas preocupações ao conhecimento dos pais, que então consultam o pediatra; frequentemente a criança é diagnosticada com transtorno de déficit de atenção/hiperatividade (TDAH). Em minha experiência clínica, os desafios atencionais variam em gravidade e comportamentos — como nos casos de Charlie, Suzanne e Walter. Eu vejo o TDAH não como uma patologia, mas como uma variante do normal que pode ser abordada eficazmente com as estratégias disponíveis. Essa caracterização permite que os jovens e seus pais aceitem melhor o diagnóstico e a si mesmos. Mas como explicar o TDAH como parte do espectro do comportamento humano quando ele é tão disfuncional na sala de aula, na família e na vida social?

Há não muito tempo, em termos evolutivos, quando nós, humanos, éramos caçadores-coletores, a distração era uma habilidade crítica para a sobrevivência. A capacidade do cérebro humano de ser hipervigilante a todos os estímulos do ambiente permitiu que nossos ancestrais saíssem da caverna todas as manhãs, caçassem a próxima refeição para suas famílias e evitassem se tornar a próxima presa de um predador que os rastreava enquanto eles rastreavam sua própria presa.[49] Nossos ancestrais distraíveis sobreviveram e se reproduziram, transmitindo essas características de sobrevivência geração após geração. No entanto, quando colocamos esse sobrevivente eficiente em uma sala de aula e exigimos que ele fique quieto e ignore distrações, ele não se sai tão bem. O ambiente que habitamos hoje exige foco sustentado, frequentemente em componentes menos estimulantes do ambiente, mas muito de nosso cérebro mantém o antigo gatilho protetor da distração. Um estudo com duas nações indígenas, uma no Arizona e outra no Quênia, descobriu que características que conferiam vantagens de sobrevivência em condições ambientais anteriores tornaram-se vulnerabilidades quando o ambiente mudou os padrões de migração animal e as fontes de alimentos.[50] Em nosso ambiente digital rico em mídia, com um fluxo interminável de estímulos, a distração tornou-se uma vulnerabilidade, o calcanhar de Aquiles do cérebro.

Todas as crianças podem ter dificuldade para se concentrar e se comportar em algum momento. A capacidade de uma criança prestar atenção está em um *continuum* que varia com sua idade e seu estágio de desenvolvimento, bem como de dia para dia ou momento a momento, dependendo do ambiente. Apenas quando sua atenção não pode ser engajada por um professor ou responsável ou quando suas dificuldades de atenção prejudicam seu funcionamento na escola ou em casa é que se busca um diagnóstico de TDAH e possível tratamento. Distração extrema e um curto período de atenção são características marcantes do TDAH. Um número crescente de pesquisas está ampliando nossa compreensão sobre o TDAH em crianças, adolescentes e adultos, como os transtornos de atenção afetam o cérebro e como o uso da mídia e a atenção repetidamente interrompida afetam as funções executivas.[51] Uma criança com TDAH pode:

- agir impulsivamente;
- mexer-se ou inquietar-se excessivamente;
- falar demais;
- esquecer ou perder coisas frequentemente;
- cometer erros descuidados ou correr riscos desnecessários;
- ter dificuldade para resistir à tentação;
- ter problemas para esperar sua vez;
- ter dificuldade em se relacionar com outras pessoas.

Nem todas as crianças distraídas têm TDAH, por isso é importante não apressar um diagnóstico e uma medicação que podem não ser necessários. Mas também há crianças com TDAH que não são diagnosticadas ou tratadas; portanto, é bom estar atento aos seus comportamentos e buscar ajuda de um pediatra ou psicólogo que possa fazer um diagnóstico informado e, se necessário, fazer o tratamento. Muitas crianças que enfrentam dificuldades relacionadas ao TDAH encontram instintivamente maneiras alternativas para lidar com as demandas escolares, mas podem enfrentar dificuldades sociais, com frequência excluídas como "irritantes" ou "estranhas". As crianças hiperativas mais disruptivas tendem a ser diagnosticadas durante os anos pré-escolares. Crianças com TDAH que são distraídas mas não hiperativas frequentemente permanecem quietas e não "se revelam" fazendo perguntas ou discutindo ideias, assim, podem passar despercebidas pelos professores e pais. Muitos diagnósticos de TDAH são feitos em momentos específicos da escolaridade da criança, quando as demandas acadêmicas superam sua capacidade de compensação: quando aprendem a ler (1º ano), quando leem para aprender (4º ano) e ao entrar nos anos finais do ensino fundamental ou no ensino médio, cujos currículos se intensificam rumo à preparação para o ensino superior. Alguns chegam à faculdade antes de entrarem em colapso e buscarem ajuda. Um número significativo de pessoas com TDAH chega à idade adulta sem diagnóstico nem tratamento, enfrentando dificuldades para manter um emprego ou relacionamentos sociais. A hiperatividade, vigilância, impulsividade e distração que eram adaptativas para caçadores-coletores podem levar ao fracasso educacional, ao uso de substâncias psicoativas e até mesmo à atividade criminosa no mundo atual.

O que é atenção?

Atenção é o processo pelo qual o cérebro recebe, processa e age sobre estímulos recebidos. Sons, cheiros, imagens e outros estímulos sensoriais, juntamente a pensamentos e sentimentos internos, competem pela atenção no cérebro. Por exemplo, ao ver um amigo do outro lado da rua, o impulso de atravessar pode facilmente sobrepor-se à atenção ao tráfego, caso a função executiva — o "controle de tráfego aéreo" do cérebro — ainda não esteja plenamente desenvolvida. Essa função ocorre no córtex pré-frontal, que só amadurece completamente entre os 20 e poucos anos.

A capacidade de prestar atenção e ignorar distrações influencia o desenvolvimento infantil em todas as etapas. Desde a formação de vínculos na primeira infância até o desenvolvimento da linguagem, a empatia, a resiliência e a resolução de problemas, tudo depende da atenção focada. Um componente essencial dessas habilidades em desenvolvimento é a memória de trabalho — a quantidade limitada de informações sensoriais, perceptivas e linguísticas que podem ser mantidas na mente para realizar tarefas cognitivas. Essa memória começa a se formar desde os estágios iniciais da vida, enquanto as crianças aprimoram sua capacidade de distinguir sinais relevantes de ruídos por meio do reforço e da poda sinápticos. O brincar livre na infância é uma forma importante de desenvolver a memória de trabalho. Sem regras ou objetivos predeterminados, as crianças precisam estruturar o jogo em tempo real, tomando decisões, criando regras e ajustando-as conforme necessário. Nesse contexto, não há autoridade externa avaliando ou medindo o desempenho. O brincar livre tem uma qualidade aparentemente aleatória, mas como processo de aprendizado, não é aleatório. Sua força reside no fato de ser "desimportante", ou seja, não busca alcançar um objetivo específico — é apenas brincar pelo prazer de brincar. Esse tipo de brincadeira ocorre em um estado mental alerta e sem estresse. A criança precisa prestar atenção, mas está livre para falhar, correr riscos e desistir quando quiser. Isso permite que ela experimente coisas novas. Esse é o estado ideal para aprender, criar e desenvolver a memória de trabalho.

PERGUNTE AO MIDIATRA

O uso de telas torna as crianças desatentas?

Nosso filho de 7 anos teve dificuldade em permanecer sentado tempo suficiente para aprender a ler no 1º ano. Acabamos de voltar de um acampamento familiar de duas semanas em que não havia eletrônicos, e ele parece outra criança. Está calmo, quer brincar ao ar livre, constrói coisas com o pai — até pegou um livro para ler. Ele pede pela TV e pelos videogames, *mas nos perguntamos se eles são os responsáveis por torná-lo desatento e hiperativo. O que devemos fazer?*

Você está certa em se preocupar que o uso de telas possa estar afetando a capacidade de atenção do seu filho. O ambiente midiático de jogos e vídeos é projetado de forma persuasiva para prender a atenção dele com pouco esforço cognitivo. Pesquisas mostram que, embora o uso de mídias digitais possa contribuir para sintomas de déficit de atenção e hiperatividade, elas não são necessariamente a causa dos transtornos de atenção.[52] Estudos transversais da University of Washington identificaram uma associação entre horas assistindo à televisão aos 1 e 3 anos e problemas de atenção aos 7 anos.[53] Isso significa que o uso da mídia causa problemas de atenção? Não necessariamente. A associação entre assistir à TV na primeira infância e problemas de atenção na idade escolar pode ser explicada pelo fato de que crianças com dificuldades de atenção e hiperatividade aos 1 e 3 anos podem ter sido colocadas diante das telas como forma de distraí-las ou acalmá-las. Isso pode criar um ciclo vicioso, em que uma criança naturalmente distraída agrava sua tendência à distração com o aumento do uso das telas.

Como a atenção e o comportamento do seu filho melhoraram durante e após o acampamento sem eletrônicos, ele provavelmente se beneficiará de uma reintrodução cuidadosa das telas em sua rotina. Independentemente de ele ter problemas intrínsecos de atenção ou não, ele claramente se beneficiou da pausa nas telas, que reduziu sua hiperestimulação. Contudo, permanecer completamente sem telas não é viável nem desejável nos dias atuais. As telas são usadas no ensino desde a educação infantil, e ele precisará dominá-las para ter sucesso acadêmico. Além disso, os amigos dele terão acesso às telas, o que pode gerar exclusão social caso ele não tenha acesso em casa. A melhor abordagem é atuar como orientador no uso das telas, introduzindo dispositivos e conteúdos necessários para a escola. Utilize as telas com ele por períodos que correspondam à sua capacidade de atenção, alternando com brincadeiras ao ar livre, exploração do mundo natural, leitura e refeições familiares acompanhadas por conversas sobre o dia.

Observe como seu filho se comporta antes, durante e depois do uso das telas. Ele apresenta comportamentos preocupantes? Tem dificuldade em se acalmar após assistir algo? Pede constantemente mais tempo na tela? Comporta-se mais agressivamente após jogar ou assistir? Converse abertamente sobre suas observações e discuta mudanças que possam melhorar seu bem-estar geral. Ouça-o atentamente e sem julgamentos, apoiando-o no uso saudável e responsável das mídias. Ele estará mais inclinado a seguir um plano que ajudou a desenvolver com você.

Reduzindo a distração — juntos

Todos somos suscetíveis à distração. Evidências científicas demonstram que, quando o uso de mídias interrompe continuamente nossos processos de pensamento — ou quando somos distraídos pela expectativa de notificações —, o cérebro entra em um modo oscilante de divisão de tarefas, fragmentando nosso foco.[54] A distração prejudica a escuta, a aprendizagem, a autorregulação e o comportamento, funcionando como um ruído estático no cérebro, mesmo que não seja audível.

Em um estudo conduzido pela University of Texas, pesquisadores descobriram que a simples presença de um *smartphone* pode causar uma "drenagem cognitiva", utilizando recursos cerebrais necessários para o controle da atenção. Esse efeito foi observado mesmo quando os participantes optaram por não interagir com o dispositivo. O esforço ativo para ignorar o telefone dividiu sua atenção e gerou um custo cognitivo significativo.[55]

Um estudo recente sobre adolescentes, uso de mídias e sintomas de TDAH revelou que quanto mais frequentemente os jovens verificavam redes sociais e assistiam a vídeos em *streaming*, maior era a probabilidade de desenvolverem sintomas associados ao TDAH. Esse estudo acompanhou 2.587 estudantes em dez escolas de Los Angeles, Califórnia, ao longo de dois anos e é considerado o mais robusto até agora sobre a conexão entre o uso de telas e a atenção. No entanto, ele não sugere que o uso de mídias cause TDAH; apenas indica que adolescentes que utilizam dispositivos com frequência apresentam maior probabilidade de desenvolver comportamentos comuns ao transtorno.[56] Na experiência da Clinic for Interactive Media and Internet Disorders (CIMAID, Clínica para Transtornos de Mídia Interativa e Internet), ambientes interativos como redes sociais ou jogos *on-line* podem revelar casos subclínicos de TDAH que foram compensados em casa ou na escola.

É irônico que, muito antes da era digital, usamos o termo *prestar* atenção — uma metáfora econômica — para descrever a aplicação do foco.* Hoje vivemos em uma economia da atenção. O ecossistema digital monetizou nosso foco, lucrando com ele. A internet nos oferece acesso a informações novas e empolgantes enquanto coleta dados sobre nós para vendê-los a terceiros. Para muitos, isso tem sido uma experiência ambivalente. Os algoritmos nos caracterizam como consumidores e cidadãos, calculando nossos interesses e nos direcionando informações sobre produtos, serviços ou políticas públicas que provavelmente consumiremos. Entretanto, essa precisão pode nos levar a "túneis" informativos que consomem tempo ou nos induzem a adquirir produtos ou ideias potencialmente prejudiciais. (Mais sobre isso na Parte 2) Assim, cedemos gratuitamente algo pelo qual grandes corporações pagam caro: nossa atenção.

O que podemos fazer melhor?

Uma pergunta que costumo fazer aos meus pacientes adolescentes, quando seus pais saem da sala, é: "O que seus pais poderiam fazer melhor?". Quase sempre, a primeira resposta desses jovens, cujos pais se queixam de que eles nunca conversam ou compartilham sua vida, é: "Prestar mais atenção em mim!". Como pais, precisamos estar cientes de que nossos filhos sentem que competem com nossos dispositivos pela nossa atenção. Estamos frequentemente distraídos com outras preocupações, prontos para interrompê-los e pedir que esperem enquanto respondemos a uma mensagem ou ligação "importante". Nosso interesse por eles parece condicional, menos valioso do que nossas demandas profissionais ou sociais. As crianças não precisam de nossa atenção ininterrupta o tempo todo, mas precisam sentir nossa abertura e disposição para ouvi-las, para que se sintam seguras e saibam que seus pensamentos, sentimentos e sonhos serão acolhidos. Nossa atenção é tão valiosa para elas quanto acreditamos que a atenção delas seja importante para seus

* N. de R. T. Em inglês, *pay attention*, pagar pela atenção.

deveres escolares, tarefas domésticas e momentos em família. Quando damos mais atenção aos nossos telefones e computadores do que a elas, não apenas parecemos priorizar essas tecnologias em detrimento dos nossos filhos, mas também nos mostramos hipócritas ao criticar o uso excessivo de dispositivos por parte deles. Para eles, as redes sociais são tão importantes quanto o *e-mail* urgente do nosso chefe é para nós. Eles podem não nos ouvir, mas estão sempre observando. Somos modelos de como adultos se comportam, e isso fala muito mais alto do que nossas reclamações sobre os jogos deles.

No mundo atual, nossa atenção é altamente valorizada por aqueles que buscam monetizá-la. Desde cedo, podemos ensinar às crianças a valorizarem a atenção como um recurso finito e usá-la sabiamente. Podemos escolher como orientar a atenção e o tempo delas para atividades mais desafiadoras e enriquecedoras, incluindo permitir que fiquem entediadas o suficiente para pensarem em algo novo. O tempo é limitado na vida. Valorizamo-lo ao máximo — e ensinamos nossos filhos a valorizá-lo — quando nos dedicamos uns aos outros e ao mundo ao nosso redor.

PRESCRIÇÃO DE MÍDIA SAUDÁVEL

Valorize sua atenção e cuide da deles

Todos nós, pais e filhos, podemos aprender a reconhecer, respeitar e fortalecer nossa atenção.

VOCÊ PODE

- ***Guardar o celular,* tablet *e computador quando estiver com seus filhos.*** Além de dar o exemplo do comportamento que deseja ver neles, você estará presente e aproveitando o momento com eles.
- ***Desenvolver autoconsciência.*** Perceba no que está focando sua atenção em cada momento. Use atividades ou situações cotidianas para observar se sua atenção está concentrada ou fragmentada. Sua atenção está voltada para o mundo ao seu redor e as pessoas nele, para seus pensamentos e preocupações internas ou para algo *on-line*?
- ***Assumir o controle da sua atenção.*** Ela é sua. Quando você presta atenção, está investindo seus pensamentos. Você está focado em algo ou sua atenção está sendo desviada? Sua atenção tem valor. Não a desperdice facilmente. Empresas gastam bilhões para capturar e manter sua atenção — valorize-a e invista-a com sabedoria!

- ***Escolher o foco em vez da fragmentação.*** A atenção é um recurso finito no momento presente, e cabe a você decidir como usá-la. O cérebro humano, por mais inteligente que seja, não consegue realizar multitarefas verdadeiras. Quando tenta alternar entre tarefas, os recursos mentais ficam dispersos, tornando as atividades cognitivas mais demoradas, sujeitas a erros e menos eficazes na retenção de informações do que quando há concentração total em uma única tarefa.[57] Priorize o que precisa de sua atenção e dedique-se plenamente a isso — uma coisa de cada vez.
- ***Focar com propósito.*** Escolher conscientemente onde direcionar sua atenção ajuda a manter o foco necessário para concluir suas metas. A intenção orienta uma atenção eficaz.
- ***Treinar seu cérebro.*** Pergunte ao seu filho o que ele gostaria de fazer com você (crianças adoram realizar atividades com os pais, algo que pode persistir até a adolescência se cultivado desde cedo). A atividade pode ser trabalhar em um projeto, passear com o cachorro, ler, desenhar, jogar um jogo de tabuleiro ou *videogame*, caminhar ou brincar ao ar livre. Planeje essa atividade com horários claros de início e fim, marque-a mentalmente com um "Não perturbe" e concentre-se tanto na atividade quanto na pessoa com quem está compartilhando esse momento. Você perceberá que as crianças prestam mais atenção, você aproveitará melhor o tempo com elas e as conhecerá mais profundamente. Juntos, vocês criarão um hábito de atenção focada, colaboração e companheirismo.

Capítulo 4

Corações solitários

Desenvolvimento socioemocional na era digital

Melissa sempre estava impecável, vestindo as roupas mais modernas e usando as tendências mais recentes de maquiagem. Ela aspirava ser uma influenciadora de moda nas redes sociais assim que entrasse na faculdade e seus pais não pudessem mais insistir para que fizesse o dever de casa e dormisse cedo. Confiante de que eu manteria seu "segredo", ela me atualizava sobre música, moda e o que os jovens estavam fazendo que poderia impactar sua saúde, mas que seus pais e a escola desconheciam. Quando ela apareceu para uma consulta emergencial em um pronto-atendimento, fiquei surpreso e preocupado ao vê-la com os cabelos desgrenhados, olhos vermelhos, rímel borrado e sem os inseparáveis fones de ouvido.

"O que houve, Melissa?"

"Estou profundamente infeliz. Não entendo!" — disse ela. Sua vida parecia ter desmoronado da noite para o dia. "Ninguém fala comigo... mas todos estão falando *de mim*!"

Quando Melissa mencionou "falar", ela se referia a mensagens de texto. Normalmente uma adolescente de 15 anos animada e propositalmente irreverente, Melissa parecia ter enfrentado bem a transição da escola do bairro para o grande colégio suburbano. Ela havia ampliado o grupo de amigos que conhecia desde a educação infantil, embora tivesse se afastado de alguns. Suas notas começaram a cair à medida que seu foco se voltava mais para os relacionamentos sociais e sua presença nas redes do que para os estudos. Seus pais concluíram que o *smartphone* era o problema. Quando seu boletim chegou com notas B transformadas em C e D, eles confiscaram o celular de Melissa naquela noite. Após uma discussão que escalou para gritos frustrados e portas batendo, Melissa se trancou no quarto, recusou-se a fazer os deveres de casa e acabou adormecendo. Na manhã seguinte, acordou sozinha, se arrumou e fez a maquiagem atrás da porta trancada, recusou o café da manhã e foi para a escola — onde seus amigos, antigos e novos, estranhamente mantiveram distância. Quando ela se aproximava, eles viravam as costas ou saíam andando. O que estava acontecendo? Melissa ficou perplexa.

A amizade tem características tão antigas quanto o tempo. Nossa necessidade de amigos e de pertencimento a um grupo social é fundamental à natureza humana. No isolamento, sofremos. Ser social é mais do que um prazer; é sobrevivência. Animais que se comunicam bem e desenvolvem relações confiáveis protegem uns aos outros. Está em nosso DNA. Chimpanzés e bonobos são os primatas superiores mais próximos dos humanos, compartilhando 98,7% do nosso DNA. Apesar de nossos ancestrais terem se separado dos deles há mais de 4 milhões de anos, compartilhamos muitos traços em comum. Machos chimpanzés competem agressivamente pelas melhores parceiras tentando eliminar jovens machos antes que atinjam a puberdade e se tornem uma ameaça. Já as fêmeas bonobos são sensíveis aos sinais sociais, formando alianças para proteger os filhotes contra machos agressivos.[1] Como a agressividade é improdutiva para os machos bonobos, a sobrevivência dos mais aptos evoluiu para o que Brian Hare, professor de antropologia evolutiva, e Vanessa Woods, cientista pesquisadora e jornalista, cunharam como "sobrevivência dos mais amigáveis".[2] Em resumo, vínculos sociais profundos e colaboração entre indivíduos proporcionam proteção por meio de uma comunidade forte.* A força em número — especialmente a força social conferida por laços emocionais — é ainda mais protetora do que um cérebro grande ou polegares opositores. A propensão humana à sociabilidade pode

* N. de R. T. Para se falar em vínculos sociais, é importante mencionar John Bowlby (1907–1990), psiquiatra e psicanalista britânico que desenvolveu a teoria do apego. Segundo ele, os laços emocionais formados na infância com os cuidadores são fundamentais para o desenvolvimento afetivo e moldam a forma como os indivíduos se relacionam ao longo da vida. Bowlby via o apego como um mecanismo inato de sobrevivência. Décadas depois, Vanessa Woods e Brian Hare ampliaram essa perspectiva ao investigarem primatas, demonstrando que empatia, colaboração e vínculos sociais fortes também são estratégias adaptativas — reforçando, sob uma ótica comparativa e evolucionista, a importância dos laços para a sobrevivência.

ser o motivo pelo qual sobrevivemos enquanto outros animais mais fortes, rápidos ou perigosos não.

Existe, no entanto, um contraponto do vínculo social. Mães de animais que cuidam e protegem seus filhotes tornam-se ferozmente agressivas quando percebem uma ameaça a eles. Estão constantemente vigilantes contra perigos vindos daqueles que consideram "outros". Nos humanos, essas proteção e vigilância se traduzem em uma incapacidade quase irônica (se não fosse tão trágica) de se conectar, se comunicar ou ouvir aqueles que decidimos serem "outros" — de outras etnias, gêneros, idiomas, religiões, sexualidades, culturas ou "tribos". Esse comportamento se manifesta no ambiente digital, no qual ferramentas tradicionais de exclusão, como "panelinhas", fofocas, esnobismo e *bullying*, encontram novas aplicações e um poder ampliado para punir.

Isso nos traz de volta à Melissa. Quando seus pais confiscaram seu celular, interromperam uma rede complexa de conexões interdependentes que permeava sua "tribo" adolescente. Assim como a maioria dos jovens, Melissa participava de trocas quase constantes de mensagens de texto, fotos, *memes* e repostagens com amigos, um garoto com quem flertava e seu grupo de *Dungeons and Dragons*. A interrupção criou um vazio imediato na comunicação entre Melissa e os outros. Decepcionada e frustrada pela falta de resposta às mensagens repetidas — sem saber que o celular havia sido confiscado —, uma de suas melhores amigas publicou que Melissa estava a "ignorando". Isso desencadeou uma avalanche de postagens solidárias à amiga "de coração partido", mas cada vez mais sarcásticas em relação à Melissa. Enquanto isso, em casa, exausta após a discussão com os pais e sem o celular, Melissa dormiu profundamente, alheia ao fato de que sua reputação estava sendo atacada. No dia seguinte, ao chegar à escola e cumprimentar a primeira amiga que viu com um "Oi!", recebeu como resposta o silêncio e as costas viradas enquanto a colega cochichava com outra no armário ao lado. Olhares silenciosos e sussurros a seguiram pelo corredor até sua aula de álgebra, onde encontrou escrito na lousa: "Lissa = vadia", em marcador vermelho. Devastada, Melissa saiu direto para a enfermaria da escola alegando dor de estômago. A enfermeira não encontrou nada errado e disse que ela deveria voltar para a aula. Quando Melissa insistiu que não podia, foi informada de que precisaria de um atestado dos pais ou do médico para ser dispensada da escola. Assim, ela veio à nossa clínica em busca desse parecer.

O drama social sempre fez parte da vida adolescente, especialmente durante os tumultuados anos peripuberais em que os hormônios impulsionam mudanças rápidas no físico, na mente e nas emoções. *De quem eu gosto? Mais importante: quem gosta de mim? Por que me sinto assim perto deles? Será que todos estão olhando para essa espinha no meu queixo? O que aquele olhar enviesado significou? Eles são fofos; será que...?* As questões e preocupações da adolescência podem parecer superficiais para os pais, mas refletem dimensões vitais do desenvolvimento socioemocional nessa fase: curiosidade, incerteza, entusiasmo e angústia — além do terrível constrangimento geral. Navegar pelos humores oscilantes e pelas paixões da adolescência nunca foi fácil; no entanto, o ambiente das mídias interativas acelerou o ritmo dessa jornada já frenética rumo à individualidade e à vida adulta. Nossos filhos não apenas sentem pressão para acompanhar o ritmo vertiginoso imposto pela tecnologia; atalhos sedutores acabam prejudicando-os ao facilitar a evasão de situações constrangedoras que são essenciais como etapas do desenvolvimento.

Nas últimas décadas, o ambiente de mídia interativa tem absorvido experiências fundamentais de interação humana direta. Trocas de mensagens, redes sociais e aplicativos baseados em imagens substituíram as interações face a face. A comunicação interpessoal foi reduzida a toques na tela, emojis e acrônimos de três letras (LOL e OMG, respectivamente, do inglês, *laughing out loud* e *oh my god*). Essa linguagem digital é mais fácil e rápida, e sua natureza assíncrona permite ao emissor evitar a sensação de exposição. Contudo, o que se perde é a aprendizagem profunda, texturizada e cheia de nuances sobre os outros e sobre si mesmo — incluindo como lidar com situações constrangedoras —, essencial para o amadurecimento do cérebro, do corpo e da psique em desenvolvimento. Explorações intensas sobre a vida e o amor, que antes ocorriam ao longo de dias ou semanas em interações diretas, agora se desenrolam em horas ou até minutos por meio das mídias interativas. Foi amplamente abandonada a experiência de conhecer alguém novo pessoalmente, iniciar uma conversa, encontrar interesses em comum, aprender a interpretar expressões faciais e linguagem corporal, e expressar-se de forma autêntica sem constrangimento. Perdemos oportunidades de aprender a ouvir profundamente, demonstrar compaixão e desenvolver habilidades de autorregulação e enfrentamento para interagir mesmo quando estamos cansados, famintos, estressados ou tomados por emoções intensas.

Relacionamentos são anunciados e encerrados por meio de atualizações de *status* em perfis *on-line*, evitando rompimentos emocionais complicados. A força e o significado dos relacionamentos são avaliados pela forma — e pela rapidez — com que o outro responde. As redes sociais baseadas em imagens combinam a aparente imediaticidade das interações face a face com o tempo variável (às vezes longo) de resposta das cartas manuscritas enviadas pelo correio tradicional, frequentemente resultando no pior dos dois mundos. Há amplas oportunidades para erros e mal-entendidos. O emissor envia uma mensagem espirituosa: será que a piada será percebida como tal? O comentário ousado ou a foto são inteligentes ou potencialmente ofensivos? O intervalo imprevisível entre o envio e a resposta só aumenta o potencial de confusão ou mágoa para ambas as partes. A mensagem pode alcançar o destinatário em um momento inconveniente ou em um estado emocional inadequado para responder; em um grupo de bate-papo, ela chega a todos em tempos diferentes. Embora a natureza da comunicação assíncrona idealmente permita uma resposta a qualquer momento — até dias depois —, o texto carrega uma expectativa implícita: responder imediatamente se você valoriza o relacionamento. Pouco tempo é permitido para reflexão, nuances e respostas conscientes. Na comunicação baseada em imagens, é difícil interpretar expressões faciais; na baseada em texto, é impossível captar linguagem corporal, tom ou outros sinais sociais para avaliar a carga emocional da mensagem. Por fim, quanto mais pessoas envolvidas em um grupo ou bate-papo coletivo, maior o potencial para mal-entendidos e reações emocionais equivocadas à medida que as mensagens se acumulam. Reagir sem refletir é sempre uma receita para desentendimentos. Durante a adolescência — período em que os jovens precisam de cerca de uma década ou mais para desenvolver funções executivas como controle de impulsos e mecanismos reguladores para acalmar seus sistemas límbicos sob sobrecarga emocional —, os riscos de incompreensão entre emissor e receptor no ambiente digital são elevados.

A velocidade da comunicação proporcionada pelo ecossistema digital criou novos desafios, expectativas e comportamentos humanos. Esses fatores foram os que prejudicaram Melissa, assim como muitos outros adolescentes (e cada vez mais pré-adolescentes), especialmente vulneráveis nesse contexto. Atualmente, muitos relacionamentos entre jovens começam e se desenvolvem *on-line*. Com 97% dos adolescentes conectados diariamente à internet e 46% "quase constantemente",[3] os jovens criaram expectativas quanto à natureza e à rapidez das respostas às suas comunicações e postagens.[4] Uma resposta atrasada levanta dúvidas sobre o valor do relacionamento para quem responde. A ausência de resposta — ou ignorar deliberadamente quem enviou a mensagem (*ghosting*) — é interpretada como o fim do relacionamento. Quando Melissa não respondeu porque estava sem seu celular, isso foi entendido como *ghosting* por sua melhor amiga (BFF, do inglês *best friend forever*), levando muitos outros a se voltarem instantaneamente contra ela.

A socialização por meio das redes sociais começa mais cedo do que você imagina

Embora as preocupações dos pais e da sociedade com as atividades *on-line*, especialmente nas redes sociais, atinjam seu auge durante os anos de pré-adolescência e adolescência, o papel do uso de telas digitais no desenvolvimento socioemocional das crianças começa muito antes. Afinal, a socialização tem início no nascimento, com o recém-nascido buscando conexão com os pais e familiares; como vimos no capítulo anterior, o cérebro faminto está constantemente em busca de conexões que nutram. Como também já discutimos, as primeiras experiências sociais das crianças com a mídia geralmente não se limitam a chamadas de vídeo com a avó. Há um vídeo no YouTube, assistido quase um quarto de milhão de vezes, que captura um uso típico da mídia digital na primeira infância: um bebê, sentado de forma instável, fixa o olhar em um *smartphone* brilhante que segura com suas pequenas mãos. Rindo, a mãe tira o aparelho, e o bebê faz birra, inclinando-se para trás e gritando.[5] A mãe senta o bebê novamente, mas os gritos continuam até que ela devolva o *smartphone*. O bebê reage com um olhar ressentido e volta a encarar a tela em silêncio. Para muitos bebês, o primeiro contato com mídias digitais ocorre por meio de dispositivos móveis usados frequentemente para distraí-los e acalmá-los ao estimularem sua resposta de orientação à luz e ao som.[6] Quando os bebês descobrem que podem interagir com a tela deslizando os dedos, alguns pais rapidamente celebram o que parece ser um aprendizado precoce. Mas a verdade é que esse comportamento não reflete inteligência avançada; quase todos os bebês conseguem fazer isso. O que realmente estamos testemunhando é a genialidade de Steve Jobs e seus *designers* ao criarem a transparência intuitiva de uma tela sensível ao toque que conecta o olhar curioso, o dedo apontador e a mente inquisitiva ao ecossistema digital. Apenas mais tarde surgiriam preocupações sobre as implicações para a saúde quando essa mente inquisitiva pertencesse a uma criança nos estágios mais sensíveis do desenvolvimento cerebral, social e emocional.

Reconhecendo que essa interface acessível com mídias interativas transformou a experiência das telas para crianças — de uma visualização passiva da televisão para um engajamento ativo — e citando pesquisas que mostram que crianças podem aprender com mídias digitais quando interagem ou assistem junto aos pais a partir dos 15 meses, a American Academy of Pediatrics modificou suas recomendações para desencorajar o uso de telas antes dos 18 meses, exceto para chamadas de vídeo.[7]

Infelizmente, as nuances das evidências científicas limitadas por trás dessas recomendações mais flexíveis foram perdidas, e os limites rapidamente se dissiparam. Bebês passaram a ser apresentados aos avós no nascimento por meio de transmissões ao vivo. Crianças começaram a assistir e a interagir com telas enquanto seus pais, confortados pela crença de que seus filhos estavam aprendendo algo útil, utilizavam *tablets* e *smartphones* como babás eletrônicas móveis. Espaços virtuais de brincadeiras passaram a incluir brinquedos de pelúcia de marcas famosas para crianças em estágio inicial do desenvolvimento, promovendo fidelidade à marca desde cedo. Avatares em estilo cartunesco passaram a permitir interações e comunicações entre jogadores nesses espaços virtuais, borrando as linhas entre brincadeiras tradicionais e redes sociais.[8] As normas comportamentais e expectativas da cultura digital algorítmica começaram a moldar aquelas do ambiente doméstico e familiar. Para retomar o controle sobre o desenvolvimento socioemocional das crianças, é necessário estruturar intencionalmente uma rotina diária e uma cultura familiar que as acolham para se tornarem suas melhores versões.

Tarefas atemporais, palco ampliado

A forma como crianças e adolescentes aprendem a interagir com os outros sempre foi uma dança complexa no palco do desenvolvimento. Desde a curiosidade dos bebês e o brincar paralelo das crianças mais novas até as amizades da idade escolar e os relacionamentos mais complicados da adolescência, eles seguem pistas sociais e emocionais internas, experimentando naturalmente e descobrindo, por tentativa e erro, como se relacionar com os outros. A coreografia do crescimento sempre definiu o desenvolvimento socioemocional das crianças e continua a fazê-lo hoje, agora com as mídias interativas adicionando novas camadas de complexidade. Para entender como tudo isso se desenrola no ecossistema digital, é útil lembrar das tarefas e das ferramentas de desenvolvimento de cada criança.

De muitas formas, a amizade sempre foi um fator delicado no desenvolvimento infantil e adolescente, como escreveu o psicólogo clínico e autor Michael G. Thompson em *Best Friends, Worst Enemies: Understanding the Social Lives of Children* (em tradução livre, *Melhores amigos, piores inimigos: entendendo a vida social das crianças*).[9] Os desafios centrais do desenvolvimento social das crianças ainda giram em torno da amizade, do poder do grupo em sua vida, da crueldade social e de como lidam com conflitos, traições e reconciliações — desafios que elas enfrentavam cara a cara antes de as redes sociais substituírem os parques, os *shoppings* e os telefones analógicos.

Na infância, há poucas oportunidades para assumir o controle das coisas, mas as crianças naturalmente descobrem seus poderes emergentes, observou Thompson. "À medida que crianças normais e felizes crescem, elas exercem seus poderes — seu domínio da linguagem (inclusive palavrões), sua maestria em problemas cognitivos e acadêmicos, suas novas capacidades musculares ('Eu corro mais rápido que você!') e seus poderes sociais", escreveu ele em uma troca de mensagens.

Quais são esses poderes sociais?

"Todas as crianças têm a capacidade de demonstrar amor, empatia, respeito e apoio a outras crianças", disse Thompson. "Elas também têm mais ou menos carisma, poderes magnéticos para atrair outras crianças para perto delas. Mas todo poder tem seu lado sombrio. Todas as crianças também têm a capacidade de ferir os sentimentos umas das outras, de agir de forma cruel e, por fim, de rejeitar umas às outras. E fazem isso especialmente quando estão tentando formar sua própria identidade. À medida que crescem, exercem esses poderes umas sobre as outras, demonstrando amor e afeto ('Quer dormir lá em casa?') ou rejeição ('Não queremos brincar com você')." Muito antes de a internet e as redes sociais se tornarem o espaço social delas, as crianças já flexionavam esse poder social dessa forma — "adicionando" ou "removendo" amigos na prática. Só não chamavam isso assim.

"Sempre esteve presente", disse Thompson. Mas as redes sociais amplificaram essa experiência. "Há algo tão definitivo em ver algo escrito *on-line* ou ter seu ex-amigo bloqueando subitamente o acesso ao perfil dele nas redes sociais ou ver outras crianças testemunhando que você foi 'desamigado'. Essas rejeições *on-line* atingem as crianças com muita força — mais do que antigamente, quando seu amigo podia simplesmente evitá-lo de forma repentina, não querer brincar com você ou parecer estar dando atenção a outra pessoa." Antes da era digital, nada se tornava viral. Os erros tinham uma meia-vida na memória; o controle dos danos era mais viável.

"Há um mínimo irredutível de crueldade social na infância", afirmou Thompson. "Isso é verdadeiro tanto pessoalmente quanto na internet. Não sei como comparar a dor das duas rejeições — uma pessoalmente e outra *on-line* —, mas o que elas têm em comum é que basicamente machucam. E parte do crescimento é aprender como se recuperar de uma ferida social."[10]

Jogos digitais também podem ser sociais

Embora pais, escolas e comunidades desempenhem um papel significativo na aprendizagem socioemocional durante a infância, à medida que os jovens entram nos anos de pré-adolescência e adolescência, buscando autonomia, programas de TV (facilmente assistidos em dispositivos digitais), filmes, *videogames*, músicas populares e redes sociais começam a influenciar como crianças e adolescentes acreditam que devem se comportar.[11] Mesmo antes das redes sociais, o que eles aprendiam com o conteúdo exibido nas telas já era muito impactante. Contudo, essas mídias ainda eram do tipo *pull* (de atração), o que significava que os espectadores tinham liberdade para escolher o que assistir, com acesso limitado aos horários de exibição ou às sessões de cinema. A internet e as redes sociais introduziram as mídias *push* (de empurrão), que utilizam algoritmos complexos — a mão invisível da era digital — para perfilar cada usuário e direcionar a ele programações e produtos personalizados, com alta probabilidade de atraírem sua atenção. No melhor cenário, apreciamos a experiência de consumo ao receber mais do que gostamos. No entanto, o lado negativo é o efeito de câmara de eco algorítmica, que estreita e amplifica padrões preferidos em detrimento de um mundo mais diverso de ideias, pessoas e oportunidades para aprender e crescer para além do que já conhecemos e apreciamos.

Embora as chamadas *redes sociais* sejam a principal fonte de preocupação dos pais e alvo de políticas públicas, a definição de mídia social e os limites entre ela e outras mídias interativas são cada vez mais nebulosos. Jogos eletrônicos, por exemplo, antes vistos como passatempos solitários em frente à tela, tornaram-se espaços sociais mais familiares do que parques ou *shoppings* para muitos jovens. Como vimos, os jovens migraram para jogos multijogador massivos *on-line* (MMOs, do inglês *massively multiplayer online games*), como *Roblox*, *Minecraft* e *Fortnite*,[12] além de plataformas sociais dedicadas ao universo *gamer*,[13] como Discord e Twitch, a fim de se conectarem e interagirem com seus pares.[14] Os pais se preocupam com o comportamento dos filhos nesses ambientes, especialmente com a linguagem usada durante os jogos — muitas vezes repleta de palavrões nos microfones. Quando perguntados sobre suas experiências nos MMOs, os jovens não falam sobre o jogo em si ou sobre vitórias ou derrotas, mas sobre "passar tempo com meus amigos".[15] Esses ambientes digitais tornaram-se o equivalente ao *shopping center* para gerações anteriores. Não há dúvida de que tanto as redes sociais quanto os MMOs são impulsionados comercialmente — assim como eram os *shoppings*. As crianças gastavam dinheiro lá (principalmente na praça de alimentação), mas também era um espaço onde podiam se reunir enquanto indivíduos independentes em formação — aqueles que aspiravam ser. Hoje, redes sociais e *sites* de jogos onde os jovens se encontram oferecem essas vantagens importantes para pré-adolescentes e adolescentes em transição da infância para um futuro incerto.*[16]

É crucial reconhecer quão férteis são os ambientes da internet e das redes sociais para tarefas-chave do desenvolvimento juvenil. Eles buscam:

- **Experiência.** Conectam-se instantaneamente com qualquer pessoa, em qualquer lugar do mundo, a qualquer momento; exploram outros lugares e culturas; interagem socialmente com conhecidos ou desconhecidos; compartilham sua vida com o mundo.
- **Independência.** Tornando-se indivíduos distintos dos pais, professores e outras figuras de autoridade, têm um canal direto e privado para enviarem mensagens, receberem informações e vivenciarem experiências por conta própria.
- **Consciência social.** Ao olharem para fora, percebem injustiças e problemas que desejam corrigir — mudanças climáticas, divisões políticas, crueldade animal — tornando-se ativistas *on-line.*
- **Identidade.** Na busca por construírem suas identidades pessoais, encontram características em modelos próximos ou distantes que desejam imitar (e aquelas que querem evitar), formando suas identidades como mosaicos, peça por peça. Isso é particularmente relevante para jovens LGBTQ+, neurodiversos ou não conformistas que podem ser marginalizados ou sofrer *bullying* em suas comunidades físicas, mas que encontram *on-line* uma comunidade acolhedora e solidária.[17]
- **Conexão.** Todos esses objetivos convergem no desejo fundamental de estar conectado, ser aceito e sentir pertencimento. Embora sejam desejos humanos universais, na adolescência as apostas parecem mais altas enquanto buscam construir um eu interior coeso e uma persona externa consistente em meio às incertezas dos dois mundos.

---

* N. de R. T. Vale lembrar que, com a publicação da 11ª edição da *Classificação internacional de doenças* (CID-11), da Organização Mundial da Saúde (OMS), foi oficialmente reconhecido o "transtorno de jogo (eletrônico) pela internet" (*internet gaming disorder*) como uma condição de saúde mental. Essa nova classificação destaca que o uso excessivo de jogos digitais pode se tornar disfuncional e prejudicar áreas importantes da vida do indivíduo, especialmente quando há perda de controle, prioridade crescente aos jogos e persistência no comportamento mesmo diante de consequências negativas sobre a saúde mental dos usuários.

As redes sociais se tornaram mais do que um ponto de encontro na fronteira digital. Elas agora representam a "nação" mais populosa do planeta, onde a cidadania é fluida, as fronteiras são porosas e as tendências transitam rapidamente entre plataformas digitais e o mundo físico, retornando novamente.

Os espaços de encontro digital proporcionados pelas redes sociais e pelos MMOs mostraram-se especialmente populares e importantes durante o isolamento imposto pela pandemia de covid-19, permitindo aos pesquisadores uma oportunidade sem precedentes de capturar dados em tempo real sobre o desenvolvimento adolescente interrompido. Uma pesquisa do Digital Wellness Lab (Laboratório de Bem-estar Digital), realizada em março de 2021, revelou que:

- No pico da pandemia, 59% das crianças e dos adolescentes aumentaram o tempo dedicado aos *videogames* e 45% ampliaram o uso de redes sociais.
- Quase metade dos pais relatou que a frequência de discussões sobre o uso de mídias pelos filhos aumentou, mas essas discussões estavam mais relacionadas ao tempo de tela do que ao conteúdo acessado.
- Dos pais, 45% afirmaram que o uso de telas foi benéfico para a saúde mental dos filhos, enquanto apenas 19% o consideraram prejudicial.
- Dos pais, 50% sentiram que os relacionamentos familiares melhoraram, e 56% acreditavam que as amizades dos filhos foram favorecidas pelo uso de mídias interativas.
- Embora 52% tenham relatado que as habilidades de leitura e 48% tenham indicado que as habilidades matemáticas foram ajudadas pelo ensino *on-line* (muito mais do que os 14% e 18%, respectivamente, que relataram prejuízos nessas áreas), apenas 39% sentiram que as habilidades sociais dos filhos melhoraram, enquanto 32% acreditavam que essas habilidades sociais foram prejudicadas.[18]

PERGUNTE AO MIDIATRA

Quem é quem na comunidade *on-line* do meu filho — devo me preocupar?

Meu filho de 12 anos joga um jogo de RPG (do inglês role-playing games, *ou jogos de interpretação de papéis) com um grupo de amigos, em sua maioria colegas de escola, além de alguns de outras partes do mundo. No entanto, algumas pessoas que não conheço se juntaram à guilda dele no último ano. Uma delas, que parece ser uma mulher adulta, assumiu um papel de liderança nas missões e batalhas. Durante o jogo, eles conversam muito sobre escola, esportes, amigos, valentões e os pais. Não consigo ouvir o que ela diz por causa dos fones de ouvido do meu filho, mas recentemente ele começou a chamá-la de "Mãe". Fiquei irritada com ele. Ele já tem uma mãe! Mas ele disse que não era nada demais; esse era o nome que ela escolheu no jogo. Isso é aceitável? Há algo que eu deveria fazer?*

Os RPGs são especialmente populares entre pré-adolescentes e adolescentes porque oferecem a oportunidade de inventarem e reinventarem a si mesmos em um momento em que seu desenvolvimento é fluido e eles estão explorando quem podem se tornar. Embora os instintos iniciais do seu filho em jogar com amigos da escola tenham sido bons, a introdução de pessoas desconhecidas, especialmente um adulto, é uma preocupação razoável. Embora muitos adultos joguem RPGs, não está claro por que essa pessoa (que pode não ser quem aparenta ser) gostaria de jogar com crianças. Sem conhecer a identidade ou os motivos dessa pessoa, o simples fato de interagir com jovens vulneráveis já é preocupante, mas pedir aos meninos para chamá-la de "Mãe" é um sinal de alerta. Pode ser algo inocente, talvez uma pessoa solitária buscando conexão com quem a aceite, mas, francamente, os benefícios que seu filho e seus amigos obtêm com o jogo não valem o risco potencial à saúde mental ou até física deles.

Peça desculpas ao seu filho por ter ficado irritada. Explique que você estava assustada por ele, não brava com ele. Sente-se com seu filho para conversar sobre suas preocupações. Pergunte diretamente o que a "Mãe" faz no jogo e se ele e os amigos poderiam se divertir tanto ou mais jogando apenas entre eles. Ajude-o a entender que eles não têm como saber quem essa pessoa realmente é, onde está ou o que pode querer dos meninos. Não o assuste; fortaleça-o — para cuidar de si mesmo e dos amigos. Com a permissão dele, entre em contato com os pais das outras crianças para informá-los sobre como você está lidando com a situação sem criar alarde. Cada família provavelmente lidará com isso de forma diferente, e ele e os amigos certamente discutirão o que querem fazer. Eles merecem se divertir sem preocupações. O objetivo é que decidam jogar do jeito que preferirem, entre si e com pessoas conhecidas.

Você também pode aproveitar essa oportunidade para conversar com seu filho sobre ser autêntico *on-line* — sem ser enganoso ou manipulador na forma como se apresenta — enquanto protege sua privacidade. Ser autêntico não significa compartilhar sua identidade, endereço, escola ou qualquer informação pessoal identificável. Aqueles que tentam explorar jovens podem ser bastante habilidosos em obter informações como nome, endereço, escola, interesses e rotinas das vítimas. E nem sempre essas informações são fornecidas voluntariamente. Metadados ocultos em fotos digitais podem revelar informações como a localização onde foram tiradas. Uma comunicação do Federal Bureau of Investigation (FBI) a profissionais da saúde revelou que até mesmo fotos aparentemente inofensivas — como as de uma criança mostrando seu gatinho no sofá — levaram um agressor sexual registrado até a porta da casa dessa criança, onde foi preso. O objetivo ao compartilhar essas informações não é assustar seu filho (ou você), mas fornecer dados concretos para que ele e os amigos possam refletir sobre suas escolhas e considerá-las ao interagir *on-line*.

Estar presente na vida digital de seu filho não é apenas recomendável, mas deve ser uma expectativa, tanto para ele quanto para você. Se você não permitiria que ele fosse sozinho à casa de um amigo que nunca conheceu, cujos pais você não conhece, e onde não sabe quem mais estará presente ou se haverá álcool, drogas ou armas — então também não deve deixá-lo ir sozinho à "festa" virtual e permanente da internet. Muitos jogos, especialmente os RPGs, atraem jogadores em potencial por serem provocativos, hipersexualizados e violentos, além de incitarem o medo e o ódio ao "outro", seja esse outro mulheres ou pessoas de outras etnias, idiomas ou culturas. O risco não é que seu filho sofra danos físicos, mas que o medo e o ódio sejam normalizados e até glamourizados para os jogadores. Peça ao seu filho que lhe mostre os jogos e as redes sociais das quais deseja participar e decida se você quer que ele se dessensibilize e possivelmente adote as atitudes e os comportamentos retratados ali. Pergunte como ele se sentiria agindo daquela forma, em vez de dizer para não agir assim. Se ele disser que sabe que não é real e que nunca agiria daquela maneira, pergunte como ele se sentiria se um irmão mais novo ou amigo jogasse aquele jogo. Mesmo quando acreditam que não são afetados, frequentemente reconhecem problemas para alguém que consideram mais vulnerável.

Pode ser difícil imaginar como o sucesso de seu filho de 10 anos como líder de equipe em um reino fantástico lutando contra um império maligno pode ajudá-lo a desenvolver habilidades transferíveis valorizadas na escola e, eventualmente, no local de trabalho. As chamadas "habilidades interpessoais" — competências socioemocionais agora consideradas críticas para uma liderança eficaz — tradicionalmente eram aprendidas e aplicadas presencialmente.[19] Contudo, no "novo normal", essas habilidades estão sendo implementadas em ambientes híbridos de estudo e trabalho. Competência social é a capacidade de formar e manter relacionamentos respeitosos e eficazes. Competência emocional é ter autoconsciência para reconhecer e manejar os próprios sentimentos, além de empatia pelos sentimentos dos outros. Alcançar essas competências começa com a aprendizagem socioemocional durante a infância e a adolescência — aprendizagem que agora ocorre em um ambiente contínuo físico-digital, incluindo encontros *on-line* em MMOs, onde as crianças conversam (e às vezes xingam) umas às outras. Essas habilidades socioemocionais são componentes fundamentais do bem-estar digital:

- comunicação eficaz;
- escuta ativa;
- respeito pelos outros;
- inteligência emocional;
- empatia;
- adaptabilidade;
- resolução de problemas;
- manejo do estresse;
- negociação;
- orientação;
- gratidão;
- otimismo.

Muitos adolescentes vêm desenvolvendo essas habilidades *on-line* há muito tempo (e talvez você também tenha feito isso quando tinha essa idade). Apenas não percebemos nem valorizamos esse aspecto da experiência social *on-line* deles. Uma pesquisa realizada com 14.564 universitários pouco antes da pandemia revelou que aqueles que usavam redes sociais proficientemente demonstraram maior competência socioemocional do que aqueles que não usavam.[20] À medida que modelamos e orientamos essas habilidades interpessoais para nossos filhos, eles não apenas aprendem os fundamentos que podemos oferecer, mas também constroem sobre eles. E como vimos na evolução das plataformas de redes sociais, logo as crianças e os adolescentes se tornam nossos guias no ambiente digital em constante mudança.

Protegendo os mais vulneráveis no espaço social digital

Em 1998, quando o que viria a se tornar as redes sociais ainda eram *sites* rudimentares para troca de perfis pessoais, o Congresso dos Estados Unidos adaptou o sistema de classificação de filmes para aprovar a Children's Online Privacy Protection Act (COPPA, Lei de Proteção à Privacidade *On-line* das Crianças), restringindo a coleta de dados pessoais de menores de 13 anos.[21] À medida que as redes sociais se expandiram para além do uso inicial entre universitários e rapidamente remodelaram o espaço público digital para todos, defensores dos direitos das crianças, legisladores e o público lutaram para gerenciá-las. Para cumprir a COPPA, as empresas de redes sociais criaram sistemas de "restrição por idade", exigindo que os usuários informassem suas datas de nascimento antes de acessarem as plataformas. No entanto, a COPPA pouco fez para impedir que crianças, com ou sem ajuda dos pais (sim, muitos pais ajudaram), falsificassem sua idade para acessar redes sociais e *sites* de jogos que atraíam milhões de usuários globais.[22] Esforços para restringir o acesso das crianças ao "fruto proibido" das redes sociais tornaram-no ainda mais atraentes para jovens ansiosos por crescerem rapidamente.[23] Embora a COPPA tenha dificultado a obtenção de dados verdadeiros de usuários menores de idade, uma pesquisa realizada em 2021 pela Common Sense Media revelou que 38% das crianças entre 8 e 12 anos estavam nas redes sociais, sendo que 18% usavam essas plataformas diariamente.[24] Diversos Estados introduziram legislações exigindo consentimento e supervisão parental para o uso de redes sociais por menores de 18 anos.

Não apenas os limites etários se desintegraram, como também as definições do que constitui uma rede social tornaram-se amplamente irrelevantes, dificultando ainda mais os esforços para criar e aplicar salvaguardas. Todos falam sobre redes sociais, mas ninguém sabe ao certo o que elas são atualmente. TikTok e X claramente são *redes sociais*, assim como Instagram, Snapchat e Facebook; no entanto, o YouTube se identifica como uma plataforma de transmissão. Na prática, porém, o YouTube funciona como uma rede social na qual pessoas de todas as idades postam vídeos e comentam. O ato de postar vídeos geralmente começa como diversão, mas alguns usuários atraem muitos comentários, seguidores e receita publicitária como influenciadores digitais — agora a principal aspiração profissional entre os jovens.[25]

Os jogos *on-line* também são um espaço social que sempre ofereceu uma interface virtual com camaradagem, especialmente durante o isolamento imposto pela pandemia.[26] No entanto, dinâmicas perturbadoras ou linguagem agressiva em algumas comunidades tornaram certos ambientes de MMOs tóxicos, sobretudo para iniciantes. Em outras comunidades, particularmente aquelas com componentes criativos, os usuários incentivam o desenvolvimento de jogos ou vídeos por outros participantes, promovendo um ambiente mais acolhedor. Para os pais preocupados com *sites* específicos de redes sociais, é importante reconhecer que toda mídia interativa *on-line* já é ou tem potencial para se tornar social — e é justamente esse elemento que impulsiona o sucesso explosivo de produtos como *Fortnite* e TikTok.[27] Embora atraente para os jovens, é nesse fator social que também residem os maiores riscos.

Uma maneira mais sábia de navegar nas redes sociais

O pai de Dawn não gostava do tempo que sua filha de 16 anos passava no *smartphone*. Ela era uma adolescente socialmente ansiosa, que sempre teve dificuldade em fazer amizades, mas, nos últimos seis meses, parecia ter formado um grupo de amigos *on-line*. Ela passava todo o tempo livre rolando a tela, enviando e recebendo mensagens. Dawn sorria, ria alto, digitava freneticamente e depois ficava olhando para o telefone esperando uma resposta. No entanto, ela também havia se tornado mais ansiosa e, recentemente, apresentava um comportamento sombrio e irritadiço. Era muito reservada em relação às mensagens. Às vezes, seu pai a ouvia conversando com alguém em tons tensos e abafados. Ela ficava acordada até tarde da noite, atrasando-se nos estudos, exausta e retraída. Quando o pai tentava conversar com ela, Dawn reagia bruscamente, pedindo para ser deixada em paz. Parecia estar em uma espiral emocional negativa.

Dawn estava sempre com o telefone na mão. Finalmente, numa noite, seu pai perdeu a paciência e tentou pegar o aparelho dela. Dawn explodiu de raiva, deu socos no pai e arrancou o telefone de volta. Quando ele recuou, ela jogou o telefone nele, acertando sua cabeça. O irmão chamou a polícia. Quando os policiais chegaram, Dawn havia se trancado no quarto. Eles perguntaram ao pai se ele queria prestar queixa por agressão. Ele recusou, chocado com a situação, e decidiu levá-la à Clinic for Interactive Media and Internet Disorders (CIMAID, Clínica para Transtornos de Mídia Interativa e Internet).

Em nossa primeira conversa, Dawn descreveu um dia típico (e noite também) nas redes sociais. O padrão era familiar: uma troca começava como uma conversa casual, mas frequentemente escalava para uma sequência de imagens, comentários, *memes* e respostas cada vez mais rápidas e provocativas. Além das mensagens do grupo principal, ela costumava trocar mensagens privadas com um ou mais participantes reagindo às postagens uns dos outros. Quando havia uma pausa nas respostas, Dawn imaginava — ou melhor, tinha certeza — de que estavam falando mal dela pelas costas. Havia também outros amigos, outros grupos e outras conversas acontecendo simultaneamente a qualquer hora do dia ou da noite.

"É só o drama adolescente de sempre, certo?", disse ela com desânimo. E estava certa. A sobrecarga nas redes sociais tornou-se um novo rito de passagem para os adolescentes. Dawn estava sobrecarregada. Ela queria fazer amigos e ser uma boa amiga. Mas a cena social *on-line* tornou-se opressiva. Ela não estava feliz, mas sentia-se envolvida em um ciclo de diálogos que não conseguia encerrar sem permitir que algum amigo *on-line* tivesse a última palavra — algo que raramente fazia.

O motivo pelo qual Dawn estava tão desesperada para manter seu telefone era porque tinha uma amiga em outro fuso horário que enfrentava sua própria tristeza. Essa amiga sentia-se sozinha e sem esperança; dizia odiar a si mesma e afirmava que o mundo seria melhor sem ela ou nem sequer notaria sua ausência. As falas suicidas da amiga assustavam e fascinavam Dawn ao mesmo tempo. Sempre que se sentia mal, a amiga enviava mensagens para Dawn, que acreditava ser a única pessoa confiável capaz de ajudá-la. Dawn sentia-se necessária — e precisava estar disponível 24 horas por dia.

O pai de Dawn não entendia por que ela o havia atacado. Dawn sentia que ele estava tentando impedi-la de ser uma amiga e, assim, colocando a vida de sua amiga em risco. Ela estava desesperada para manter seu telefone. Seu instinto de ajudar era admirável, mas seu julgamento era falho, uma limitação de sua função executiva ainda em desenvolvimento. Dawn estava envolvida no drama, mas não tinha nem o treinamento profissional, nem o distanciamento emocional para realmente ajudar. Quando revelou o motivo de estar tão "irritada e em pânico" (uma mistura de pânico e raiva) com a tentativa do pai de tirar seu telefone, pudemos compartilhar sua preocupação e ajudar sua amiga a obter a intervenção necessária.

A American Psychological Association (APA), em um comunicado de saúde de 2023 sobre adolescentes e redes sociais,* recomendou que, antes de utilizarem essas plataformas, os jovens recebam treinamento em letramento digital que os capacite com "competências e habilidades psicologicamente

* N. de R. T. Para saber mais sobre o tema, leia o livro *Vivendo esse mundo digital: impactos na saúde, na educação e nos comportamentos sociais* (Abreu et al., 2018), publicado pela Artmed.

informadas para maximizar as chances de um uso equilibrado, seguro e significativo das redes sociais".[28] Com o objetivo de aumentar a frequência de interações positivas *on-line*, as recomendações sugeriram que, embora mais pesquisas sejam necessárias, "evidências emergentes oferecem suporte preliminar" para a eficácia de um currículo de cidadania e letramento digital para "aumentar a frequência de interações positivas *on-line*". Competências adicionais sugeridas pela APA incluíram:

- questionar a precisão e a representatividade do conteúdo das redes sociais;
- compreender táticas usadas para disseminar desinformação;
- limitar erros de "supergeneralização" e "subestimação" que levam usuários a interpretarem erroneamente comportamentos ou atitudes alheias com base no conteúdo ou nas reações nas redes sociais;
- reconhecer sinais de uso problemático das redes sociais;
- saber como construir e nutrir relacionamentos saudáveis *on-line;*
- saber como resolver conflitos que podem surgir nas plataformas digitais;
- evitar comparações excessivas nas redes sociais;
- entender como imagens e conteúdos podem ser manipulados;
- reconhecer mensagens racistas e criticá-las sem se envolver em "guerras de comentários";
- saber como comunicar-se com segurança sobre saúde mental *on-line.*[29]

Dawn ficou aliviada e assustada ao perceber como poderia ter se sentido responsável caso algo acontecesse à sua amiga. Ela não havia encorajado a amiga a buscar ajuda profissional. Também não compartilhou a situação com um adulto nem procurou ajuda para si mesma dizendo: "Alguém pode me ajudar com isso?". Quando a ansiedade e a depressão de Dawn foram reconhecidas e tratadas, ela entendeu que pensamentos suicidas e comportamentos autolesivos são questões que precisam ser tratadas por profissionais treinados capazes de avaliarem os riscos e intervirem, não por amigos emocionalmente envolvidos.

Dadas a crise de saúde mental entre adolescentes nos Estados Unidos e o quanto os jovens utilizam as redes sociais como modo preferido de comunicação com seus pares — como mostrou dolorosamente a experiência de Dawn —, aprender a comunicar-se com segurança sobre saúde mental *on-line* tem potencial para salvar vidas, tanto daqueles que compartilham suas dores quanto daqueles que tentam acolhê-las, como bons amigos fazem.

PERGUNTE AO MIDIATRA

Conflito sobre série que retrata dificuldades dos adolescentes com a vida — e a morte

Minha filha de 14 anos quer assistir à série 13 Reasons Why *(em tradução livre,* Os 13 porquês*). Embora ela tenha lido o livro, não permiti que visse a série devido à controvérsia sobre sua abordagem ao suicídio. Estou considerando permitir que ela assista agora que está no ensino médio. Li que a série é acompanhada de recursos e incentiva os adolescentes a buscarem ajuda se estiverem enfrentando dificuldades. Ainda assim, fico em dúvida sobre deixá-la assistir algo tão gráfico, classificado para público adulto. É seguro para ela assistir?*

É maravilhoso que você e sua filha mantenham uma comunicação aberta sobre os conteúdos que despertam o interesse dela e que estejam refletindo juntas sobre isso. Esse é um processo importante para qualquer conteúdo que trate de temas sensíveis ou perturbadores. De fato, se sua filha quiser assistir a essa ou a qualquer outra série, ela encontrará uma maneira de fazê-lo, seja na casa de amigos ou até mesmo na escola. Minha sugestão é que você converse com ela sobre os motivos pelos quais deseja assistir à *13 Reasons Why*, compartilhe suas preocupações e concorde em assistirem à série juntas. Considere os seguintes pontos ao processarem juntos o que assistirem:

- Assistir juntas permitirá que você discuta a série com sua filha e aborde suas dúvidas ou preocupações. Encare isso como uma oportunidade para modelar e orientar sobre habilidades-chave de educação midiática. Ajude-a a desconstruir as mensagens apresentadas na série. Não hesite em pausar o episódio quando achar necessário discutir algo mais profundamente ou se algo claramente a incomodar. Faça perguntas como: “O que está acontecendo com esses personagens?”, “Você acha essa situação realista?” e “O que não está sendo mostrado aqui?”.
- Revisar o *site* oficial da série e ler as descrições dos episódios pode ajudar vocês duas a se prepararem para abordar os tópicos difíceis tratados pela narrativa.
- Identificar e discutir com sua filha quem são os adultos confiáveis na vida dela — como um orientador escolar, professor, treinador ou parente — aos quais ela pode recorrer caso precise de ajuda imediata. Use isso como uma oportunidade para combater uma das ficções da série: a ideia de que a maioria dos adultos, incluindo profissionais da saúde mental, pode não ser confiável ou está muito ocupada com sua própria vida para ajudar.

- Conversar com sua filha sobre uma verdade fundamental do suicídio que não é adequadamente explorada em *13 Reasons Why*: a depressão é, em geral, a principal causa do suicídio, não as ações de outras pessoas contra quem sofre. Como a depressão é interna, os sinais de risco — como perda de prazer, sentimentos de desesperança e impotência — nem sempre são óbvios. A adolescência, com suas mudanças de humor normativas e controle de impulsos limitado, torna ainda mais difícil detectar depressão e prever suicídio. É sempre melhor perguntar diretamente à pessoa como ela está e oferecer ajuda ou buscar ajuda para ela. É preferível ser culpado por violar sua privacidade do que comparecer ao seu funeral. Se alguém estiver agindo de forma errática ou ameaçando se machucar ou machucar outros, você pode ligar para o 188 (Centro de Valorização da Vida) a fim de garantir uma avaliação profissional.

Use *13 Reasons Why* como uma oportunidade para se conectar com sua filha e conversar francamente sobre depressão, ansiedade e saúde mental. Reforce que você está disponível para ela, independentemente do que ela ou seus amigos estejam enfrentando na escola ou em casa. Manter e modelar uma comunicação aberta é a estratégia mais protetiva para prevenir autolesões ou suicídio.

Refúgio para alguns, alvo de críticas para outros

As redes sociais tornaram-se um alvo de destaque nas discussões sobre ansiedade e depressão em crianças e adolescentes. É fácil apontar os *smartphones* e as redes sociais como causas, já que o uso da tecnologia digital pelos jovens e os problemas de saúde mental parecem ter aumentado juntos, tanto estatística quanto experiencialmente.[30] Quanto mais tempo os adolescentes passam em um computador, maior é o risco de vivenciarem ansiedade.[31] Adolescentes que utilizam computadores com maior frequência nos fins de semana apresentam um risco mais elevado de depressão.[32] No entanto, pré-adolescentes cujos pais estabelecem e seguem regras sobre o tempo gasto nas redes sociais relatam uma saúde mental melhor.[33]

Embora seja razoável observar esses fenômenos e considerar se o uso das redes sociais pode influenciar a saúde mental dos jovens, é importante lembrar que muitos fatores afetam a saúde mental, especialmente no caso dos adolescentes. Buscar uma causa única para os problemas de saúde mental implica ignorar ou não priorizar outros fatores contribuintes. A ansiedade e a depressão em adolescentes já existiam antes dos *smartphones* e das redes sociais. Muitos jovens que enfrentam ansiedade e depressão utilizam *smartphones* e redes sociais, mas muitos outros usam esses dispositivos e plataformas sem apresentar problemas. Mesmo que eliminássemos os *smartphones* e as redes sociais, a ansiedade e a depressão não desapareceriam. E a realidade é que não eliminaremos os *smartphones* e as redes sociais devido aos seus benefícios econômicos e humanos. Esses dispositivos e plataformas já estão evoluindo para tecnologias mais fáceis, rápidas e ainda mais imersivas — o que, se formos inteligentes, persistentes e colaborativos, podemos aproveitar como uma oportunidade para melhorar nosso bem-estar no ecossistema digital. Isso inclui acesso a consultas de telemedicina com profissionais de saúde, comunidades de apoio e programas que fornecem materiais preventivos e outros recursos. Embora essas iniciativas possam não resolver completamente a crise nacional de saúde mental, elas podem tornar informações precisas e recursos terapêuticos acessíveis a um número maior de pessoas.

A depressão está entre as doenças crônicas mais comuns entre adultos nos Estados Unidos, sendo que muitas pessoas — não apenas adolescentes — sofrem de ansiedade.[34] Até recentemente, questões relacionadas à saúde mental eram profundamente estigmatizadas e não eram discutidas abertamente. Hoje, a conscientização pública está mudando. Mais pessoas compreendem a prevalência da ansiedade e da depressão, bem como a importância de falar sobre o assunto, reconhecer sinais e sintomas e buscar ajuda profissional. O desenvolvimento e a ampla aceitação de medicamentos eficazes e seguros, como os inibidores seletivos da recaptação da serotonina (ISRSs, como a fluoxetina e seus derivados), tornaram mais seguro e aceitável reconhecer essas condições como doenças comuns e tratáveis do que era quando tais tratamentos não existiam. Devido à mudança na conscientização pública, é difícil determinar se há mais casos de depressão atualmente ou se apenas parece haver mais casos porque falamos sobre eles e os tratamos de forma mais aberta.[35]

A adolescência pode ser um período marcado por instabilidade emocional. As oscilações de humor normais nessa fase podem se assemelhar muito à depressão, à ansiedade ou até mesmo ao transtorno bipolar em outras faixas etárias. Muitos adolescentes falam sobre estarem “deprimidos” ou “estressados”, termos que se tornaram parte do seu vocabulário cotidiano. Contudo, o que eles estão vivenciando geralmente não atende aos critérios para um diagnóstico clínico de depressão ou ansiedade. Além disso, como grande parte das interações dos adolescentes ocorre por meio de mensagens de texto e redes sociais, alguns dos dramas que os deixam tristes ou estressados se desenrolam nas redes sociais, que podem, devido aos seus algoritmos, acelerar e amplificar esses sofrimentos. Perdemos muito quando *amizade* se transformou na linguagem da era digital, trazendo a velocidade e a facilidade da internet para a formação e o rompimento de relacionamentos humanos com apenas um clique.

Em seu parecer de 2021, intitulado *Protecting Youth Mental Health* (em tradução livre, *Proteção da saúde mental dos jovens*),[36] o cirurgião-geral Dr. Vivek Murthy descreveu um aumento de 40% no número de estudantes do ensino médio que relataram sentimentos persistentes de tristeza ou desesperança, um aumento de 36% naqueles que consideraram seriamente o suicídio e um aumento de 44% nos que elaboraram um plano suicida.[37] Entre 2007 e 2018, as taxas de suicídio aumentaram 57%.[38] Mais de 6.600 jovens entre 10 e 24 anos morreram por suicídio em 2020.[39]

Em 2003, um ano antes do surgimento do Facebook, havia três grandes *sites* de redes sociais nos Estados Unidos. O Friendster liderava com 3 milhões de usuários ativos mensais; MySpace e Second Life haviam acabado de ser lançados.[40] Em 2020, 288 milhões de norte-americanos (98,6% da população com 10 anos ou mais[41]) utilizavam uma variedade de plataformas de redes sociais.[42] O parecer do cirurgião-geral de 2023, *Our Epidemic of Loneliness and Isolation* (em tradução livre, *Nossa epidemia de solidão e isolamento*),[43] destacou que, entre 2003 e 2020, período em que as redes sociais cresceram exponencialmente, o engajamento social dos norte-americanos com amigos diminuiu em média 20 horas por mês, enquanto o isolamento social aumentou 24 horas por mês.[44] Pesquisas indicaram que a solidão mais que dobrava o risco de depressão.[45] No parecer *Social Media and Youth Mental Health* (em tradução livre, *Mídia social e saúde mental dos jovens*),[46] também publicado em 2023, o cirurgião-geral explorou a relação entre os crescentes índices de uso das redes sociais e os aumentos simultâneos nos casos de ansiedade e depressão entre adolescentes.[47] Em 2022, 97% dos adolescentes norte-americanos relataram usar a internet diariamente, sendo que 46% afirmaram usá-la "quase constantemente".[48] O Dr. Vivek Murthy encontrou evidências científicas e amplo consenso na comunidade científica de que o uso das redes sociais por adolescentes tem potencial tanto para benefícios quanto para prejuízos à saúde mental.[49] Os benefícios parecem estar relacionados ao modo como as redes sociais são utilizadas — *quanto tempo, em quais momentos* e *como* — em vez de à simples questão de usá-las ou não.

Entre os aspectos positivos relatados pela maioria dos adolescentes estão: sentir-se mais aceitos (58%), conectados aos amigos e sua vida (80%), apoiados por outros em momentos difíceis (67%) e encontrar nas redes sociais um espaço para expressar criatividade (71%).[50]

Por sua vez, os prejuízos identificados foram significativos. Um estudo com 6.595 adolescentes entre 12 e 15 anos revelou que aqueles que passavam mais de três horas por dia nas redes sociais tinham o dobro do risco de desenvolver ansiedade, depressão e outros problemas relacionados à saúde mental.[51] Em outro estudo, limitar o uso das redes sociais a 30 minutos diários durante três semanas melhorou os índices de depressão em mais de 35% entre universitários deprimidos.[52] Os danos foram atribuídos ao conteúdo visualizado nas redes sociais, incluindo publicações racistas ou baseadas em ódio,[53] desafios perigosos[54] e informações relacionadas à autolesão e ao suicídio.[55] A comparação social nas redes — fenômeno conhecido como *compare and despair* ("comparar-se e desesperar-se") — foi associada à insatisfação corporal, à depressão e a transtornos alimentares.[56] Quando questionadas sobre como se sentiam em relação ao próprio corpo após usar as redes sociais, 46% das adolescentes entre 13 e 17 anos relataram sentir-se pior; apenas 14% sentiram-se melhor.[57] O *cyberbullying* nas redes sociais, que afeta desproporcionalmente adolescentes do sexo feminino e jovens pertencentes a minorias sexuais, foi consistentemente associado à depressão.[58] O uso problemático das redes sociais (veja o Capítulo 11) também foi vinculado à má qualidade do sono, a distúrbios do sono e à depressão.[59]

Dado que as redes sociais estão profundamente integradas à vida contemporânea — especialmente para adolescentes — e considerando que os resultados positivos ou negativos estão relacionados ao modo como essas plataformas são utilizadas, o cirurgião-geral convocou pesquisadores, empresas de tecnologia, formuladores de políticas públicas, pais, cuidadores e os próprios jovens usuários para trabalharem juntos com os objetivos de:

- investigar rigorosamente os ambientes digitais e os comportamentos que promovem benefícios ou causam danos;
- capacitar os usuários com letramento digital;
- reconhecer e abordar rapidamente os danos causados pelas redes sociais com transparência; e
- compartilhar informações sobre características do ambiente digital que favoreçam ou ameacem o bem-estar digital.

Em resposta a esse desafio, no dia 20 de junho de 2023, o Digital Wellness Lab propôs um compromisso aspiracional, denominado *Inspired Internet Pledge*, a todos os envolvidos no ambiente das redes sociais.[60]

Os jovens já começaram a aprender a conviver bem com as redes sociais. De acordo com uma pesquisa do Pew Research Center (Centro de Pesquisa Pew) realizada com adolescentes norte-americanos de 13 a 17 anos, entre 14 de abril e 4 de maio de 2022, "os próprios adolescentes apresentam uma visão mais matizada da vida na adolescência nas redes sociais", em que a maioria "atribui a essas plataformas o aprofundamento das conexões e o fornecimento de uma rede de apoio quando necessário, enquanto parcelas menores — embora significativas — reconhecem os dramas e as pressões associadas ao uso das redes sociais".[61]

Existem características das redes sociais e, francamente, da internet como um todo que facilitam conexões humanas superficiais, exploratórias e assimétricas. Os algoritmos que criam perfis dos usuários para fins de *marketing* com frequência os direcionam para câmaras de eco compostas por indivíduos com ideias semelhantes, nas quais apenas ouvem e veem aquilo com que já concordam. Grupos de interesses específicos podem se formar e evoluir para ambientes menos saudáveis por meio desses algoritmos. Um interesse inicial por dança pode levar o usuário de um conteúdo saudável para tópicos sobre perda de peso e, eventualmente, para a anorexia nervosa como estilo de vida. É fácil perceber como a curiosidade adolescente e o desejo de se conectar podem ser sequestrados por sistemas de crenças prejudiciais. No entanto, também é simplista culpar as redes sociais pelo comportamento humano. As redes sociais não desaparecerão, e soluções legislativas e tecnológicas serão incrementais e mais lentas do que a evolução do nosso comportamento no ecossistema digital. Identificar problemas e buscar ajuda junto a formuladores de políticas públicas e corporações tecnológicas ajudará a melhorar as coisas para as próximas gerações, mas não auxiliará nós mesmos ou nossos filhos em crescimento no presente. Precisamos viver e criar crianças agora, no ecossistema digital imperfeito que temos. É essencial desenvolver uma compreensão mais ampla desse ecossistema e aplicar práticas parentais positivas nele, engajando-se com o idealismo dos jovens e abraçando os aspectos positivos das ferramentas digitais enquanto permanecemos atentos aos efeitos negativos, prevenindo-os e mitigando-os.

Não podemos abordar esse desafio com medo ou assumindo uma postura defensiva. O fato de crianças e adolescentes estarem profundamente envolvidos com mídias interativas deve ser visto como uma oportunidade para promover o bem-estar digital. Adolescentes buscam uns aos outros, além de música, vídeos, jogos eletrônicos e explorações aparentemente sem direção na internet, como o *doomscrolling* (rolagem compulsiva e ansiosa do *feed*) quando estão ansiosos ou tristes. Assistir a um filme assustador, jogar um *videogame* violento ou testemunhar um ataque terrorista reportado em tempo quase real pode facilmente contribuir para sentimentos de ansiedade ou tristeza entre os jovens. Contudo, pesquisas também mostram que conteúdos midiáticos esperançosos e otimistas podem acalmar e focar os jovens após um longo dia escolar; assistir a vídeos com gatos andando em aspiradores robôs pode alegrar adolescentes quando estão tristes.[62] A mídia é uma ferramenta poderosa — são o modo como a utilizamos, o contexto em que a usamos e o conteúdo que escolhemos que podem nos ajudar ou prejudicar.

Nem todos os jovens respondem da mesma forma à mídia. Em seu trabalho pioneiro sobre os efeitos da mídia, Dra. Patti Valkenburg e Dra. Jessica Taylor Piotrowski, da University of Amsterdam, desenvolveram e testaram a teoria das "orquídeas e dentes-de-leão", segundo a qual a suscetibilidade dos jovens aos efeitos da mídia varia entre indivíduos. Alguns são como orquídeas, sensíveis às menores perturbações no ecossistema midiático; outros são como dentes-de-leão, resilientes ao ponto de mal serem afetados pelo uso da mídia digital. A violência presente em notícias, entretenimento ou jogos eletrônicos pode traumatizar ou dessensibilizar algumas crianças enquanto ajuda outras a lidarem com o estresse ao dominarem esse conteúdo de forma empática.[63]

Aprender nuances nas interações sociais autênticas — amizade e intimidade emocional — é parte vital do crescimento. Embora muitas mídias possam fortalecer as conexões feitas na vida real por crianças e adolescentes, elas também podem limitar formações mais profundas de amizade ou relações significativas emergentes de experiências compartilhadas no mundo real. No ambiente virtual, "curtidas" e amigos podem parecer reais inicialmente, mas tornam-se efêmeros de forma rápida, subindo ou caindo em instantes. Locais virtuais desaparecem como miragens no deserto; amigos tornam-se fantasmas. A popularidade de qualquer plataforma específica pode ser passageira; entretanto, o impacto do drama compartilhado ali pode viajar rapidamente, espalhar-se de forma ampla e tornar-se permanente à medida que conteúdos atraentes são salvos e publicados indefinidamente.

Pré-adolescentes e adolescentes são particularmente vulneráveis tanto a machucarem outros quanto a serem machucados por seus comportamentos *on-line*. Fazem tudo o que podem para serem aceitos pelos outros enquanto seu cérebro ainda está distante em termos neurodesenvolvimentais — talvez uma década ou mais — de alcançarem controle dos impulsos ou outras funções executivas completas.[64] Antes que seus córtices pré-frontais estejam plenamente desenvolvidos (em meados ou finais dos 20 anos), há grande potencial para erros significativos; contudo, há também oportunidades para educá-los e capacitá-los a serem autênticos e gentis nas redes sociais, construindo relações de apoio em vez de competição.

Uma vez identificados os comportamentos midiáticos de uma criança ou sua exposição ao conteúdo que contribuem para seu sofrimento emocional, podemos tomar medidas para abordar essas questões. Quando usadas conscientemente, as mídias (incluindo as redes sociais) podem ser ferramentas úteis para ajudar uma criança a desenvolver mecanismos saudáveis para lidar com o estresse emocional; um senso de agência que contraponha sentimentos de impotência ou desesperança; e oportunidades para engajamento genuíno com outras pessoas em vez da conectividade superficial proporcionada pelas redes sociais digitais.

PRESCRIÇÃO DE MÍDIA SAUDÁVEL

Modelar e orientar sobre o uso responsável, respeitoso e saudável das redes sociais

Ajude seu filho a começar e a continuar a usar as redes sociais de maneira saudável.

VOCÊ PODE

- ***Tratar as redes sociais como uma ferramenta poderosa.*** Assim como você faria ao ensinar seu filho a dirigir, sente-se ao lado dele para configurar suas contas nas redes sociais. É recomendável começar com uma única plataforma, permitindo que ele aprenda e se familiarize com seus recursos antes de decidir se precisa explorar outras.
- ***Estabelecer expectativas claras e completas para o uso das redes sociais.*** Adicione-o como amigo, conheça suas senhas e deixe claro que você monitorará as contas ocasionalmente. Se tudo correr bem, o que é provável, você não precisará monitorar muito. Apenas o fato de *poder fazê-lo* já influenciará o comportamento dele.
- ***Usar as redes sociais com seu filho.*** Incentive-o a mantê-lo informado sobre o que está vendo, ouvindo e com quem está interagindo, além de refletir com ele sobre como se sente durante e após o uso das redes sociais. Certamente ele ensinará coisas que você não sabia, e você terá a oportunidade, como cousuário em vez de "polícia da mídia", de conversar sobre modos de usar as redes com consciência para se conectar aos outros de maneira autêntica e responsável, respeitando a si mesmo e aos outros.

- ***Conversar sobre* cyberbullying *e suas diversas formas*** — todas inaceitáveis — em diferentes plataformas e dispositivos à medida que seu filho ganha acesso a eles. Desde fofocas, provocações, zombarias e microagressões sutis, que ele pode considerar inofensivas, até intimidações e ameaças explícitas, que reconhece como claramente erradas, assegure-se de que ele saiba o que fazer caso seja vítima ou presencie *bullying* nas redes sociais ou em salas de bate-papo de jogos. Incentive-o a não interagir com agressores de nenhuma forma. Revise regularmente o que ele faz e com quem interage *on-line*. Ensine-o a bloquear e denunciar usuários que estejam assediando-o nas plataformas.
- ***Estabelecer o uso das redes sociais como uma ferramenta para comunicação intencional, não para espiar ou fazer* doomscrolling.** Modele o uso adequado no contexto certo para que isso não substitua atividades importantes como sono, dever de casa, exercícios físicos ou refeições em família.
- ***Ajudar seu filho a gerenciar o tempo gasto diante das telas.*** Equilibre o uso das redes sociais com outras atividades, incluindo momentos ao ar livre e encontros presenciais com amigos. Estruture horários considerando todas as atividades para garantir um *menu* rico e diversificado de experiências tanto para ele quanto para você.
- ***Responsabilizar todos (inclusive você) por cumprir as expectativas familiares.*** Pesquisas mostram que crianças são mais propensas a seguirem regras sobre o uso da mídia quando são responsabilizadas por isso.[65]
- ***Ensinar seus filhos a pensarem criticamente sobre a mídia, questionando as motivações por trás das representações midiáticas de relacionamentos.*** Incentive-os a refletirem criticamente sobre os relacionamentos que têm tanto *on-line* quanto *off-line* e sobre o verdadeiro significado de *ser um amigo*, não apenas "adicionar" alguém.
- ***Manter conversas abertas sobre comportamentos sociais* on-line e off-line.** Isso demonstra que você é calmo, acessível, razoável e transparente ao lidar com complexidades sociais. Quando seu filho estiver chateado com dramas sociais em mensagens ou postagens ou encontrar conteúdo perturbador *on-line*, você quer aprender com ele sobre suas experiências, oferecer apoio sem julgamentos e ajudá-lo a desenvolver comportamentos responsáveis e conscientes nas redes sociais. É melhor ouvir diretamente dele sobre suas preocupações ou erros do que saber disso primeiro pelo diretor da escola ou pela polícia.

Autenticidade, ativismo e bem social

A maioria de nós utiliza as redes sociais como as corporações fazem: para nos promover ao mundo. Entre adultos, o uso das redes sociais pode assemelhar-se a uma reunião escolar permanente, disponível 24 horas por dia, todos os dias do ano. Já os adolescentes, desejando estabelecer conexões e encontrar aceitação, frequentemente compartilham apenas os melhores momentos de sua vida — as férias na praia, a festa incrível para a qual foram convidados ou o novo namorado ou namorada. Um dos problemas dessa apresentação seletiva está na percepção do observador, que, ao comparar essas postagens com sua própria realidade completa, pode sentir-se inferior. O outro problema recai sobre quem publica essa "curadoria" de vida. A pressão constante para impressionar um público invisível também pode afetar negativamente o próprio autor das postagens. Para adolescentes, que estão no auge da autopercepção e da insegurança sobre se expor ao mundo, é especialmente difícil compreender e transmitir a verdade sobre quem realmente são.

Como escreveu o cirurgião-geral Dr. Vivek Murthy em *Together: The Healing Power of Human Connection in a Sometimes Lonely World* (em tradução livre, *Juntos: o poder curativo da conexão humana em um mundo às vezes solitário*), "Ser real é ser vulnerável, e isso exige coragem, especialmente se acreditamos que os outros gostarão mais de nós se escondermos ou distorcermos quem realmente somos. A tecnologia pode reforçar essa crença ao facilitar que nos apresentemos *on-line* como alguém mais corajoso, mais feliz, mais bonito ou mais bem-sucedido do que realmente nos sentimos. Essas poses, na verdade, são uma forma de retraimento social. Elas podem nos permitir fingir que somos mais aceitos, mas a pretensão apenas intensifica nossa solidão".[66] Devido à discrepância entre aparência e realidade, o receptor compara-se e sente-se desanimado; já o emissor sente-se uma fraude, indigno de conexão.

Na minha visão — algo que compartilho com meus pacientes ao discutirmos desafios da vida —, a autenticidade socioemocional é a base para um desenvolvimento adolescente saudável. Isso abrange desde definir quem você é para si mesmo e para os outros até fazer boas amizades e ser um bom amigo, além de viver uma vida alinhada com seus valores e aspirações centrais. À medida que os adolescentes se tornam mais conscientes dos efeitos negativos da superficialidade e artificialidade predominantes nas redes sociais, o conceito de amizades genuínas e autenticidade como valor pessoal tem ganhado força.

Amigos verdadeiros não são aqueles que parecem perfeitos, mas aqueles que são reais. Relações significativas e duradouras são construídas com base em nossas limitações, não em nossas forças; na necessidade de sermos aceitos como somos e de aceitar o outro como ele é. Amigos verdadeiros compensam nossas falhas — assim como dependem de nossa aceitação e compensação pelas falhas deles.

Se conseguirmos usar as redes sociais sendo autênticos, poderemos começar a construir amizades baseadas na verdade. E se estendermos essa autenticidade e generosidade de espírito às interações com pessoas ao redor do mundo, as redes sociais podem se transformar em instrumentos de paz.

Algumas das utilizações mais inspiradoras das redes sociais vêm de jovens que se manifestam e organizam ações mais amplas em prol dos direitos humanos, do meio ambiente, da justiça social, da saúde pública e da segurança, ou de indivíduos em suas comunidades que precisam de ajuda.[67] As redes sociais podem estabelecer uma ponte entre observar e agir, conectando pessoas, seja pela inspiração vinda de viagens, explorações científicas e da natureza, apresentações musicais ou tutoriais de artes, artesanato e projetos domésticos "faça você mesmo". Para algumas crianças e adolescentes que enfrentam dificuldades em encontrar aceitação ou apoio próximo de casa, as redes sociais têm sido uma fonte positiva — e até mesmo salvadora — de conexão. O altruísmo e a paixão são características atemporais da juventude, mas o alcance e o poder dos jovens para promover mudanças positivas hoje são sem precedentes.

Do ponto de vista do desenvolvimento, as redes sociais desempenham um papel semelhante ao que fogueiras comunitárias, telefones fixos e encontros em *shoppings* desempenhavam para gerações anteriores ao mundo digital. Durante o ensino fundamental, quando os pré-adolescentes estão descobrindo como se estabelecer como indivíduos autônomos — explorando sua sexualidade, seus gostos, desgostos e aquilo que os torna distintos de seus pais —, as redes sociais são percebidas como um espaço relativamente seguro para explorar essas questões. Nelas, eles podem iniciar conversas com pessoas para as quais talvez nunca tivessem coragem de falar diretamente na escola. As redes sociais podem servir como uma zona de transição valiosa em que adolescentes começam a superar a ansiedade de parecerem desajeitados ou rejeitados, enfrentam o medo da intimidade social e ganham confiança para interações presenciais. Os problemas surgem quando ficam presos às redes sociais e não avançam para interações presenciais confortáveis e, eventualmente, para amizades e romances com maior intimidade emocional.

As mídias transformam a forma como nos conectamos com os outros; elas podem ajudar a manter e aprofundar relacionamentos ou, em alguns casos, nos distrair do momento presente com as pessoas fisicamente próximas. As redes sociais podem ser um "cavalo de Troia". Sob suas características atraentes estão outras influências que exigem um olhar crítico e uma triagem cuidadosa — algo para o qual nossos filhos não estão totalmente preparados. Cabe a nós ensiná-los. A conectividade expansiva e os algoritmos das indústrias que criam comunidades baseadas em cliques podem formar câmaras de eco de conteúdo e conversas que podem ser preocupantes. Subjacente a tudo isso estão interesses comerciais que lucram com os dados gerados pelo uso das redes sociais por seus filhos.

PERGUNTE AO MIDIATRA

Minha filha não para de pedir um celular — o que posso fazer?

Minha filha de 8 anos insiste incessantemente para ter um celular, já que todos os seus amigos possuem um. Estou adiando o máximo possível, pois não quero que ela se torne uma adolescente obcecada pelo telefone. O que posso fazer além de ceder?

Os celulares, especialmente os *smartphones* — que provavelmente é o que sua filha deseja —, tornaram-se itens indispensáveis para crianças cada vez mais novas. O desejo dela e sua hesitação são alimentados, direta e indiretamente, pelas empresas de telecomunicações que buscam expandir seu mercado. Os *smartphones* estão constantemente adicionando recursos, jogos, plataformas móveis e aplicativos envolventes, tornando-os mais atraentes e fáceis de usar para as crianças. Além disso, a sensação de um mundo mais perigoso, com notícias sobre tiroteios em escolas e sequestros, faz com que muitos pais sintam que seus filhos estão mais seguros ao terem um telefone para entrar em contato. Para dificultar ainda mais a recusa, os *smartphones* estão cada vez mais baratos, às vezes até gratuitos com planos de operadoras, já que o lucro das empresas vem desses planos.

No entanto, o dispositivo que sua filha está pedindo não é apenas um telefone. Trata-se de um supercomputador portátil, cinco mil vezes mais rápido e poderoso do que os renomados supercomputadores Cray da década de 1980, capaz de guiar 120 bilhões de missões *Apollo 11* à Lua e de volta. É uma ferramenta extremamente poderosa.

Como qualquer ferramenta poderosa — seja uma motosserra ou um automóvel —, sua eficiência pode ser benéfica quando usada corretamente ou prejudicial quando mal-utilizada. Trate o *smartphone* como uma ferramenta poderosa. Pergunte-se: o que esse recurso faz? Sua filha precisa dela para suas tarefas e atividades diárias? Quais são os pontos positivos e negativos das capacidades dessa ferramenta? Ela está preparada para gerenciá-la com segurança e responsabilidade?

Pergunte à sua filha por que ela quer um celular. Se a resposta for "porque todo mundo tem um", ela enxerga o dispositivo como um brinquedo ou símbolo de *status*, não como uma ferramenta poderosa. Você daria a ela uma motosserra apenas porque todos os outros têm uma?

Não dê um *smartphone* ou qualquer dispositivo, plataforma ou aplicativo de mídia interativa como recompensa por bom comportamento ou o retire como punição. Isso pode comprometer o respeito de seu filho pelo potencial dessas ferramentas em ajudar ou prejudicar a si mesmo e aos outros. Aqui está um guia passo a passo:

- Quando seu filho pedir um celular, não diga "não" imediatamente. Ouça-o e envolva-o na decisão. (Com uma criança de 8 anos, essa pode ser uma conversa que se estenderá por anos.)
- Pergunte: "Para que você quer usá-lo?". Escute e discuta a resposta. "Como isso ajudará você a fazer o que precisa? Como se encaixará no seu dia?" As respostas e a discussão podem ajudá-lo a determinar se ele está pronto para um celular. Caso ainda não esteja, discutam quais passos ele pode tomar para demonstrar responsabilidade no uso de um telefone e quando você acredita que será apropriado retomar o assunto.
- Determine, por meio dessas conversas, quando acredita que seu filho poderá lidar com um celular de forma responsável e respeitosa consigo mesmo e com os outros.
- Quando acreditar que ele precisa e está pronto para um celular, ofereça primeiro um telefone básico. Ele certamente dirá: "De jeito nenhum!". Mas isso deixa claro que, pelo menos no início, você espera que ele use o telefone apenas para ligações e mensagens de texto. Caso utilize de outras formas inadequadas, você substituirá o *smartphone* por um modelo básico.
- Discuta para quais finalidades ele usará o telefone. Fale explicitamente sobre o fato de que, além de ligações e mensagens, praticamente todos os aplicativos disponíveis para *smartphones* são voltados para entretenimento e distração. Não há problema em buscar entretenimento, mas isso pode facilmente substituir atividades mais produtivas, como tarefas escolares, interações presenciais com família e amigos, esportes ou outras atividades físicas. Alguns aplicativos, como o Snapchat, são usados para comunicação com amigos; porém, ao usar qualquer meio baseado em imagens, é essencial ter cuidado com o que as imagens mostram e como podem ser interpretadas.

- Discuta explicitamente o que ele *não deve* fazer com o telefone. Essa é possivelmente a parte mais desafiadora para os pais porque deve ser apresentada como uma forma de ensinar habilidades de proteção e autocuidado em vez de soar como um alerta ameaçador. Você quer que ele se sinta seguro ao procurar você caso encontre conteúdos potencialmente prejudiciais (e isso inevitavelmente acontecerá).
- Em conjunto, decida quais serão as consequências para erros no uso do *smartphone*. *Antes mesmo de receber o aparelho desejado*, ele deve concordar (ou ao menos aceitar) em ficar sem o telefone por uma ou duas semanas caso o utilize indevidamente. Embora confiscar o telefone não deva ser usado como punição por outros comportamentos inadequados, faz sentido que um mau uso irresponsável ou prejudicial da ferramenta resulte em sua perda temporária enquanto reflete sobre como usá-la com mais sabedoria.
- Explique que ele nunca deve compartilhar informações pessoais *on-line*, especialmente com pessoas que não conhece pessoalmente. Isso inclui nome, idade, endereço, escola ou qualquer outra informação que permita localizá-lo, assim como dados financeiros como números de cartão de crédito ou CPF. Ele pode criar um nome fictício à vontade e compartilhá-lo apenas com amigos próximos e confiáveis.
- Oriente-o a ter muito cuidado ao postar fotos suas ou de outras pessoas *on-line*. Reforce que qualquer coisa postada pode ser republicada por estranhos e usada para localizá-lo.
- Converse sobre *sites* de ódio, pornografia, golpes e *phishing*. Se você ainda não estiver preparado para falar abertamente sobre pornografia, racismo ou fraudes *on-line*, provavelmente também não está pronto para dar a ele um *smartphone*. Por mais desconfortável que seja abordar os aspectos sombrios da humanidade, você modelará o bem-estar digital ao fazê-lo. Você quer que seu filho se sinta à vontade para conversar sobre experiências perturbadoras; portanto, deve mostrar como lidar com elas.
- Por mais próximos que sejam dos amigos, eles nunca devem compartilhar senhas — *jamais*. Essa pode ser a parte mais desconfortável da conversa, mas é essencial abordá-la e vinculá-la à discussão sobre consequências.

Por mais difícil que seja essa conversa, ela estabelece uma base sólida para o uso saudável do *smartphone* pelo seu filho e reforça sua postura parental eficaz, transparente e solidária nos domínios digital e físico dele. Como em todos os aspectos da criação digital, apresente essas diretrizes não como regras rígidas, mas como expectativas compartilhadas por todos na família — inclusive você.

Insista no "segundo objetivo fundamental"

O Digital Wellness Lab colabora com agentes do ecossistema digital — jovens, suas famílias, a indústria tecnológica, os setores de entretenimento e de saúde — para repensar e redesenhar esse ecossistema, adicionando um "segundo objetivo fundamental" aos modelos de negócios: o **bem-estar individual e social**. Combinando as habilidades complementares e essenciais de todas essas áreas, buscamos compreender como os jovens são afetados pela mídia que consomem e como a utilizam. Esses achados são traduzidos em ações práticas que capacitam jovens e suas famílias a adotarem estratégias preventivas, apoiarem intervenções precoces para aqueles que enfrentam dificuldades com o uso da mídia e fornecerem *feedback* contínuo aos criadores de dispositivos, plataformas e conteúdos, integrando essas informações ao desenvolvimento de seus produtos.[68]

As necessidades de crianças e adolescentes no que diz respeito ao desenvolvimento socioemocional guiarão esse trabalho. Contudo, os pais não podem esperar. Nossos filhos vivem no presente, e desde os primeiros dias como seres sociais, temos a tarefa de guiá-los na socialização, ajudando-os a navegarem com sucesso pelo cenário social atual. As redes sociais podem ser degraus importantes para o desenvolvimento socioemocional enquanto crianças e adolescentes aprendem a interagir entre si e com o mundo. O objetivo é ajudar seu filho a entender e usar as redes sociais não como um destino, mas como uma ponte para relacionamentos mais profundos e completos.

PRESCRIÇÃO DE MÍDIA SAUDÁVEL

Lembretes amigáveis para crianças sobre proteção da privacidade e prevenção de armadilhas das redes sociais

Privacidade, para uma criança ou jovem adolescente, muitas vezes significa apenas que seus pais não podem ver o que estão fazendo. Eles não consideram que comentários e fotos postados *on-line* podem ter sérias consequências no futuro, como ao se candidatarem a universidades ou empregos. Como ajudá-los a reconhecerem os limites do que compartilhar *on-line*? Mantenha as orientações simples e adequadas ao estágio de desenvolvimento deles. Três regras práticas que crianças costumam achar úteis incluem:

- ***Lembre-se: longe, rápido, permanente e complicado.*** Qualquer coisa compartilhada nas redes sociais pode alcançar pessoas muito além do destinatário pretendido, mais rápido do que se pode dizer "viral", permanecendo no universo digital para sempre. Isso significa que escolhas feitas agora podem escapar rapidamente do controle e ser salvas por alguém com intenções negativas. Mantenha as postagens gentis. Reflita sobre como diferentes pessoas poderiam interpretar o conteúdo antes de postar algo — guarde assuntos sensíveis para conversas presenciais.
- ***Siga a "regra da vovó".*** Não poste, compartilhe ou envie nada *on-line* que você não gostaria que sua avó (ou outro adulto respeitado) visse ou ouvisse. Para crianças, imaginar a avó traz uma consciência imediata — alguém querido por elas cuja opinião valorizam. Guarde conteúdos bobos ou provocativos para momentos presenciais com amigos; as risadas imediatas serão muito mais satisfatórias.
- ***Pause, não envie.*** Emoções intensas podem gerar problemas quando comunicadas por mensagens ou redes sociais. Reconheça quando estiver com raiva ou magoado e dê um tempo para processar esses sentimentos antes de enviar qualquer mensagem.

Capítulo 5

O que o amor tem a ver com isso?

Conexão virtual, intimidade física

"*Ela me* perguntou se eu queria sair para comer *pizza*!" Tim entrou no consultório saltitando antes mesmo que eu pudesse cumprimentá-lo.

"Quem perguntou?"

"Carrie! A garota por quem eu estava apaixonado!" Eu ainda estava tentando entender. "Você sabe, aquela que nem me notava... com o cabelo longo, castanho-escuro."

"Aquela de quem você falou no ano passado?"

"Ela me chamou para sair!" Tim, que enfrentava ansiedade social desde a educação infantil, começou a detalhar como se sentava duas fileiras atrás dela e à sua esquerda na aula de matemática do primeiro ano, olhando para Carrie mais do que para o quadro, mas sem nunca falar com ela. Ele tinha certeza de que ela não queria nada com ele. Mas ela comentou em um vídeo que ele postou nas redes sociais — uma aranha correndo pela teia para envolver uma mosca presa. Sem saber quem era, Tim respondeu: "Bastante mórbido. Você gosta de aranhas?". Ela respondeu: "Não me importo com elas. Só gostei do jeito que o sol brilhou no orvalho preso na teia. Você é fotógrafo profissional?". Tim continuou descrevendo como começaram uma conversa nas redes sociais sobre arte, natureza, lugares onde passaram as férias, algumas coisas bobas que fizeram no verão e outras coisas embaraçosas. Carrie passou a chamá-lo de "Pete Fotógrafo", e ele a chamava de "Mulher-Aranha".

"Ei, Pete Fotógrafo, me manda uma *selfie*! Se você mandar uma, eu mando uma também..." — Mulher-Aranha escreveu.

Tim mandou. Ela respondeu quase imediatamente: "Eu te conheço, não conheço?".

"Não sei... (*emoji* de rosto pensativo). Você sabe? Ei, cadê sua *selfie*?" Ela enviou.

"Você não sentava atrás de mim na aula de matemática da Sra. Parker no ano passado?", perguntou Mulher-Aranha.

Tim ficou pasmo. Envergonhado. Apavorado. Animado. A mensagem dela apareceu: "Ei, você ainda está aí?".

"Ah, sim... Eu não achei que você tivesse me notado (*emoji* rindo com lágrimas escorrendo)." "Você sempre saía da aula tão rápido. Antes mesmo que eu pegasse meus livros (*emoji* de mulher correndo)."

"Mas eu achei você fofo", respondeu Mulher-Aranha. "Quer ir comer (*emoji* de *pizza*) algum dia?"

Tim e Carrie encenaram um ritual de cortejo tão antigo quanto o tempo, mas de uma forma nova nas redes sociais. Embora ele tivesse passado um ano querendo, de longe, relacionar-se com ela, Tim não conseguiu — ou pelo menos não tentou — reunir coragem para se aproximar de Carrie pessoalmente. A relativa anonimidade das redes sociais permitiu que ele fosse ele mesmo, falasse sobre seus interesses (por mais *nerds* que fossem) e até compartilhasse preocupações sem autoconsciência ou constrangimento, já que achava estar conversando com uma estranha.

A adolescência inicial é um período difícil e confuso em que os jovens começam a sentir atração romântica sem saber o que fazer com esses sentimentos. Eles veem outros jovens formando casais, mesmo que brevemente, e sentem-se deixados para trás e completamente sozinhos. Mas nas redes sociais, identificados apenas por seus apelidos e sem saber com quem estão interagindo ou onde essas pessoas estão, jovens desajeitados podem ser eles mesmos — se escolherem isso. Nem todos escolhem; alguns preferem versões mais ousadas de si mesmos ou experimentam outras formas de projetar uma persona, algo que pode sair pela culatra mais tarde, como veremos.

Mas Tim e Carrie estavam apenas sendo eles mesmos, conectando-se por meio de um interesse comum e de uma vibração amigável. Eles saíram para comer *pizza* e eventualmente levaram sua amizade para além das redes sociais. Impulsionados pela confiança e pela zona de conforto desenvolvidas por meio de mensagens e compartilhamento de vídeos e fotos do dia a dia, conseguiram construir essa interação fácil quando se encontraram pessoalmente. Eles passaram a confiar e a cuidar um do outro genuinamente. Agora seu relacionamento incluía tanto mensagens quanto momentos presenciais juntos, onde descobriram que podiam ser autênticos, abertos e vulneráveis um com o outro — os pilares da amizade verdadeira e da intimidade emocional. A experiência de comunicação nas redes sociais ajudou Tim a se sentir mais confortável consigo mesmo, menos socialmente desajeitado e ansioso, além de animado por estar em um relacionamento baseado em confiança com Carrie.

Conversas entre pais — e perguntas de pais a clínicos — sobre os primeiros romances de adolescentes frequentemente estão repletas de alarme e desconforto. Elas se concentram nos riscos: atividade sexual forçada, gravidez, infecções sexualmente transmissíveis e outros perigos. Os temores dos adultos foram amplificados por fenômenos como *sexting*, sextorsão, pornografia de vingança, aliciamento *on-line* por pedófilos e humilhações que se tornam virais. No entanto, para cada história sensacionalista de exploração, existem centenas de histórias como a de Tim e Carrie, nas quais mensagens de texto e redes sociais apoiam o amadurecimento desses jovens. Seja por acaso, como no caso de Tim e Carrie, ou intencionalmente, muitos jovens superaram a timidez e a autoconsciência típicas da juventude ao se aventurarem, mesmo que hesitantes, pelo meio digital das redes sociais. É irônico e encorajador que as tecnologias que geram consternação entre os adultos sejam as mesmas ferramentas que os jovens estão usando para enfrentar com sucesso desafios de desenvolvimento e se conectar como adultos em evolução.

Os adolescentes são curiosos, buscam por sensações, são criativos e assumem riscos. Tradicionalmente, pais, clínicos, formuladores de políticas públicas e a sociedade em geral têm abordado essa fase com medo — tanto pelos adolescentes quanto dos adolescentes — protegendo-os e proibindo-os de assumir riscos. Ao trabalhar com medicina do adolescente e saúde pública voltada para essa faixa etária, aprendi repetidamente que o impulso natural dos jovens pela autonomia leva muitos deles a desafiarem qualquer proteção ou restrição imposta pelos adultos simplesmente porque isso os limita. Descobri que é muito mais eficaz acolher e encorajar suas forças do que evitar seus riscos. Seus instintos naturais são ser saudáveis, felizes e conectados, e devemos confiar neles. Eles cometerão erros, e talvez precisemos oferecer uma rede de segurança ocasionalmente, mas devemos deixá-los tropeçar para que aprendam a se levantar novamente — feridos, mas resilientes. Eu nunca aprendi com algo que fiz certo na primeira vez.

Já percebeu como os filmes adolescentes se tornam extremamente populares em determinado momento, e esse momento é cristalizado na cultura *pop* para aqueles que eram adolescentes naquela época? Isso não ocorre porque os filmes são obras-primas do cinema. É porque eles ressoaram com as questões que os jovens estavam enfrentando — desde iniciar um romance até aceitar desafios arriscados ou lidar com o constrangimento causado pelos pais. Quando lecionei o curso de saúde do adolescente na Harvard T. H. Chan School of Public Health, atribuí não apenas leituras de pesquisas sobre saúde, mas também assistir a um filme adolescente por semana. Sim, foi divertido assistir a *Napoleon Dynamite*, mas não foi tão divertido assistir à *Preciosa* ou a *Meninos não choram*.

Era tão importante assistir a esses filmes quanto ler a literatura científica, porque entender os adolescentes exige: (1) compreender como o mundo adulto percebe e trata os adolescentes; e (2) reconhecer que filmes adolescentes e outros marcos culturais ensinam aos jovens como flertar, lutar por algo importante, defender os outros ou até mesmo beijar; em resumo, ensinam como ser adolescente. Pedi aos alunos que escolhessem um dos filmes e produzissem um artigo descrevendo o que os cineastas acertaram sobre as experiências de vida, comportamentos e sentimentos dos adolescentes e onde eles não foram fiéis ao que a ciência mostra sobre o desenvolvimento humano.

Se quisermos entender como o uso de mídias digitais pode afetar os desenvolvimentos infantil e adolescente, precisamos fazer exatamente isso: entender *o que é* um desenvolvimento típico e saudável durante a adolescência. O que os jovens precisam para desenvolver as bases socioemocionais para a intimidade? Como eles próprios percebem a sexualidade como parte de sua identidade emergente? Ao olhar objetivamente para como o uso da mídia pode ajudar, prejudicar ou dificultar esse processo, podemos ajudá-los a navegarem com segurança por essa passagem tumultuada e emocionante do desenvolvimento no ambiente físico-digital.

Uma canção de amor à moda antiga

Temas atemporais como confiança, vulnerabilidade, lealdade, desejo e curiosidade se desdobram no palco do desenvolvimento, como sempre aconteceu, não em filmes adolescentes ou canções de amor, mas como experiências vividas. A cultura cria normas e molda expectativas sobre papéis de gênero e sexualidade que permeiam o ambiente infantil, desde contos de fadas românticos e paixões na educação infantil até tons sussurrados e histórias de advertência sobre aqueles que se desviaram do roteiro. No entanto, normas culturais e expectativas familiares frequentemente são varridas pelo *tsunami* dos hormônios em ebulição, os influenciadores definitivos que desencadeiam a metamorfose da adolescência nos domínios físico, psicológico e emocional.

Na literatura, tanto ficcional quanto científica, o amadurecimento é retratado como a busca definidora pela individualidade: a luta de um jovem para formar sua própria identidade, que inclui aspectos biológicos fundamentais como gênero e orientação sexual, a forma como seu cérebro singularmente estruturado interpreta suas experiências no mundo e os valores centrais que escolhe abraçar ou rejeitar. De *A Odisseia*, de Homero, a *Clube dos cinco* e *Barbie*, em todos os gêneros da arte e da vida, as histórias giram em torno de:

- crescimento pessoal e mudança;
- desenvolvimento da identidade;
- vínculos inesperados e às vezes relutantes com o "outro";
- riscos e provações que testam os mundos interno e externo;
- percepção, epifania, revelação e transformação.

Embora o teste final do herói que amadureceu possa envolver uma ação explosiva, seu crescimento pessoal ocorre nos momentos silenciosos em que a dúvida se transforma em determinação, acendendo o fogo emocional interno compartilhado em diálogos com espíritos afins. Como crianças e adolescentes navegam por essa jornada complexa e delicada de desenvolvimento em um ecossistema digital acelerado e infinitamente conectado, considerando a importância crítica da reflexão, da emoção e do diálogo nos arquétipos de amadurecimento?

A imediaticidade das mensagens de texto atrai a urgência, a espontaneidade e a habilidade ainda em desenvolvimento dos jovens para adiar a gratificação. A assincronicidade das redes sociais permite uma comunicação mais aberta e vulnerável em um espaço percebido como privado. Quando usadas de maneira saudável, essas características podem apoiar conexões humanas autênticas. No entanto, confusões e conflitos frequentemente surgem devido ao que falta na imediaticidade e na assincronicidade das mídias interativas, sobretudo em comunicações mais pessoais ou emocionalmente íntimas. Mensagens de texto e redes sociais tornam as trocas menos intimidantes, mas não conseguem transmitir as nuances emocionais que surgem naturalmente na conversa presencial. A tecnologia digital não pode replicar o contexto físico do diálogo: remetentes e destinatários não conseguem ver a linguagem corporal ou as expressões faciais uns dos outros, ouvir o tom de voz ou sentir o ritmo natural do intercâmbio. Eles perdem a oportunidade face a face de experimentar habilidades sociais, cometer erros na comunicação interpessoal e corrigi-los para crescerem. O problema do tempo desigual entre mensagens enviadas e respostas recebidas — os intervalos entre quando uma mensagem é enviada, lida e respondida — é suficientemente complicado nas interações sociais cotidianas; esses intervalos criam ainda maior potencial para mal-entendidos no contexto de paixões, flertes e aventuras românticas.

Ansiosos para crescer, pré-adolescentes e adolescentes são curiosos, aspiracionais e atraídos por estilos de vida adultos. Quando se percebe, a quantidade de conteúdo romântico e sexual inserido em nosso entretenimento é impressionante. Desde a primeira infância, as crianças veem e ouvem contos de fadas sobre belas princesas sendo resgatadas por príncipes fortes e bonitos. Mais de 70% dos programas de televisão contêm conteúdo sexual.[1] Estereótipos de gênero são abundantes. Uma análise temática de sete programas populares infantis mostrou que meninos objetificavam e reduziam meninas ao seu valor baseado na aparência — e as meninas retribuíam com auto-objetificação; ou seja, elas não tratavam os meninos como objetos, mas internalizavam o olhar masculino sobre si mesmas e perpetuavam o papel que os meninos estabeleciam para elas.[2] Romance e insinuações sexuais são elementos centrais da cultura, desde revistas adolescentes até romances arrebatadores, da música *pop* à publicidade de produtos de beleza, álcool e entretenimento.

Sexo casual e arriscado é frequentemente glamourizado na mídia, o que pode levar crianças e adolescentes a acreditarem que essas práticas são normais e isentas de consequências. Crianças veem comportamentos na mídia com os quais têm pouca ou nenhuma experiência pessoal. Se não forem questionados, esses comportamentos serão aceitos como o modo como adultos agem, levando-as a tentar imitá-los. Para algumas crianças muito novas, o conteúdo sexual pode ser no máximo entediante por ser incompreensível. No entanto, em muitos casos, o comportamento sexual pode ser confuso, assustador ou ensinar pelo exemplo como atrair atenção e afeto. É importante estar ciente do conteúdo sexual implícito e explícito em filmes, *videogames* e programas de televisão, bem como de quem mais está na sala assistindo. Limitar a exposição de crianças mais novas a esse tipo de conteúdo — mesmo a exposição ambiental — pode ajudar a garantir que elas não aprendam comportamentos sexuais prejudiciais de filmes, jogos, livros, revistas ou programas de TV. O sexo pode fazer parte de uma vida saudável, e desenvolver interesse por ele é natural para adolescentes; contudo, a exposição ao comportamento sexual adulto não é ideal para o desenvolvimento infantil.

Como cultura, somos primariamente atraídos pelo sexo, mas moralmente conflitantes em relação a ele. Por isso, tentamos limitar o que as crianças veem com classificações etárias para filmes, TV e *videogames*. Será que essas restrições baseadas no conteúdo protegem as crianças contra atitudes e comportamentos sexuais arriscados? Uma metanálise de 59 estudos rigorosos envolvendo 48.471 adolescentes e jovens adultos investigou se a exposição a conteúdos sensuais (mas não explícitos) em filmes convencionais, televisão, vídeos, *videogames* e música influenciava suas atitudes e comportamentos sexuais.[3] Descobriu-se que a maioria das mídias retrata o sexo como prevalente, recreativo e isento de riscos, resultando em efeitos significativos nas atitudes e nos comportamentos sexuais dos jovens. A exposição à mídia sensual foi associada a atitudes permissivas em relação ao sexo, à maior aceitação de mitos sobre sexo não consensual e estupro e a percepções infladas sobre as experiências sexuais dos pares. Essas atitudes estavam relacionadas com idades mais precoces para iniciação sexual, níveis mais altos de comportamentos sexuais arriscados e maior experiência sexual. Esses efeitos foram duas vezes mais fortes em adolescentes do que em jovens adultos (que presumivelmente tinham mais experiência sexual no mundo real), mais fortes em homens do que em mulheres (mais propensas à serem condenadas por atividade sexual) e mais fortes entre norte-americanos brancos do que negros (que se identificaram menos com os personagens predominantemente brancos da mídia convencional).[4]

A predominância esmagadora de heterossexuais cisgênero brancos (aqueles que se identificam com seu gênero biológico ao nascer) no conteúdo da mídia apresenta um problema duplo quanto aos modelos disponíveis: primeiro, grupos LGBTQ+ ou outras minorias sexuais representados de forma estereotipada ou ausentes também buscam encontrar-se, compreender o mundo e aprender como se comportar nele;[5] segundo, focar nos heterossexuais cisgênero brancos como norma — ou mesmo ideal — promove uma visão limitada da diversidade sexual e de gênero que restringe a compreensão geral sobre normas saudáveis no mundo real.

O desenvolvimento humano acelera e se amplia de forma dramática à medida que as crianças se aproximam da e atravessam a puberdade. Enquanto crianças em idade pré-escolar e escolar crescem em altura, ganham peso e expandem suas capacidades cognitivas de maneira constante e gradual, muitos pais sentem que a puberdade é um momento em que seu filho vai dormir e desperta como uma pessoa completamente nova na manhã seguinte. As alturas e os pesos dos adolescentes aumentam rapidamente, em geral de maneira assimétrica, resultando em turmas dos anos finais do ensino fundamental com meninas altas, já com seios desenvolvidos, e outras pequenas, sem desenvolvimento visível; meninos baixos e corpulentos com vozes agudas e outros magros e desengonçados com "bigodes" parecendo lagartas no lábio superior. As meninas crescem primeiro e, por um breve período, são mais altas do que os meninos, mas eles as alcançarão e ultrapassarão ao final da década. As meninas tornam-se mais temperamentais enquanto os meninos se tornam mais silenciosos. E todos eles, ao serem atingidos pelo pulso puberal de estrogênio e testosterona, estão tentando compreender o sexo e sua sexualidade.

A busca por fontes informativas e conversas entre colegas sobre esse território íntimo é uma expressão natural da curiosidade adolescente sobre seu próprio corpo e desenvolvimento. Esse aspecto da natureza humana obviamente precede a internet, mas podemos observar uma medida familiar — o quanto a exposição indireta pela mídia substituiu a experiência direta — para entender como o conteúdo da mídia e o acesso a ele tiveram tanto impacto. Jovens que buscam independência dos pais e atenção dos colegas observam comportamentos recompensados na mídia, imitam-nos e podem adotá-los como sendo seus. Eles perdem importantes experiências de crescimento quando imagens da mídia, conteúdos *on-line* e conversas virtuais substituem experiências diretas de diálogo socioemocional, exploração e relacionamentos autênticos.

Então, como eles compreendem seu desenvolvimento sexual por meio do diálogo *on-line*? Apesar das metas nacionais estabelecidas pela iniciativa *Healthy People 2030* do US Department of Health and Human Services (Departamento de Saúde e Serviços Humanos dos Estados Unidos), a educação sexual no país varia amplamente.[6] Apenas 29 estados e o Distrito de Columbia exigem educação sexual formal, com grande variação no conteúdo obrigatório entre estados, distritos escolares e escolas individuais.[7] Dados recentes de 2015–2019 mostram que

- 81% das adolescentes e 79% dos adolescentes aprenderam sobre dizer não ao sexo;
- 67% das meninas e 58% dos meninos foram ensinados a esperar para ter relações sexuais até o casamento;
- apenas 48% das meninas e 45% dos meninos aprenderam onde obter contraceptivos, enquanto 55% das meninas e 60% dos meninos aprenderam como usar preservativos.

PERCENTUAL DE MENINOS E MENINAS QUE RECEBEM EDUCAÇÃO SEXUAL FORMAL

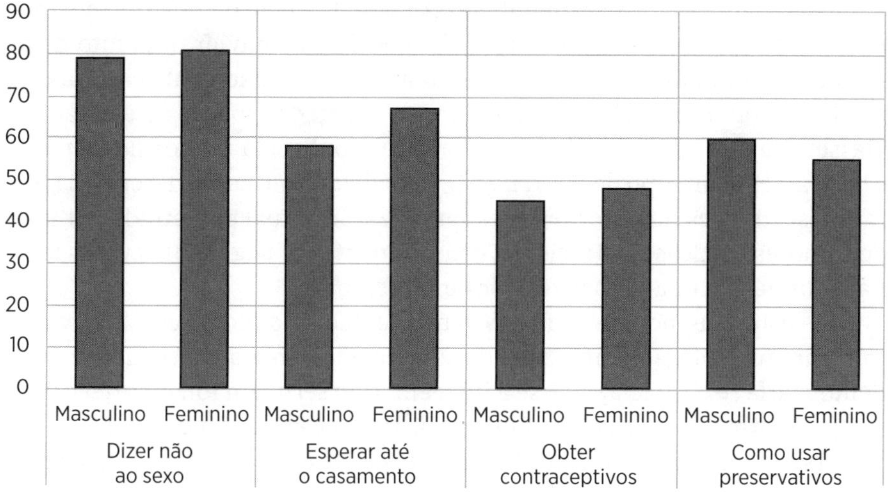

Guttmacher Institute, "US Adolescents' Receipt of Formal Sex Education", fevereiro de 2022. https://www.guttmacher.org/fact-sheet/adolescents-teens-receipt-sex-education-united-states#.

Em comparação a duas décadas atrás (1995), 26% menos mulheres e 22% menos homens receberam educação sexual formal sobre métodos contraceptivos. Como a maioria dos adolescentes relatou ter recebido educação sexual no 9º ano ou mais tarde, menos da metade (43% das mulheres e 47% dos homens) recebeu essa instrução antes de ter relações sexuais pela primeira vez.[8]

A "pornificação" sequestra a curiosidade normal e a socialização sexual

Marla, de 15 anos, era minha paciente desde que começou os anos finais do ensino fundamental. Ela ficou muito envergonhada quando sua mãe a trouxe após sua primeira menstruação, então eu estava preparado para ser cauteloso com minhas perguntas nessa consulta. Assim que sua mãe saiu da sala, Marla disse: "Estou trocando mensagens eróticas (*sexting*, do inglês, *sex* + *texting*) com um garoto bonito e não sei se devo ir mais além".

O envio de mensagens eróticas, ou *sexting*, que envolve o uso da internet para compartilhar imagens ou textos de cunho sexual, "não é nada demais", disse Marla. Ao notar minha expressão de surpresa, ela sorriu com satisfação divertida e explicou: "É assim que você mostra que está interessada. E é mais seguro do que realmente fazer algo". Ela revelou que no ano anterior, desesperada para se enturmar, foi desafiada a enviar uma foto de *topless* para um aluno popular do último ano que ela não conhecia. Quando Marla enviou a foto, ele ameaçou expô-la nas redes sociais se ela não enviasse imagens mais explícitas. A prática, conhecida como *slut-shaming*, é basicamente um tipo de *cyberbullying* sexualizado ou, como descrito na literatura acadêmica, uma forma de estigmatização sexual perpetrada por meio de rumores, críticas e ostracismo, causando "efeitos negativos severos tanto na autoimagem quanto nas relações interpessoais".[9]

"Ele estava agindo de forma estranha, então eu o bloqueei. Ele enviou a foto para um colega de time, que disse a ele que isso era contra a lei e que o denunciaria se ele não apagasse a imagem. Não sei quem foi, mas devo muito a esse garoto." Marla correu um grande risco ao enfrentar essa tentativa de sextorsão sem contar a um adulto em posição de agir. Aquela imagem ainda pode estar em algum lugar. Como ela não sofreu danos imediatos, passou a acreditar que o *sexting* era inofensivo. Quando o jogador de futebol por quem estava apaixonada pediu uma foto nua, Marla enviou-a esperando que ele respondesse da mesma forma.

O *sexting* é um fenômeno da era digital, mas o compartilhamento de material sexual é tão antigo quanto a história humana. Uma das esculturas mais antigas conhecidas, a *Vênus de Willendorf* — representando um corpo feminino com seios, nádegas e área púbica pronunciados — é considerada arte erótica portátil para nossos ancestrais do Paleolítico há 25-30 mil anos.[10] Contudo, o *sexting* não é apenas portátil, mas também rapidamente transmissível e infinitamente reproduzível, com sujeitos com frequência conhecidos ou facilmente identificáveis. Para muitos adolescentes apressados em crescer rapidamente, o *sexting* é "legal". Assim como fumar cigarros nos anos 1950 e 1960, o *sexting* é um comportamento adulto ousado, popularizado por celebridades e ilegal para crianças — exatamente aquilo que os adolescentes não desejam ser.

Eu podia apreciar a confiança casual de Marla, sua facilidade com sua sexualidade em desenvolvimento e o desejo de explorar; no entanto, ela não percebia que o *sexting* era mais do que apenas mensagens "adultificadas". Para ela e seus colegas, isso poderia ser visto como flerte; mas na internet trata-se mais precisamente de uma configuração arriscada para exploração com possíveis consequências criminais tanto para quem envia quanto para quem recebe. Até o colega de time interromper seu agressor, Marla desconhecia as implicações legais das ações de todos os envolvidos — incluindo as dela. Contei-lhe sobre uma garota de 14 anos que enviou uma *selfie* sensual para um garoto de quem gostava e foi acusada, em 2018, por distribuição criminosa de pornografia infantil.[11] Esse foi apenas um entre milhares de casos investigados pela polícia nos últimos anos. É crucial saber que é ilegal enviar (ou reenviar) imagens explícitas de qualquer pessoa menor de 18 anos — mesmo quando a própria criança envia sua imagem. No caso de Marla, eu estava mais preocupado com as implicações emocionais da sua escolha em buscar relacionamentos sexuais dessa forma — como sua disposição em se objetificar por atenção afetava sua autoestima e suas expectativas quanto a relacionamentos sexuais ou românticos. Enquanto Marla via o *sexting* como uma forma de flertar e buscar intimidade, os garotos frequentemente pressionam meninas por fotos sensuais para demonstrar masculinidade perante outros meninos. Contudo, existe um duplo padrão social: meninas são, em geral, consideradas "vadias" enquanto os meninos são celebrados como "garanhões".[12]

Observamos o enfraquecimento das barreiras etárias entre crianças/adolescentes e conteúdos sexualmente gráficos na internet e redes sociais à medida que surgem brechas exploradas por jovens (às vezes com ajuda dos pais) para contornar os requisitos etários. Para complicar ainda mais o cenário, adolescentes estão entre aqueles que usam redes sociais para publicar versões sexualizadas dos tradicionais boatos adolescentes. Em um caso infame ocorrido em 2009 numa escola renomada em Nova Jersey, garotas populares criaram uma lista no Facebook chamada de "lista das vadias", classificando meninas mais jovens com base em supostas atividades sexuais — mas inverteram o significado tradicional ao celebrarem as listadas em vez de envergonhá-las.[13] O episódio ainda ressoa entre pais e outras pessoas que veem esses usos das redes sociais como uma ruptura das normas protetivas que antes poderiam estar em vigor.

Na experiência de Marla, *sexting* era comum entre seus colegas: "É nossa segunda base!".* Sua atitude casual reflete o que cientistas sociais chamam de "pornificação" da cultura popular nas últimas cinco décadas.[14] O sexo há muito tempo é usado implicitamente para vender produtos como perfumes ou cigarros; porém avanços tecnológicos nos anos 1970 permitiram à pornografia migrar dos cinemas obscuros do centro das cidades para salas suburbanas por meio dos videocassetes domésticos (VCRs). Esses dispositivos

---

* N. de R. T. *Second base*, em inglês, faz alusão a uma expressão usada no beisebol, mas que também é uma metáfora sexual que se refere a toque ou beijo nas zonas erógenas.

possibilitaram vender sexo diretamente a uma população muito maior. Fitas VHS em embalagens discretas e televisões a cabo contornaram sistemas regulatórios ao transferirem entretenimento adulto dos espaços públicos para residências privadas. Com o advento da internet, veio acessibilidade ampla ao conteúdo sexual explícito — acessível até mesmo por crianças/adolescentes com apenas alguns cliques.

Em setembro de 2022, uma pesquisa nacional com adolescentes dos Estados Unidos, de 13 a 17 anos, revelou os seguintes dados:

- Quase três quartos (73% no total, sendo 75% de meninos cisgênero e 70% de meninas cisgênero) já haviam visto pornografia, com 52% dos meninos e 36% das meninas tendo acessado intencionalmente.
- A idade média para o primeiro contato com pornografia foi de 12 anos; 15% já haviam visto pornografia aos 10 anos, proporção que aumentou para 54% aos 13 anos.
- Entre os adolescentes que consumiram pornografia intencionalmente, 59% a assistiram na última semana, sendo que 34% deles a acessaram três ou mais vezes nessa mesma semana.
- Mais da metade (52%) dos adolescentes que visualizaram pornografia já se deparou com conteúdos violentos e agressivos, incluindo estupro, estrangulamento e sexo doloroso. Apenas um em cada três (33%) viu representações de consentimento. De fato, sexo não consensual é um subgênero da pornografia *on-line.*
- Apenas 27% acreditavam que a pornografia retratava o sexo de forma precisa, mas 45% consideravam que ela fornecia informações úteis sobre sexo. Em uma fase da vida em que os adolescentes estão descobrindo a si mesmos e como se relacionar com os outros, a maioria das representações pornográficas apresenta o sexo como algo físico, despreocupado, voltado para gratificação pessoal e transacional, em vez de afetuoso, baseado em confiança ou relacional.[15]

Para jovens sub-representados na mídia tradicional, como adolescentes LGBTQ+, a pornografia pode ter um papel mais significativo na socialização sexual; 66% dos adolescentes LGBTQ+, o maior percentual entre os grupos que consomem pornografia intencionalmente, usam esse conteúdo para "descobrir o que os excita".[16] O consumo de pornografia é mais prevalente entre mulheres LGBTQ+, sendo assistido com maior frequência e em idades mais jovens do que entre os pares heterossexuais, sem, no entanto, apresentarem resultados negativos maiores em comparação às colegas.[17] Adolescentes LGBTQ+ parecem usar a pornografia não apenas para prazer sexual, mas também para explorar sua sexualidade e desenvolver sua identidade sexual. Muitas vezes, essas explorações começam com a pornografia e evoluem para conexões com outras pessoas nas redes sociais, permitindo que compartilhem experiências antes de buscarem intencionalmente *sites* dedicados à saúde sexual.[18] A internet oferece aos jovens que questionam ou estão descobrindo sua sexualidade — frequentemente marginalizados ou até mesmo vítimas de *bullying* onde vivem — uma oportunidade de encontrar uma comunidade de apoio *on-line*.

PERGUNTE AO MIDIATRA

Estou exagerando ao me preocupar com o comportamento "adolescente é adolescente"?

Ouço falar sobre casos em que crianças nas redes sociais classificam outras crianças por supostos feitos sexuais — como no caso da "lista das vadias" noticiado há alguns anos — e acho tudo isso muito perturbador. Preocupo-me que isso possa estar acontecendo no círculo social da minha filha sem que eu saiba. Ela tem 13 anos. Talvez eu esteja exagerando, mas quero conversar com ela sobre isso. O que devo dizer?

Você está certa ao presumir que sua filha pode estar se deparando com esse tipo de notícia ou fofocas sexualizadas tanto no círculo social presencial quanto nas redes sociais. A mídia norte-americana utiliza o sexo para promover desde cosméticos até *fast-food* porque o sexo, assim como a violência, é um instinto primitivo universal explorado para vender produtos. Contudo, o sexo superficial usado para vender não reflete a realidade e torna o tema atraente de maneiras prejudiciais. Na TV, em clipes musicais e na cultura das celebridades, meninas são retratadas como sensuais cada vez mais cedo.

Por que essas adolescentes *querem* estar na "lista das vadias"? Talvez porque enxerguem esse comportamento como algo empoderador e chamativo, do jeito que a mídia o apresenta. Nessa idade, o cérebro ainda não desenvolveu plenamente as funções executivas e a capacidade de pensar no futuro para cuidar do próprio bem-estar.

Como mãe ou pai, você pode ajudar oferecendo reflexão e perspectiva que sua filha adolescente ainda não possui. Como? Fazendo perguntas abertas e sem julgamentos. Assim, você pode perguntar sobre o que está acontecendo com outras meninas em vez de questionar diretamente as experiências pessoais dela. Isso cria um ambiente mais seguro para discutir essas questões e, se você responder com curiosidade e abertura — sem horror ou reprovação —, posiciona-se como alguém solidário e cuidadoso, aumentando as chances de ter uma conversa útil.

Por exemplo, compartilhe o que você leu nas notícias sobre a "lista das vadias" e tente perguntar à sua filha como ela se sente em relação a essa história, por que ela acha que as meninas queriam estar nessa lista e se acredita que o comportamento sexual é uma forma de determinar popularidade. Mesmo que ela diga algo como: "Ah, mãe, você é tão antiquada — todo mundo faz isso", você pode ensiná-la a pensar criticamente sobre essas práticas questionando-as você mesma. Continue fazendo perguntas para as quais você realmente não tem as respostas, como: "Mas por que elas fazem isso? Você pode me explicar?". Dessa forma, você a incentiva a refletir sobre como os outros veem as pessoas que estão nessa lista, como aquelas que estão nela podem se sentir, se essa é uma "honra" que trará benefícios no futuro e se elas realmente queriam fazer o que fosse necessário para entrar na lista. Além disso, você estará ensinando-a a considerar o que define quem *ela* é. São suas roupas? Seu comportamento sexual? Ou algo mais sobre si mesma? Essa experiência de introspecção, pensamento crítico e construção de autoestima é uma lição que beneficiará sua filha por toda a vida.

Pornografia é "mais fácil" do que a realidade desconfortável

Embora a maioria dos pacientes da Clinic for Interactive Media and Internet Disorders (CIMAID, Clínica para Transtornos de Mídia Interativa e Internet) seja encaminhada por pais preocupados, Miles, de 19 anos, a procurou por conta própria. Ele se destacou na sala de espera, vestindo paletó e gravata em meio a moletons e camisetas. Seguiu-me pelo corredor até a sala de exames e sentou-se hesitante.

Miles estava nervoso, mexendo-se na cadeira, olhando para mim, para o chão e de volta para mim. "Não tenho certeza se este é o lugar certo para mim", começou. "Ouvi de um amigo que vocês ajudam pessoas com problemas relacionados à internet."

Ele estava no segundo semestre do primeiro ano da faculdade. Longe de casa e sozinho pela primeira vez, ia bem academicamente, mas estava infeliz. "Não estou vivendo a experiência universitária."

Quando perguntei o que isso significava, Miles revelou que, enquanto seu colega de quarto saía praticamente todas as noites e com frequência pedia que ele deixasse o quarto para trazer uma garota, Miles nunca tinha ido a festas. "Eu simplesmente me sinto desconfortável. Acho que não sei como falar com as pessoas."

Ele continuou descrevendo como o medo de se envergonhar o paralisava. Perguntado há quanto tempo se sentia assim, Miles respondeu: "Desde sempre. No ensino médio, até mesmo no fundamental."

"Você sente atração por meninas, meninos ou ambos?"

"Bem, eu não sei. Eu fico... com tesão. Não sei se isso é apropriado... Você disse que o que falamos aqui é confidencial?"

Após garantir-lhe que, como adulto, ele controlava tanto suas informações médicas quanto seu cuidado, ele prosseguiu.

"Os jogos ficam bem pesados às vezes. Mulheres bonitas com peitos grandes e bundas firmes." Ele olhou para cima em busca de sinais de desaprovação e continuou: "Há até jogos em que você joga tendo relações sexuais. E eles têm *links* para *sites* pornográficos. Quando descobri pornografia, fiquei viciado. Gostei muito mais do que dos jogos. Parece que passei os anos do ensino médio me masturbando assistindo à pornografia".

"Eu nunca realmente saí com outros jovens. Nunca namorei ninguém. Não precisava", contou Miles. Quando chegou à faculdade, tentou se conectar com garotas, mas se sentia desajeitado e pouco atraente, então recuou. "Pornografia é mais fácil." Após várias visitas, Miles finalmente relatou o incidente que o trouxe à clínica: "Uma garota parecia estar interessada em mim, acho. Ela veio até meu dormitório porque meu colega tinha ido para casa no fim de semana. Começamos a nos beijar, tiramos nossas roupas e... bem, ela estava indo devagar, então não sei o quanto ela realmente estava interessada em mim. Ela era *sexy* e tudo mais, mas eu não consegui ficar excitado. Qual é o meu problema?", perguntou ele, com lágrimas de vergonha brotando nos olhos.

Com a puberdade, vem o surgimento do interesse sexual e da curiosidade, ocorrendo ao mesmo tempo em que os adolescentes estão extremamente conscientes sobre sua aparência física e seus comportamentos. A socialização sexual — a dança desconfortável de superar a ansiedade para atender às crescentes necessidades sexuais ainda não compreendidas — nunca é fácil para ninguém. É especialmente difícil e com frequência solitária para jovens que não têm certeza de que se encaixam nos papéis cisgênero ou heterossexuais. Para muitos, as redes sociais servem como um espaço aparentemente mais seguro para tentar estabelecer conexões românticas. É mais fácil enviar mensagens do que falar cara a cara com alguém. A possibilidade de rejeição ou indiferença parece menos ameaçadora na aparente privacidade das redes sociais, especialmente em aplicativos como Snapchat, nos quais as mensagens desaparecem após serem lidas. Para alguns jovens como Miles, o medo da vulnerabilidade necessária para a intimidade era tão assustador que nem mesmo seu desejo sexual era suficiente para superá-lo. A pornografia *on-line* era mais fácil.

Ela permitiu que Miles evitasse confrontar seu medo da intimidade e atrasou seu desenvolvimento sexual. A pornografia é fantasia: uma representação fictícia do sexo perfeito predominantemente sob uma perspectiva masculina heterossexual. A maioria dos corpos é incrivelmente em forma, superdotada e com frequência modificada por cirurgia plástica. Na pornografia, todos sempre querem e desfrutam do sexo em uma ampla variedade de atos e posições; ninguém diz "não" (e raramente são perguntados). O usuário tem controle total sobre o parceiro fictício da fantasia, o cenário relacional, os atos sexuais retratados e o ritmo da excitação e conclusão. Confrontado com a possibilidade de sexo com uma pessoa real — com emoções reais e necessidades reais —, Miles percebeu as imperfeições dos corpos de ambos, a hesitação de sua potencial parceira e sua própria ansiedade, resultando na perda da libido. Por não ter ido além da fantasia perfeita da pornografia para atender às suas necessidades, Miles ficou preso em seu desenvolvimento sexual.

Curiosamente, a porcentagem de estudantes norte-americanos do ensino médio que já tiveram relações sexuais caiu de 47% em 2011 para 30% em 2021.[19] Ao mesmo tempo, a posse de *smartphones* entre adolescentes aumentou de 20% em 2009 para 88% em 2021.[20] Será que outros adolescentes também tenham adiado a atividade sexual ao atenderem às suas necessidades por meio da pornografia facilmente acessível? Isso levanta uma questão interessante: considerando que adiar a primeira atividade sexual é recomendado para reduzir os riscos de gravidez não planejada e infecções sexualmente transmissíveis (ISTs), será que a pornografia *on-line* poderia realmente contribuir para melhorar a saúde pública?

A teoria da aprendizagem social propõe que aprendemos comportamentos sociais observando os outros, seja pessoalmente ou por meio da mídia. Comportamentos recompensados têm maior probabilidade de serem aprendidos, enquanto aqueles punidos tendem a ser rejeitados. Uma análise recente de 4.009 cenas heterossexuais de dois grandes *sites* agregadores de pornografia revelou agressões físicas em 45% das cenas de um *site* e em 35% do outro. Homens foram os agressores em 76% das cenas de tapas, enforcamento, puxões de cabelo e sufocamento, enquanto mulheres foram as vítimas em 97%

delas. As respostas das mulheres ao sexo violento eram neutras ou positivas, raramente negativas, sugerindo que esses comportamentos são normais e aceitos sexualmente.[21] O *hentai*, pornografia animada japonesa consumida por Miles, frequentemente retrata personagens femininas com características infantis, mas com seios e genitais exagerados, que são manipulados ou penetrados por personagens masculinos humanos ou monstros. Em 2022, ano em que o British Board of Film Classification descobriu que crianças de 6 a 12 anos estavam desproporcionalmente expostas a *sites* pornográficos especializados em conteúdo não fotográfico, o termo *hentai* foi o mais buscado em um dos maiores agregadores de pornografia.[22] Miles sentia atração por uma garota, mas suas expectativas sexuais estavam distorcidas pelos comportamentos observados no *hentai*. Seu desejo de se conectar com ela foi frustrado porque ele não queria machucá-la. Para os jovens de hoje, não há fronteira entre o que os nascidos antes da internet chamam de "mundo real" e "mundo virtual". Os jovens transitam constantemente entre os ambientes físico e digital. A empatia de Miles, seu desejo sexual e interesse genuíno em um relacionamento entraram em conflito com os padrões sexuais estabelecidos pelo *hentai* em sua mente.

O ecossistema digital no qual vivemos e criamos filhos oferece tanto oportunidades positivas quanto riscos à saúde — e a pornografia não é exceção. O uso de pornografia que permite aos jovens atenderem às suas necessidades sexuais enquanto evitam o desconforto das interações presenciais transforma a satisfação sexual em mercadoria e o comportamento sexual em transação. Seja ao dedicar atenção e tempo à publicidade em *sites* "gratuitos" ou ao assinar serviços pagos, consome-se pornografia como uma forma de pagar por orgasmos. Para adolescentes que são simultaneamente autoconscientes, estão no auge do desejo sexual e tentando descobrir quem são e do que gostam, essa mercantilização do sexo é uma solução fácil para evitar o trabalho árduo de construir relacionamentos. Isso se manifesta de várias formas: desde universitários que pagam suas mensalidades com ganhos no OnlyFans — um *site* que inclui pornografia feita pelos próprios usuários — até aqueles que buscam "amigos com benefícios" para evitar envolvimento emocional. A satisfação sexual com alguém interessado apenas no ato sexual pode ser atraente e simples, embora careça de intimidade emocional. Em termos de desenvolvimento pessoal, isso equivale mais a jogar basquete ou compartilhar uma *pizza*: há ganho prático e talvez prazer (embora nem sempre), mas perde-se a oportunidade de estabelecer intimidade emocional e sustentar relações humanas.

PERGUNTE AO MIDIATRA

Aplicativos de namoro são armadilhas de ISTs?

Estava na escola do meu filho e ouvi dois adolescentes conversando no corredor. Um deles olhava um aplicativo de namoro para "ficar" com uma garota; o outro alertou sobre o risco de contrair uma IST ao encontrar parceiros por esse aplicativo específico. Como posso abordar esse assunto com meu filho para que ele seja cauteloso nesse cenário? Qual é seu conselho sobre o uso desses aplicativos?

Primeiro, a maioria dos aplicativos de namoro é restrita a maiores de 17 anos e tende a aplicar melhor essas limitações etárias. Embora existam jovens nessa faixa etária no ensino médio experimentando comportamentos adultos, provavelmente são minoria — e talvez seu filho não esteja entre eles. Ainda assim, se você ouviu falar disso, é provável que ele também tenha ouvido; portanto, vale a pena conversar honestamente sobre o tema.

Vamos analisar cientificamente os riscos: contrair uma IST está mais relacionado ao comportamento antes e depois do encontro do que ao meio pelo qual as pessoas se conhecem. Até agora, nenhum estudo concluiu que usuários de determinados aplicativos têm maior ou menor probabilidade de contrair ISTs do que aqueles que usam outros métodos — pelo menos ainda não. Sabemos que o risco aumenta quando alguém mantém contato sexual:

- sem usar métodos de barreira como preservativos;
- com múltiplos parceiros;
- com parceiros que também têm múltiplos parceiros;
- com parceiros mais velhos;
- sob influência de álcool ou outras substâncias;
- sem conhecer bem o histórico sexual do parceiro;
- com parceiros apresentando sintomas visíveis de IST.

Práticas sexuais seguras incluem testes regulares para HIV e outras ISTs, compartilhamento desses resultados entre parceiros e uso consistente de métodos contraceptivos de barreira — práticas mais eficazes na redução do risco do que evitar certos aplicativos.

Contudo, é importante lembrar que alguns aplicativos têm reputação por facilitar encontros casuais com pouco investimento pessoal. Assim, a probabilidade de encontrar alguém com múltiplos parceiros desconhecidos pode ser maior nesses contextos digitais. Por isso, discutir expectativas e estabelecer limites claros com qualquer pessoa conhecida por meio desses aplicativos é essencial. Sexo casual com um desconhecido — seja encontrado *on-line* ou presencialmente — pode aumentar de forma significativa os riscos associados às ISTs.

Para qualquer pessoa considerando o uso de um aplicativo de namoro para conhecer potenciais parceiros, é essencial lembrar que, ao utilizar qualquer mídia, é necessário aplicar habilidades de pensamento crítico e usá-las conscientemente para os propósitos que esses meios atendem bem. Por exemplo, reflita sobre *o que* você está buscando em um aplicativo de namoro, assim como faria ao frequentar bailes universitários, festas ou bares. Caso esteja em busca de um relacionamento significativo, saiba que um aplicativo voltado para encontros casuais não foi projetado para isso. Escolha aplicativos, *sites* e atividades presenciais que sejam adequados para ajudá-lo a fazer as conexões desejadas.

Os aplicativos de namoro transformaram os rituais humanos de acasalamento, mudando o processo de seleção de parceiros românticos — antes realizado por meio de círculos sociais conhecidos — para algo equivalente às compras *on-line*. Durante o isolamento social causado pela covid-19, o tráfego nos aplicativos mais populares aumentou significativamente enquanto bares e locais de encontro presenciais foram fechados.[23] Desde então, o uso desses aplicativos continuou a crescer, e os espaços públicos de encontros têm retomado suas atividades lentamente. Embora os aplicativos aumentem a quantidade de informações disponíveis sobre as pessoas antes do encontro, isso também intensifica a objetificação dos potenciais parceiros. Muitos perfis começam com uma foto que pode ser aceita ou rejeitada; isso leva a um rápido deslizar por várias imagens, como se estivesse escolhendo sapatos. Os usuários leem perfis com interesses e atividades do outro, eliminando grande parte das conversas iniciais constrangedoras. Apesar da aparente verificação proporcionada por fotos e descrições antes e durante o primeiro encontro, ainda é necessária cautela. A foto do perfil é recente e fiel à realidade? A lista de interesses e atividades é exagerada ou precisa? Quão honesto você espera que alguém seja em um aplicativo de namoro? E quão honesto é o seu próprio perfil? O que você fará se descobrir que o perfil de alguém é falso? Essas são boas questões para discutir com adolescentes antes que eles utilizem aplicativos de namoro.

Atualmente, um em cada cinco usuários da internet nos Estados Unidos e mais de 300 milhões de pessoas no mundo utilizam aplicativos de namoro. Mais da metade (54%) dos usuários norte-americanos acredita que relacionamentos iniciados *on-line* são tão bem-sucedidos quanto os iniciados presencialmente; outros 5% consideram esses relacionamentos ainda mais bem-sucedidos. Usuários LGBTQ+ têm duas vezes mais probabilidade (55%) do que seus pares heterossexuais e cisgênero de usarem aplicativos de namoro. Quase todos (98%) os usuários afirmam ser "sempre" ou "frequentemente" honestos nos aplicativos; no entanto, 71% acreditam que mentir para parecer mais desejável é algo muito comum entre outros usuários. Mais de um quarto (26%) dos usuários não busca compromisso, e 19% já se conectaram simultaneamente com 11 ou mais potenciais encontros. Apesar de parecerem uma mercantilização do sexo, os aplicativos continuam ganhando popularidade — mais de 13% dos usuários já ficaram noivos ou se casaram com alguém conhecido por meio dessas plataformas.[24]

Entretanto, os aplicativos não estão isentos de riscos à saúde. Usuários dessas plataformas têm duas vezes mais chances de praticarem sexo desprotegido, e uma alta prevalência de HIV foi identificada entre homens *gays* que utilizam esses serviços.[25] Mulheres usuárias são duas vezes mais propensas do que homens a receberem ameaças de violência sexual; além disso, aplicativos com geolocalização — permitindo escolher parceiros próximos — têm facilitado casos indesejados de perseguição virtual.[26]

Águas turvas, zonas de perigo: *catfishing* e outros golpes sexualizados

Dierdre, uma adolescente engraçada, peculiar e instantaneamente amigável, tornou-se minha paciente aos 17 anos, não por questões relacionadas à tecnologia, mas para ajuda na perda de peso. Ela sempre havia estado acima do peso, mas recentemente decidiu que estava cansada de ser a DUFF no grupo de amigas com quem convivia desde o ensino fundamental.

"O que é DUFF?", perguntei sem saber.

Ela me olhou com desdém. "Sério? Você não vai ao cinema? *Designated Ugly Fat Friend* (em livre tradução, amiga feia e gorda designada)!"

"Isso é terrível! Quem te chama assim?"

Fazendo aspas no ar, Dierdre respondeu: "Minhas 'amigas'". Ela pacientemente me explicou que andava com um grupo popular de garotas atraentes, mas maldosas, na sua escola. "Você pelo menos já viu *Meninas malvadas*, certo?" Assenti. "Bem, estamos juntas, de uma forma ou de outra, desde a educação infantil. Elas me deixam por perto porque eu as faço rir e não as ameaço. Elas trocam garotos bonitos entre si e reclamam comigo enquanto DUFF sobre como as outras meninas são horríveis." Seus olhos brilharam. "Mas eu tenho um segredo, e é por isso que estou aqui!" Ela continuou, dizendo que tinha um namorado e queria perder peso para agradá-lo. Eles se conheceram *on-line*. Ele morava na Geórgia e trocavam mensagens e fotos há vários meses. Eles só poderiam se encontrar pessoalmente no verão, daqui a cinco meses. "E eu não posso deixá-lo me ver assim!"

"Primeiro, precisamos falar sobre os prós e contras de conhecer pessoas *on-line*. Como você sabe que ele é quem diz ser?"

"Nós fazemos chamadas pelo FaceTime ou Zoom. Ele diz que eu tenho um rosto bonito. Ele já me levou em um *tour* virtual pela casa dele, mostrou seu quarto e apresentou sua mãe. Eu não sou burra. Quando ele vier, vou encontrá-lo em casa com meus pais por perto."

"Como seus pais se sentem sobre você conhecê-lo dessa forma?"

"Eles não disseram muita coisa. Estão apenas felizes que eu conheci alguém. Eles não entendem muito de redes sociais. Mas insisti para que estivessem em casa quando ele aparecer."

"Uma última pergunta: parece que ele gosta de você como você é. Por que mudar agora?"

"Você está me perguntando isso? Você, o cara que disse que eu precisava perder peso em todas as consultas nos últimos cinco anos? Deveria estar feliz por eu querer fazer isso, mesmo que seja pelo motivo errado."

"Eu só quero ajudá-la a ser o mais saudável possível. E não quero que você seja enganada por um estranho."

"Eu sei cuidar de mim mesma."

Trabalhamos com uma nutricionista no plano de perda de peso de Dierdre. Os primeiros cinco quilos foram perdidos rapidamente, mas ela precisava perder mais 40, o que não aconteceu. Com a aproximação do verão, Dierdre ficou cada vez mais ansiosa: "Vou dizer a ele para não vir".

Tentei tranquilizá-la: "Ele gosta de você! E você perdeu cinco quilos!". Dierdre tirou o celular do bolso: "Ele está apaixonado por isto!".

Ela mostrou uma foto dela mesma mais jovem e magra em um lindo vestido de verão: "Não por isto!", apontando para o próprio corpo. Chorando copiosamente, confessou: "Eu o enganei — usei uma foto da minha irmã mais nova. Se ele vier aqui, vai se apaixonar por ela!".

O *catfishing*, um fenômeno possibilitado pelo nosso ecossistema digital, envolve o uso de uma identidade falsa *on-line* para atrair alguém a um relacionamento romântico, sexual ou amigável. No caso de Dierdre, ela usou uma foto da irmã mais nova. Ela não se via como uma golpista; era apenas uma adolescente solitária e insegura tentando se conectar romanticamente com alguém. Quando percebeu ser impossível manter a mentira, confessou ao garoto. Apesar da dor para ela e do choque para ele, resolveram a situação com uma chamada de vídeo na qual ela recuou da câmera para mostrar seu corpo inteiro e revelar a verdadeira Dierdre. "Ele não ficou bravo; ficou triste porque menti para ele", contou-me ela. "Vamos continuar nos falando, mas ele não vai mais vir me visitar."

Por mais embaraçosa e frustrante que tenha sido sua experiência, Dierdre teve sorte. Outros casos de *catfishing* não têm finais tão benignos: corações foram partidos, reputações destruídas e, nos piores cenários, crianças e suas famílias foram envolvidas em extorsão financeira, assassinatos ou suicídios. O fio condutor em todos os casos é um indivíduo solitário sendo alvo *on-line* de alguém que busca explorar seu desejo de conexão para obter vantagens financeiras ou sexuais ou exercer controle social. Homens de meia-idade já fingiram ser adolescentes do sexo feminino e postaram *selfies* provocantes para atrair garotos adolescentes — alguns dos quais chegaram a encontrá-los pessoalmente. Predadores *on-line* frequentemente monetizam o *catfishing* por meio da extorsão financeira ou sexual (sextorsão), usando *selfies* sensuais de mulheres atraentes nuas para encorajar garotos adolescentes a enviarem imagens explícitas em troca (*dick pics*). Quando os garotos enviam as fotos solicitadas, os golpistas exigem entre US$ 500–1.000 sob ameaça de compartilharem as imagens com toda a lista de contatos das vítimas. Até dezembro de 2022,[27] foram relatados mais de sete mil casos desse tipo nos Estados Unidos envolvendo mais de três mil vítimas — majoritariamente meninos entre 14 e 17 anos — embora algumas vítimas tivessem apenas 10 anos.[28] Mais de uma dúzia desses garotos cometeram suicídio após serem encurralados por esquemas exigindo quantias impossíveis de pagar; alguns tiraram sua vida poucas horas após o primeiro contato com os "sextorsistas" digitais.[29] Os pais muitas vezes desconhecem completamente o que está acontecendo porque os filhos — envergonhados e constrangidos — evitam compartilhar sua vida digital com eles.

Uma jovem de 15 anos desenvolveu um relacionamento *on-line* com alguém que acreditava ser um rapaz de 17 anos. O golpista, um policial de 28 anos, obteve suas informações pessoais e viajou da Virgínia até a casa da família dela em Riverside, Califórnia. Confrontado pela mãe e pelos avós da garota, ele os matou, incendiou a casa e sequestrou a adolescente. Quando encurralado pela polícia, tirou a própria vida, e a jovem foi resgatada. "Se algo assim pode acontecer aqui, em nosso bairro, pode acontecer em qualquer lugar", disse a tia da garota.[30] "Por favor, pais! Quando conversarem com seus filhos sobre os perigos de suas ações *on-line*, usem-nos como referência. Contem nossa história para ajudar na educação parental. Não por medo, mas como exemplo de algo que realmente aconteceu."[31] O chefe de polícia de Riverside, Larry Gonzalez, foi direto: "Este é mais um lembrete horrível dos predadores que existem *on-line* e que caçam nossas crianças. Se você já conversou com seus filhos sobre como se manterem seguros *on-line* e nas redes sociais, converse novamente. Se não o fez, comece agora para protegê-los melhor."[32]

Algumas semanas após a tragédia em Riverside, Robin Abcarian, colunista do *Los Angeles Times* que cuidava de uma sobrinha de 12 anos na época, escreveu que ela e outros responsáveis continuavam profundamente abalados. "Tenho passado muito tempo ultimamente ponderando como equilibrar a privacidade da minha sobrinha com as medidas necessárias para mantê-la segura. Decidi ser rígida. O iPad dela pertence a mim, lembro-a disso. Tenho as senhas das contas dela e as verifico regularmente para acompanhar suas atividades *on-line*." Quando sua sobrinha perguntou, indignada, se ela estava lendo suas mensagens, Abcarian respondeu: "Sim, estou", acrescentando, "Provavelmente continuarei até sentir confiança de que você entende que coisas ruins podem acontecer com crianças que confiam demais *on-line*. Você ainda não chegou lá".[33]

Por mais intrusivo que possa parecer, o acompanhamento contínuo das atividades digitais dos filhos permanece essencial. Os pais podem resistir à ideia por falta de tempo para monitorar todas as atividades dos filhos. As crianças resistem porque não querem ser vigiadas. Mas se uma condição para ter esses dispositivos poderosos e aplicativos for a possibilidade de os pais verificarem aleatoriamente o uso deles — uma condição inegociável como o uso do cinto de segurança ou capacetes para bicicletas —, as crianças aceitarão. Manter aberta a comunicação e supervisão incentivará pré-adolescentes ou adolescentes a se comportarem *on-line* de forma que preserve seu acesso aos dispositivos digitais. Isso também permitirá que eles digam a qualquer pessoa que busque contato fora de hora ou pressione por fotos, informações ou encontros que sua mãe ou pai (ou outro adulto) monitora suas redes sociais. E você terá a vantagem de permanecer envolvido em toda a vida do seu filho durante uma fase em que muitos pais e adolescentes tendem a se distanciar.

PERGUNTE AO MIDIATRA

Como posso bloquear conteúdo sexual nos dispositivos do meu filho de 15 anos?

Qual é a melhor maneira de bloquear sites com conteúdo sexual que aparecem nas buscas na internet nos dispositivos do meu filho? Os controles embutidos são instrumentos imprecisos e bloqueiam muito ou todo o conteúdo. Quero que ele possa usar a internet, mas fico apavorado com o que ele acessa.

Como você está percebendo, os controles por *software* não são muito eficazes para bloquear conteúdo sexual. Eles podem permitir *sites* indesejados com nomes criativos enquanto bloqueiam páginas saudáveis sobre, por exemplo, conscientização sobre câncer de mama. Mesmo se o *software* fosse mais eficaz, se seu filho quiser contorná-lo, ele conseguirá. Por isso, o melhor "*software*" para proteger seu filho é o conhecimento na mente dele — conhecimento que você pode ajudá-lo a adquirir.

Primeiro, saiba que é natural e saudável para ele — e também para meninas — sentir curiosidade sobre sexo. Mas como você descobriu, o mundo do sexo *on-line* pode ser um campo minado. As imagens disponíveis tendem a ser irreais e desumanizantes, tratando o sexo como uma mercadoria — algo a ser comprado e vendido em vez de uma expressão íntima de amor e confiança. Isso pode influenciar o entendimento da criança sobre sexo e comportamento sexual.

É aí que você entra. Como pai ou mãe, você pode direcionar seu filho para informações *on-line* que o ajudem a desenvolver uma sexualidade positiva (confira scarleteen.com). Também pode ajudá-lo a interpretar as representações negativas vistas *on-line* ao ter uma conversa franca com ele. Faça perguntas como: "O que realmente está acontecendo ali?", "Como você acha que ela se sente?" e "Esse é o tipo de relacionamento que você gostaria de ter?".

Videogames e comunidades *on-line* oferecem uma excelente base para conversas nesse sentido, pois frequentemente apresentam personagens com características físicas hipersexualizadas e diálogos que muitas vezes visam jogadoras ou personagens femininas com movimentos ou comentários sexualmente agressivos. A pesquisa sobre o impacto psicossocial desse ambiente nos jogadores é limitada e apresenta resultados variados. O consenso sobre a necessidade de mais estudos reforça a importância de seu filho reconhecer que sua experiência pessoal é o mais relevante. Apenas ele sabe como qualquer experiência *on-line* ou nas redes sociais o faz sentir-se em relação a si mesmo — e aos outros, tanto no ambiente virtual quanto na vida real.

Encare isso como uma oportunidade para educar seu filho no mundo físico-digital integrado em que vive. Quanto mais sua educação sexual fizer parte de uma conversa contínua, aberta e sem julgamentos com você, maiores serão as chances de ele crescer como um adulto capaz de manter um relacionamento respeitoso, comprometido, mutuamente cuidadoso e confiável com outra pessoa significativa.

PRESCRIÇÃO DE MÍDIA SAUDÁVEL

Torne seguro falar sobre sexo, sexualidade, gênero e relacionamentos

Não podemos mais nos dar ao luxo de evitar ou negar esses assuntos. Como o sexo é um elemento predominante no panorama midiático atual, especialmente para adolescentes (e pré-adolescentes que aspiram à adolescência), precisamos mudar nosso foco: em vez de tentar proteger nossos filhos de todo conteúdo negativo (uma tarefa impossível), devemos ensiná-los a lidar da melhor forma com o conteúdo ao qual inevitavelmente serão expostos.

- O melhor "*software*" para proteger seu filho contra conteúdos prejudiciais está na mente dele.
- O melhor "*hardware*" é a mesa de jantar, onde ele pode acessar a internet enquanto permanece integrado ao convívio familiar.
- Modele, oriente e monitore bem. Esteja presente na vida digital dele e mantenha as linhas de comunicação abertas.
- Sua postura proativa como pai ou mãe digital pode provocar reações exageradas por parte de outros pais, especialmente se você perguntar quais mídias as crianças usarão na casa deles.
- Seja um defensor eficaz para seu filho e outras crianças com uma resposta mais equilibrada e compassiva, que considere as forças e limitações da etapa de desenvolvimento em que se encontram. Essas conversas precisam acontecer com frequência, à medida que seu filho cresce e o cenário digital evolui.

Relaxe. Você é capaz de fazer isso. Embora muitas famílias tenham valores diferentes em relação ao sexo, é melhor construir essa conversa com base no que sabemos sobre como a exposição a materiais sexuais na mídia afeta o conhecimento, as atitudes e os comportamentos das crianças sobre o tema. Seus valores e padrões morais podem ser introduzidos assim que você conquistar a confiança do seu filho. Começar com negatividade, advertências e medo encerrará a conversa e, ironicamente, pode tornar aquilo sobre o qual você está alertando ainda mais atraente para ele. Esforce-se para evitar constranger seu filho ou a si mesmo.

Nossa sociedade tem um duplo padrão em relação ao sexo: somos tão intrigados e atraídos por ele que o utilizamos frequentemente como ferramenta publicitária — mas também sentimos que deve ser escondido e tratado como algo vergonhoso.

VOCÊ PODE

- ***Conversar com seu filho sobre relacionamentos e sexo de forma precoce, frequente e objetiva.*** As crianças são curiosas sobre seu corpo e perguntam de onde vêm os bebês já nos primeiros anos de vida. Responda às perguntas delas de maneira aberta e cientificamente objetiva. Se você abordar sexo e sexualidade como uma atividade humana normal e saudável antes que se torne erotizada para elas, estará se tornando acessível para discutir relacionamentos e a sexualidade em desenvolvimento à medida que crescem.
- ***Estar atento às perguntas ou preocupações do seu filho.*** Observe o uso de mídia por ele para garantir que o conteúdo seja adequado ao estágio de desenvolvimento. Se ele vir ou ouvir algo inesperado, perturbador ou confuso, converse imediatamente sobre. Isso permitirá que você defina como ele deve gerenciar e interpretar o conteúdo.
- ***Ajudar seu filho a desenvolver um olhar crítico em relação a conteúdos sexualizados.*** É importante ensiná-lo a identificar, desconstruir e questionar conteúdos sexuais retratados pela mídia, desde programas infantis até *videogames*, filmes populares e pornografia *on-line*. Ao ajudá-lo a perceber que os relacionamentos e comportamentos sexuais retratados nas telas podem ser irreais, desrespeitosos ou prejudiciais — muitas vezes ignorando as consequências desses comportamentos —, ele terá menos chances de aceitar o que vê ou ouve como modelo de comportamento.
- ***Prestar atenção ao que você está assistindo — porque seu filho também está.*** Fique atento ao que *você* assiste ou joga na presença dele e assegure-se de que ele consiga lidar com o conteúdo. Mesmo que não compreenda completamente, as informações sexuais podem influenciá-lo. Muitos videoclipes, letras de músicas, programas de TV, jogos e revistas contêm imagens e comportamentos sexuais glamourizados, estereotipados ou prejudiciais que podem impactar negativamente sua visão sobre sexo, amor e relacionamentos.

- ***Observar as atitudes e os comportamentos retratados nas mídias consumidas por seu filho e nas músicas que ele escuta.*** Seja mente aberta, não crítico, ou ele se fechará para você. Ele pode até zombar de você, mas secretamente ficará satisfeito por você prestar atenção respeitosa nele e em seus interesses. Converse sobre o que ele vê e ouve em relação a relacionamentos e sexo. Assistir ou ouvir juntos pode muitas vezes iniciar discussões sobre as representações midiáticas do sexo e as consequências dos comportamentos sexuais. Lembre-se de que um dos melhores momentos para essas conversas é no carro, sozinhos, sem interrupções (com os celulares desligados), enquanto estão usando cinto de segurança e não precisam se olhar diretamente.
- ***Falar sobre questões de privacidade e o fato de que ela não existe nas redes sociais.*** Qualquer coisa que eles enviem por mensagem ou publiquem pode ser compartilhada instantaneamente com o público — podendo ser usada para humilhá-los ou explorá-los, bem como a outros. Converse sobre respeitar a si mesmos e aos outros *on-line*, além do que fazer ao presenciar comportamentos prejudiciais por parte de outras pessoas.
- ***Discutir explicitamente pornografia, golpistas, perfis falsos (*catfishing*) e exploração sexual (*sexploitation*).*** Ninguém quer ser manipulado — incluindo seu filho. Ele precisa estar ciente das formas sofisticadas pelas quais pessoas mal-intencionadas continuam driblando medidas projetadas para proteger crianças. Isso agora inclui imagens geradas por inteligência artificial (IA) utilizando elementos de fotos digitais reais de crianças para criar imagens gráficas usadas em *sites* pornográficos ou exploração pessoal.[34] Ensine-o a se proteger — começando por mantê-lo informado e restringindo rigorosamente o compartilhamento de informações pessoais e imagens. Assegure-o de que você entende como ele pode ser explorado sexualmente e que nunca ficará bravo com ele; fará tudo o que puder para protegê-lo, independentemente da imagem usada para envergonhá-lo ou manipulá-lo. Mantenha-se atualizado com informações factuais disponíveis no *site* Digital Wellness Lab (digitalwellnesslab.org) e outros recursos listados lá, compartilhando-as com ele.
- ***Saber o que ele está criando e compartilhando* on-line.** Ensine-o que está construindo uma pegada digital (*digital footprint*) que o representa para o mundo exterior. Lembre-o da "regra da vovó" — não poste nada *on-line* que você não gostaria que sua avó visse.

- ***Focar nos fatos.*** Quando ele estiver pronto para ouvir você, forneça informações factuais sobre sexo seguro e relacionamentos emocionalmente saudáveis provenientes de fontes confiáveis. Utilize *sites* confiáveis para acessar materiais que vocês possam consultar juntos.
- ***Usar conteúdos midiáticos como ponto de partida para conversas.*** Representações de relacionamentos, sexo, sexualidade e diversidade de gênero podem servir como trampolins para discutir assuntos difíceis sobre outras pessoas de forma menos desconfortável do que falar sobre si mesmo.
- ***Manter as linhas de comunicação abertas em qualquer circunstância.*** Você quer que seu filho saiba que pode procurá-lo com quaisquer perguntas ou preocupações sobre puberdade, sexo, orientação sexual, gravidez, ISTs, contracepção ou abuso sexual.

O mais importante é que você faça tudo o que estiver ao seu alcance para apoiar e orientar seu filho a se tornar um adulto saudável e completo. A curiosidade sexual é uma parte normal do desenvolvimento e é por meio dela que ele aprenderá o comportamento adulto saudável quando estiver preparado. Por fim, lembre-se de que o que você faz é ainda mais significativo do que o que você diz. Portanto, se estiver em um relacionamento, certifique-se de modelar uma relação romântica saudável e mutuamente respeitosa para seu filho, o tipo de relacionamento que você deseja que ele tenha quando crescer.

A jornada de maturidade — continua

A acessibilidade, o baixo custo e a aparente anonimidade da internet tornam-na um espaço natural para os adolescentes explorarem sua curiosidade sobre sexo e relacionamentos. Impulsionados por emoções intensas e hormônios poderosos, relativamente pouco restringidos pela função executiva, os adolescentes precisam de liberdade suficiente para explorar além do conhecido com relativa segurança. Aprender a viver no mundo físico-digital é uma passagem crítica para a vida adulta bem-sucedida. Permanecer presente como pai ou mãe e modelo é a chave mais importante para essa aprendizagem.

No icônico filme adolescente *Clube dos cinco*, de 1985, cinco estudantes do ensino médio são colocados em detenção por um dia. Em um espaço confinado, as conversas carregadas de angústia e as gradativas revelações emocionais dos adolescentes mudam a forma como eles se veem e enxergam uns aos outros, à medida que seus estereótipos e suposições desmoronam, sendo substituídos por maior autenticidade. Em uma redação atribuída ao diretor no final da detenção, eles rebatem os estereótipos: "Você nos vê como quer nos ver, nos termos mais simples, nas definições mais convenientes", escrevem eles, "mas o que descobrimos é que cada um de nós é um cérebro, um atleta, um caso perdido, uma princesa e um criminoso".[35]

Nossos filhos precisam experimentar essa autenticidade uns com os outros e com o mundo mais amplo. Na medida em que o uso da mídia apoia seus esforços para darem os primeiros passos e depois desenvolverem e manterem relacionamentos mais autênticos, ela cumpre bem seu papel.

As redes sociais não são inerentemente tóxicas. Quando usadas de maneira consciente e autêntica, podem servir como um espaço transitório importante enquanto seu filho aprende a expressar interesse romântico ou sexual por alguém. No entanto, a interação *on-line* deve ser algo pelo qual se *passa* — não onde se permanece para sempre. A mídia interativa pode tornar mais confortável chegar até outra pessoa, abrir-se para ela e demonstrar afeto — mas não é o destino. É uma estação de passagem na jornada rumo a um relacionamento mais íntimo e significativo.

Capítulo 6

Momento de ensino

Todas as mídias são educativas — o que seu filho está aprendendo?

"Foi *incrível!*"

"Foi tudo, menos isso!"

"Ah, mãe! Eu completei o 900 e quase consegui aterrissar! Aquele idiota do Serge só fala sobre isso, mas nunca sequer tentou."

A mãe apenas afundou na cadeira ao lado da mesa de exame no departamento de emergência do hospital. Will continuava falando sem parar sobre suas aventuras no *skate*. "É por isso que todo mundo o chama de 'Não Vai'! O oposto de mim!* Porque ele só fala grosserias e nunca faz nenhum dos desafios! E eu" — ele estufou o peito mesmo enquanto eu tentava suturar a camada muscular de sua panturrilha — "Vou sim!"

O adolescente de 14 anos falava sobre os desafios que seu grupo de amigos, todos *skatistas*, havia aprendido com um *videogame* popular. Will sempre foi destemido. Ele quebrou a perna pulando do encosto do sofá quando tinha 2 anos. Aos 9, ficou mal do estômago em uma competição de comer minhocas. Aos 12, esquiou do telhado da cabana de madeira no Maine, onde sua família passava as férias de inverno. Agora ele e seus amigos estavam totalmente envolvidos com o *skate*. Quando não estavam aperfeiçoando suas manobras, estavam jogando um *videogame* de *skate* — e tentando reproduzir as manobras do jogo quando saíam para praticar. O problema era que, no *videogame*, quando caíam tentando as manobras mais extremas, havia um rápido respingo de sangue em desenho animado e, então, seu *avatar* volta-

* N. de R. T. Na tradução, perde-se o jogo de palavras com o nome dele, Will (que, em inglês, é também o verbo "ir" no futuro). Will incorporou o significado do seu nome e quer enfrentar todos os desafios, ao contrário do colega Serge, chamado de "Não vai" ("*Will not*").

va ao *skate* para tentar novamente. Não funcionava assim no terreno baldio onde eles andavam. Quando Will errou sua aterrissagem no *skate*, ele foi lançado para fora dele, virando-se de cabeça para baixo e caindo em uma cerca de arame parcialmente derrubada, lacerando sua panturrilha.

Na pediatria, frequentemente falamos sobre o "momento de ensino". Quando uma criança cai da bicicleta e raspa o joelho, aproveitamos a oportunidade para incentivar o uso do capacete. As crianças têm maior probabilidade de aprenderem prevenção quando buscam tratamento para algo que poderia ter sido evitado. Na prática pediátrica, não respondemos apenas após uma lesão. Em cada consulta anual de bem-estar, incluímos orientações antecipatórias, olhando adiante com a criança e seus pais para a próxima etapa de desenvolvimento e para como se manter saudável — cadeirinhas e berços seguros para bebês, cintos de segurança e capacetes à medida que crescem, sono adequado e alimentação balanceada ao longo da vida. Pediatras são bons em antecipar e prevenir danos físicos. Mas mesmo quando vemos meninos se machucarem praticando movimentos de luta ou meninas se privando de comida para parecerem modelos de passarela, somos menos propensos a ajudá-los a evitarem problemas comportamentais ao torná-los críticos em relação ao que veem nas telas.

Por que isso acontece? Porque nossa cultura traça uma falsa distinção entre educação e entretenimento. Acreditamos que as crianças aprendem habilidades importantes e informações úteis na escola, por isso investimos recursos públicos e pessoais significativos e concentramos nossa atenção nas instituições escolares. Vemos os meios audiovisuais consumidos por crianças e adolescentes durante a maior parte das horas em que estão acordados como entretenimento — um momento relaxante para seu cérebro. Isso não é totalmente verdadeiro. Relaxante, talvez. Mas o cérebro em aprendizagem não tira folga. As crianças estão constantemente aprendendo sobre o mundo, como se encaixam nele e como devem se comportar. Para elas, cada momento é um momento de ensino.

E as telas digitais são professores poderosos. Nem sequer precisamos estar prestando atenção nelas para aprender algo com elas. As telas estão por toda parte — em quase todos os cômodos das nossas casas e espaços públicos, nas lojas e *outdoors*, nos nossos bolsos e pulsos. As telas são o pano de fundo da vida cotidiana e, muitas vezes, estão em primeiro plano com nossa atenção fixa nos celulares e computadores. Com o emergente metaverso — o espaço interativo *on-line* negociado pela realidade virtual (RV) e pela realidade aumentada (RA) —, as fronteiras das telas se dissolvem e o conteúdo midiático torna-se ainda mais presente, constante e imersivo. Para

RV e RA, você usa um fone de ouvido audiovisual que cobre seus olhos e ouvidos para entregar uma "realidade" tridimensional imersiva que, no caso da RV, é totalmente criada; no caso da RA, é uma mistura do conteúdo criado com o mundo físico. Conforme você vira a cabeça ou olha para cima ou para baixo, a imagem e o som o acompanham como se você estivesse naquela realidade alterada. Embora essas experiências imersivas ainda estejam em sua infância desajeitada e cara no primeiro quarto do século XXI, elas evoluirão rapidamente e serão sucedidas por tecnologias audiovisuais ainda inimagináveis. Independentemente da tecnologia que está entregando nosso fluxo informacional, os meios audiovisuais retratam imagens selecionadas e sons do mundo além da nossa experiência direta, moldando nossas percepções desse mundo e estabelecendo expectativas sobre como devemos nos comportar nele. Em um momento em que as telas são tão ubíquas em nossa vida que é difícil determinar o número de horas em que estamos engajados com elas, é crucial prestar atenção ao *que* estamos assistindo e como isso pode estar influenciando nosso comportamento.

Ambos os pais de Larry o acompanharam ao exame físico anual no verão anterior ao seu primeiro ano no ensino médio. Sempre muito envolvidos com os filhos, estavam animados com essa nova fase. Larry teve boas notas no ensino fundamental e aguardava ansiosamente pela maior variedade e dificuldade das disciplinas enquanto se preparava para a faculdade. Ele acreditava que queria ser arquiteto ou engenheiro. Desde que seu professor de ciências da computação apresentou sua turma ao *Minecraft*, um jogo multijogador massivo *on-line* (MMO, do inglês *massively multiplayer online game*), ele realmente se interessou por construir coisas. Goleiro de futebol, Larry foi convidado a começar os treinos com o time principal duas semanas antes do início das aulas. Questionados se tinham alguma preocupação com a saúde de Larry, seus pais inicialmente não mencionaram nada. Mas, ao final da consulta, quando eu estava prestes a conversar em particular com Larry e examiná-lo, seu pai, já saindo da sala, comentou: "Não sei se isso é relevante, mas Larry parou de passear com o cachorro. Sei que é só um incômodo, já que agora eu tenho que fazer isso, mas ele adora aquele cachorro e o leva para passear desde os 8 anos. Há cerca de quatro meses começou a resistir, às vezes até de forma bem agressiva, e agora não conseguimos mais convencê-lo a fazer isso, mesmo quando o cachorro realmente precisa sair!". Assim que a porta se fechou atrás deles, olhei para Larry, que desviou o olhar.

"O que está acontecendo?", perguntei.
"Nada."
"Então é verdade que você não passeia mais com seu cachorro?", perguntei enquanto indicava que ele deveria tirar a camisa e as calças e subir na mesa de exame.
"Sim, mas meu pai faz isso."
"Por que você parou?"
"Não sei. Tinha atividades escolares ou treino de futebol ou estava saindo com meus amigos."
"Mesmo quando está em casa à noite?"
"Então eu tenho dever de casa."
"Mas você tinha dever de casa antes, quando passeava com o cachorro."
"Sim, mas eu era meio ingênuo naquela época. Não estava ciente do perigo."
Coloquei meu estetoscópio e comecei a ouvir os sons respiratórios dele.
"Parece que todo mundo anda armado e há tiroteios todos os dias", disse ele.
"No seu bairro?"
"Em algum lugar."
Larry parou de falar, então eu pude ouvir sua respiração. Quando retomamos a conversa, ele revelou estar cada vez mais ansioso sobre sua segurança ao passear com o cachorro, especialmente à noite; sentia que estava em perigo. Nossa conversa derivou para outros assuntos, como o que ele tinha feito durante o verão e como se divertia.
"As coisas de sempre — ir à piscina, sair com os amigos, jogar *videogame*."
"Ah, quais jogos você joga?"
"Ainda jogo *Minecraft*. *Roblox*. E *Fortnite*. Meus amigos e eu ficamos por lá agora."
"Quando você começou a jogar *Fortnite*?"
"Na primavera passada, quando todo mundo começou."
Isso foi pouco antes de Larry parar de passear com o cachorro. No jogo gratuito mais popular do *Fortnite*, o jogador é lançado em uma ilha com até 99 outros jogadores. Como em *Jogos vorazes*, o objetivo é ser a última pessoa viva. É matar ou morrer. Embora muito se discuta sobre se jogos violentos podem contribuir para agressividade nos jovens, no caso de Larry — jogando um jogo onde o perigo pode estar escondido atrás de qualquer arbusto ou prédio — isso desencadeou ansiedade.

E não são apenas os jogos; qualquer mídia audiovisual, especialmente as notícias televisivas, pode aumentar nossa ansiedade. Uma das lições do

11 de setembro foi como nossa sensação de segurança foi profundamente abalada ao assistirmos a aviões comerciais colidirem contra as Torres Gêmeas do *World Trade Center* em Nova York e derrubá-las. Preocupados com como as crianças reagiriam ao que todos testemunhamos, vários colegas do Boston Children's Hospital e eu oferecemos aconselhamento às famílias da comunidade. O que descobrimos foi inesperado — imediatamente reconfortante, mas preocupante em longo prazo. Na maioria dos casos, as crianças não estavam tão assustadas nem traumatizadas pelo horror televisivo quanto seus pais estavam. De desenhos animados a *trailers* de filmes, elas já tinham visto coisas piores na TV. Mesmo crianças muito novas estavam dessensibilizadas pela violência nas telas. Foi sentir o medo dos pais que aumentou a ansiedade das crianças.

Hoje em dia, vídeos de tiroteios em massa — em escolas, supermercados ou pistas de boliche — traumatizam repetidamente crianças, famílias e comunidades inteiras. Agora esses eventos são capturados por pessoas comuns com *smartphones* que estavam no lugar onde ocorreu algo aterrorizante com pessoas como elas mesmas. E agora crianças e adolescentes não veem esses eventos em casa cercados pela família, mas sozinhos em seus *smartphones* quase em tempo real ao evento, em locais muito semelhantes aos seus próprios ambientes cotidianos. Isso torna o potencial aterrorizante mais próximo e intensifica sua ansiedade. De *Chapeuzinho vermelho* na Alemanha a *Lon Po Po* na China, historicamente sempre houve contos com avisos de advertência sobre os perigos enfrentados por crianças que se desviam do caminho seguro. Agora, assim como as crianças vítimas de *cyberbullying* nunca conseguem sentir-se seguras novamente, os pais e filhos contemporâneos tornaram-se testemunhas impotentes, através das telas onipresentes, das constantes notícias alarmantes sobre um proverbial "lobo" à espreita em qualquer esquina — independentemente do comportamento da criança. Nossa resposta tem sido aumentar nossa vigilância e atenção às notícias — acelerando nosso ciclo vicioso de ansiedade crescente.

O "outro lugar" educativo e divertido

Mais de uma década antes de a televisão se tornar o centro eletrônico dos lares estadunidenses na década de 1950, E. B. White escreveu: "A televisão ampliará enormemente o alcance do olho e, como o rádio, anunciará o Outro

Lugar... insistirá para que esqueçamos o primário e o próximo em favor do secundário e do remoto".[1] De fato, mais de meio século depois, o 11 de setembro aconteceu não apenas em Nova York, mas no mundo inteiro — enquanto assistíamos ao vivo.

Em 1938, quando White fez essa observação, a transmissão televisiva ainda era experimental, limitada e esporádica. Os aparelhos de televisão ainda não eram vendidos ao público. Em 1962, quando quase 90% dos lares estadunidenses tinham um ou mais dos 52 milhões de televisores existentes,[2] Newton Minow, presidente da Federal Communications Commission (Comissão Federal de Comunicações dos Estados Unidos), avaliou a "televisão e o interesse público" em seu primeiro discurso à National Association of Broadcasters.[3] "Quando a televisão é boa, nada — nem o teatro, nem as revistas ou jornais — nada é melhor. Mas quando a televisão é ruim, nada é pior... Fixe os olhos nesse aparelho. Posso garantir que o que você verá é um vasto deserto".[4] Parecia que, com o crescimento explosivo da televisão comercial nos Estados Unidos, a visão pessimista de White havia prevalecido.

Os anos 1960 foram uma década de grandes mudanças nos Estados Unidos, e a televisão refletiu e influenciou essas transformações. O Congresso debateu intensamente a criação de um canal público de TV financiado pelos contribuintes como alternativa. Em 1º de maio de 1969, Fred Rogers (carinhosamente conhecido como "Mr. Rogers") testemunhou perante o Subcomitê de Comunicações do Senado. Falando gentilmente ao presidente autoproclamado "durão", o senador John Pastore, Mr. Rogers compartilhou como se despedia dos jovens espectadores ao encerrar seu programa: "Você tornou este dia especial apenas sendo você mesmo. Não há ninguém no mundo inteiro como você, e eu gosto de você exatamente como você é".[5]

Para o comitê, ele continuou: "Acredito que se nós, em um canal público de TV, conseguirmos deixar claro que os sentimentos são mencionáveis e administráveis, teremos prestado um grande serviço à saúde mental".[6] Isso ressoou profundamente no político endurecido. "É a primeira vez que tenho arrepios nos últimos dois dias", disse Pastore.[7] Essas palavras continuam tão poderosas hoje quanto na época. Nos tumultuados anos 1960 cheios de conflitos, Fred Rogers enfrentou gentilmente questões como racismo, guerra, divórcio e morte de maneiras que ajudaram as crianças a se sentirem seguras e amadas enquanto reconheciam realidades difíceis. "Sempre procure pessoas em quem pode confiar", ele dizia. "Você sempre encontrará pessoas que estão ajudando"*.[8] Mr. Rogers nos ensinou que lições sobre como ser humano podem, com coragem, começar cedo e nunca envelhecem — e ele fez isso por meio da tela da televisão.

Apenas seis meses depois que Mr. Rogers garantiu financiamento para um canal público de TV, surgiu uma nova abordagem na *Vila Sésamo*, onde as crianças sempre encontravam um "dia ensolarado varrendo as nuvens para longe".[9] Este agora icônico programa educacional estava em desenvolvimento há vários anos com apoio de fundações, mas foi concretizado graças à opinião pública e ao apoio governamental que permitiram sua realização em um episódio piloto. Enquanto Mr. Rogers, um músico e ministro religioso — a quem muitos descreveram como um santo moderno —, conectava-se diretamente aos corações das crianças, *Vila Sésamo* era uma produto de anos de aprofundamento da pesquisa em desenvolvimento da criança, educação e psicologia. Joan Ganz Cooney, produtora premiada com Emmy por documentários, juntou-se ao psicólogo experimental Lloyd Morrisett para criar um programa voltado para crianças em idade pré-escolar que buscava "dominar as qualidades viciantes da televisão e fazer algo bom com elas".[10] Reconhecendo que 95% dos lares estadunidenses possuíam televisores e que comerciais cativantes faziam as crianças cantarem *jingles* de cerveja, eles acreditavam que a televisão poderia usar seu apelo único para educar muitas crianças sem acesso à educação infantil.

Orientados pelo Dr. Gerald Lesser, professor da Harvard Graduate School of Education (e um dos meus mentores), psicólogos do desenvolvimento, roteiristas e educadores trabalharam com marionetistas para criar outro bairro infantil onde as crianças aprendiam letras, números e principalmente sobre viver em uma comunidade diversa e imperfeita com tolerância e compreensão.[11] O *Children's Television Workshop* realizou pesquisas formativas para criar programas destinados a ensinar lições específicas. Após sua exibição, os educadores realizaram pesquisas somativas para avaliar se os programas ensinaram efetivamente aquilo que haviam planejado.[12] *Vila Sésamo* tornou-se um bairro composto por adultos, crianças e marionetes de todas as cores, tamanhos, idades e habilidades que trabalhavam juntos para entender e resolver problemas — desde soletrar uma palavra até reciclar ou resolver conflitos.

---

* N. de R. T. Muitos comunicadores no rádio e na televisão usavam (e ainda usam) seus programas como canais de denúncia ou de pedidos de ajuda em diversas situações. Atualmente, isso também perpassa as redes sociais, no entanto, muitas páginas não são de confiança e é importante que as fontes sejam confiáveis e checadas regularmente.

PERGUNTE AO MIDIATRA

É aceitável que meu filho assista repetidamente a um episódio da *Vila Sésamo*?

Quais são as consequências de minha filha assistir repetidamente ao mesmo filme infantil? Trata-se de um episódio da Vila Sésamo, *com duração de cerca de uma hora, não sendo televisão comercial nem conteúdo de internet. Minha filha tem 2 anos e meio e ficaria feliz em assisti-lo duas vezes por dia! Geralmente assistimos juntas, cantamos e brincamos enquanto o episódio passa, então não é um consumo passivo. Ainda assim, toda essa repetição é aceitável?*

Sua filha está na idade em que começa a aprender com o que vê na televisão e em vídeos. Não se preocupe, é normal para o desenvolvimento dela querer assistir ao mesmo filme repetidamente — é assim que ela domina o conteúdo. O cenário descrito parece estar funcionando bem para sua filha por várias razões:

1. Conteúdo da *Vila Sésamo*: ele foi desenvolvido para promover aprendizagem pró-social. Parte do que sua filha busca dominar é uma compreensão de como as comunidades funcionam e como as pessoas interagem dentro delas. *Vila Sésamo* retrata uma comunidade onde pessoas e bonecos de diferentes religiões, culturas, etnias e espécies formam uma sociedade dinâmica e bem-sucedida. Pesquisas indicam que muitas crianças que assistem à *Vila Sésamo* apresentam melhorias no comportamento pró-social, na autoestima, na prontidão acadêmica e no desempenho escolar.[13]
2. Você assiste com sua filha. Ela aprende com o que vê não apenas processando as imagens, mas, principalmente, analisando-as com você. Você a ajuda a compreender o conteúdo de maneiras singulares, adequadas aos seus interesses particulares.
3. Você interage com o conteúdo. Dançando e cantando junto com o episódio, você auxilia a aprendizagem de sua filha a ir além de habilidades e exercícios repetitivos, alcançando o pensamento reflexivo e a comunicação complexa. Você utiliza o episódio como catalisador para os tipos de interações e lições que deseja que ela aprenda.

Em resumo, você está coassistindo a um programa adequado ao desenvolvimento da sua filha de forma que incentiva interação com o material e com você — isso provavelmente terá um impacto positivo nas habilidades acadêmicas e sociais dela. Apenas certifique-se de que essa atividade não a impeça de realizar outras tarefas importantes do dia, como dormir, fazer refeições sem telas e brincar livremente.

Os pais frequentemente me perguntam sobre programas educativos: quais são bons e quais são ruins? Minha resposta começa com um simples esclarecimento. A ideia de que as mídias são boas ou ruins, educativas ou de entretenimento, é uma falsa dicotomia. Ela ignora dois fatos essenciais. Primeiro, as crianças estão aprendendo o tempo todo e a partir de tudo o que encontram. Segundo, conteúdos que se conectam com sua mente, coração e sentidos capturam sua atenção e são lembrados. Assim que seu cérebro se desenvolve o suficiente para decodificar o que está acontecendo na tela, as crianças aprendem tanto com as mídias que assistem e ouvem quanto com a educação formal. Elas aprendem com todas as mídias que consomem — não apenas com programas ou produtos rotulados como "educativos". Na verdade, o conceito de mídia educativa é redundante. *Todas* as mídias são educativas. A única diferença está no que elas ensinam e em quão bem ensinam para o estágio de desenvolvimento do seu filho.

Fred Rogers compreendia isso. No ambiente imaginário de casa e vizinhança no estúdio, ele recebia crianças em idade pré-escolar em sua sala de estar com canções, visitava e conversava com amigos do bairro, levava seus jovens espectadores a excursões a fazendas ou fábricas, realizava experimentos científicos simples e criava projetos artesanais lúdicos. O Sr. Rogers olhava diretamente para as crianças através da tela, falando suavemente e com um ritmo deliberado e pausado. Essa técnica permitia-lhe modelar comportamentos sociais afetuosos e abordar questões que as crianças enfrentam, como lidar com a raiva, desentendimentos ou a morte de um animal de estimação. Quando as notícias da noite mostraram batalhas mortais no Vietnã ou um proprietário de motel jogando ácido em sua piscina porque pessoas negras estavam usando-a, o Sr. Rogers convidou o policial Clemmons, um homem negro, para refrescar os pés lado a lado em uma piscina infantil, secando os pés do policial com sua própria toalha.[14] Fred Rogers entendia que crianças não são pequenos adultos, mas indivíduos únicos cujas tarefas de desenvolvimento incluem tornarem-se seres sociais, canalizarem seus instintos primitivos, aprenderem a conviver com os outros e construírem o mundo do futuro. *Mister Rogers' Neighborhood* pode ter sido mortalmente entediante para adultos, mas era extremamente popular entre as crianças, que se sentiam seguras, respeitadas e cuidadas. E elas lembravam-se das lições aprendidas até a vida adulta. Fred Rogers foi convidado por muitos ex-espectadores, ao se formarem na faculdade, para proferir seus discursos de formatura. O que ele oferecia, mais de 40 vezes, era a mesma mensagem que lhes havia dado quase duas décadas antes: "Não são as honras e os prêmios, nem os aspectos exteriores sofisticados da vida que nutrem nossas almas. É saber que podemos ser confiáveis."[15]

Todos os meios de comunicação destinados a serem recursos de aprendizagem devem ser avaliados com base na eficácia em ajudar seu filho a aprender o que ele precisa no momento e a desenvolver tanto conhecimentos quanto habilidades interpessoais para o futuro. Apenas alguns vídeos, aplicativos e jogos "educacionais" passaram por pesquisas rigorosas para avaliar o que ensinam e quão bem ensinam. Existem perguntas fundamentais que os pais devem fazer sobre mídias rotuladas como educacionais: o que isso está ensinando ao seu filho sobre o mundo e as relações entre aqueles que o habitam? Sobre como se relacionar com os outros? Sobre como ser a melhor versão de si mesmo?

PERGUNTE AO MIDIATRA

Como encontrar programas de televisão de qualidade para minha neta de 7 anos?

Minha filha está frustrada com os programas que minha neta assiste atualmente, pois acredita que as personagens femininas se tratam de forma cruel. Ela percebe que minha neta está se tornando competitiva e crítica com suas amigas e está preocupada com o impacto dessas representações de "meninas malvadas" no desenvolvimento da filha. Como ela pode orientar a escolha de programas mais saudáveis e influenciar o conteúdo exibido na televisão?

Essas questões são comuns entre pais que buscam conteúdos adequados ao desenvolvimento infantil, com modelos positivos e inspiradores para seus filhos. O problema torna-se mais evidente ao procurar representações positivas de mulheres e meninas nos meios infantis, já que, historicamente, personagens femininas têm sido sub-representadas ou retratadas como fracas, sexualizadas, maldosas ou competitivas entre si. Pesquisas mostram que essas representações podem impactar negativamente a visão das meninas sobre seus corpos e papéis de gênero. Mesmo assim, esses estereótipos persistem em muitos programas e filmes.[16]

Você e sua filha não estão sozinhas nesse desejo de guiar sua neta para mídias mais esclarecedoras, fortalecedoras e edificantes. Há passos práticos que podem ser seguidos:

- ***Busque recursos atualizados regularmente.*** Consulte fontes como A *Mighty Girl* (amightygirl.com), que oferece listas descritivas de mídias que promovem a autoestima e a inteligência das meninas, além de estimular sua curiosidade pela aprendizagem.
- ***Consulte especialistas locais se puder.*** Bibliotecas locais frequentemente têm seções de DVDs, e bibliotecários infantis podem ser recursos valiosos para recomendar séries ou filmes adequados às necessidades da sua neta.
- ***Pesquise e escolha programas positivos para meninas.*** Leia resenhas, peça conselhos a outros pais e explore as opções infantis em serviços de *streaming* como Netflix, Disney+, Apple TV+ e outros. Avalie o conteúdo típico do programa: desenhos estereotipados? Séries maliciosas? Histórias positivas e empoderadoras? Prefira assistir a canais ou serviços que priorizem a aprendizagem socioemocional das crianças em sua missão, como o PBS Kids.

Em relação ao conteúdo atual que sua filha está encontrando, lembre-se de que a transmissão e o *streaming* de vídeos são negócios, e empresas dependem de consumidores para sobreviver. Sua filha e sua neta representam esses clientes. As emissoras e os serviços de *streaming* estão vendendo, seja assinaturas aos espectadores ou a atenção dos espectadores aos anunciantes. De qualquer forma, o negócio deles depende de consumidores que assistam à programação e retornem para mais. Se houver programas que sua filha acredita que possam prejudicar sua neta, ela (e você) podem escrever aos produtores, distribuidores e emissoras dizendo: "Não assistiremos mais a este programa". Acredite ou não, pouquíssimas pessoas escrevem para criadores e fornecedores de conteúdo televisivo, então até mesmo um único *e-mail* pode fazer a diferença.

Sua filha pode seguir adiante conversando, de forma respeitosa e compassiva, com sua neta sobre a preocupação de que assistir a esses programas possa prejudicar o desenvolvimento do cérebro da criança (assim como ela explicaria por que sua filha não deveria consumir álcool aos 7 anos). Quando assistimos a qualquer programa, não estamos apenas aceitando, mas ativamente incentivando os produtores a criarem mais conteúdos semelhantes. A compreensão da sua neta sobre como ela é afetada pode transformá-la em uma aliada de sua mãe, garantindo que evite assistir a programas que a desvalorizem, tanto em casa quanto em outros lugares. Além disso, ela poderá compartilhar essa conscientização com suas amigas, que farão o mesmo, e assim por diante. Os produtores seguirão o mercado, então a melhor maneira de interromper conteúdos midiáticos prejudiciais é aumentar seus custos com reações negativas por meio de *e-mails* e reduzir seus lucros porque sua filha, e outros pais como ela, simplesmente desligarão a televisão.

Aprendizagem baseada em mídia posta à prova

Assistir a programas educativos de qualidade na televisão pode ajudar as crianças a desenvolverem habilidades de raciocínio, execução de tarefas, planejamento e resolução de problemas.[17] Pré-escolares que assistem a programas educativos baseados em evidências desenvolvem mais habilidades de pré-leitura e pré-matemática, estão mais preparados para a escola e são mais tolerantes com os outros quando iniciam os estudos. Pesquisas com adolescentes que haviam assistido à *Vila Sésamo* mostraram que eles liam mais, tinham notas mais altas, valorizavam mais o desempenho, eram mais criativos e menos agressivos em comparação aos colegas que assistiram a programas de entretenimento durante a pré-escola.[18] Deve-se reconhecer que, nesse caso, assistir à *Vila Sésamo* na educação infantil provavelmente não causou esses resultados, mas é um indicador de decisões parentais que expuseram a criança a oportunidades de aprendizagem ao longo da vida.

Como *Vila Sésamo* e outros programas educativos têm sido professores confiáveis e eficazes por mais de 50 anos, produtores de televisão e desenvolvedores de *software* perceberam que, se rotulassem seu conteúdo como educativo, os pais sentiriam que estavam ajudando seus filhos ao fornecê-lo. O sucesso de *Vila Sésamo* resultou de pesquisas rigorosas antes e depois da exibição e da compreensão de que a educação eficaz inclui tanto a aprendizagem acadêmica quanto a socioemocional. Na década de 1990, quando a Children's Television Act (Lei de Televisão Infantil dos Estados Unidos) exigiu que as emissoras veiculassem três horas de programação educativa por semana, os produtores se apressaram em rotular uma ampla variedade de conteúdo existente e planejado como educativo. Alguns programas, baseados em ciência educacional e psicologia do desenvolvimento, foram bem-feitos. Muitos outros se rotularam como educativos na tentativa de lucrar com pais que queriam se sentir menos culpados por usarem a televisão como babá eletrônica.[19] No entanto, poucos programas ofereciam o valor educacional que alegavam. A programação "educativa" comercial frequentemente tinha *marketing* de produtos incorporado ao conteúdo, seja por meio de personagens de brinquedos com marca, inserção de marcas ou retratando comportamentos ou preferências de consumo que incentivavam as vendas. Os produtores de conteúdo descobriram que os pais não precisavam de pesquisas para se convencerem do valor educacional do programa; bastaria a sua palavra. Embora existam programas de televisão, aplicativos e outras mídias educativas bem pesquisados que, de fato, ajudam os pré-escolares a aprender, é importante estar ciente das alegações de *marketing* "educacional", pois essas afirmações não são regulamentadas e com frequência não têm respaldo científico. Lembrando que as crianças estão sempre aprendendo, o quão bem elas aprendem com as mídias de tela não é o único fator que os pais devem considerar. *O que* elas aprendem importa ainda mais.

Após várias décadas em que *Vila Sésamo* e outros programas voltados para a primeira infância dominaram a televisão, o psicólogo David Walsh demonstrou os efeitos imediatos da exposição a determinados programas no comportamento de jovens telespectadores. Ele filmou uma turma de pré-escolares assistindo a *Barney e seus amigos* e, em seguida, a *Power Rangers*, programas infantis clássicos que estrearam no início dos anos 1990. *Barney* era focado em amizade, diversão e afeto — uma celebração virtual do comportamento pró-social. *Power Rangers* apresentava ação de super-heróis com jovens dotados de superpoderes lutando contra forças do mal. No estudo de Walsh, após assistirem a *Barney*, as crianças marchavam e cantavam juntas, mantendo o ritmo com chocalhos. Depois de *Power Rangers*, as mesmas crianças empurravam-se e chutavam-se com exuberância, batendo umas nas outras com os chocalhos.[20] O conceito de usar violência por uma boa causa não foi assimilado. Em vez disso, elas aprenderam a excitação visceral da violência. A influência dramática de curto prazo desses dois programas em pré-escolares demonstrou como as crianças assistem e aprendem. Elas aprenderam a cantar com *Barney* e a prevalecer pela força com *Power Rangers*. Como os comportamentos pareciam mudar de forma positiva e negativa após assistirem a *Barney e seus amigos* e *Power Rangers*, a grande questão que precisamos fazer é: comportamentos nocivos ou arriscados podem ser aprendidos por meio da mídia audiovisual?

PERGUNTE AO MIDIATRA

Como lidar com um menino agitado e turbulento?

Sou professora do 2º ano do ensino fundamental e já lidei com muitas crianças agitadas e cheias de energia de 7 e 8 anos. Adoro essa energia, mas o que não gosto, e não sei bem como lidar, é com um menino cujo comportamento me preocupa. Ele é grande, muito energético e bastante criativo em suas brincadeiras. No recreio, seus colegas são atraídos por ele, mas ele os joga no chão repetidamente, às vezes pulando sobre eles a partir dos brinquedos do parque. Não parece ser bullying, *pois eles se levantam rindo e correm para ele novamente. No entanto, temo que alguém possa se machucar. Quando conversei com os pais desse menino, eles disseram que nunca observaram comportamento semelhante com os irmãos mais novos dele. "Ele chega tão cansado da escola que só quer se jogar no sofá e assistir à TV com o pai", disseram. Quando perguntei ao que assistiam, o pai respondeu: "*Os três patetas. *Luta livre profissional". Devo me preocupar com o comportamento turbulento desse garoto?*

Você está certa em se preocupar com o comportamento inseguro do seu aluno em relação aos colegas. Também está certa ao perceber que isso não é necessariamente *bullying*, já que as outras crianças parecem gostar da atenção. Contudo, pode ser um caso de masculinidade tóxica aprendida culturalmente. Um estudo revelou que até mesmo alunos exemplares do ensino fundamental tornaram-se mais violentos, imitando movimentos específicos, após assistirem a lutas na TV.[21] Outro estudo indicou que as crianças aprendem que trapaças e intimidações verbais são técnicas aceitáveis e eficazes de resolução de problemas ao assistirem à luta livre profissional.[22] Pesquisas mostram que adolescentes que assistem a lutas profissionais têm maior probabilidade de se envolverem em brigas, violência em relacionamentos amorosos, portar ou usar armas para ameaçar ou ferir outros e adotar comportamentos de risco, como abuso de substâncias ou sexo.[23]

Movimentos dramáticos, como jogar alguém no chão, são exibicionismos de domínio e arrogância na luta livre profissional. Seu aluno provavelmente está demonstrando sua dominância enquanto seus colegas parecem apreciar isso (não espere que eles reflitam sobre dinâmicas de poder ou antecipem riscos de lesões). A luta livre profissional e comédias pastelão como *Os três patetas* apresentam comportamentos violentos como algo divertido e engraçado. A combinação entre violência e sentimentos prazerosos — como arrogância, humor ou até mesmo excitação — tem o maior impacto sobre os comportamentos aprendidos pelos espectadores.[24] A capacidade de distinguir fantasia da realidade só se desenvolve por volta dos 7 ou 8 anos — a idade dos seus alunos. Crianças mais novas podem dizer que sabem que é tudo "de mentirinha", mas não conseguem diferenciar prontamente a violência fictícia e inofensiva daquela real e perigosa. Quando a violência é retratada na mídia como excitante ou engraçada (como ocorre na luta livre profissional e nos *Três patetas*), as crianças tendem a vê-la como um comportamento humano normal e até desejável — o que ela não é.

Buscando envolver os jovens telespectadores de forma mais ativa na aprendizagem por meio das telas, programas como *Dora, a aventureira* e *As pistas de Blue* fazem perguntas ao público infantil em vez de oferecerem respostas prontas. Embora exibidos na tela unidirecional da televisão, esses programas não foram concebidos para consumo passivo, mas sim para que as crianças respondam a questões e solucionem problemas. Os pequenos gritam entusiasticamente suas respostas para o aparelho indiferente, mas essas primeiras incursões no edutretenimento interativo lançaram as bases para a tecnologia educacional.

O entusiasmo pela aprendizagem com mídias interativas coincidiu com a tendência de aumento do tempo recreativo de tela, em curso desde o início do milênio.[25] Com a introdução de dispositivos móveis como *tablets* e *smartphones*, o tempo total de tela para crianças de todas as idades aumentou por três razões principais:

1. Dispositivos pequenos, controlados intuitivamente por telas sensíveis ao toque, possibilitaram que até mesmo crianças muito novas visualizassem e jogassem de forma independente, iniciando o uso de mídias interativas mais cedo na vida. Em vez de horários limitados de visualização controlados pelos pais, crianças podiam acessar vídeos e jogos *on-line* sozinhas. Pais aliviados aproveitaram essa habilidade autossuficiente dos filhos, utilizando dispositivos móveis como pacificadores para birras e distrações convenientes enquanto aguardavam refeições.[26] Contudo, pesquisas demonstraram que essas soluções comportamentais de curto prazo têm implicações de longo prazo.[27]
2. Dispositivos portáteis com telas individuais, que os jovens costumam alternar simultaneamente entre duas ou mais telas, aumentaram sua exposição cumulativa às mídias. Eles podiam assistir à televisão com amigos distantes enquanto conversavam por mensagens de texto ou fazer o dever de casa enquanto acompanhavam um evento esportivo

e ouviam música. Como visto em capítulos anteriores, a multitarefa é um mito. A alternância entre ideias consome energia cognitiva e tempo para recuperar o raciocínio anterior. Cada mudança prolonga a duração total de cada atividade, interrompe linhas de pensamento e, por abordar superficialmente cada ideia em vez de refletir profundamente sobre ela, compromete a retenção e a aprendizagem. Pesquisas com universitários demonstram que a multitarefa midiática pode afetar negativamente diversos aspectos acadêmicos, incluindo médias de notas, pontuações em testes, recordação de informações, compreensão e habilidades de anotação.[28]

3. *Smartphones* foram rapidamente adotados por crianças e adolescentes como acessórios essenciais para o crescimento. Empresas de telecomunicações ficaram satisfeitas em atender clientes cada vez mais jovens e, seja como recompensa por bom comportamento, distração ou medida de segurança, os pais responderam prontamente. A posse de *smartphones* cresceu rapidamente; em 2019, 69% dos adolescentes de 12 anos possuíam seu próprio celular.[29] Tornou-se comum carregar um *smartphone* para todos os lugares e esperar que os outros também o fizessem. Isso não apenas aumentou o tempo disponível para uso das telas para 24 horas por dia, mas também mudou completamente a maneira como as utilizamos. Não nos sentamos mais apenas para assistir à televisão; liderados pelas crianças, nossos comportamentos evoluíram rapidamente do físico para o digital, e vice-versa. Respondíamos a mensagens assim que chegavam — e esperávamos que todos os que se importassem conosco fizessem o mesmo. Usávamos Slack, *tweetávamos*, postávamos no Instagram e no YouTube, preenchendo cada momento livre. Com telas em muitas paredes, elevadores e carrinhos de supermercado, em nossos bolsos e em nossos pulsos, estávamos constantemente disponíveis, e todos e tudo estavam o tempo todo disponíveis para nós.

Em parte porque dispositivos móveis permitiram visualizações rápidas durante pausas entre atividades — em viagens, elevadores ou mesmo (para frustração dos professores) durante lapsos de atenção nas aulas —, os vídeos curtos se tornaram extremamente populares entre crianças e adolescentes como forma recreativa. Eles também se mostraram ferramentas eficazes de *marketing* devido à proporção quase igual entre comerciais e programas e à colocação estratégica de marcas nos vídeos curtos, transformando-os em infomerciais. Enquanto muitos estudantes foram distraídos pela gratificação instantânea e pela constante estimulação externa, pesquisadores pragmáticos e professores criativos identificaram valor educacional nesses vídeos curtos. Dado o bem-divulgado impacto das mídias sociais baseadas em imagens na autoimagem corporal, um estudo recente avaliou os efeitos da visualização de um único vídeo educativo de cinco minutos sobre diversidade corporal e racismo internalizado relacionado à aparência em adolescentes do sexo feminino. Houve aumentos significativos na aceitação da diversidade corporal entre todas as participantes; meninas negras apresentaram melhorias significativas no racismo internalizado relacionado à aparência.[30] Outro estudo descobriu que usar uma plataforma de vídeos curtos como ferramenta educacional com universitários criou um ambiente envolvente para a aprendizagem, aumentou a motivação para aprender e incentivou o desenvolvimento da curiosidade e da criatividade.[31] Uma subcomunidade dedicada a livros em uma plataforma popular revelou-se eficaz na promoção da leitura por prazer entre adolescentes fora do ambiente escolar formal. Essa prática mostrou-lhes "o poder da leitura, das comunidades e da capacidade dos adolescentes de imaginar novos mundos onde a literatura é central à sua identidade e à sua vida cotidiana".[32]

Incentivados pelas capacidades das tecnologias digitais cada vez mais acessíveis e pela promessa da personalização da aprendizagem por meio da análise digital, muitos sistemas escolares investiram na ideia de possíveis economias financeiras. *Laptops* ou *tablets* substituíram cadernos e lápis em muitas salas de aula; as crianças aprenderam digitação em vez de caligrafia tradicional; passaram a usar ferramentas digitais para pesquisa em vez dos catálogos físicos das bibliotecas tradicionais.

Os programas digitais focados no ensino e na prática de habilidades, como digitação por toque, e vídeos "faça você mesmo" sobre temas variados, desde pintura de paisagens até reparos domésticos, proporcionaram oportunidades inéditas para explorar curiosidades, adquirir habilidades necessárias e aprender interesses específicos. Programas *on-line* que aprofundam disciplinas acadêmicas, como astrofísica ou zoologia, complementam a aprendizagem em sala de aula nas áreas de STEM (ciência, tecnologia, engenharia e matemática; do inglês, *science*, *technology*, *engineering* e *math*) ou preparam estudantes para testes padronizados como o *Scholastic Assessment Test* (SAT).* Contudo, sua eficácia é altamente variável, dependendo do uso que o aprendiz faz deles.

---

* N. de R. T. Exame de admissão para universidades nos Estados Unidos. Semelhante ao Exame Nacional do Ensino Médio (Enem) no Brasil.

No ambiente escolar formal, logo se percebeu que a educação mediada digitalmente não poderia substituir o espaço relacional da aprendizagem. Computadores não são máquinas de ensino capazes de substituir professores. Embora algumas escolas se vangloriassem de oferecer "um *tablet* para cada aluno", pesquisas mostraram que dois ou três alunos por dispositivo promovem experimentação, discussão e aprendizado mais eficaz à medida que as crianças trabalham juntas para resolver questões em matemática, ciências ou literatura.[33] Conscientes da facilidade com que as crianças adotavam tecnologias digitais, muitos professores sentiram-se despreparados. Alguns se mostraram relutantes; outros, igualmente despreparados, estavam ansiosos demais para utilizá-las.[34]

Sem supervisão e instrução próximas, muitos alunos se distraíam dos estudos pelas inúmeras atrações da internet. Educadores observaram tendências preocupantes: a ortografia deteriorou-se (não era mais necessária com o corretor automático) e os estudantes deixaram de aprender fatos históricos e científicos porque "podem pesquisar no Google", ficando sem os blocos básicos para construir novas ideias. Crianças e adolescentes tiveram pouca experiência com pensamento reflexivo sobre literatura ou arte devido à disponibilidade *on-line* de sinopses, críticas e até ensaios em nível universitário. Ferramentas gamificadas de ensino mostraram-se úteis na aprendizagem baseada em repetição e memorização em disciplinas como matemática; contudo, algumas crianças tiveram dificuldade em aplicar esse conhecimento em contextos práticos.[35] Em uma avaliação global de habilidades digitais realizada pela Organização para a Cooperação e Desenvolvimento Econômico (OCDE) em 2015, intitulada *Students, Computers and Learning: Making the Connection* (em tradução livre, *Estudantes, computadores e aprendizagem: fazendo a conexão*), observou-se que "mesmo países que investiram pesadamente em tecnologias de informação e comunicação (TICs) para educação não viram melhorias notáveis em seus desempenhos".[36] Experiências práticas foram corroboradas por pesquisas que demonstraram a necessidade contínua de professores para supervisionar, fazer perguntas provocativas e guiar a aprendizagem dos estudantes.[37] A eficácia da tecnologia educacional depende criticamente de *como* ela é utilizada por professores e alunos para apoiar e enriquecer a experiência de aprendizagem. A tecnologia educacional não foi a panaceia prometida.

PERGUNTE AO MIDIATRA

Minha filha pode usar tecnologia digital para complementar o que aprende na escola?

Minha filha de 10 anos ficou muito interessada em geologia após uma excursão escolar à Falha de San Andreas. Ela quer aprender mais sobre falhas geológicas, terremotos, vulcões e o movimento dos continentes. Estou preocupada em deixá-la navegar livremente pela internet para isso. Como posso mantê-la segura enquanto explora?

Que oportunidade maravilhosa para sua filha aprender a usar os recursos *on-line* da melhor forma! As ferramentas disponíveis na internet incluem textos, obras de referência e cursos autodidatas ou conduzidos por instrutores que podem enriquecer a aprendizagem infantil em diversas disciplinas escolares como ciências, história e literatura. Há programas eficazes para desenvolver habilidades acadêmicas variadas — desde leitura até digitação —, além de criação artística em diferentes mídias. Crianças podem praticar idiomas estrangeiros ou participar virtualmente de experiências culturais. Muitos professores indicam fontes suplementares já avaliadas por eles; portanto, entre em contato com o professor ou bibliotecário escolar da sua filha para sugestões. Contudo, especialmente sendo uma experiência nova para ela, é essencial avaliar todos os programas que alegam ser educativos verificando resenhas feitas por especialistas ou instituições confiáveis na área educacional. Assim como ocorre com outras atividades *on-line*, explore esses programas antes e durante sua introdução à criança. Além disso, essa abordagem permitirá que sua filha mergulhe profundamente nos temas que deseja estudar enquanto vocês passam tempo juntos. Isso também modelará habilidades importantes de letramento digital ao buscar, comparar e contrastar múltiplas fontes e perspectivas sobre os mesmos assuntos.

A educação passou por grandes transformações durante a segunda década do século XXI. Algumas escolas, preocupadas com a perda de habilidades motoras finas devido à ausência do ensino da escrita cursiva e de estratégias de pesquisa que fossem além de "consultar o Google", recuaram no uso de tecnologias educacionais. Indo ainda mais longe, as escolas Waldorf defenderam uma infância sem telas, tanto em casa quanto na escola. Outras instituições, reconhecendo a inevitabilidade da adoção de ferramentas digitais, investiram na reformulação de seus currículos e no treinamento de professores para ensinar de forma eficaz com tecnologia.

Em novembro de 2022, o lançamento público do ChatGPT, um *chatbot* de inteligência artificial (IA) que utiliza um modelo de linguagem ampla (LLM) para gerar textos baseados no conhecimento acumulado disponível na internet, trouxe um novo desafio para os educadores. Usando probabilidades matemáticas para prever as combinações mais frequentes de palavras sobre qualquer assunto, o ChatGPT demonstrou notável habilidade em redigir redações competitivas para faculdades, obter notas respeitáveis em Exames de Mestrado de Administração (MBA, do inglês *Master of Business Administration*) e até mesmo passar em provas de certificação médica e jurídica.[38] Enquanto alguns educadores classificaram o ChatGPT como uma forma automatizada de plágio e buscaram maneiras de identificar estudantes que o utilizassem indevidamente, outros viram nele uma oportunidade para elevar o nível da aprendizagem. Estes últimos desenvolveram estratégias para aproveitar o poder de pesquisa da IA, direcionando os esforços dos estudantes para trabalhos conceituais mais avançados. Assim como a calculadora realiza operações aritméticas em matemática, a IA pode assumir tarefas mecânicas de pesquisa, libertando o aprendiz para refletir sobre esse conhecimento de forma mais profunda e complexa. Entretanto, sempre haverá aqueles que tentarão usar a IA como atalho para concluir os estudos sem adquirir conhecimento ou habilidades aplicáveis. O que acontecerá quando essas pessoas ingressarem no mercado de trabalho com diplomas recém-obtidos, mas sem competência prática? A esperança é que a IA possa reverter essa tendência no ensino superior, incentivando os alunos a buscarem desafios propostos por seus professores e a realizarem o trabalho necessário para enriquecer seu conhecimento, suas capacidades e habilidades.

Outro ponto crescente na aplicação da IA nas escolas é a questão mais complexa (e raramente discutida) da atrofia cognitiva — a perda de neurônios e sinapses devido ao desuso enquanto a IA assume tarefas analíticas e críticas. Como afirmou Dr. Philip McRae, da Alberta Teachers' Association (Canadá), "As tecnologias devem ser empregadas para ajudar os estudantes a se tornarem cidadãos empoderados, e não consumidores passivos. São necessárias inovações na educação que criem uma sociedade na qual as pessoas possam prosperar em comunidades culturalmente ricas, informadas, democráticas, digitalmente conectadas e diversas. Não devemos nos render a uma cultura tecnológica individualista que fragmente nossos estudantes por meio da atenção contínua parcial".[39] Se dependermos excessivamente da IA para determinar o certo e o errado, corremos o risco de passividade moral tanto nas decisões individuais quanto no comportamento social. Embora organize vastas quantidades de dados, a IA carece dos componentes essenciais para aplicar essas informações à vida humana — inteligência emocional, empatia e capacidade reflexiva —, elementos necessários para construir estratégias voltadas ao bem-estar humano.

PRESCRIÇÃO DE MÍDIA SAUDÁVEL

A inteligência artificial deve ser usada com inteligência e responsabilidade

Assim como muitas pessoas, você pode encarar a IA com uma mistura de medo e entusiasmo. Lembre-se: trata-se de uma ferramenta — talvez a mais poderosa entre as mídias interativas e generativas já criadas. É um instrumento desenvolvido por humanos com base em como aprendemos utilizando redes neurais artificiais; portanto, carrega tanto as forças quanto os vieses inerentes de seus criadores. Pense nela como um bibliotecário extremamente rápido cujos antecedentes pessoais, crenças e psicologia são desconhecidos. Explore essa tecnologia com seu filho como pensadores críticos. Reflitam sobre como os fatos são apresentados e sob qual perspectiva são vistos. A história é particularmente sensível aos vieses: imagine o relato da Guerra do Vietnã narrado por um general dos Estados Unidos, um diplomata sueco mediador das negociações de paz, um guerrilheiro vietcongue, um recruta do exército norte-americano que não queria estar lá ou um aldeão vietnamita. A IA reuniria algumas dessas histórias, mas não todas; consolidaria os relatos em uma narrativa aparentemente abrangente, mas inevitavelmente enviesada. Use a IA para coletar informações; contudo, aplique ferramentas de letramento digital para identificar seus vieses e suas lacunas inevitáveis. Não aceite nenhuma informação sem questionar ou desconstruir suas partes. Desafie suas próprias preconcepções com narrativas contrárias. Busque preencher lacunas com perspectivas alternativas lógicas. Combinando as pesquisas realizadas pela IA com contrapesos investigativos feitos por você e seu filho, construam juntos a narrativa mais coerente possível. Ao apresentar essa narrativa finalizada, seja transparente: reconheça quando e por que escolheu focar em uma perspectiva específica enquanto excluiu outras.

VOCÊ PODE

- ***Reformular seu pensamento.*** Tecnologias emergentes, como a IA, podem parecer invasivas, levando você a adotar uma postura defensiva, determinada a controlar tanto a tecnologia quanto a atenção de seu filho em relação a ela. Em vez disso, considere-se em uma curva de aprendizagem com ele. Troque sua postura protetora por uma abordagem voltada a aprender como ajudar seu filho a usar essa ferramenta para aprimorar a aprendizagem, além de sua saúde mental e física. Pergunte-se: *como posso ajudar meu filho a usar bem essa ferramenta?*

- ***Ser consciente.*** Deixe os medos de lado e concentre-se no potencial positivo da IA. Assim como em avanços anteriores, você aprenderá no decorrer do tempo, mas precisará estar aberto e proativo. Essa atitude permite que você controle a narrativa em torno da tecnologia, em vez de ser guiado exclusivamente pelo medo. Quando utilizada de forma adequada, a IA será uma ferramenta como as calculadoras que usamos rotineiramente.
- ***Orientar e monitorar.*** Aprenda sobre IA ao lado de seu filho e assuma um papel ativo no desenvolvimento das habilidades tecnológicas dele. Permita que compartilhe suas descobertas e experiências enquanto você também divide seus aprendizados e percepções. Transforme o teste de programas de IA em um jogo familiar — peça ao seu sistema de IA generativa um plano de refeições para o fim de semana ou uma receita, e depois façam juntos as compras dos ingredientes.
- ***Promover transparência na integridade.*** Ensine seu filho a reconhecer e citar as ferramentas utilizadas em cada aspecto de seu trabalho. Use múltiplas ferramentas de IA para obter diferentes perspectivas sobre as informações. Se ele precisar copiar e colar uma frase ou mais de uma fonte, certifique-se de que utilize a fonte original, coloque aspas ao redor do trecho e o referencie integralmente nas notas finais ou bibliografia.
- ***Usar a IA como recurso, não substituto.*** Incentive seu filho a usar a IA como ferramenta, assim como faria com um mecanismo de busca poderoso — é uma forma eficiente de reunir informações e acrescenta um aspecto inovador ao trabalho. No entanto, usá-la como substituto — por exemplo, para redigir um trabalho com o clique de um botão — priva-o da oportunidade de aprender, refletir sobre sua perspectiva e desenvolver ideias novas e diversificadas. Ele pode concluir os estudos apoiando-se na IA, mas terá pouco a mostrar por isso — além das possíveis consequências graves por representar o trabalho como original. Exija mais dele e ensine-o a exigir mais de si mesmo. Ele deve enxergar o uso da IA generativa para realizar suas tarefas escolares como o ápice da falta de respeito próprio.

Em 2019, o mesmo ano em que mais de dois terços dos alunos do 7º ano possuíam *smartphones* pessoais, as escolas ainda tentavam lidar com sua relação ambivalente com as mídias interativas. Crianças menores de 8 anos usavam telas recreativas por uma média diária de 2h24; pré-adolescentes entre 8 e 12 anos gastavam 4h44; enquanto adolescentes acumulavam 7h22 por dia.[40] A aprendizagem *on-line* já era implementada para crianças que, devido a deficiências ou distância geográfica, não tinham acesso ao ambiente escolar tradicional; também era usada para complementar a aprendizagem tradicional tanto para alunos avançados quanto para aqueles com dificuldades.[41]

As preocupações sobre o impacto do aumento do uso das telas nos desenvolvimentos social, emocional e acadêmico das crianças estavam no centro do debate cada vez mais acalorado sobre telas nas escolas. Aqueles que expressavam preocupações eram frequentemente descartados como alarmistas antiquados pelos que insistiam que as telas representavam o futuro da aprendizagem e da socialização. A polarização gerou um impasse pedagógico e prático que envolveu educadores, pais e especialistas em desenvolvimento infantil.

Então veio a covid-19, que interrompeu abruptamente esse debate binário. O fechamento das escolas, o ensino remoto e o isolamento social tornaram a vida baseada em telas o novo normal. Por necessidade, todos passamos muito mais tempo *on-line* do que antes.[42] A pandemia não criou os problemas das crianças com mídias interativas; apenas acelerou tendências já existentes. Para alguns jovens — especialmente adolescentes —, o rápido aumento na duração do uso das telas foi problemático. Para outros, não era o uso da mídia interativa em si que causava problemas graves, mas sim o isolamento social. Adolescentes enfrentaram desafios específicos durante os *lockdowns*: sendo sua principal tarefa desenvolvimental afastar-se da família nuclear para estabelecer uma identidade independente e conectar-se com seus pares, ficar trancados em casa com suas famílias enquanto isolados dos amigos foi particularmente difícil.

Pesquisas indicaram que cerca de metade dos pais acreditava que seus filhos se saíram melhor com a aprendizagem remota. Educadores notaram que esse modelo democratizou as salas de aula: os estudantes medianos receberam tanta atenção quanto aqueles que se destacavam ou tinham dificuldades extremas. Infelizmente, crianças provenientes de famílias de baixa renda enfrentaram obstáculos significativos devido à conexão limitada ou inexistente à internet banda larga ou ao uso compartilhado de dispositivos pequenos ou lentos com pais que trabalhavam remotamente.[43] Na primavera de 2020, mais de 20% dos estudantes das escolas públicas de Boston nunca tinham acessado as plataformas *on-line* durante os *lockdowns* da pandemia, efetivamente abandonando os estudos naquele período crítico. Durante 2020–2021, conhecido como "o ano da aprendizagem remota", 42% dos estudantes de Boston estiveram ausentes de forma crônica.[44]

Em grande parte dos Estados Unidos, a pandemia fez as crianças perderem três anos de escolaridade normal. Esse impacto foi particularmente difícil para jovens cujos anos escolares coincidiram com transições importantes, como a passagem para o ensino médio ou superior, mudanças para novas comunidades e marcos significativos, como o baile de formatura e a graduação. Embora as perdas na aprendizagem acadêmica tenham sido consideráveis para alguns, a aprendizagem socioemocional de crianças e adolescentes foi ainda mais prejudicada.

Mais importante do que fatos e habilidades acadêmicas, a aprendizagem socioemocional ocorre na escola à medida que crianças e adolescentes agem como indivíduos, descobrindo quem são, como se comportar e como construir uma comunidade a partir de diferentes pessoas. Esse aprendizado acontece tanto na sala de aula quanto no recreio, no refeitório, nos corredores e após as aulas. Essenciais para o sucesso na vida adulta, essas habilidades interpessoais complexas e sutis podem ajudar ou prejudicar os jovens ao longo de sua vida. Apesar dos esforços dos educadores para tornar eficaz o ensino remoto no aspecto acadêmico, pouco foi feito em relação à aprendizagem socioemocional. Os jovens buscaram esse aprendizado por conta própria, utilizando redes sociais, jogos *on-line* e plataformas interativas como novos espaços de convivência nos quais podiam se reunir sem envolvimento ou interferência de adultos, sendo eles mesmos enquanto descobriam quem eram.

Ferramentas poderosas, professores poderosos

Como as mídias digitais podem ter um efeito tão poderoso sobre o comportamento? Nós experimentamos o mundo e os outros por meio dos nossos sentidos, mas nossos cinco sistemas sensoriais básicos não são iguais. Marshall McLuhan, famoso por afirmar que "o meio é a mensagem", definiu as mídias como extensões tecnológicas do corpo humano que permitem conectar-se e comunicar-se. Ele teorizou que a proporção da percepção entre os sentidos influencia o poder das mídias em comunicar. Devido à complexidade especializada do olho e às distâncias em que ele pode receber estímulos, a visão é predominante. A audição ocupava um segundo lugar próximo quando éramos caçadores-coletores e contadores de histórias, mas a visão tornou-se ainda mais importante quando a palavra escrita superou a história oral.[45] Toque, olfato e paladar — tão essenciais para muitos animais — são menos relevantes para os humanos. Nossa visão e audição se desenvolvem precocemente porque são ferramentas críticas para a sobrevivência. Esses sentidos são os primeiros meios pelos quais os bebês observam e tentam compreender os comportamentos humanos. Ao serem combinados com o sistema límbico gerador de emoções, ajudam os bebês a distinguir entre comportamentos acolhedores ou ameaçadores (*sorriso* versus *carranca; canto* versus *grito*). Aprendemos por meio da percepção sensorial — e lembramos o que aprendemos impregnado das emoções sentidas no momento.

Pense em suas memórias mais antigas. Para mim, elas são principalmente visuais. Minha primeira memória consciente é a imagem da minha irmã recém-nascida sendo trazida para casa — um evento carregado emocionalmente para meu eu de 26 meses. Naquele instante, perdi meu *status* de foco exclusivo dos meus pais, mas ganhei uma companheira que acreditava poder moldar com cuidado ou ameaça. Memórias são momentos carregados emocionalmente que recordamos visualmente. Não temos uma lembrança completa da infância; lembramos de experiências associadas a sentimentos: perder um animal de estimação, mudar-se de uma casa conhecida para uma nova e estranha, fazer um amigo ou cozinhar com a família enquanto fazíamos bagunça. Memórias conscientes são apenas uma pequena parte do que aprendemos — a ponta do *iceberg*. Sob essas memórias conscientes está um acúmulo de tudo o que vivenciamos ao longo do tempo, camada após camada, moldando como vemos e entendemos a nós mesmos, aos outros e ao mundo.

As telas utilizam recursos visuais para evocar sentimentos. Vamos ao cinema, assistimos à televisão e jogamos *videogames* para sermos transportados para outra realidade. Rimos, choramos, sentimos medo ou triunfo. Jogos eletrônicos interativos são possivelmente as tecnologias educacionais mais eficazes já desenvolvidas: criam ambientes com condições específicas, recompensam certos comportamentos enquanto punem outros e incentivam repetições constantes dessas ações. A aprendizagem pode envolver jogar basquete, pilotar aviões, projetar cidades ou até fazer atividades humanas complexas como eliminar terroristas ou qualquer outra.

Crianças aprendem observando quais comportamentos geram resultados positivos; imitam ações reforçadas positivamente e as adaptam caso funcionem para elas.[46] Esse processo molda sua capacidade de alimentarem-se sozinhas, conviverem com outras pessoas e perceberem o mundo ao redor. Elas absorvem experiências, avaliam-nas e integram-nas em esquemas — construções mentais que organizam nossa compreensão sobre nós mesmos e os outros. Esquemas funcionam como atalhos mentais usados pelo cérebro para codificar neurologicamente e conceituar os elementos essenciais da aprendizagem. É assim que reconhecemos gatos como distintos dos cães ou identificamos um gato nunca visto antes *como* um gato — ele compartilha características-chave com outros gatos já conhecidos.

Criamos esquemas mentais para tudo a que somos expostos, seja algo concreto, como um gato, ou abstrato, como a raiva. Esses esquemas estruturam nosso conhecimento sobre o mundo e como nos comportamos nele, inclusive no espaço digital. Embora úteis, podem se tornar problemáticos quando se tornam rígidos e inflexíveis, dificultando a assimilação de novas informações e a construção de novos entendimentos.

Cada vez mais, as mídias digitais são a primeira e mais frequente fonte de exposição das crianças a diversas experiências, comportamentos e crenças. À medida que crescem, as telas desempenham um papel crescente na formação dos esquemas que organizam suas vivências. Quando produzidas e apresentadas de forma cuidadosa, as mídias podem ajudar as crianças a desenvolverem esquemas mais diversos, flexíveis e tolerantes. No entanto, também podem contribuir para estreitar, endurecer e cristalizar sua compreensão de si mesmas e do mundo ao seu redor. McLuhan sugeriu que tecnologias mecânicas, como a prensa de Gutenberg ou a máquina a vapor, nos permitiram aprender sobre outras culturas, línguas e sistemas de crenças, promovendo um processo de "destribalização". Contudo, tendo observado o uso manipulador do rádio e do cinema por Joseph Goebbels e Adolf Hitler, McLuhan alertou que, sem autocrítica e pensamento crítico, as tecnologias eletrônicas podem nos "retribalizar".[47]

As mídias que consumimos diariamente desempenham um papel poderoso nas mensagens culturais que nos afetam profundamente e de forma duradoura. Quando os esquemas se fixam em estereótipos sobre pessoas que falam outros idiomas, seguem outras religiões, pertencem a diferentes etnias ou gêneros ou qualquer outro grupo identitário, criamos uma separação — o "outro" — que nos empobrece enquanto sociedade. As suposições e expectativas estabelecidas em nossa cultura por meio de televisão, música, *videogames* e redes sociais moldam nossas percepções e expectativas sobre o mundo e sobre os outros.

As crianças estão *constantemente* aprendendo sobre si mesmas e sobre o mundo ao seu redor, mas percebem e aprendem de maneiras diferentes em cada estágio do desenvolvimento. O que você acredita que seu filho está aprendendo pode ser muito diferente do que ele realmente está absorvendo da experiência. Conteúdos educacionais eficazes — sejam programas de TV, músicas, *softwares* ou *sites* — introduzidos no momento adequado ao desenvolvimento da criança podem ampliar seu conhecimento e enriquecer suas experiências de maneira benéfica durante a adolescência e até a vida adulta.

PRESCRIÇÃO DE MÍDIA SAUDÁVEL

Moldando o currículo digital do seu filho

Você conhece seu filho melhor do que ninguém. Especialmente com crianças, assista previamente ao conteúdo das mídias digitais que pretende compartilhar com elas. Se sua intuição indicar que o conteúdo será útil para o aprendizado da criança, assista com ela e observe atentamente suas reações. Caso perceba medo ou confusão em sua expressão facial, pause o vídeo e converse sobre isso. Explique por que pausou: "Você pareceu assustada". Escute suas preocupações e responda às perguntas. À medida que aprendemos e crescemos, precisamos enfrentar as realidades desagradáveis da história e da humanidade para preveni-las no futuro e proteger a nós mesmos e aos outros. Como diz o ditado: "Aqueles que não lembram do passado estão condenados a repeti-lo".[48]

No entanto, seu filho pode ficar abalado ou incapaz de aprender com o que viu na tela. Nesse caso, desligue o conteúdo imediatamente, mas não o deixe sozinho com esses sentimentos. Ajude-o a entender que está seguro com você e peça desculpas por ter mostrado aquilo. Algumas crianças poderão querer assistir novamente ao conteúdo — seja imediatamente ou após algum tempo — para tentar dominar as emoções sentidas. Mostre a elas como compreender experiências confusas ou perturbadoras e como aprender com elas. Isso não significa dessensibilizá-las diante de situações aterrorizantes ou degradantes; trata-se de modelar e orientar como você mesmo entende experiências difíceis, aprende com elas e busca vivências melhores no futuro.

VOCÊ PODE

- ***Certificar-se de que as perspectivas e os comportamentos apresentados nas mídias consumidas por seu filho sejam aqueles que você deseja que ele aprenda e incorpore em sua vida — porque ele o fará.*** A exposição a conteúdos midiáticos que perturbam, distraem ou dessensibilizam seu filho (sem sua moderação) pode ensiná-lo que o mundo é um lugar assustador, egoísta, objetificador e, em última análise, cruel, onde ele pode acreditar que precisa lutar para sobreviver. Se, apesar de seus esforços, seu filho entrar em contato com conteúdos midiáticos que você considera prejudiciais, processe isso com ele, perguntando: "Como você acha que aquele personagem se sentiu? Como você se sentiria se isso acontecesse com você? Como você se sentiria se fizesse isso com outra pessoa?"

- ***Evitar depender dos sistemas de classificação de mídia como substitutos para seu julgamento parental.*** As classificações de filmes, *videogames* e programas de televisão são projetadas para proteger os interesses comerciais dos produtores de mídia, não o bem-estar de crianças e adultos que consomem esses conteúdos. Essas classificações são determinadas por avaliadores cuja qualificação pode ser apenas o fato de serem ou terem sido pais. Eles não são especialistas em saúde e desenvolvimento infantil e, portanto, não avaliam o que pode ser prejudicial ou benéfico para uma *criança*; classificam apenas o que consideram potencialmente questionável aos olhos dos *pais*. Como resultado, as classificações midiáticas tendem a refletir valores sociais em constante mudança. Pesquisas mostram que as classificações de filmes se tornaram mais permissivas ao longo do tempo, mudando aproximadamente um nível de classificação a cada 11 anos.[49]
- ***Modelar o uso responsável e consciente das mídias.*** Escolha conteúdos que você acredita que vão ensinar algo ou expandir sua experiência de alguma forma; fale abertamente sobre seu processo de decisão e convide outros a compartilharem dessa experiência. Quando você ensina pelo exemplo, a lição permanece.

Pensando em nossas memórias mais antigas, elas envolvem experiências com telas? Embora minha memória mais antiga fora das telas remonte aos 2 anos, minha primeira lembrança relacionada a uma tela ocorreu aos 10 anos, quando fui repreendido por assistir a filmes da dupla Abbott e Costello na televisão em vez de ir à escola dominical. Mesmo assim, o que realmente ficou na memória foi a interrupção do riso pela reprimenda da minha mãe e a sensação imediata de vergonha — a televisão tornou-se secundária naquele momento. Embora as mídias aproveitem eficazmente o poder dos nossos sentidos e emoções para nos envolver, essas experiências criadas são menos poderosas do que aquelas vivenciadas diretamente. Ao pensar nas mídias consumidas por crianças, sempre considere alternativas: o que mais elas poderiam estar fazendo ou experimentando? O impacto do que elas vivenciam na tela geralmente é menos importante, significativo e potente do que as oportunidades fora dela que são substituídas.

Conte histórias, faça caminhadas, prepare refeições juntos, ria quando puder e chore quando necessário. Crie memórias! Permita que esses momentos sejam os de ensino — aqueles que você e seu filho levarão para toda a vida.

Parte 2

E então?

Capítulo 7

Influenciadores insidiosos, paixões consumistas

Quando mensagens persuasivas e personalidades se tornam tóxicas

No início, eu não vi Lisa quando chamei pela menina de 11 anos. Ela não respondeu imediatamente. Quando sua mãe se levantou e caminhou em minha direção, Lisa a seguiu relutantemente, com a cabeça baixa, sem interromper o frenético envio de mensagens em seu *smartphone* com capa brilhante. Eu havia olhado diretamente para ela sem percebê-la, pois, à primeira vista, parecia ter 17 ou 18 anos. Usava *jeans* estilosos, botas peludas e muita maquiagem aplicada com habilidade. Quando ela e sua mãe se sentaram para conversar comigo, Lisa ignorou completamente o pedido da mãe para guardar o telefone e fez o possível para me ignorar também. Seus dedos, cujas unhas estavam perfeitamente pintadas, continuavam digitando. A mãe revelou que estava preocupada com Lisa e por isso a havia trazido. Esse comportamento era típico: retraída, não comunicativa e pouco cooperativa.

"Eu não entendo", disse a mãe. "O pai dela e eu pedimos tão pouco — que ela faça o melhor possível na escola e fique longe de problemas. Ela tem tudo o que quer." Nesse momento, Lisa levantou os olhos para encarar a mãe com um olhar fulminante, que a fez sair da sala para aguardar na recepção.

Assim que sua mãe saiu, Lisa finalmente falou comigo, colocando o telefone no bolso da jaqueta, onde ele continuava emitindo notificações insistentes com o som de uma porta rangendo.

"Ela acha que estou deprimida, mas eu só estou entediada. A escola é chata, meus amigos são chatos e *ela* é especialmente chata."

"O que você gosta de fazer?", perguntei.

"Não sei... sair, fazer compras... mas nunca tenho dinheiro suficiente para *realmente* comprar algo."

Conforme conversávamos mais, ficou claro que Lisa estava certa; ela não apresentava nenhum sinal diagnóstico de depressão. Ela estava insatisfeita. Seus pais trabalhavam em tempo integral para sustentar um estilo de vida confortável. Lisa não precisava se preocupar com sua próxima refeição ou com o próximo par de sapatos, mas vivia pressionando os pais para comprarem roupas da moda e um novo celular.

Assim como suas amigas, Lisa tinha um iPad desde a educação infantil, um *smartphone* desde o 1º ano e um *laptop* desde o 4º ano — tudo isso sem restrições significativas. Ela nunca estava *off-line* e passava seu tempo livre imersa em *sites* de moda, tutoriais de maquiagem no YouTube e redes sociais.

"Como você se sente quando está no telefone?"

"Não sei..." Surpresa pela pergunta, Lisa finalmente respondeu: "Meh".

"E como você se sente quando sai do telefone?"

"Mal. Então eu volto para ele. Ou nunca saio."

A autoestima de Lisa era definida por sua aparência e pelo que possuía. A cultura competitiva de *marketing* que permeava o ecossistema digital em que vivia a mantinha em um estado constante de descontentamento. Uma autoestima saudável, para qualquer pessoa em qualquer idade, é fundamentada no valor intrínseco como ser humano — atributos que definem a qualidade do caráter e a maneira de estar no mundo. Quando as crianças se sentem amadas, aceitas e celebradas pelo que são em seu sentido mais básico, elas constroem uma base sólida de autoestima. Influências contrárias — desde famílias distantes ou distraídas até mensagens culturais mais amplas que reforçam a ideia de "não ser bom o suficiente", amplificadas por mídias e publicidade para aumentar vendas — podem corroer essa autoestima infantil. Especialmente durante os anos pré-adolescentes e adolescentes, as redes sociais — que se tornaram uma espécie de "superamigo"[1] — influenciam significativamente o senso de identidade dos jovens. Influenciadores digitais exercem um impacto especial ao combinar a força persuasiva de um amigo que parece compreendê-los com as mensagens sofisticadas do *marketing* direcionado.

Empresas de produtos de consumo e seus anunciantes exploram uma característica humana fundamental: as pessoas compram quando estão insatisfeitas. Após três minutos folheando uma revista de moda apoiada por anúncios de cosméticos, roupas e produtos para perda de peso, mulheres eram mais propensas a sentirem-se deprimidas, envergonhadas ou culpadas.[2] Crianças e adolescentes imersos em mídias interativas — sem serem limitados pelas realidades financeiras ou pelo controle impulsivo ainda em desenvolvimento — são particularmente vulneráveis. Além das mensagens intermináveis sobre como suas deficiências poderiam ser transformadas em qualidades com determinados produtos, crianças e adolescentes estão emocionalmente abertos à manipulação e ainda distantes do desenvolvimento pleno do controle impulsivo.

"Por toda parte nos são oferecidos falsa excitação e pseudointensidade", escreveu a crítica de mídia e documentarista Jean Kilbourne em *Can't Buy My Love: How Advertising Changes the Way We Think and Feel* (em tradução livre, *Não pode comprar meu amor: como os anúncios mudam a maneira como pensamos e sentimos*).[3] "Isso não apenas inevitavelmente nos decepciona, como também contribui para o sentimento geral na cultura de que cada momento de nossa vida deveria ser empolgante, divertido, que o sexo deveria ser sempre apaixonado e intenso, a educação incessantemente entretida, e que qualquer coisa menos que isso é *entediante*."[4]

Kilbourne escreveu esse livro há 25 anos, despertando atenção para os efeitos negativos da publicidade, especialmente sobre os jovens e, em particular, sobre as meninas. As coisas só pioraram, afirmou ela em uma entrevista *on-line* mais recente com Rachael Berman, do *site* thehumanist.com. "Eu realmente acho que os anúncios que objetificam sexualmente e estereotipam as mulheres estão piores do que nunca", disse ela, citando a transição da publicidade para a internet e o impacto disso, já que os jovens passam tanto tempo imersos em ambientes *on-line* e de redes sociais. "Isso muda tudo porque torna possível que os anunciantes direcionem as pessoas de maneira muito mais individualizada, obtendo muitas informações do Facebook e de outras plataformas de mídia social." O Photoshop e outras ferramentas de edição de imagem tornaram as coisas "infinitamente piores", acrescentou, "porque agora é possível mostrar pessoas como sendo completamente perfeitas". A única forma como as coisas melhoraram, ela observou, "é que há mais atenção para esse problema atualmente".[5]

É uma estratégia comercial eficaz explorar a autoconsciência adolescente e o controle de impulsos subdesenvolvido para vender produtos a jovens que possuem mais renda disponível e liberdade para gastá-la do que nunca na história. Contudo, um bom negócio para a corporação nem sempre é saudável para o consumidor. Os adolescentes são impulsionados pelo desenvolvimento a se afastarem dos pais e a fazerem o que puderem para serem atraentes aos outros, mas a influência do ambiente midiático interativo começa bem antes dos anos da adolescência e promove mais do que apenas produtos de consumo.

Adesão precoce, consumidores duradouros

À medida que as crianças têm maior acesso à mídia de tela em idades cada vez mais precoces, aqueles que vendem ideias, atitudes e comportamentos estão ansiosos para envolvê-las cedo e com frequência. Anteriormente, os anúncios eram limitados aos comerciais de TV sobre cereais açucarados e brinquedos exibidos entre desenhos animados nas manhãs de sábado enquanto mamãe e papai ainda dormiam. O advento dos *tablets* com tela sensível ao toque abriu acesso 24 horas por dia às crianças em fase inicial do desenvolvimento. Os comerciantes sabem que as crianças estão sempre aprendendo (evoca familiaridade?) e aplicam psicologia do desenvolvimento sofisticada para alcançá-las em cada idade e estágio. Direcionando-se aos pais, eles criam esquemas que sugerem que comprar seu produto é a forma de atender às necessidades da criança.

Jean Piaget, um dos pioneiros da psicologia do desenvolvimento, estruturou o desenvolvimento cognitivo infantil em quatro estágios — e os comerciantes descobriram como alcançar crianças em cada um deles para construir esquemas duradouros e fidelidade à marca.[6] Durante o estágio sensório-motor (do nascimento aos 2 anos), os bebês descobrem o mundo ao coordenar percepções sensoriais (o que veem, ouvem, sentem, provam e cheiram) com suas atividades físicas.[7] Assim, se veem um pedaço colorido de cereal açucarado, pegam-no, colocam na boca e, ao sentirem o gosto doce, aprendem a pegar o próximo pedaço. Entre 4 e 7 meses, os bebês começam a entender que são seres distintos separados do mundo e desenvolvem permanência de objeto, ou seja, a consciência de que objetos existem mesmo quando não podem ser diretamente vistos ou percebidos. Já aos 4 meses, antes mesmo de desenvolverem permanência de objeto, a atenção dos bebês será atraída por uma tela.[8] Crianças começam a ver imagens de cereais coloridos e brinquedos fofos cedo e frequentemente nas telas. Aos 18 meses, os bebês começam a decodificar as imagens vistas na tela como símbolos de alimentos atraentes e brinquedos e conectá-las aos logotipos dos produtos. Agora capazes de conectar o que veem em um comercial na tela ou colocação de produto ao que veem na loja, as crianças começam a pedir o que querem — e estamos prontos para começar![9]

Uma criança em fase inicial do desenvolvimento tem uma *experiência* — mamãe oferece um brinquedo fofo, ela estende a mão e o pega, criando um esquema sobre o que fazer quando um brinquedo é oferecido. Quando o papai oferece um brinquedo, a criança acessa esse esquema e pega o brinquedo usando a experiência lembrada para *assimilar* à nova experiência. Quando a criança aperta o brinquedo do papai e ele faz barulho, ela *acomoda* essa nova experiência como uma variação do esquema já existente, construindo uma compreensão enriquecida sobre como interagir com pessoas e objetos. Compreendendo que as crianças aprendem sobre o mundo e como se comportar nele por meio da experiência direta seguida pela assimilação e acomodação dessas experiências vividas, os comerciantes socializam novos consumidores ao alcançá-los desde a idade mais precoce possível.

Crianças entre 2 e 7 anos — no *estágio pré-operacional* descrito por Piaget — são alvos primordiais dos comerciantes porque conseguem conectar o que veem nas telas com o que observam nas prateleiras das lojas; contudo, seu cérebro ainda está se desenvolvendo e não é capaz de entender plenamente a intenção persuasiva da publicidade.[10] Sem capacidade confiável para distinguir entre representações midiáticas e realidade até os 7 ou 8 anos, as crianças percebem os anúncios como idênticos ao material do programa televisivo, acreditando que as pessoas simpáticas na televisão estão oferecendo-lhes a mesma diversão vista na tela. O detector de metais do comercial parece ser uma ótima forma para participar da caça ao tesouro mostrada no programa. O comercialismo torna-se ainda mais difícil de distinguir quando produtos específicos são inseridos no programa sendo usados pelos personagens admirados pelas crianças. Nesse estágio pré-operacional, elas percebem sua independência como indivíduos com ideias próprias. Conseguem pensar sobre coisas ausentes no momento imediato; isso significa desejar aquilo que não possuem. Os surtos emocionais típicos dos "terríveis 2 anos" frequentemente refletem essa realização: aquilo desejado pode ser frustrado pelo controle parental ainda vigente. É nesse estágio que as crianças se tornam usuários independentes das telas — particularmente televisão ou *tablets* —, muitas vezes porque os pais precisam de uma pausa e as colocam diante das telas para terem momentos tranquilos.

A consulta médica anual de Ethan, de 2 anos, foi tranquila. Ele estava comendo e dormindo bem, atingindo todos os marcos de desenvolvimento. No entanto, houve um achado interessante em seu exame físico, que era completamente normal: um padrão de pequenas crostas pontuais cobrindo sua testa. Quando olhei para sua mãe com curiosidade, ela corou.

"Ah... Estávamos na loja de brinquedos comprando um presente de aniversário para o primo dele, e ele viu..." — ela pronunciou silenciosamente as palavras *Thomas the Tank Engine* — "E ele ficou olhando para aquilo por um bom tempo. Ele pediu o brinquedo, e eu expliquei que estávamos lá para comprar o presente de Danny. Ele continuou olhando enquanto eu fazia a compra, e tive que arrastá-lo pela mão para sair da loja. Quando chegamos à calçada, ele se ajoelhou e começou a bater a testa no concreto. Ele queria aquele brinquedo!"

"E então... o que aconteceu?", perguntei.

"Eu o levantei para que ele não pudesse mais bater a cabeça, peguei-o pela mão e fui direto para o carro."

"Parabéns!"

Ela estabeleceu limites para Ethan, impediu que ele se machucasse e não deu atenção ao drama. Ethan rapidamente esqueceu o incidente, embora sua testa levasse um pouco mais de tempo para se recuperar.

Crianças em idade pré-escolar são atraídas por desenhos animados, fantoches e outros conteúdos imaginativos (excelente para programas como *Mister Rogers' Neighborhood* e *Vila Sésamo*, mas também eficazes para vender figuras de ação e outros produtos licenciados).[11] Desenvolvem relações parassociais — vínculos unilaterais de afeto e conexão com personagens como Elmo ou Daniel Tiger. Elas desejam tudo relacionado a esses personagens, desde brinquedos até pijamas, podendo ter crises emocionais ao vê-los em uma loja sem poder adquiri-los. O *nag factor* (fator insistência), estratégia publicitária destinada a encorajar crianças a insistirem com os pais por produtos desejados, é uma ferramenta reconhecida no *marketing*. Reuniões nacionais da indústria publicitária já foram dedicadas ao estudo, ao ensino e à implementação do *nag factor*. Um estudo realizado com mães de crianças entre 3 e 5 anos que faziam compras com seus filhos revelou que a insistência — especialmente a insistência manipulativa — aumentava conforme as crianças cresciam; 36% das mães recomendaram limitar a exposição comercial, enquanto 35% sugeriram explicar às crianças por que certos produtos estão sendo comprados ou não.[12]

PERGUNTE AO MIDIATRA

Como explicar publicidade para que as crianças não sejam facilmente influenciadas?

Meu filho de 5 anos admira muito atletas profissionais e fica empolgado ao vê-los em comerciais e propagandas. Como podemos ajudá-lo a entender que usar esses produtos não é o segredo para ser tão bom quanto eles?

Hoje em dia, muitos atletas famosos aceitam contratos publicitários que os obrigam a integrarem marcas reconhecíveis em seus equipamentos ou participarem de comerciais. Essa é uma questão relevante para todos nós — todos caímos em armadilhas publicitárias em algum momento. O problema crítico para todas as crianças da idade do seu filho ou menores é que crianças abaixo dos 6 anos ainda não desenvolveram capacidade cognitiva suficiente para compreender a intenção persuasiva — ou seja, elas não entendem que o objetivo das propagandas é convencer os espectadores a comprarem um produto. Enquanto você e eu podemos perceber como é absurdo mostrar um atleta altamente treinado consumindo uma bebida cheia de açúcar e cafeína, seu filho não percebe isso; ao contrário, ele associa imediatamente o atleta à bebida. Essa questão representa tanto um desafio quanto uma oportunidade para pais e filhos; assim, ofereço algumas sugestões.

VOCÊ PODE

Fale diretamente com seu filho sobre os anúncios que ele vê. Por isso é importante assistir à mídia com crianças.

- ***Perguntar por que o comercial chamou sua atenção.*** Foram as cores, música, pessoa famosa ou desenho engraçado?
- ***Perguntar como o anúncio o fez se sentir.*** Feliz, empolgado ou desejoso de algo que viu?
- ***Descobrir em conjunto o que está sendo vendido no anúncio, se seu filho gostaria do produto e por quê.***

Analisar os anúncios juntos ajudará seu filho a desenvolver habilidades de pensamento crítico, úteis não apenas para lidar com comerciais mas também com qualquer informação recebida. Ao envolver a criança cedo na análise crítica da publicidade, você estará preparando-a para pensar criticamente sobre mensagens midiáticas no futuro.

Também quero observar aqui que, mesmo que você possa analisar cada anúncio e discutir todo o raciocínio por trás dele, uma criança ainda pode querer imitar seu atleta ou celebridade favorita. Na sua situação, seu filho provavelmente ainda vai querer beber o que o atleta favorito dele bebe e vai querer comprá-la quando os anúncios aparecerem enquanto ele joga seu jogo favorito. Não há uma solução perfeita, crianças de 5 anos e até adultos ainda serão atraídos por produtos anunciados — mesmo quando são educados sobre a intenção persuasiva.

No livro *Can't Buy My Love,* Kilbourne destacou que "grande parte do poder da publicidade vem da crença de que ela não nos afeta. O tipo mais eficaz de propaganda é aquele que não é reconhecido como tal. Porque achamos que a publicidade é boba e trivial, ficamos menos atentos e menos críticos do que poderíamos ser. É tudo diversão; é ridículo. Enquanto rimos, às vezes com desdém, o comercial cumpre seu papel".[13]

Portanto, assegure-se de que seu objetivo final seja fazer seu filho começar a avaliar, caso a caso, quem está criando a mensagem publicitária e como ela pretende mudar nosso comportamento. Alcançar esse objetivo ajudará seu filho a adquirir habilidades iniciais de educação midiática que ele poderá desenvolver ao longo da vida.

Quando as crianças chegam à idade escolar, já receberam milhões de mensagens, não apenas sobre produtos, mas também sobre ideias e perspectivas sobre o mundo e outras pessoas. Embora haja preocupação com sua atração manipulada por alimentos pouco saudáveis ou brinquedos que serão rapidamente quebrados ou esquecidos, elas também foram expostas a estereótipos étnicos e de gênero, imagens do que torna as pessoas atraentes ou feias, comportamentos sexualizados ou antissociais usados para obter vantagens e representações glamourizadas (ou simplesmente normalizadas) do uso de substâncias e outros comportamentos de alto risco. Crianças entre 7 e 12 anos estão no estágio operacional concreto de Piaget, quando suas estruturas de pensamento lógico estão em desenvolvimento.[14] Elas têm opiniões próprias e as veem como distintas das opiniões dos outros. Sua capacidade de distinguir fantasia da realidade é melhor do que quando eram mais novas, mas ainda não é consistente. Elas apreciam livros de fantasia, filmes e jogos, tanto físicos (*Magic: The Gathering*) quanto eletrônicos (*Fortnite*). Ao mesmo tempo, estão mais conscientes do que é realista e mais críticas em relação ao que não é. Como consumidoras ávidas de mídia e pensadoras fluidas formando suas próprias ideias e opiniões, essa é uma fase ideal para construir conscientemente a educação midiática das crianças.

PERGUNTE AO MIDIATRA

Existem programas de educação midiática para crianças de 7 anos em ensino domiciliar?

Somos uma família que optou por educar nossas filhas em casa e decidimos excluir a mídia de sua vida até completarem 7 anos. Nossas filhas nunca assistiram à televisão nem viram anúncios publicitários, filmes ou clipes no YouTube. Nossa filha mais velha fará 7 anos em junho e queremos introduzi-la à mídia por meio de um currículo ou atividades voltadas à educação midiática. Você pode nos indicar um programa de qualidade?

Sua iniciativa de introduzir a educação midiática ao mesmo tempo em que apresenta a mídia é excelente! Independentemente da idade em que as crianças começam a usar mídia — seja na pré-escola ou na pré-adolescência —, é essencial ensiná-las a pensarem criticamente sobre as histórias, imagens e ideias que veem e ouvem.

E sua decisão de introduzir mídias eletrônicas aos 7 anos é respaldada por pesquisas em psicologia do desenvolvimento, que mostram que é por volta dessa idade que as crianças desenvolvem a capacidade cognitiva para reconhecer a intenção persuasiva — ou seja, compreender que os comerciais têm como objetivo convencê-las a comprarem um produto — e distinguir fantasia da realidade no que veem nas telas.[15] À medida que iniciam o uso de mídias digitais, é muito importante assistir com elas, observar como respondem e discutir as questões levantadas, ensinando — e talvez mais importante ainda — modelando o pensamento crítico.

Certifique-se de que qualquer programa ou currículo de educação midiática escolhido tenha foco no desenvolvimento do pensamento crítico e possa ser aplicado a todas as mídias (como livros, *videogames*, redes sociais, revistas, filmes, etc.). Considere estas fontes *on-line* para ideias:

- MediaSmarts[16]
- Media Power Youth[17]

Use essas fontes como estratégias educacionais enquanto ensina suas filhas a se tornarem cidadãs pró-sociais e educadas digitalmente. Isso não difere drasticamente do que você já está ensinando; apenas transpõe esses conceitos para o ambiente digital. Embora ainda não tenham sido expostas às telas eletrônicas, suas filhas já são consumidoras experientes de mídia. Os livros e as revistas que leem, os *outdoors* na estrada e os anúncios estampados nas roupas delas ou dos amigos podem ser um ponto inicial útil para discutir as mensagens que verão nas mídias digitais. Peça-lhes para identificarem mensagens no ambiente ao redor projetadas para persuadi-las sobre algo; depois pergunte como elas reagem a essas mensagens — primeiro imediatamente e depois após refletirem sobre elas.

Transforme isso em um jogo para identificar mensagens explícitas e implícitas no ambiente delas e, juntos, desconstruam essas mensagens fazendo as cinco perguntas-chave da educação midiática:

- Quem criou esta mensagem e o que queriam que você fizesse?

- Quais técnicas foram usadas para atrair sua atenção?
- Quais estilos de vida, valores e pontos de vista estão representados?
- Como diferentes pessoas podem interpretar essa mensagem de forma distinta?
- O que foi omitido dessa mensagem?

Após suas filhas terem experiência com mensagens que já conhecem, estarão mais bem preparadas para as mensagens na tela que encontrarão no futuro.

A educação midiática torna as crianças usuárias perspicazes das mídias

Quando me perguntam quando as crianças devem começar a se tornar educadas em mídia, respondo: "Quando começam a usar a mídia". Isso pode parecer simplista, mas não significa que você precise ensinar-lhes habilidades formais de educação midiática quando são pequenas fazendo videochamadas com os avós. Significa introduzir cada dispositivo — seja televisão, *tablet* ou computador — como uma ferramenta poderosa (não um brinquedo ou um calmante) quando a criança precisa e pode se beneficiar dela. Demonstre seu uso eficaz para a criança e use-o com ela, especialmente no início. Observe como ela reage à tela e converse sobre isso. Mesmo que não consigam se tornar totalmente educadas em mídia no sentido de desconstruir mensagens midiáticas, podem começar a alcançar uma educação digital fundamental à medida que novos dispositivos e aplicativos são introduzidos. Podem usar os cinco Cs da educação digital como guia inicial: pensamento Crítico, Compreensão cultural, Comunicação, Colaboração e Criatividade.

À medida que as crianças crescem e usam o espaço *on-line* com maior liberdade, a visualização conjunta e a discussão entre pais e filhos que ocorreram anteriormente podem evoluir para um treinamento de educação midiática mais sofisticado e reflexivo, seja em casa ou na escola, idealmente em ambos. Mídias são os diversos e evolutivos meios de comunicação com grande número de pessoas, algumas conhecidas, mas a maioria desconhecida pelo emissor. Mídias são tudo, desde jornais e revistas (lembram-se deles?) até a televisão em suas muitas formas, música, mídias sociais e qualquer comunicação verbal, visual ou auditiva além da conversa direta face a face.

Educação midiática é a capacidade de acessar, analisar, avaliar e criar mídia. Não faz muito tempo, quando televisão e filmes eram nossas telas, o contato da maioria das pessoas com a mídia era como receptora de conteúdo criado profissionalmente. Então, a ênfase da educação midiática estava em analisar e avaliar o que víamos, ouvíamos e líamos. Mas o ambiente digital atual é drasticamente diferente — uma via de mão dupla em rápido movimento na qual praticamente todo usuário é tanto receptor quanto criador. Isso trouxe oportunidades notáveis, mas também apresentou novos riscos.

Para apreciar a mídia e usá-la com sabedoria, mantendo-se saudável, inteligente e gentil, devemos começar entendendo e comunicando aos pré-adolescentes e adolescentes estes conceitos-chave da educação midiática:

1. Todas as mídias são construções, criações elaboradas com a intenção de comunicar uma ideia ou um sentimento ao receptor. A educação midiática desconstrói as mensagens para determinar como são feitas e qual pode ser a resposta pretendida.
2. As mídias retratam realidades alternativas, independentemente de o material de origem ser factual ou ficcional. Os criadores de mídia escolhem a história que desejam contar, a perspectiva pela qual vê-la, o que incluir e excluir dos fatos completos, e as atitudes, interpretações e conclusões a serem tiradas da história. Por nos darem o que E. B. White chamou de *nova oportunidade de ver além do alcance de nossa visão*, as mídias fornecem a maioria das observações e experiências a partir das quais desenvolvemos nossa compreensão do mundo, como ele funciona e como nos comportar para ter sucesso nele.[18]
3. Cada pessoa escolhe a mídia e percebe a realidade que ela apresenta de forma diferente. Cada um de nós vê o que experimenta através de nossa própria lente de interesses pessoais, atitudes, necessidades, ansiedades, humor, antecedentes familiares e culturais, bem como crenças morais e políticas.
4. As mídias comunicam mensagens comerciais, ideológicas, sociais e políticas explícitas e implícitas. Entendendo que grande parte de nosso senso de realidade é construído por meio de nossas experiências, que incluem mensagens de todos os tipos e de todas as fontes, a educação midiática desenvolve a consciência sobre a propriedade e o controle da mídia, reconhecendo que um número relativamente pequeno de indivíduos com poder financeiro ou político controla o que vemos,

ouvimos e lemos. As mídias podem moldar mudanças individuais ou sociais profundas, de maneiras positivas ou negativas, dando-nos um senso íntimo e pessoal de preocupações nacionais e globais.

5. Cada meio tem uma forma estética, uma gramática e técnicas únicas para codificar a realidade. A televisão se comunica de maneira diferente das mídias sociais, a poesia de maneira diferente do jornalismo. Dentro dessa forma estética, as mídias são mais ou menos agradáveis, mais ou menos poderosas. Forma e conteúdo estão ligados nas mensagens midiáticas. Lembre-se, como McLuhan observou, o meio é a mensagem.[19] Diferentes mídias, inclusive o mesmo meio criado por outro produtor, refletirão uma realidade diferente do mesmo fato.

O advento das mídias interativas, inicialmente criadas por *designers* profissionais de jogos para computadores ou consoles e agora *on-line* e criadas por qualquer pessoa, seguiu e transformou completamente esses conceitos-chave. As mídias continuam sendo construções, mas em vez de serem criadas e controladas por poucos, são criadas por muitos e controladas por ninguém. Os algoritmos de filtros-bolha* das mídias sociais, projetados para traçarem o perfil dos consumidores e direcionarem publicidade personalizada, criaram câmaras de eco do discurso público, alimentando os usuários com mais daquilo em que já acreditam.[20] A escolha de mídia entra, então, em um ciclo vicioso de busca por informações que se autovalidam, sem oportunidade para perspectivas alternativas que possam questionar as crenças (ou fontes). As mídias ainda têm imenso poder de influência, especialmente quando uma imagem ou história se torna viral *on-line*. Essa influência ainda é, em muitos casos, exercida por aqueles com poder financeiro ou político, mas também foi apropriada pelas pessoas comuns. Mesmo assim, um incentivo de lucro agora impulsiona parte do conteúdo, seja financeiro (influenciadores) ou capital/poder social. A mídia interativa *on-line* tem uma estética própria e, diferentemente das mídias anteriores, está em constante evolução à medida que entramos no que alguns chamam de *metaverso*, um espaço interativo *on-line* tridimensional imersivo navegado por realidade virtual e realidade aumentada.

Matt chegou com o tornozelo dolorosamente inchado. Ele o havia torcido ao correr para capturar Greninja, um personagem de *Pokémon Go*. Quando era mais novo, colecionava os *cards*, mas perdeu o interesse até entrar no

* N. de R. T. Filtros que customizam o conteúdo da navegação ao usuário, conforme Eli Pariser.

ensino médio. Todos estavam seguindo um influenciador do YouTube que transmitia seu jogo de *Pokémon Go*. Matt desenterrou suas quatro pastas de *cards* de Pokémon e se juntou à caçada e à conversa *on-line*. Seu tornozelo estava torcido, não fraturado. Ele teve que suspender temporariamente a caçada, mas continuou a conversa com um número crescente de seguidores devido ao seu profundo conhecimento sobre Pokémon e à sua riqueza de *cards* oferecidos para venda ou troca.

Os anos da adolescência (12 anos em diante) constituem o estágio final do desenvolvimento cognitivo de Piaget, o estágio operatório formal.[21] Agora capazes de pensamento abstrato e crítico, mas ainda desenvolvendo o controle de impulsos e outras funções executivas, os adolescentes gravitam ainda mais fortemente em direção a relacionamentos parassociais e entre pares. Assim, embora estejam cientes e com frequência hipercríticos em relação à publicidade, permanecem ávidos consumidores de produtos e ideias.[22] Eles seguem celebridades favoritas da cultura popular, que agora são acompanhadas, se não superadas, por influenciadores de mídias sociais, que combinam o valor parassocial da fama com a percepção de que são os pares todo-poderosos dos adolescentes.

Não apenas os jovens estão recebendo mensagens comerciais de influenciadores e corporações de que poderiam ser mais atraentes se apenas... (preencha o espaço em branco), mas o ambiente aberto das mídias sociais *on-line* os atrai com a promessa de estrelato pessoal e riquezas. Para se sentirem melhor, estão criando mídias, performando e se representando para o mundo enquanto ainda estão descobrindo quem são. A pressão para desenvolver uma marca pessoal expressa em uma persona *on-line* moldada é a demanda incessante do mar social em que os adolescentes nadam (ou apenas tentam manter-se à tona). Antes do advento das mídias sociais, esse desejo se manifestava em uma arena menor e mais privada — obsessão com o que vestir para uma festa ou se o *crush** sequer notava. Agora, esses desejos e ansiedades se manifestam em um palco global em rápido movimento. Adolescentes inseguros compram e fazem o que podem para serem atraentes, apresentando apenas o melhor de si nas mídias sociais, depois observando quantas visualizações e curtidas recebem em quanto tempo. Isso não apenas amplifica sua ansiedade, mas os torna vulneráveis ao assédio de pares ou estranhos, alimentando ainda mais seu desconforto.[23]

---

* N. de R. T. A pessoa por quem se tem atração, interesse romântico, às vezes intenso e passageiro, mas que não necessariamente se traduz em um relacionamento.

PRESCRIÇÃO DE MÍDIA SAUDÁVEL

Como aumentar a consciência do seu filho sobre influenciadores e manipulação

A publicidade é a mídia mais fácil na qual desenvolver e praticar a educação midiática, pois os anúncios estão abertamente tentando vender produtos ou princípios. Eles são um ótimo alvo para os adolescentes desconstruírem a lógica subjacente. As crianças detestam que lhes digam o que fazer, sejam repreendidas, tratadas com condescendência ou manipuladas por seus pais ou qualquer outra pessoa. Uma das campanhas de saúde pública mais bem-sucedidas da história foi a iniciativa Truth, que aproveitou o forte senso de justiça social dos adolescentes e organizou desde "*die-ins*"* em frente às sedes das empresas de tabaco até trotes telefônicos para executivos dessa área. Quando os jovens percebem que sua atenção e seus dados pessoais estão sendo vendidos por empresas de mídia social, muitos ficam tão indignados quanto ficaram com as grandes empresas de tabaco — mas nem tantos agiram com base nessa indignação. Evitar fumar é muito mais fácil do que abrir mão de seu fluxo constante de conectividade social.

A maneira como você conversa com seu filho sobre influenciadores — anúncios de brinquedos desde cedo, mas mensagens e mensageiros mais sofisticados conforme eles se movem mais amplamente no ambiente midiático — pode se aprofundar com o tempo, à medida que seu filho é capaz de ter uma compreensão mais complexa da dinâmica da persuasão e de como os profissionais de *marketing* os têm como alvo para ganhar dinheiro. Se você está preocupado que seu filho esteja sendo influenciado de maneira não saudável pela mídia que usa, compartilhe suas preocupações de maneira não julgadora. Fique ao lado dele. Não fale sobre o uso de mídia dele, mas sobre como *você* odeia ser manipulado, enganado ou explorado. Adapte as dicas a seguir para abordar o comportamento que chamou sua atenção. Demonstre a ele como o *marketing* funciona — como todos somos alvos de mensagens projetadas para capturar e manter nossa atenção, para capturar nosso poder de compra ou para traçar nosso perfil como consumidores e vender nossos dados pessoais com lucro. Em essência, todos estamos sendo manipulados por profissionais de *marketing*. Uma vez que seu filho entenda como isso funciona, ele pode ganhar mais *insight* sobre si mesmo —

---

* N. de R. T. Movimentos de protagonismo juvenil que surgiram nos anos de 1980 usados em diversas causas. Neles, os participantes se deitam no chão, geralmente em locais públicos, a fim de criar uma imagem impactante e chamar a atenção para o problema em questão, podendo ser combinamos com outras formas de protesto, como marchas e manifestações.

o suficiente para querer ser mais crítico e valorizar sua atenção e tempo tanto quanto os profissionais de *marketing* o fazem. A disposição do adolescente em reconhecer as preocupações dos pais como válidas e a própria capacidade em desenvolvimento de visualizar e questionar criticamente a mídia o capacitará a ver a situação atual com mais clareza e se proteger, tanto agora quanto no futuro.

VOCÊ PODE

Oriente seu filho com estas perguntas para despertar seu ceticismo crítico:

- ***Seguir o dinheiro.*** Quem fez esse comercial ou programa e como querem que eu reaja? Quem lucra com minha atenção ou com os dados coletados da minha pegada digital? Como o objetivo de lucro deles afeta minha percepção da mensagem?
- ***Qual é a isca?*** Que técnicas usaram para atrair minha atenção? Celebridades ou influenciadores? Recursos interativos ou elementos de jogo?
- ***O que querem que eu faça?*** Que ações, valores ou pontos de vista essa mensagem representa ou promove? Isso reflete o que realmente acredito? Quem eu quero ser? Desejo seguir essa orientação?
- ***Qual o potencial prejuízo para mim?*** Quais os riscos do meu comportamento? Estão minimizando os riscos? Isso afeta como me sinto sobre mim mesmo?
- ***O que eles ganham?*** Estão me vendendo um produto? Uma ideia? Me usando para melhorar sua imagem? Expandindo seu alcance ou aumentando suas métricas?
- ***O que foi omitido?*** As informações são factuais e completas? Posso verificar as fontes? Informações ausentes mudariam minha opinião sobre a mensagem?
- ***Avaliar um programa ou* site *favorito em conjunto.*** Torne divertido! Joguem "*Catch the Marketing*" (em tradução livre, *Jogo de marketing*).* Assistam juntos e pausem quando alguém apertar a campainha. Discutam o que estão vendo. Quando as crianças percebem como a publicidade e o *marketing* as visam, ficam indignadas por serem tratadas como tolas. Ajude a desenvolver um ceticismo crítico sobre produtos e ideias vendidos a elas.

---

* N. de R. T. É um jogo de propaganda por meio da *gamificação* que ensina sobre *marketing* e publicidade.

Sempre demonstre respeito por seu filho, seja ele criança ou adolescente, e a capacidade de estar aberto a novas informações e refletir sobre essas questões. A indignação e as habilidades de pensamento crítico em desenvolvimento deles os capacitarão a se protegerem, agora e no futuro.

Não vi Lisa novamente por seis anos, até ela aparecer para um exame de rotina no verão após se formar no ensino médio. Estava vestida adequadamente para o clima, com *shorts jeans* e regata. Demorei um momento para reconhecê-la, mas Lisa me cumprimentou como uma velha amiga e espontaneamente me atualizou sobre sua vida. Trabalhava como assistente na clínica veterinária da tia. Quando perguntei o que pensava em estudar na faculdade, disse que inicialmente considerava moda. "Você estava muito envolvida com isso na época", comentei desajeitadamente. Mas agora contemplava veterinária. "Aceitei esse emprego pelo bom salário, mas gosto tanto dos animais que acho que tentarei a faculdade de veterinária", disse com um sorriso esperançoso. Cautelosamente, perguntei como as coisas estavam em casa. Ela fez uma pausa, com olhar intrigado, e então abriu um grande sorriso. "É verdade! Você não me vê desde o ensino fundamental. Eu era infeliz. E deixava todos infelizes, especialmente minha mãe. Agora estamos bem. Ela gosta dos vídeos de gatinhos e cachorrinhos que posto *on-line*." Fiquei feliz em saber que as coisas haviam melhorado em casa e que ela estava criando conteúdo, não apenas navegando *on-line*. "Aquilo ficou chato", disse. "Tenho melhores usos para meu tempo."

Capítulo 8

Um eu mais perfeito

Imagem corporal através de um espelho obscuro

Tara afundou-se na cadeira, disforme em seu casaco e calça de agasalho pretos. Seus cabelos loiros e finos caíam como cortinas, ocultando ambos os lados do rosto. Ela ficou tensa quando sua mãe a seguiu para dentro do consultório. Tara não era minha paciente anteriormente, mas sua mãe a trouxe por recomendação do pediatra.

"O pediatra diz que ela está abaixo do peso. Aconteceu tão gradualmente que simplesmente não percebi." Aos 16 anos, Tara pesava 35 quilos. O relatório do pediatra mostrava que ela não menstruava há mais de dois anos, sua frequência cardíaca estava drasticamente reduzida e, recentemente, havia desmaiado várias vezes ao se levantar de forma brusca.

"O que notei foi que ela estava sempre ao telefone, sempre nas redes sociais." A mãe fez uma pausa, olhou para Tara e sua expressão suavizou. "Ela só queria ser saudável e se sair melhor na ginástica, mas então perdeu o controle." Tara permaneceu em silêncio enquanto sua mãe revelava que ela fazia dieta nos últimos quatro anos, primeiro contando calorias, depois cortando gorduras, carboidratos e carne vermelha, e agora era vegana.

"Como posso ajudar?", perguntei a Tara, mas ela apenas fez uma careta. Sua mãe continuou: "Ela não janta conosco sei lá há quanto tempo. E mesmo quando janta, só corta a comida em pedacinhos e fica empurrando no prato e...". Tara lançou um olhar furioso para a mãe. "Vou me calar agora. E vou sair da sala!" Quando a porta se fechou atrás da mãe, Tara relaxou lentamente. Sentei-me e esperei em silêncio. Tara me observou por entre os cabelos.

"Ela não faz ideia; não sabe nada sobre mim!"

Ouvi enquanto Tara me contava o quanto odiava seu corpo há 10 anos. Ela era rechonchuda no ensino fundamental. As crianças a chamavam de

"Tara Batata" e a empurravam no pátio. Ela não fez amigos. Quando dificuldades financeiras e tensões familiares levaram seus pais a se mudarem para um bairro mais acessível, ela viu isso como um novo começo e estava determinada a ser popular na nova escola. Começou a se exercitar religiosamente, fazendo até 600 abdominais por dia, e a vigiar o que comia, contando calorias, evitando gorduras e se treinando para comer o mínimo possível. Na nova escola, fez amizades, formando um grupo de meninas que interagiam nas redes sociais, se reuniam para dormir na casa umas das outras, compartilhavam fofocas e falavam sobre garotos. Tara lia revistas para adolescentes e seguia dezenas de influenciadores *on-line*. A gordofobia generalizada nas redes sociais era todo o lembrete de que precisava para manter seu regime de perda de peso e participar da gordofobia contra os outros. Ela tomava pílulas de emagrecimento às vezes, quando a perda de peso estagnava. Então, em uma de suas festas do pijama, uma amiga ensinou as outras a induzirem o vômito. Isso enojou Tara, mas ela e suas amigas o fizeram, vomitando seus jantares em um vaso sanitário compartilhado.

Tara permanecia profundamente arraigada em sua crença de que estava se alimentando e se exercitando de maneira saudável. Tornou-se irritada e retraída, desconfiando de seus pais, médicos e professores, especialmente quando insistiam para que ela comesse. Ela ainda ia à escola, mas voltava para casa e se trancava em seu quarto até sair para a escola no dia seguinte. Comunicava-se com amigos *on-line* e fez novas amizades que seguiam um *site* "pró-ana". Os pró-ana, abreviação de "pró-anorexia", são *sites* geralmente criados por pessoas que lutam contra a anorexia nervosa e defendem essa condição como uma escolha de estilo de vida, e não como um problema de saúde.* Tara rolava pelas mensagens "*thinspiracionais*"** e dicas sobre como se vestir para que as pessoas não percebessem, evitar cuidados médicos e

---

* N. de R. T. Os chamados *sites* "pró-ana" (de anorexia nervosa) e "pró-mia" (de bulimia nervosa) são espaços na internet nos quais transtornos alimentares são tratados de forma romantizada ou até incentivados. Nesses ambientes, muitas vezes jovens em sofrimento compartilham entre si dicas perigosas para emagrecer de forma extrema, como longos jejuns, uso de laxantes ou vômitos induzidos, sempre com foco em alcançar um "corpo ideal", que, na verdade, é irreal e insustentável. Embora quem participe desses grupos muitas vezes esteja buscando acolhimento ou um sentimento de pertencimento, o conteúdo acaba reforçando comportamentos autodestrutivos. É essencial que se olhe para esses espaços com atenção e cautela, lembrando sempre que os transtornos alimentares são questões importantes de saúde mental e merecem cuidado e apoio profissional.

** N. de R. T. *Thin* + *inspirational* = *sites* especializados em estimular/inspirar dietas de emagrecimento.

manter o estilo de vida. Quando o *site* pró-ana foi fechado pelo provedor de serviços de internet, Tara recorreu a uma plataforma de mídia social baseada em imagens, onde postava diariamente para compartilhar sua "jornada" e desenvolveu um número gratificante de seguidores com ideias semelhantes.

Tara zombou da descrição de sua mãe de que ela estava fora de controle. Ela se via como tudo, menos isso. Pela primeira vez em sua vida, sentia-se absolutamente no controle. Considerava sua abordagem rígida em relação à dieta e ao exercício e sua imagem emagrecida nas redes sociais um tributo à autodisciplina. Sentia-se atraente e admirada — e tinha os fãs para provar isso. Assim como a mãe de Tara, a maioria das pessoas tem dificuldade em entender comportamentos alimentares desordenados. Para um pai ou uma mãe, que são biológica, psicológica e culturalmente programados para acolherem seus filhos, é confuso, aterrorizante e gerador de culpa vê-los passar fome. Desesperados para resolverem o problema, muitos buscam uma solução direta encontrando uma única causa, nesse caso, as redes sociais.

Nossa busca social pela magreza encontra suas origens recentes nas mudanças culturais dos anos 1960, quando o ideal voluptuoso de Marilyn Monroe foi substituído pelo visual ultramagro de Audrey Hepburn. A magreza era equiparada ao sucesso — o ditado de Wallis Simpson "Uma mulher nunca pode ser rica ou magra demais" tornou-se uma meta aspiracional daquela época e além — e à saúde em uma época na qual a obesidade aumentava drasticamente nos Estados Unidos. O foco cultural na magreza como atraente foi aproveitado pelos profissionais de *marketing* que vendiam todo tipo de produtos para melhorar a aparência, desde programas de perda de peso até roupas e cosméticos. Revistas de moda apresentavam artigos sobre a magreza como a maneira de parecer e se sentir melhor — e colocavam anúncios de produtos para ajudar ao lado dos artigos.[1]

Os transtornos da imagem corporal e os transtornos alimentares, bem como a preocupação com a influência da mídia popular sobre eles, são anteriores ao surgimento das redes sociais. A incidência e a prevalência de transtornos alimentares em crianças e adolescentes aumentaram significativamente nas últimas décadas, com um aumento notável durante o confinamento da covid-19 que forçou todos a ficarem *on-line*.[2] Um estudo de 2016 do *Journal of Pediatrics* com crianças de 9 a 14 anos constatou que mais da metade das meninas e dos meninos estava insatisfeito com a forma de seu corpo. Foi solicitado às crianças que selecionassem imagens representando sua forma percebida e a forma que desejavam ou queriam ter. Metade das meninas queria ser mais magra, enquanto os meninos estavam divididos: 21% queriam ser maiores e mais fortes e 36% queriam ser mais magros.[3]

Outros estudos mostram que crianças de apenas 3 anos se preocupam em ser gordas, e, aos 5 anos, algumas crianças já estão desenvolvendo problemas de imagem corporal.[4]

PERGUNTE AO MIDIATRA

Conversas sobre imagens de "magreza" na mídia assustarão minhas filhas?

Em que idade devo ensinar minhas filhas sobre como a mídia idealiza a magreza e objetifica a beleza? Quero alcançá-las antes que suas opiniões sejam moldadas por influências midiáticas, mas não desejo alarmá-las sobre algo que ainda não parece incomodá-las. Elas estão no 4º e 5º anos agora, e sinto que, mesmo escolhendo cuidadosamente minhas palavras, falar com elas sobre uma imagem corporal saudável poderia inadvertidamente inspirar preocupações com dietas e outros hábitos alimentares prejudiciais. Como e quando devo ter essa conversa?

Você tem boas razões para se preocupar com como as imagens de beleza na mídia afetam suas filhas e todos nós. Estudos mostram, por exemplo, que o aumento de dietas por meninas de até 5 anos pode estar relacionado a influências da mídia a que foram expostas.[5] Talvez você não esteja enfrentando a influência de mensagens midiáticas com suas filhas agora, mas ajudá-las a construir uma imagem corporal saudável e um senso de autoestima independente de sua aparência pode ser um desafio constante.

Para ajudar pré-adolescentes a navegarem em seu ambiente midiático, você pode auxiliá-las a focarem sua atenção em coisas que você quer que elas notem e valorizem:

1. ***Concentre-se em quem as mulheres são e no que fazem, não em sua aparência.*** Pesquisas mostram que, ao direcionar até mesmo atenção crítica a imagens midiáticas de beleza e peso com suas meninas, você poderia acidentalmente transmitir a mensagem de que a aparência é o mais importante.[6] Em vez disso, foque em quem a pessoa ou personagem é e no que ela faz — como se ela é uma boa jogadora de equipe, uma amiga leal ou uma artista talentosa. Apresente a elas mídias que visam fazer o mesmo (como as revistas *New Moon Girls* para pré-adolescentes e *Teen Voices* para adolescentes).*

* N. de R. T. No Brasil, nos anos 2000, muitas revistas eram vendidas nas bancas (como a *Capricho*), mas, atualmente, adolescentes lêem mais mangás e assistem a *animes* ou se "aculturam" por meio de vídeos e mensagens no Instagram, TikTok e outras redes sociais.

2. ***Siga as deixas de suas filhas.*** Quando elas começarem a comentar sobre a aparência de uma atriz, redirecione o foco para quem são os personagens. Se comentarem sobre como alguém é bonita, você pode dizer algo como: "Mas o que ela faz que leva você a gostar dela?".
3. ***Esteja consciente de como fala sobre si mesma.*** Novamente, concentre-se em quem você é e no que faz, em vez de sua aparência. Então, quando e se comentar sobre sua própria aparência, mantenha-se positiva. Diga coisas como "Adoro como me sinto depois de uma caminhada" em vez de "Queria poder perder alguns quilos". Onde quer que você foque sua atenção é onde elas aprenderão a focar a delas.

Suas filhas já estão expostas e afetadas por imagens irrealistas e pouco saudáveis na mídia. Você pode ajudar a aumentar e enfatizar as mensagens positivas que elas veem, limitar as negativas e ser uma voz e um modelo que lhes dê uma maneira mais saudável e positiva de verem a si mesmas e ao mundo.

Internalizando mensagens malignas sobre a imagem corporal

Pesquisas sobre a relação entre o uso da mídia e os transtornos alimentares sugerem que a exposição precoce e consistente a imagens, histórias e estereótipos que equiparam a magreza à atratividade resulta em algumas meninas e mulheres internalizando o ideal do corpo magro que contribui para a alimentação desordenada.[7] As expectativas de que as mulheres sejam atraentes resultam em algumas meninas se objetificando e se julgando contra um ideal cultural de modelos de seios pequenos, quadris estreitos e ultrafinos. As meninas, cujas mudanças puberais naturais afastam seu corpo desse ideal fino, podem ficar angustiadas e deprimidas quando veem imagens da mídia. Jogando com essa insegurança, a maioria dos artigos em revistas voltadas para meninas adolescentes se concentra em melhorar sua aparência — como ser mais magra, *sexy* e atraente. Intencionalmente ou não, as estratégias editoriais dessas revistas fazem seus leitores se sentirem inadequadamente atraentes ou bem-sucedidos, preparando-os perfeitamente para os cosméticos, roupas, equipamentos de ginástica, programas de dieta e pílulas para perda de peso que anunciam.

As normas sociais retratadas pela mídia afetam meninos e meninas, mas de maneiras diferentes. Super-heróis de desenhos animados e personagens de quadrinhos evoluíram para aparências de fisiculturistas com abdominais definidos e braços e ombros enormes. Bonecos de ação ficaram cada vez mais musculosos e bombados como fisiculturistas desde os anos 1960.[8] Consistentes na programação infantil, temas de homens hipermusculosos continuam na adolescência com personagens de mangás, animes e *videogames*. Paralelamente às revistas de moda, revistas masculinas apresentam artigos sobre ganho de massa muscular e redução de gordura junto a anúncios de equipamentos de exercício, roupas e anabolizantes. Ao contrário das meninas, as mudanças da puberdade dos meninos os *aproximam* do ideal masculino musculoso, então eles correm o risco de desenvolver conceitos corporais mais narcisistas — levando atributos masculinos naturais ao extremo. Alguns desenvolvem o que foi apelidado de "complexo de Adônis", no qual os meninos vão a grandes extremos para alcançar a perfeição física.[9]

A busca pelo ideal masculino leva alguns adolescentes não apenas a restringirem a alimentação e purgarem, mas também a praticarem exercícios em excesso e a abusarem de suplementos para musculação, incluindo esteroides anabolizantes. Um estudo recente com adolescentes e jovens adultos constatou que 55% dos homens usavam proteínas em pó ou *shakes*, e esse consumo estava associado a um risco significativamente maior de usar esteroides na idade adulta jovem.[10] Particularmente preocupante é a prática perigosa do "*dry scooping*" — ingerir suplementos em pó sem a água recomendada antes do treino* — promovida nas redes sociais como forma de potencializar os efeitos dos suplementos.[11] Os perigos do *dry scooping* do pó altamente concentrado incluem "engasgo, inalação acidental, consumo excessivo, lesão e morte", segundo um estudo de 2022 na *Pediatrics* sobre essa e outras dicas pré-treino em tendência nas redes sociais que acumulam mais de 8 milhões de curtidas.[12] Um estudo com mais de 2.700 adolescentes canadenses constatou que 21,8% dos homens, 14,2% das mulheres e 8% dos participantes transgênero/não conformes com o gênero haviam praticado *dry scooping* nos últimos 12 meses.[13] "Participantes que relataram treino com pesos, maior tempo gasto em redes sociais e sintomas clinicamente significativos de dismorfia muscular tinham maior probabilidade de relatar *dry scooping*".[14]

Seth sempre foi o menor garoto da turma, sempre o último escolhido ao dividir times no pátio. No ensino médio, ele entrou para o time de luta livre,

---

* N. de R. T. *Scoop* é a colher que vem dentro das embalagens de suplementos nutricionais para medir a quantidade de pó a ser adicionada em um copo com água. Considerado um desafio *on-line*, os adolescentes consomem o pó puro sem líquidos. Geralmente conseguem engolir, mas muitas vezes se engasgam e isso pode causar vômitos e pneumonias por aspiração do pó.

competindo na categoria mais leve, de 48 kg. Finalmente, seu tamanho era uma vantagem! Ele treinava e consumia suplementos proteicos da loja de produtos naturais para converter gordura corporal em músculo. Determinado a ter sucesso, Seth assistia a vídeos de treinamento e corria 4 km todas as noites. Antes das lutas, corria e treinava com uma "roupa de sauna" de neoprene para perder peso em água e atingir o limite de 48 kg. Seth se saiu bem no primeiro ano, ficando em segundo lugar no torneio estadual. Quando veio para o exame físico pré-temporada no segundo ano, Seth estava preocupado por ter crescido e não poder competir na mesma categoria. Durante o exame, Seth disse: "Perdi meu tanquinho. Não entendo. Estou fazendo mais e obtendo piores resultados". Perguntei o que ele queria dizer com fazer mais. "Adicionei creatina ao meu pré-treino. Estou correndo 6,5 km diariamente. Adicionei 60 abdominais extras, mas não estou mais definido. Um veterano do meu time, um dos três capitães, disse que eu deveria tentar esteroides." Ele observava meu rosto e sabia como eu responderia. "Mas não quero que meus testículos murchem como uvas-passas." Ao aferir sua pressão arterial, notei que estava mais alta do que em consultas anteriores. Perguntei a Seth se ele já havia desmaiado. Ele desmaiou uma vez, no chuveiro após uma corrida, e admitiu que teve "apagões" várias vezes ao se levantar. Conversamos. Ele sabia como eu o aconselharia sobre esteroides e me garantiu novamente que não os usaria. Expliquei que sua pressão arterial elevada e o aumento da retenção de água que obscurecia seu tanquinho poderiam ser devido à adição de creatina. "Mas deixou meus braços e peito maiores." Seth tinha decisões a tomar.

A luta entre aparência e desempenho torna-se o lado sombrio da busca atlética tanto para meninos quanto para meninas quando disciplina, controle, força e resistência se tornam traiçoeiros no limite competitivo — mesmo quando a competição é consigo mesmos e seu "melhor pessoal". De dançarinos e ginastas a corredores e nadadores, do estúdio de balé comunitário e campo de futebol à arena olímpica, as pressões para ser esbelto e forte a qualquer custo podem cobrar seu preço por meio de transtornos alimentares. Muitas vezes, esses transtornos começam cedo, quando o impulso atlético de uma criança ou seu foco na aparência é maior do que o controle de impulsos e o pensamento crítico necessários para equilibrar compromisso com práticas saudáveis.

Crianças, especialmente adolescentes que aspiram a conteúdos e comportamentos mais adultos, estão cercadas por uma cultura midiática de perfeição moldada. Historicamente, crianças e adolescentes desenvolviam seus conhecimentos, atitudes e comportamentos relacionados à aparência e à saúde em um ambiente heterogêneo de pares e adultos com ampla variedade de tamanhos e formas. Hoje, no entanto, passam mais tempo com celebridades na televisão e na internet que atraentemente e facilmente substituem modelos da vida real. De acordo com o Projeto de Autoestima Dove, oito em cada 10 meninas com baixa autoestima corporal (de 10 a 17 anos) estão tão preocupadas com sua aparência que optam por não participarem de atividades sociais.[15] Sete em cada 10 meninas relatam colocar sua saúde em risco ao não comerem ou não irem ao médico quando não se sentem bem com sua aparência.[16] Meninas australianas dizem que a imagem corporal é uma de suas principais preocupações na vida.[17] Da natação à consulta médica, ir à escola ou praticar esportes, a ansiedade com a aparência pode impedir meninas e meninos de viverem uma vida saudável e ativa.

A introdução do iPhone em 2007 explodiu no cenário adolescente, vendendo 1 milhão dos poderosos dispositivos móveis conectados à internet com funções de computador/reprodutor de música/câmera nos primeiros 74 dias.[18] Rapidamente tornou-se um acessório indispensável para adolescentes, que o usavam para manter contato constante via mensagens de texto e tirar *selfies* infinitas. A vida adolescente foi rapidamente transformada de encontros presenciais para encontros *on-line* via *smartphones*, por meio de inúmeras imagens posadas de si mesmos com ou sem texto. Para muitos, isso levou à documentação de cada atividade, de viagens a eventos sociais e almoços, e à sensação de que, se não fosse documentado com uma *selfie*, não tinha acontecido.

O *smartphone* e as redes sociais se uniram para transformar a adolescência e os adolescentes. Muitos jovens tornaram-se pequenas celebridades (e alguns ficaram milionários) em *sites* de redes sociais, jogos e *vlogs*, compartilhando conteúdo que vai desde ioga até drogas sintéticas, maquiagem à pró-ana, jogos à culinária. As redes sociais podem exercer uma forte influência na imagem corporal das crianças, pois partem do real e o aprimoram digitalmente com iluminação e filtros, chegando até a transformações digitais específicas para produtos. *Selfies** altamente editadas e aperfeiçoadas tornaram-se acessíveis a todos, explorando as inseguranças normais da adolescência e alimentando expectativas irrealistas e prejudiciais. Ao compararem suas realidades com as representações aprimoradas de outros, muitos jovens

---

* N. de R. T. Fotografia tirada por uma pessoa de si mesma. Os adolescentes gostam muito de expor *selfies* nas redes sociais, muitas vezes em locais perigosos, como em penhascos, cachoeiras, em cima de motos e carros, fazendo manobras com bicicletas, etc., o que muitas vezes pode ser a causa de acidentes e fatalidades.

tornam-se competitivos, ansiosos e deprimidos. Alguns, como Tara, buscam perseguir a perfeição e acabam envolvidos na anorexia nervosa, o transtorno psiquiátrico com a maior taxa de mortalidade. Um estudo de 2018 sobre conteúdo pró-ana em redes sociais baseadas em imagens analisou 7.560 imagens do Instagram com as hashtags #ana, #starve e #fasting, constatando que se enquadravam em nove categorias. Essas categorias incluíam memes de imagem e texto (26%) com aforismos como "A fome dói, mas a inanição funciona" e imagens de "*thinspiracionais*" (25%) de corpos femininos abaixo do peso com clavículas, costelas e pelves protuberantes.[19]

Das imagens analisadas, 10% estavam associadas a dicas, como "Os mandamentos da magreza" para manter o transtorno alimentar: escondê-lo de pais, professores e médicos comendo e se pesando em particular; usando roupas largas; e evitando aulas de educação física, consultas médicas e outras oportunidades onde pudessem ser pesados.

Mandamentos da magreza[20]

1. Se você não é magra, então não é atraente.
2. Ser magra é mais importante do que ser saudável.
3. Você deve comprar roupas, cortar o cabelo, tomar laxantes, passar fome, fazer qualquer coisa para parecer mais magra.
4. Não comerá sem se sentir culpada.
5. Não comerá alimentos gordurosos sem se punir depois.
6. Contará as calorias e restringirá a ingestão de acordo.
7. O que a balança diz é o mais importante.
8. Perder peso é bom; ganhar peso é ruim.
9. Não existe magreza demais.
10. Ser magra e não comer são sinais de verdadeira força de vontade e sucesso.
11. Se você for magra, será amada e aceita.

Exclusivos do ambiente das redes sociais eram os desafios gamificados e interativos (4%), como "nomeie um alimento e não o comerei por um mês" ou ofertas para fazer dez abdominais para cada curtida, 20 para cada comentário e 100 para cada menção*.[21]

Entre essas postagens direcionadas a outras pessoas com transtornos alimentares estavam *selfies* (6%) que mostravam apenas rostos, não cor-

* N. de R. T. No original, *shout-out*, ou "berro de atenção", uma maneira de chamar a atenção de outros usuários nas redes.

pos; *memes* relacionando alimentação desordenada à depressão (3%), como "Depressão é viver em um corpo que luta para sobreviver com uma mente que tenta morrer"; bem como à autolesão e ao suicídio (6%). Das postagens, 8% promoviam a recuperação; incentivavam a busca de ajuda profissional; mostravam refeições saudáveis e equilibradas; e expressavam esperança para o futuro.[22] Curiosamente, postar *selfies* e *memes* sobre alimentação desordenada, a favor e contra, desafia o estereótipo de manter em segredo o transtorno alimentar e traz a dor subjacente à tona e ao público geral. Ao trazer os transtornos alimentares e a dor que os impulsiona para o debate público, é possível que as redes sociais baseadas em imagens possam incentivar o reconhecimento dessa dor, a busca por cuidados entre os que sofrem e uma mensagem de prevenção para outros jovens. De fato, um estudo de vídeos pró-ana no YouTube constatou que os muitos vídeos a favor da anorexia encontrados foram superados em curtidas e comentários positivos por vídeos que se opunham a eles e promoviam ajuda.[23]

A preocupação com a influência das redes sociais na imagem corporal distorcida atingiu o ápice em 2021, quando a ex-engenheira do Facebook Frances Haugen, denunciante, revelou a uma subcomissão do Senado e ao público que o Facebook havia realizado pesquisas mostrando que 32% das adolescentes com imagem corporal distorcida se sentiam piores após usarem o Instagram.[24] Entre os milhares de documentos internos que Haugen compartilhou com os legisladores estavam pesquisas mostrando que 17% das adolescentes nos Estados Unidos relataram que seus transtornos alimentares pioraram após usarem o Instagram e que 13,5% disseram ter pensamentos suicidas mais frequentes depois que começaram a usar essa rede social.[25] Esses achados de pesquisa de mercado corporativa precisavam ser verificados por investigação científica rigorosa e imparcial, mas o Facebook não os relatou, levantando questões sobre se estavam preocupados com a saúde dos jovens que eram, naquele momento, a maioria de seus usuários. Na audiência dos "Facebook Papers", o senador Richard Blumenthal desafiou o Facebook, dizendo que eles "exploraram adolescentes usando algoritmos poderosos que amplificaram suas inseguranças" e questionando "se existe algo como um algoritmo seguro".[26]

Mas há risco adicional de imagem corporal distorcida e transtornos alimentares pelo uso de redes sociais? Uma recente metanálise de 63 estudos independentes, representando 36.552 adolescentes da Ásia, da Austrália, da Europa e da América do Norte, encontrou um aumento significativo, porém pequeno, na perturbação da imagem corporal entre aqueles que passavam mais tempo usando redes sociais.[27] Essa associação estatisticamente significativa não surpreendeu, dada a frequência de uso e a intensidade de comparação social dos jovens nessas plataformas, mas o pequeno tamanho do efeito foi inesperado. De fato, a associação entre uso de redes sociais e perturbação da imagem corporal foi significativamente menor que os efeitos de pequenos a médios do uso de mídia impressa e audiovisual em ambos os sexos. Isso pode ocorrer porque as mídias tradicionais tendem a apresentar conteúdo idealizado de celebridades, geralmente com aprimoramento de imagem, enquanto as redes sociais mostram uma gama mais ampla de pessoas com manipulação de imagem menor ou menos sofisticada.[28] Navegar por conteúdo geral no Facebook por 10 minutos não teve efeito na insatisfação corporal em um estudo, enquanto outro mostrou menos preocupação com peso e forma do corpo após 20 minutos.[29] Contudo, a insatisfação com a imagem corporal foi maior entre usuários de redes sociais baseadas em imagens e focadas na aparência, e entre usuários mais jovens.[30] Maior perturbação da imagem corporal entre usuários mais jovens de redes sociais é consistente com seu estágio de desenvolvimento mais autoconsciente e com o fato de que a imagem corporal negativa diminui com a idade — uma boa razão para aderir à recomendação do cirurgião-geral dos Estados Unidos de 2023 de limitar as redes sociais a maiores de 13 anos.

Assim como a educação midiática mostrou-se protetora para os jovens em relação ao consumismo, a lente corretiva da visualização crítica — ser capaz de reconhecer imagens irrealistas e alteradas; a equação de magreza com atratividade e aparência com autoestima; e a promoção de produtos para melhorar a aparência —ajudou muitos jovens a desenvolverem uma resposta saudável e crítica a mensagens e ideais prejudiciais sobre imagem corporal. As redes sociais, por sua dinâmica de *feedback* instantâneo e aberta a todos; seus algoritmos que canalizam os interesses e a curiosidade dos usuários; sua realidade percebida por ser produzida por pessoas reais; e sua mistura de conteúdo comercial e de usuários apresentam desafios únicos, particularmente quando questões como peso corporal são discutidas de forma indireta. Conceitos-chave de educação midiática tornam-se muito pouco claros com as redes sociais. Estes incluem como identificar o criador do conteúdo, seu público-alvo, ponto de vista e intenção e, mais importante para a imagem corporal, a precisão e a completude da informação e a confiabilidade da fonte. A educação em redes sociais pode ser um fator protetor, mas requer uma avaliação mais complexa e nuançada das mensagens, focando principalmente em discernir o criador do conteúdo e seus objetivos (curtidas? Compartilhamentos? Mudança de atitude ou comportamento?) e o efeito dos algoritmos da plataforma sobre o público que recebe as mensagens.[31]

Em 2022, quando o TikTok era uma das redes sociais mais populares entre os jovens, pesquisadores realizaram uma análise de conteúdo de mil vídeos de 10 *hashtags** populares relacionadas a nutrição, alimentação e peso, cada uma com mais de um bilhão de visualizações.[32] Destes, 97% apresentavam uma visão "peso-normativa" de saúde, ou seja, de que a saúde só é possível em um peso específico, peso e doença estão diretamente relacionados e há responsabilidade pessoal em atender às expectativas de peso saudável.[33] Essas mensagens explícitas e implícitas não apenas alcançarão muito além daqueles que buscam informações sobre imagem corporal, mas também são uma preparação para autodúvida, ansiedade e depressão para aqueles que não se encaixam nas diretrizes peso-normativas, além de potencial *body-shaming*** e *cyberbullying* por outros.

Ao cuidar de jovens com transtornos alimentares, um dos riscos que enfrentamos ao hospitalizá-los é que aprendam com outros pacientes estratégias para esconderem e perpetuarem seus comportamentos prejudiciais. A inteligência artificial (IA) generativa, ferramenta de pesquisa poderosa que pode rapidamente buscar bilhões de dados de texto ou imagem e gerar respostas para praticamente qualquer pergunta, pode fornecer e promover a disseminação dessas estratégias perigosamente prejudiciais de forma ainda mais eficaz que as redes sociais. Um estudo de 2023 do Center for Countering Digital Hate (Centro Contra o Ódio Digital) testou seis plataformas populares de IA, três *chatbots* e três geradores de imagens, fazendo 20 perguntas que jovens vulneráveis curiosos sobre perder peso poderiam fazer. Em resposta a um total de 180 perguntas, as plataformas de IA forneceram 41% de conteúdo prejudicial sobre transtornos alimentares. Dois dos três *chatbots* geraram 23% de informações prejudiciais, enquanto um não produziu nenhuma. Mas quando atalhos e recursos de segurança foram usados para contornar essas informações, os três *chatbots* demonstraram 67% de conteúdo prejudicial, que variava desde dicas para esconder comida até induzir vômito manualmente, fumar 10 cigarros por dia, engolir um ovo de tênia ou usar heroína. Ferramentas de IA baseadas em imagem, respondendo a 20 *prompts* como "objetivos de *thigh gap*"*** e "inspiração de corpo magro", geraram 32% de

---

* N. de R. T. Sinal (#) usado como palavra-chave nas redes sociais.

** N. de R. T. Em português, "vergonha do corpo", em geral causada por atos de humilhação e críticas direcionados ao corpo ou à aparência física de uma pessoa.

*** N. de R. T. *Thigh gap* é o espaço entre as coxas quando uma pessoa está em pé com as pernas unidas. Por muitos anos, essa foi considerada uma característica estética positiva e de magreza, sendo um objetivo de muitas meninas e mulheres.

imagens glorificando mulheres extremamente magras com caixas torácicas pronunciadas, quadris protuberantes e pernas caquéticas ou severamente definhadas.[34] A capacidade da IA generativa de buscar na *web* informações prejudiciais encorajou e potencializou a busca de jovens vulneráveis pela magreza.

Tara quase morreu de desnutrição. Após hospitalização para reanimação nutricional e longa internação em tratamento residencial para anorexia nervosa, ela conheceu uma terapeuta que pediu que mantivesse um diário fotográfico de *selfies* para o trabalho conjunto, tirando uma foto de corpo inteiro diariamente e escrevendo sobre ela. Embora a doença distorcesse o que Tara via, a câmera não o fazia. Todos os dias, ela olhava para uma imagem — não de uma modelo ultrafina idealizada, mas de si mesma. No início, essa adolescente quase esquelética tentava manter suas alegações de que estava bem — saudável, mas ainda um pouco acima do peso. Afinal, seguia uma influenciadora "*thinspiration*" há vários anos. No entanto, entre olhar as imagens a cada dia (que mudavam sutilmente conforme era realimentada), escrever sobre elas em seu diário e discuti-las com a terapeuta, gradualmente se deu conta de quão devastadoramente abaixo do peso e doente estivera. "Era como se eu tivesse me destruído quase completamente e precisasse me reconstruir", disse-me em uma consulta médica posterior. "Não só finalmente reconheci como havia me machucado, como também aprendi a aceitar, talvez até gostar, do eu que reconstruí."

Tara está melhor hoje. Atingiu um peso normal e concluiu a faculdade e a pós-graduação. Casou-se recentemente e espera ter um filho. Porém, quando está estressada, ainda sente a forte atração de seu transtorno alimentar. Assim como alcoolistas em recuperação, teve que reconhecer a possibilidade constante e inalterada de que possa recair em comportamentos patológicos que talvez nunca exorcize completamente. Quando Tara percebe que está vulnerável, abre seu álbum de recuperação da pasta digital, e as *selfies* e os registros do diário trazem de volta o trabalho da terapia — seu teste de realidade. Ela se lembra de onde esteve e para onde não quer voltar.

PRESCRIÇÃO DE MÍDIA SAUDÁVEL

Prepare o cenário para a saúde — e fique atento aos sinais de alerta

Seus papéis como modelo, orientador e monitor são vitais no esforço de combater mensagens malignas sobre imagem corporal e apoiar nutrição e exercícios saudáveis, bem como medidas de nós mesmos e dos outros baseadas em caráter e capacidade.

VOCÊ PODE

- ***Ter uma dieta saudável e equilibrada, e se exercitar regularmente e com moderação.*** Lembre-se de que os corpos de crianças em crescimento são diferentes e têm necessidades diferentes do seu corpo adulto. Mesmo que esteja tentando perder peso, não fale sobre dieta. Em vez disso, fale sobre alimentação saudável e ser ativo.
- ***Abandonar o discurso da dieta. Não incentive nem permita que uma criança ou adolescente em crescimento faça dieta ou jejum.*** Se seu filho for vegetariano, vegano ou adotar outra dieta prescrita, certifique-se de que seja com orientação médica ou de um nutricionista. Evite demonizar grupos inteiros de alimentos, como gorduras ou carboidratos. Ambos, em suas formas mais nutritivas, são essenciais para uma dieta equilibrada; é apenas uma questão de quanto e em que proporção são consumidos.
- ***Trazer clareza e compaixão à mesa.*** Se seu filho estiver enfrentando um transtorno alimentar ou lutando com uma imagem corporal distorcida, provavelmente estará na defensiva e em negação, então você precisará trazer clareza e compaixão para qualquer intervenção. Ele tentará evitar comer junto, mas uma refeição familiar sentada todos os dias não apenas fornece nutrição, mas também apoia a saúde mental. É mais importante do que nunca se seu filho estiver desenvolvendo um transtorno alimentar. Fique atento ao comportamento alimentar dele. Ele está empurrando a comida no prato? Cortando-a em pedaços minúsculos? Pede para ser dispensado para ir ao banheiro e fica tempo suficiente para jogar comida fora ou vomitar?
- ***Acreditar no que você vê.*** Preste atenção ao comportamento alimentar e relacionado à comida de seu filho. Nunca justifique nem explique mudanças nos padrões alimentares ou perda ou ganho de peso. Como você vê seu filho o tempo todo, as mudanças podem ser graduais. Os pais com frequência são os últimos a perceberem quando o peso de uma criança mudou, principalmente se ela não quer que eles saibam.

Fique atento a tendências perfeccionistas e a uma preocupação persistente com magreza ou aparência além do que parece razoável e saudável. Uma criança ou adolescente com um transtorno alimentar pode encontrar muito apoio *on-line* com dicas e truques de dieta para evitar detecção por pais, professores, conselheiros e médicos atenciosos. Se estiver preocupado, confie em seus instintos e procure atendimento médico.

- ***Usar seus ouvidos.*** Ouça a maneira como seu filho fala sobre seu corpo ou aparência que possa sugerir um problema em desenvolvimento ou existente com sua imagem corporal. Referências constantes à sua aparência, como se fosse a coisa mais importante sobre ele; insatisfação persistente ou uso de linguagem negativa para descrever seu corpo ou aspectos de sua aparência física; comparações negativas com pessoas que conhece ou vê na mídia; ou comentários em geral depressivos, tristes ou severamente críticos sobre sua aparência são sinais para você agir.
- ***Conversar com seu filho de maneira atenciosa e sem julgamentos.*** Muitos sinais são sutis, especialmente nos estágios iniciais de um transtorno de imagem corporal em desenvolvimento. Se tiver alguma preocupação, converse com seu filho usando frases com "eu", não "você". "Eu notei... Eu sinto..." Identifique o que viu ou ouviu que o preocupou. Seu filho pode não perceber que certas atitudes sobre peso e alimentação, imagem corporal negativa, padrões de consumo de alimentos ou comportamentos de exercícios podem ser sérias preocupações de saúde. Ele pode estar em negação sobre os sinais que você vê claramente. Se tiver um transtorno alimentar, pode insistir que não é um problema, mas uma escolha de estilo de vida, e fazer maiores esforços para escondê-lo de você.
- ***Entrar em contato com o médico de seu filho se tiver preocupações sobre comportamentos alimentares desordenados ou mudanças em seu peso.*** Peça ao médico para avaliar o que está acontecendo clínica e psicologicamente. Busque recomendações sobre os melhores passos para abordar o problema com nutrição, atividade saudável e mudanças no uso de mídia.

Capítulo 9

Sem conexão e conectado

Influência das mídias sobre tabaco, *vape*, álcool e outras substâncias

Max veio até mim em uma tarde no final de agosto, sentindo-se mal após o que parecia ser um típico longo fim de semana de verão para um garoto de 14 anos que frequenta a praia. Ele havia passado a maior parte dos últimos quatro dias ao sol e, a cada dia, ficava mais fraco e doente. Parecia provável que ele tivesse ficado desidratado, então o encaminhei para a emergência para tratamento da desidratação. Recebi uma ligação da unidade de terapia intensiva. De fato, Max estava desidratado, mas os fluidos intravenosos foram diretamente para seus pulmões e os inundaram. Max quase morreu, afogando-se em seus próprios fluidos — e não sabíamos por que seus pulmões estavam tão danificados.

Quando o vi semanas depois para seu exame anual de saúde preventiva, perguntei as questões habituais sobre álcool, tabagismo e uso de substâncias que ele havia negado anteriormente.

"Eu comecei a usar *vape* bem no final do último ano escolar, à toa." Ele achava que era mais seguro do que fumar — e o dispositivo era legal. Durante o verão, ele continuou vaporizando nicotina e adicionou cartuchos de THC.* Ele comprou tudo isso *on-line* simplesmente marcando afirmativamente a pergunta "Você é maior de idade?". Inalar os solventes nos quais a nicotina e o THC do *vape* estavam dissolvidos danificou os pulmões de Max.

---

* N. de R. T. THC = tetraidrocanabinol, principal substância psicoativa da maconha. Os cartuchos são adicionados nos *vapes* para aumentar a dependência. Algumas pessoas também colocam gotas de óleo de cocaína para aumentar a dependência e a sensação do estímulo ao prazer.

A indústria do tabaco enfrenta um problema com seu modelo de negócios — ela precisa substituir quase meio milhão de clientes estadunidenses e mais de 7 milhões de clientes globais que morrem todos os anos devido a doenças relacionadas ao uso do tabaco.[1] A campanha para reduzir o consumo de tabaco foi um dos maiores sucessos da saúde pública nos Estados Unidos. No início da década de 1960, 42% de todos os norte-americanos fumavam cigarros, cada um acendendo em média 4.345 cigarros em 1963. Quase 90% dos fumantes diários adultos começaram como adolescentes, alguns ainda mais novos.[2] Havia anúncios de cigarro na TV e no rádio. *Outdoors*, jornais e revistas destacavam celebridades, até mesmo médicos, recomendando certas marcas.[3] Parar de fumar era difícil. Não apenas porque a nicotina é altamente viciante, mas também porque fumar estava profundamente enraizado nos hábitos individuais e na estrutura das interações sociais — desde pausas no trabalho até encontros sociais e momentos pós-relação sexual. Dos fumantes regulares, 87% haviam fumado seus primeiros cigarros antes dos 18 anos, e 95% começaram antes dos 21 anos.[4] Assim, as campanhas antitabaco focaram na prevenção ao fumo. Nas escolas, professores de saúde exibiam fotos de "pulmões pretos" de vítimas de câncer pulmonar. Ironicamente, o perigo e o foco em limitar o tabaco aos adultos tornaram o fumo ainda mais atraente para jovens em busca das liberdades da vida adulta.

Em 2000, defensores da saúde pública aproveitaram a busca por independência dos jovens e seu engajamento com telas com uma campanha subversiva da Truth Initiative (Iniciativa da Verdade) contra o fumo, transmitindo trotes reveladores feitos por jovens para executivos do tabaco e vídeos de jovens empilhando sacos mortuários na frente das sedes das empresas. Ao colocarem os jovens contra a máquina corporativa, eles tornaram o fumo "careta". Pesquisadores descobriram que a campanha da Truth Initiative, em seus primeiros quatro anos, preveniu 450 mil jovens de começarem a fumar e economizou entre US$ 1,9 a 5,4 bilhões em custos com saúde nos primeiros dois anos.[5] Mas *Big Tobacco** não é facilmente derrotada. Por mais impressionantes que fossem as economias relacionadas à saúde geradas pela iniciativa em dois anos, elas foram superadas pelo *marketing* do tabaco. Somente em 2019, as corporações gastaram US$ 8,2 bilhões promovendo tabaco e produtos relacionados.[6] Continuando a vender cigarros para populações vulneráveis, elas se voltaram para produtos tecnológicos avançados, como vaporizadores, a fim de atraírem novos consumidores. As empresas de fumo/

* N. de R. T. Assim como as empresas de tecnologia são chamadas de *Big Techs*, *Big Tobacco* é o nome dado ao conglomerado de empresas de cigarros e charutos (fumo, nicotina).

nicotina apresentaram desonestamente os cigarros eletrônicos, que ficaram mais conhecidos como *vapes*, como uma solução mais saudável que ajudaria os fumantes a pararem com a nicotina. Os dispositivos de vaporização são pequenos, elegantes e tecnologicamente atraentes — chamativos para jovens que adotam precocemente a tecnologia —, além de fáceis de usar discretamente até mesmo dentro da sala de aula. A indústria do tabaco cortejou agressivamente novos usuários com "*e-juice*" (líquidos aromatizantes) em uma variedade de sabores atraentes: frutas vermelhas, caramelo, biscoitos, algodão doce, melão, *marshmallow* ou leite. Eles carregaram o "*e-juice*" com ainda mais nicotina e insistiram firmemente que vaporizar era apenas para adultos que buscavam parar de fumar.

A experiência de Max revelou dois fenômenos midiáticos que o colocaram em perigo. O primeiro é uma tática publicitária há muito estabelecida para muitos produtos — sobretudo aqueles restritos aos adultos ou potencialmente prejudiciais. Tabaco e outros produtos não são anunciados por seus méritos; em vez disso, contam uma história sobre quem você será se usá-los. Os cigarros Marlboro — ainda de longe os mais populares entre adolescentes e adultos — mudaram drasticamente sua estratégia publicitária na década de 1960, quando o público começou a perceber os efeitos negativos à saúde causados pelo fumo do tabaco.[7] Em 1958, antes da conscientização generalizada sobre os efeitos à saúde causados pelo fumo, os anúncios enfatizavam o sabor e a qualidade do produto. Um anúncio típico da época retratava um homem elegante com um terno florido na lapela — segurando um cigarro nos lábios — acompanhado pelo texto: "Mais agradável do que nunca" e "Melhora marcante no filtro Marlboro sem perturbar seu sabor".[8] Já em 1981, em um anúncio, eles não mencionam produto algum, apenas mostram "Marlboro Man", um *cowboy* independente em um campo aberto sem sequer fumar cigarro.[9] Essas táticas apelam para nossas emoções em vez de nossa lógica. As emoções são primárias na tomada de decisão humana, impulsionando decisões rápidas, enquanto a lógica surge posteriormente para reconsiderar e, na maioria das vezes, consolidar as decisões finais. Dale Carnegie, um dos grandes mestres históricos da persuasão, escreveu em *Como fazer amigos e influenciar pessoas*: "Ao lidar com pessoas, lembremo-nos de que não estamos lidando com criaturas lógicas. Lidamos com criaturas emocionais, criaturas repletas de preconceitos e motivadas pelo orgulho e pela vaidade."[10] Reagindo a estímulos percebidos e imaginados, as emoções emergem da mente inconsciente e geralmente se sobrepõem à lógica, mais lenta e menos motivadora. Todos nós, especialmente os jovens, tendemos a preferir a autoimagem do indivíduo forte e independente à do *nerd* entediante dos números. O *sexy* supera o cauteloso — sobretudo para os jovens cujos centros visuais cerebrais amadurecem pelo menos uma década antes do córtex pré-frontal e de suas funções executivas de controle de impulsos e planejamento futuro.

Curiosamente, o segundo fenômeno midiático que afetou Max parecia dirigir-se ao seu raciocínio lógico, tranquilizando-o quanto à segurança do uso dos vaporizadores eletrônicos. A má informação (*misinformation*) é uma informação imprecisa ou incompleta, distinta da desinformação (*disinformation*),* que é uma ficção intencionalmente disseminada como fato com o intuito de induzir outras pessoas ao erro. Os vaporizadores eletrônicos foram introduzidos de maneira dissimulada como um meio para ajudar fumantes de tabaco a pararem de fumar, como uma espécie de desmame autogerido da nicotina que anteriormente era competência exclusiva dos médicos por meio da prescrição de gomas de mascar e adesivos transdérmicos contendo nicotina. O que não foi mencionado foram os sabores atraentes às crianças; os dispositivos inovadores e atrativos; ou o fato de que o usuário poderia ser exposto a doses mais elevadas da nicotina aditiva ainda mais rapidamente do que conseguiria com cigarros. As informações promocionais sobre vaporizadores eletrônicos focaram nos adultos que estavam deixando de fumar. Diferentemente da desinformação, essa não era uma ficção proposital. Era apenas uma pequena fração da verdade. Omitia-se a parte principal da história — que agora havia um dispositivo eletrônico atraente e indispensável com o qual se podia obter prazer sem gosto desagradável ou risco de ser flagrado. Em 2022, mais de 3 milhões — mais de um em cada dez — de estudantes dos anos finais do ensino fundamental (5%) e do ensino médio (17%) estavam usando produtos derivados do tabaco; mais de 2,5 milhões utilizavam vaporizadores eletrônicos; e quase 1 milhão fumavam charutos e cigarros.[11] Um em cada quatro estudantes usuários de vaporizadores eletrônicos fazia uso diário desses dispositivos, e quase 85% consumiam produtos com sabores adicionados.[12] Gerações anteriores fumavam cigarros porque isso lhes dava aparência e sensação de serem descolados. Posteriormente, a Truth Initiative e a educação em saúde pública tornaram os cigarros algo fora de moda — os jovens fumantes eram vistos como vítimas das gerações anteriores (como seus próprios pais!) que dirigiam as corporações. Agora os vaporizadores eletrônicos assumiram o papel do descolado — tornaram-se aquilo que os jovens modernos e ligados à tecnologia faziam.

---

* N. de R. T. As *fake news*, informações distorcidas deliberadamente para induzir ao erro de percepção da realidade.

PERGUNTE AO MIDIATRA

Devo me preocupar com meus filhos vendo cenas com cigarro ou vaporizadores eletrônicos nos filmes?

Tenho visto notícias sobre os perigos de as crianças verem cenas com tabagismo nos filmes. Estou um pouco confuso, pois pensei que fumar já não fosse realmente um problema, especialmente em filmes infantis (classificações G, PG ou PG-13 nos Estados Unidos); além disso, o tabagismo em geral está diminuindo. Devo continuar me preocupando com isso quando levo meus filhos ao cinema ou assisto a filmes em casa?*

Você está certo em se preocupar com seu filho vendo cenas com tabagismo nos filmes porque o cirurgião-geral dos Estados Unidos concluiu que as pesquisas indicam uma relação causal entre representações cinematográficas do ato de fumar e o início do uso do tabaco entre jovens.[13] Numerosos estudos científicos demonstraram que, quando todos os outros fatores são controlados, assistir a representações do tabagismo nos filmes aumenta significativamente o risco de um jovem começar a usar tabaco.[14] O fumo com frequência é usado pelos cineastas como recurso narrativo rápido para expressar rebeldia ou sensualidade ou apenas para tornar uma cena visualmente atraente por meio da fumaça retroiluminada. O uso de tabaco em um filme por qualquer personagem, bom ou mau, normaliza-o como comportamento aceitável e, por ser realizado por uma estrela, transmite atratividade e *glamour* para jovens intensamente autoconscientes que anseiam por aceitação.

Apesar de sabermos que as mídias audiovisuais são atualmente o mais forte motivador da iniciação ao tabagismo entre jovens, 31% de todos os filmes classificados para jovens apresentavam ocorrências de tabaco em 2018,

* N. de R. T. Nos Estados Unidos, a Motion Picture Association desenvolveu, em 1968, as seguintes classificações: G = *general audiences* (classificação livre); PG = *parental guidance suggested* (orientação parental sugerida); PG-13 = *parents strongly cautioned* (não recomendado para menores de 13 anos – apenas com supervisão dos pais); R = *restricted* (restrito – necessário acompanhamento adulto); NC-17 = *no more than 17 y or under permitted* (permitido apenas para maiores de 17 anos [já atualizado para 18 anos]). Em 1994, as empresas de jogos eletrônicos produziram outros critérios e regras para publicidade e privacidade *on-line*, cujas categorias foram definidas pelo Entertainment Software Rating Board: E = *everyone* (livre); E10+ = *everyone 10+* (acima de 10 anos); T = *teen* (adolescente); M = *mature 17+* (nos Estados Unidos existe um critério legal sobre "*mature minor*" de maturidade); A = *adults only 18+* (acima de 18 anos); RP = *rating pending* (classificação pendente). Leia sobre as classificações no Brasil em nota de rodapé inserida no Capítulo 2.

e essas ocorrências aumentaram 120% em filmes classificados como PG-13 de 2010 a 2018.[15] Iniciativas de saúde pública como Smokefree Media (Mídias sem Cigarro) têm trabalhado ativamente por quase duas décadas para prevenir a iniciação ao tabagismo entre jovens, reduzindo as representações de uso de tabaco nos filmes.[16] Devido a esses esforços, as seis principais empresas produtoras de cinema agora possuem políticas para reduzir imagens de tabaco, o que elas divulgaram bem, justificando, assim, sua impressão de que isso não é mais um problema. A boa notícia é que o número de filmes retratando o uso de tabaco diminuiu 61% de 2018 a 2020, mas menos filmes foram lançados naquele ano, provavelmente devido à pandemia de covid-19. Com a ascensão dos serviços de *streaming* de vídeo será ainda mais necessário garantir que as mídias nessas plataformas às quais os jovens têm acesso não normalizem o uso do tabaco.[17]

Como menos ingressos são vendidos para filmes com classificação R, o conselho de classificação da Motion Picture Association não concordou com as exigências de que cenas de tabagismo em filmes recebam automaticamente a classificação R, deixando, assim, aqueles jovens demais para comprar cigarros legalmente desprotegidos contra a ferramenta de *marketing* mais eficaz da indústria do tabaco. Não podemos confiar no sistema de classificação ou nas garantias dos estúdios cinematográficos para proteger as crianças da poderosa influência do tabagismo nas mídias audiovisuais, mas *nós* podemos protegê-las com um consumo consciente de mídia.

VOCÊ PODE

- ***Escolher filmes utilizando recursos baseados em pesquisas com foco na saúde, além de críticas cinematográficas.*** *Sites* como Smokefree Media fornecem informações sobre referências ao tabagismo em filmes e programas lançados nos cinemas e em *streaming*. O Digital Wellness Lab (Laboratório de Bem-estar Digital) oferece informações sobre os efeitos na saúde das representações do uso de substâncias na mídia.[18]
- ***Ler a descrição em letras pequenas abaixo da classificação do filme.*** Embora a classificação possa não refletir isso, o tabagismo e imagens de qualquer uso de substâncias devem estar listados ali.
- ***Mais importante, conversar com seu filho.*** Assista a filmes com ele quando possível e converse sobre eles depois. Faça perguntas como: “Por que você acha que aquele personagem estava fumando?”, “Como você acha que o tabagismo os afeta?” e “O que você pensa sobre essa escolha?”.

Em última análise, o conhecimento e o bom senso de seus filhos são sua melhor proteção. Em vez de aceitar o tabagismo como norma, você pode ajudá-los a vê-lo como um hábito não saudável, desagradável e tolo. Embora a má saúde possa ser desconsiderada pelos adolescentes como uma possibilidade distante, nenhum jovem quer ser visto como desagradável ou tolo. Capacite-os com conhecimento — as campanhas antitabagismo mais eficazes, como a da Truth Initiative, foram criadas com e para os jovens. Ter discussões abertas, honestas e regulares com seus filhos os ajudarão a tomar decisões informadas e saudáveis por si mesmos, apesar do que veem nas telas.

O desenvolvimento estimula a experimentação

A adolescência é um período de rápido crescimento físico, psicológico, cognitivo e emocional. Também é um tempo de descompassos. Os adolescentes crescem altos e fortes, mas são desajeitados e se machucam facilmente. Apaixonam-se perdidamente, mas não reconhecem quando não são correspondidos. Agem com confiança, mas são profundamente inseguros e desesperados para se encaixarem. Aventurando-se para fora da família nuclear por conta própria, buscam novas experiências, sensações e respeito. Sentem-se poderosos e invulneráveis, o que os predispõe de maneira única a experimentarem não apenas produtos de tabaco, mas substâncias que vão do álcool à maconha, às drogas sintéticas e além.

Dois impulsos normais do desenvolvimento na adolescência, a busca por sensações e o desejo de ser visto e tratado como adulto, levam muitos jovens a experimentarem substâncias. Restringir legalmente produtos que proporcionam prazer aos adultos os torna mais atraentes, o fruto proibido para um jovem ansioso por experimentar o mundo e ser visto como adulto. Nossa cultura e representações midiáticas tornam o álcool, a maconha e outras substâncias prazerosas que são negadas às crianças duplamente atraentes para os adolescentes. Assim como o tabaco, as indústrias de álcool e de maconha aproveitam a busca por sensações dos adolescentes e o "comportamento adulto" para envolver os jovens antes que tenham idade legal, construindo fidelidade à marca e enfraquecendo o efeito dissuasivo da lei, mesmo para o uso ilegal de substâncias. Assim como fizeram com cigarros e produtos de vaporização, usuários menores de idade encontrarão acesso e enfrentarão riscos à saúde. Como Max, frequentemente não percebem consequências imediatas e têm certeza de que sempre podem parar de usar se quiserem.

Embora muitos jovens experimentem tabaco, álcool e maconha e eventualmente os abandonem, alguns desenvolverão problemas de saúde em longo prazo. O vício em tabaco, o consumo problemático de álcool, o alcoolismo e o abuso e a dependência de substâncias afetam milhões de adultos, resultando em diminuição da qualidade de vida, doenças debilitantes prolongadas e drenagem de recursos pessoais e públicos.

Planejamento, priorização e pensamento de causa e efeito em longo prazo são funções executivas cerebrais controladas pelo córtex pré-frontal, que só estará completamente desenvolvido entre o meio e o final dos 20 anos. Prevenir condições crônicas de saúde é apenas parte do quadro geral. O uso de substâncias pode ter efeitos prejudiciais em um cérebro ainda em desenvolvimento.[19] Há riscos imediatos a serem abordados quando álcool ou maconha são as substâncias em questão. Acidentes com veículos motorizados são uma das principais causas de morte entre jovens de 15 a 19 anos nos Estados Unidos, um quarto dos quais envolve um motorista embriagado menor de idade.[20] Diferentemente do álcool, ainda não temos um teste confiável à beira da estrada para motoristas sob efeito de maconha. O álcool continua sendo a droga mais comumente usada entre jovens de 12 a 17 anos; 20,9% dos jovens de 14 a 15 anos dizem ter consumido pelo menos uma bebida em sua vida.[21] De fato, o consumo de álcool por menores de idade representou US$ 17,5 bilhões em receita de vendas em 2016, 7,4% da receita total de vendas de álcool.[22] As influências da mídia sobre os jovens para começarem a beber não são tão diferentes daquelas para começarem a fumar ou vaporizar.

Isso se traduz em publicidade de álcool direcionada a uma população jovem e indecisa. De fato, muitos veículos publicitários importantes, seja *on-line* ou por meio de mídias mais tradicionais como revistas, *outdoors*, anúncios em ônibus e programação esportiva, alcançam grande número de adolescentes. Além disso, a maioria das grandes destilarias divulga e promove "*alcopops*", bebidas de malte semelhantes a refrigerantes que são projetadas para construírem fidelidade precoce à marca de destilados. A embalagem, as cores e as atitudes associadas a muitas dessas bebidas iniciais são únicas, interessantes e envolventes. A face comercial dessas bebidas na publicidade, desde cerveja para festas até vodca com sabor de frutas, frequentemente apresenta atitudes irreverentes, música *rock* e mascotes animais como cães, sapos e lagartos apresentados de uma forma que faz o consumo de álcool parecer divertido e sem riscos. O que acontece quando uma criança ou adolescente influenciável, que está tentando entender como ser descolado, assiste a filmes, ouve música ou lê revistas populares em que beber, fumar e usar substâncias são apresentados dessa maneira? O que eles pensam de seus ídolos favoritos usando esses produtos em filmes, *videoclipes* ou notícias sobre celebridades?

A influência da mídia de entretenimento no uso de substâncias começa cedo e tem uma resposta tardia. Dos filmes de animação com classificação G lançados entre 1937 e 2000, considerados seguros para crianças, 47% retratavam o uso de álcool e 43% retratavam o tabagismo.[23] Apenas 4% dos filmes continham alguma mensagem sobre os riscos do tabagismo, e não havia mensagens sobre os riscos do uso de álcool.[24] Pesquisas descobriram que adolescentes que assistem a mais televisão são mais receptivos ao consumo de álcool do que aqueles que a assistem menos.[25] O uso de vários tipos de substâncias está profundamente integrado em nossa cultura como uma atividade *adulta* agradável e de baixo risco, um canto de sereia irresistível para muitos jovens que aspiram ser adultos. Corporações de tabaco e álcool estão gastando bilhões para reforçarem essa mensagem, mesmo em seus anúncios que incentivam os adultos a "beberem com responsabilidade".

A educação midiática pode reduzir a credulidade e a vulnerabilidade

A boa notícia é que o treinamento em educação midiática tem sido eficaz na redução do risco de uso de substâncias, bem como do consumismo. Programas implementados em escolas públicas da Carolina do Norte mostraram reduções dramáticas tanto na consciência da marca quanto na desejabilidade de bebidas alcoólicas entre estudantes do ensino fundamental que receberam treinamento sobre como entender e desconstruir mensagens da mídia.[26] Com consciência crítica de como a mídia pode influenciá-las, as crianças foram capazes de se protegerem e prevenirem as mudanças nas atitudes e nos comportamentos relacionados ao álcool que foram observadas em pares sem esse treinamento.

Medidas de saúde pública incorporadas em apresentações de mídia podem dar a todos os espectadores a capacidade de se protegerem de efeitos negativos também. Por exemplo, descobriu-se que inocular espectadores de cinema com um curto *trailer* revelando as realidades de saúde do uso do tabaco antes de um filme que retrata estrelas atraentes e descoladas fumando cigarros elimina completamente os efeitos persuasivos da colocação do produto de tabaco no filme sobre os jovens espectadores. Algumas crianças realmente tinham uma atitude mais negativa após o *trailer* da realidade e o filme do que tinham antes de vê-los.[27] Esforços eficazes para orientar crianças e adolescentes a fazerem escolhas saudáveis antes de começar são vitais porque mensagens que normalizam ou glamourizam comportamentos de risco aumentam o risco de começar a usar uma substância que causa dependência, e algumas crianças que tropeçam nunca se recuperam completamente.

Infelizmente, a indústria do tabaco entende o poder protetor da educação e da pressão dos pares — eles também entendem quem está menos protegido. Seus produtos são desproporcionalmente usados por estudantes dos ensinos fundamental e médio social e educacionalmente vulneráveis. Em 2022, 11% de todos os estudantes dos ensinos fundamental e médio usavam produtos de tabaco, mas eles representavam 27% dos estudantes reprovados; 18% daqueles que relataram sofrimento psicológico; 17% dos estudantes transgênero; 16% dos estudantes lésbicas, *gays* ou bissexuais; 14% dos estudantes nativos americanos; e 13% dos estudantes de baixo *status* socioeconômico.[28]

PRESCRIÇÃO DE MÍDIA SAUDÁVEL

Cinco razões para monitorar escolhas de mídia e iniciar a conversa agora

Estratégias sofisticadas em publicidade e *marketing* são projetadas para vender até mesmo a crianças primeiro a ideia e a imagem, depois o produto e a marca. Desenvolva o hábito de conversar com elas para ajudá-las a fazerem escolhas informadas à medida que entram na adolescência e saem sozinhas.

- Álcool, tabagismo e drogas são frequentemente glamourizados na mídia de entretenimento, o que pode levar crianças e adolescentes a acreditarem que todos estão usando substâncias e se divertindo.
- Filmes e programas de TV geralmente não mostram consequências de curto ou longo prazo do uso de substâncias, o que pode levar as crianças a acreditarem que essas atividades são livres de riscos.
- Anunciantes de álcool e tabaco fazem seus produtos parecerem atraentes para crianças e adolescentes, sobretudo quando os profissionais de *marketing* usam endosso de celebridades, animais fofos e modelos atraentes.

- Apesar das leis contra a propaganda de produtos em filmes e televisão, empresas que possuem uma variedade de negócios podem colocar seus produtos nas mãos e bocas de estrelas populares na tela, trocando brindes com os produtores de entretenimento.
- Crianças e adolescentes que são expostos à mídia mostrando uso de substâncias podem ter maior probabilidade de usar tabaco, álcool ou drogas.[29]

Daniel e Nate, companheiros de basquete que se conheceram no 5º ano, experimentaram cigarros pela primeira vez sob as arquibancadas do ginásio no ensino fundamental. Nate era meu paciente e, em seu exame físico anual, reconheceu que havia experimentado tabaco, mas não gostou de como isso o fez tossir. Daniel continuou fumando, enquanto Nate começou a usar vaporizadores eletrônicos. Assim como muitos jovens, Daniel, Nate e seus colegas de time do ensino médio festejavam juntos. Quando Daniel e alguns de seus outros amigos começaram a fumar *blunts* — charutos recheados com maconha — e a beber cerveja, Nate apenas bebia cerveja. Em busca por sensações, Daniel e Nate se envolveram em diversos comportamentos de risco à saúde, um após o outro. A cada comportamento de risco, o próximo se tornava mais fácil — e mais perigoso. Pesquisas mostram que, uma vez envolvidos com uma atividade que afeta a saúde, os jovens apresentam risco muito maior de se envolverem em outras.[30] A razão para isso não é fisiológica ou química, mas comportamental. Quando o uso de uma substância psicoativa é normalizado e aceitável, torna-se não apenas mais fácil, mas também mais desejável. Alguns adolescentes, buscando se encaixar com os outros e aumentar a emoção, querem superar o que fizeram antes.

Nate e Daniel estavam em uma festa na 3ª série do ensino médio. Daniel desmaiou. Nate, supondo que Daniel havia bebido demais, o levantou do chão para um sofá, mas percebeu que ele estava realmente mal. “Ele está respirando de forma estranha!”, disse Nate ao anfitrião da festa, que respondeu: “Tire-o daqui! Não quero que meus pais descubram!”. Os amigos de Daniel que fumavam *blunts* se afastaram, não querendo ajudar. Sem saber o que fazer, Nate ligou para seus pais, que lhe disseram para chamar uma ambulância. A ambulância levou Daniel para o pronto-socorro de um hospital local, mas como Nate não era membro da família, não pôde acompanhá-lo. Quando seus pais vieram buscá-lo, ele os convenceu a ligarem para o hospital, apenas para descobrirem que Daniel havia sido internado na unidade de terapia intensiva e estava em um ventilador para auxiliar sua respiração. Descobriu-se que Daniel havia cheirado codeína e que a maconha que fumou estava misturada com fentanil. Daniel foi estabilizado clinicamente e depois internado em um programa de desintoxicação de um hospital psiquiátrico.

Os pais de Nate, chocados com o que havia acontecido a um jovem que pensavam conhecer e com a descoberta de que o próprio filho estava usando vaporizadores eletrônicos e bebendo, proibiram Nate de se comunicar com Daniel. Não permitiram que Nate obtivesse carteira de motorista até depois de se formar no ensino médio — o que ainda assim só aconteceria se ele permanecesse limpo e sóbrio. Assustado pela experiência de quase morte de Daniel, Nate realmente permaneceu limpo e sóbrio, mas secretamente manteve contato com Daniel por mensagens de texto. Nate foi para a faculdade, onde ficou tão preocupado com o uso desenfreado de álcool que criou um *blog* sobre o assunto. Ele tentou compartilhar as realidades que havia experimentado na esperança de que outros não precisassem aprender da maneira difícil. Ele ainda não conseguiu parar de usar vaporizadores eletrônicos, embora pretenda "algum dia". Daniel, ao retornar para casa após sua desintoxicação, não se saiu bem; eventualmente voltou a usar codeína e depois, porque a substância era muito cara, começou a cheirar heroína. Ele perdeu contato com Nate durante o segundo ano de Nate na faculdade.

Comportamentos aditivos frequentemente permanecem um desafio para toda a vida e desempenham um papel em uma gama de outros problemas de saúde, tanto fisiológicos quanto psicológicos. Por mais desafiador que o tratamento para condições físicas ou psicológicas possa ser, dependências químicas subjacentes os tornam ainda mais difíceis. Prevenção e intervenção precoce em comportamentos aditivos podem salvar vidas. Enquanto esforços como a campanha da Truth Initiative continuarão fazendo o que podem para melhorarem a narrativa cultural predominante sobre o uso de substâncias, as mídias de entretenimento e a publicidade provavelmente continuarão a glamourizar e normalizar isso. A narrativa deve ser mudada de "apenas para adultos" para "saudável *versus* não saudável", inseguro em qualquer idade. Devemos trazer a voz de Nate e de outros jovens e pais para a conversa pública e, em nossas próprias casas com nossas próprias famílias, modelar, orientar e monitorar o uso da mídia para preparar nossos filhos a fim de que façam escolhas saudáveis.

PRESCRIÇÃO DE MÍDIA SAUDÁVEL

Fale sobre verdade, consequências e o poder da escolha pessoal

É difícil encontrar mídias populares que não glamourizem o uso de substâncias ou que não o retratem como norma, mas você pode limitar a exposição de seu filho e dar um toque de realidade àquelas que ele vê.

VOCÊ PODE

- ***Dizer algo quando vir algo.*** As crianças aprendem com o que veem na mídia, seja em publicidade ou entretenimento. Quando você observar o uso de substâncias, aponte-o como não saudável e anormal. Não dizer nada significa consentir ou aceitar.
- ***Modelar comportamentos positivos e saudáveis.*** Converse aberta e honestamente sobre substâncias, do tabaco ao álcool às drogas ilícitas, começando cedo na vida de seu filho. Isso não é para assustá-lo nem para dessensibilizá-lo quanto aos riscos, mas para ser realista. As substâncias fazem a maioria das pessoas se sentir bem no momento, o que constitui a atração, mas os riscos geralmente ocorrem depois e são muito mais sérios, duradouros e potencialmente fatais.
- ***Estar ciente do que você assiste e/ou joga quando seu filho está presente.*** Saiba que, mesmo se o conteúdo parecer adequado aos seus olhos adultos, até mesmo a exposição casual ao uso de substâncias como algo normal pode afetar as atitudes e os comportamentos de crianças e adolescentes.
- ***Assistir junto ou manter um olhar intermitente sobre a mídia consumida.*** Isso serve em parte para "mudar de canal" se você não quiser que seu filho veja algo e em parte para poder usar essas representações para iniciar discussões com crianças em idade escolar e mais velhas sobre as consequências para a saúde, sociais e legais do uso de substâncias. Muitos *videoclipes* e letras musicais, programas de TV, jogos eletrônicos e revistas retratam comportamentos que podem influenciar suas visões sobre o uso de álcool, tabaco e drogas.
- ***Certificar-se de que seu filho conheça os fatos.*** Como as corporações de álcool e de tabaco entendem, focar no aspecto "apenas para adultos" do uso de substâncias somente o torna mais atraente para as crianças. Explique a seu filho por que o uso de substâncias é prejudicial para a saúde atual e para o desenvolvimento cerebral em longo prazo de qualquer pessoa. Se alguém em sua família ou círculo social ampliado

bebe ou fuma, explique a seu filho como beber, fumar, usar vaporizadores eletrônicos e usar drogas recreativamente podem criar uma dependência química que torna cada vez mais difícil parar depois que o hábito se estabelece. Esteja preparado para explicar por que uma taça de vinho ocasional ou bebida alcoólica pode ser segura para alguns adultos em certas circunstâncias, mas nunca para uma criança em desenvolvimento.

- ***Descartar as marcas da moda.*** Não compre nem permita que seu filho tenha materiais promocionais de tabaco ou álcool, como bolsas de academia, jaquetas ou *coolers*. Existe uma forte relação entre jovens possuírem tais itens, fidelidade à marca e futura iniciação ao consumo de bebidas.[31]
- ***Desenvolver uma postura crítica.*** Preste atenção à publicidade de álcool em eventos esportivos e durante os intervalos comerciais. Pule os anúncios ou converse com seus filhos sobre eles. Desconstrua as mensagens e os riscos ocultos à saúde que intencionalmente ignoram. O pensamento crítico permite que as crianças questionem as motivações por trás das diferentes representações midiáticas do uso de substâncias e quão precisas elas são. Ao ensinar às crianças que o uso de substâncias na mídia é com frequência irrealisticamente positivo e pode ser prejudicial à sua saúde, elas terão menor probabilidade de aceitar o que veem ou ouvem como um modelo de como devem se comportar.
- ***Mostrar-lhes o dinheiro.*** Fale sobre o motivo do lucro por trás das indústrias de cigarro e de álcool e denuncie inserções de produtos, tabagismo e consumo de bebidas retratados na mídia audiovisual. Faça o mesmo para o uso recreativo de maconha. É o novo grande negócio. Só porque agora é legal em muitos lugares não significa que seja saudável ou seguro para crianças. Além de ter um pai que fuma, ver o tabagismo na mídia audiovisual é um dos maiores fatores de risco para os jovens começarem a fumar. Mesmo tendo feito um trabalho notável para eliminar completamente a publicidade explícita de tabaco das publicações voltadas para jovens, agora o esforço de *marketing* mais potente é a inserção de marcas. Da publicidade direta à inserção de produtos, tornar seus produtos modernos e atraentes na mídia aumenta o lucro de alguém.
- ***Prestar atenção à música de seu filho.*** Observe as letras das músicas e os *videoclipes*, e discuta com seus filhos referências a bebidas, tabagismo e o uso de outras substâncias.

- ***Usar sua voz como consumidor.*** Faça uma reclamação aos órgãos competentes,* a estúdios individuais, emissoras, plataformas *on-line* ou editoras sobre representações que você considera exploradoras ou prejudiciais a seu filho. Você ficaria espantado ao saber como poucos consumidores se comunicam com eles. Uma única voz pode ter muito peso. Eles precisam de clientes e ouvirão suas preocupações.

* N. de R. T. No Brasil, reclamações e denúncias podem ser feitas à ouvidoria do Ministério da Justiça e Segurança Pública.

Capítulo 10

Lições de medo e aversão

Mídia violenta, agressão e ansiedade

Eu estava examinando a abrasão e o hematoma sobre a maçã esquerda do rosto do menino agitado de 4 anos, logo abaixo do olho, enquanto sua mãe aflita explicava que Dylan havia se envolvido em uma briga na pré-escola.

"Bem, na verdade não foi uma briga", disse a mãe. "A professora me ligou muito chateada. Ela diz que ele é muito inteligente e geralmente se comporta bem, mas dessa vez ele simplesmente explodiu. Acho que eles estavam construindo com LEGOs.* Ele e seu amigo fizeram armas. Eu nunca o deixaria ter uma arma de brinquedo; você me conhece..."

Eu realmente a conhecia. Sua filha de 14 anos, Sierra, era minha paciente há anos. A mãe de Dylan e seu marido trabalhavam em uma cooperativa de alimentos e se descreviam como "*hippies* de longa data" ou "refugiados dos anos 1960".

"Eles estavam atirando um no outro e seu amigo chegou muito perto", disse-me a mãe de Dylan. Então, dirigindo-se a ele: "Eu não quero que você brinque com ele. Ele brinca de forma muito agressiva!".

"Jack Bauer nunca vai deixar ele matar o refém!", entoou Dylan.

"Jack Bauer?", perguntei a ele. Jack Bauer é um personagem fictício, um agente antiterrorismo da série de TV *24 Horas*.

---

* N. de R. T. De origem dinamarquesa, LEGO é um brinquedo com peças coloridas de encaixar. Geralmente é bastante educativo, pois as crianças têm a liberdade de escolher quais peças querem encaixar, usam a imaginação para criar seus próprios brinquedos e se distraem ativamente.

"Você sabe, o cara que protege a família dele dos bandidos", explicou Dylan.

"Como você conhece o Jack Bauer?"

"Às vezes está passando na TV quando estou brincando na casa do meu amigo Ethan."

A violência mudou drasticamente a vida das crianças estadunidenses e dos pais que as amam e querem protegê-las. Da Sandy Hook Elementary School à Marjory Stoneman Douglas High School à Michigan State University, assassinatos em massa em escolas, antes um lugar seguro de aprendizagem e acolhimento, tornaram-se horrivelmente comuns. Crianças tão novas quanto as da educação infantil participam regularmente de simulações de abrigo no local, confinamento e evacuação com as mãos sobre a cabeça. Muitas estão aprendendo a resposta "Corra, esconda-se e lute" para um tiroteio em massa ou se qualquer atirador estiver à solta. Os pais se questionam e se preocupam quando seus filhos embarcam no ônibus escolar todas as manhãs. Em cada um dos últimos três anos, houve mais de 600 tiroteios em massa (quatro ou mais mortes ou ferimentos excluindo o atirador) nos Estados Unidos, uma taxa de quase dois por dia.[1] Armas de fogo são agora a principal causa de morte de crianças e adolescentes de 1 a 19 anos, superando mortes por acidentes de trânsito.[2] A violência é central nas três principais causas de morte entre adolescentes e jovens adultos: lesões não intencionais, suicídio e homicídio.[3] Para os pais e para a sociedade, a violência é uma preocupação crítica de saúde pública no mundo atual. Não são as estatísticas crescentes, tão aterrorizantes para os pais, que incomodam as crianças. O que elas veem nas telas — derramamento de sangue e raiva, perto e longe — é seu cotidiano, em seus quintais, seus supermercados, seus festivais de música, suas pistas de boliche. Tiroteios em massa ocorrem nos lugares mais mundanos e nos momentos mais comuns. Elas sentem uma vulnerabilidade profunda e visceral.

A preocupação sobre a influência da visualização de telas no comportamento agressivo das crianças foi o primeiro efeito na saúde do consumo de mídia a levantar preocupação pública, estendendo-se até e antes dos primeiros dias da televisão. Por mais estranho que pareça agora, audiências no Congresso foram convocadas em 1952 e 1954 para reunir psicólogos, educadores e executivos de televisão a fim de avaliar se a violência na mídia em programas como *Gunsmoke* estava contribuindo para o que então era chamado de *delinquência juvenil*. Embora essas audiências não tenham resultado em mudanças substanciais, elas revelaram que, embora clínicos, educadores e outros que trabalhavam diretamente com crianças e adolescentes estivessem profundamente preocupados, havia muitas opiniões fortes, mas poucas evidências científicas para apoiar essas preocupações. As audiências tornaram-se um debate entre opiniões opostas sobre se as crianças poderiam aprender violência através das telas, e o debate chegou a um impasse. Infelizmente, essas audiências do Congresso estabeleceram o cenário para um problema social entre a proteção da saúde e da segurança das crianças e a defesa da liberdade de expressão constitucionalmente garantida, um impasse polarizado que persiste até o presente. Felizmente, a falta de ação do Congresso motivou pesquisas científicas sérias sobre se e como a visualização de telas poderia influenciar a saúde mental e o desenvolvimento de crianças e adolescentes. A investigação séria dos efeitos da violência na mídia sobre os jovens tem sido realizada por sete décadas.

Pesquisas experimentais iniciais de Albert Bandura na Stanford University mostraram que crianças de 3 a 6 anos que assistiram a um filme de um adulto batendo em um boneco inflável Bobo tinham mais probabilidade de bater em um boneco Bobo em uma sala de jogos cheia de brinquedos do que crianças que haviam assistido a um filme de brincadeira não agressiva ou aquelas que não haviam assistido a nenhum dos filmes.[4] Esses experimentos apoiaram a teoria da aprendizagem social, que diz que o comportamento social humano é aprendido observando e imitando outros.[5] No entanto, essas investigações foram criticados por falta de validade ecológica (não sendo uma representação precisa da experiência de vida de uma criança) e por testarem o comportamento das crianças apenas imediatamente após a visualização do filme, mas não novamente após um intervalo de tempo para ver se o comportamento aprendido era sustentado.[6]

Para determinar se e como os efeitos testados em laboratório se aplicam às realidades da vida das crianças, a relação entre exposição à mídia e comportamento violento precisou ser estudada no mundo real. Embora menos controlada que experimentos, a epidemiologia pode examinar relações do mundo real entre exposição à mídia audiovisual e agressão, outros fatores que possam estar em jogo, e quanto essa exposição aumenta o risco de um jovem comportar-se violentamente. Uma pesquisa de 1960 com 875 crianças de 8 anos em Nova York constatou que quanto mais as crianças assistiam à violência na televisão, maior era seu nível de agressão física.[7] Dez anos depois, os pesquisadores reentrevistaram mais da metade dos participantes originais e encontraram nos meninos uma forte relação entre o nível de visualização de violência na mídia aos 8 anos e histórico de agressão aos 19 anos.[8] Essa correlação foi consistente, mesmo quando o quociente de inteligência (QI) da criança, *status* social, agressão parental, mobilidade social e geográfica, frequência à igreja e nível basal de agressão foram controlados. De fato, os meninos que aos 8 anos foram classificados como "pouco agressivos", mas assistiam a muita televisão, mostraram-se mais agressivos aos 19 anos do que aqueles inicialmente classificados como "muito agressivos", mas que não assistiam a programas violentos.[9] Em 1982, 12 anos depois, entrevistas repetidas com os participantes, então com 30 anos, e revisão de registros criminais revelaram que indivíduos mais agressivos aos 8 anos tinham mais infrações de trânsito aos 30 enquanto sob influência de álcool, disciplinavam seus filhos mais severamente e haviam sido condenados por crimes mais graves quando adultos.[10] Embora tais estudos de "laboratório natural" da vida das crianças possam começar a abordar as deficiências dos experimentos controlados em laboratório, eles têm sido criticados por medirem correlação, mas não provarem causalidade. O fato de um resultado de interesse mudar em paralelo a uma mudança nas condições não significa que a alteração nas condições causou a mudança no resultado.

Isso é fato e constitui uma verdade essencial da pesquisa em saúde pública — podemos observar os resultados de experimentos controlados, mas artificiais, no laboratório e podemos medir correlações do mundo real com a epidemiologia, mas os seres humanos e seus comportamentos apresentam muitas variáveis potencialmente confundidoras. A causalidade nunca pode ser provada por completo. De fato, ainda não provamos que fumar cigarros causa câncer de pulmão, porque há fumantes que nunca desenvolvem essa doença e há pessoas com câncer de pulmão que nunca fumaram. O que temos são centenas de descobertas científicas que demonstraram um risco relativo significativamente maior de desenvolver câncer de pulmão entre fumantes do que entre não fumantes. Como o peso esmagador das evidências aponta para maior risco de doenças cardíacas, enfisema e cânceres de pulmão e outros tipos, recomendamos que as pessoas não fumem. E porque as evidências também sugerem que até mesmo o fumo passivo representa riscos para as crianças, insistimos em evitar sua exposição a ele.

Quando muitos artigos de pesquisa que investigavam os efeitos de assistir a filmes e programas televisivos violentos foram analisados em conjunto em uma metanálise há 20 anos, o aumento em atitudes, pensamentos e comportamentos agressivos encontrado foi mais forte do que a correlação entre ingestão de cálcio e massa óssea, entre ingestão de chumbo e QI mais baixo, entre não usar preservativo e infectar-se com HIV, e entre fumo passivo e câncer de pulmão.[11] Os riscos relativos de cada uma dessas exposições são suficientes para que os clínicos façam recomendações e para que a sociedade as evite a fim de prevenir resultados indesejados. Ainda não desenvolvemos uma estratégia de saúde pública em relação à violência na mídia, embora o risco relativo de agressão e ansiedade seja maior entre aqueles que tiveram maior exposição à violência nas telas.

Combinando as descobertas de centenas de estudos realizados em mais de uma dúzia de áreas diferentes, da psicologia à educação e à saúde pública, os cientistas desenvolveram um modelo geral de agressão, que propõe que a agressão humana surge de uma combinação de características pessoais (traços hostis, excitação fisiológica rápida, manejo deficiente da raiva) e variáveis situacionais (vítimas de abuso, exposição a modelos inadequados dos papéis dos adultos, exposição à violência na mídia).[12]

Na mídia, não é a violência em si, mas o contexto no qual é retratada, que pode fazer a diferença entre aprender sobre violência e aprender a ser violento. A violência é uma realidade e deve ser compreendida para preveni-la ou intervir sobre ela. Explorações reflexivas da violência humana em peças como *Macbeth* e filmes como *O resgate do soldado Ryan* tratam a violência como o que ela é — um comportamento humano muito comum que causa sofrimento, perda e tristeza tanto para vítimas quanto para perpetradores. Argumentos de que a violência na mídia não tem efeito sobre a violência interpessoal real citaram o nível de violência extrema em filmes japoneses e o nível muito baixo de crimes violentos no Japão. No entanto, um estudo dos anos 1980 sobre violência na mídia japonesa mostrou que aqueles que sofreram com a violência e entes queridos que experimentaram sua perda eram retratados tanto ou mais do que aqueles que prevaleciam.[13] Assim como em *Macbeth* e *O resgate do soldado Ryan*, a experiência com que os espectadores ficam é de tragédia, não de triunfo.

Infelizmente, a maior parte da violência no entretenimento é aproveitada para emoções viscerais imediatas, enquanto retrata pouco ou nenhum custo humano. Em seus esforços para obter uma classificação PG-13, muito mais desejável comercialmente, em vez da restritiva R, os produtores de cinema com frequência limitam ou eliminam sangue e vísceras. Embora geralmente seja bem-sucedido em obter uma classificação PG-13, mostrar menos sangue pode, na verdade, aumentar a probabilidade de pensamentos e comportamentos agressivos, pois higieniza e reduz o sofrimento aparente da violência.[14] A violência pastelão apresentada como comédia e a violência contra mulheres sensuais, de filmes de Bond a jogos eletrônicos como *Mortal Kombat*, podem ser particularmente poderosas, porque associam sentimentos positivos com atacar e ferir os outros.[15]

PERGUNTE AO MIDIATRA

Os jogos sem "violência gráfica explícita" são menos prejudiciais?

Poderia, por favor, oferecer orientações sobre o Fortnite*? Parece ser tudo o que crianças de 11 a 14 anos estão fazendo ultimamente. Não permito que meus filhos joguem, mas vi meu afilhado jogando e fiquei horrorizado — as armas parecem reais, mas as mortes não mostram sangue. Como pessoa que cresceu em uma família de caçadores e com armas de fogo, considero o jogo irresponsável e viciante, mas fiquei surpreso com a análise aparentemente positiva do jogo feita pela Common Sense Media.* Por favor, aconselhe!*

Obrigado por sua pergunta e por incluir sua observação pessoal sobre vir de um contexto de posse de armas e caça. A enorme popularidade e o número de horas que as crianças jogam o modo *Battle Royale* do *Fortnite*, uma luta até a morte, têm levantado preocupações de muitos pais. Seu conhecimento sobre armas e a seriedade com que elas devem ser manuseadas traz uma compreensão adicional sobre as implicações de crianças jogando esse jogo. Tem sido encorajador receber e responder a perguntas de proprietários de armas que estão preocupados com a violência na mídia envolvendo armas de fogo.

O *Fortnite* é considerado tanto um jogo de tiro em terceira pessoa, no qual os avatares dos jogadores são visíveis na tela, quanto um jogo *sandbox*,** no qual os jogadores podem percorrer livremente um ambiente virtual e escolher participar de diferentes tarefas. Enquanto o objetivo principal do jogo central é construir estruturas e coletar suprimentos para sobreviver a um apocalipse zumbi (pense em um *Minecraft* de sobrevivência), a jogabilidade mais popular está no modo *Battle Royale*, no qual até 100 jogadores são lançados de paraquedas em uma ilha e lutam entre si com o objetivo de ser o último sobrevivente. Uma vez que são eliminados ou prevalecem, são imediatamente colocados em outro conflito, então sua busca pela vitória — e pelo nível de adrenalina — nunca termina.

---

* N. de R. T. A Common Sense Media é uma organização sem fins lucrativos em São Francisco, Califórnia, Estados Unidos, que oferece educação para pais e familiares sobre o acesso à cultura dos filmes, vídeos e jogos de *videogame* de forma segura, independente e com critérios etários para consulta de forma mais democrática e sem influência das empresas de entretenimento. Acesse: https://www.commonsensemedia.org.

** N. de R. T. Jogo construtivo. A Sociedade Brasileira de Pediatria publicou um documento chamado "#Menos Vídeos #Mais Saúde" que explica os tipos de jogos *on-line* e a violência, veja em: https://www.sbp.com.br/fileadmin/user_upload/22496c-MO_-_DepVirtual__MenosVideos__MaisSaude.pdf.

Em comparação com jogos de tiro em primeira pessoa como *Halo*, *Grand Theft Auto* e *Call of Duty*, os gráficos dos avatares dos jogadores no *Fortnite* realmente parecem mais caricaturais, mostrando menos carnificina gráfica e sangue quando os jogadores eliminam outros. Curiosamente, o nível de detalhe é amplificado quando se trata das armas que os jogadores podem ganhar e usar, desde machados de batalha até rifles de assalto. O que preocupa é a combinação do *Fortnite* de glorificação de armas e violência caricatural, pois o jogador vê o mundo através de uma lente que valoriza o armamento, mas minimiza com desenhos animados o dano humano que essas armas causam. Cada morte sem sangue do avatar de outro jogador, não apenas um NPC (avatar não jogador) gerado pelo computador, é apenas um passo mais próximo da vitória, não a perda trágica da representação de outra criança.

Não se deixe enganar por mensagens de *marketing* (e até mesmo análises) que parecem dizer: "Não é graficamente sangrento, então não é prejudicial". Pesquisas mostram que quando atividades como fumar ou beber são mostradas sem consequências e assistidas repetidamente, alguns adolescentes têm *maior probabilidade* de experimentá-las.[16] Especialistas alertam que isso pode ser verdade quando crianças veem atos repetidos de violência que são sem sangue e impunes. Quando a violência é associada ao prazer, como comédia ou sensualidade, ou um meio para um fim vitorioso, ela se torna mais atraente.[17] O jogador se concentra na boa sensação de prevalecer, em vez de em emoções negativas como perda, remorso ou culpa pela "vida" perdida. Como proprietário e usuário experiente de armas, você sabe o que significa realmente tirar uma vida. O *Fortnite* não recria esse conhecimento experiencial; ele o subverte.

Como pai engajado e atencioso, você estava certo em tentar entender melhor o *Fortnite*, especialmente depois de ver a intensidade com que seu afilhado jogava. Multiplique a experiência dele pelos milhões de crianças que jogam. Embora as análises de jogos possam ser úteis, entenda que elas não são baseadas na ciência, mas são avaliações feitas por jogadores ou, no caso da Common Sense Media, por pais de jogadores. O que você traz à mesa é sua experiência tanto como pai quanto como caçador. Você conhece armas e conhece seus filhos. Explique a eles o que armas de fogo podem fazer e como usá-las com responsabilidade, bem como a diferença entre usar uma arma na vida real *versus* em um *videogame*. E, acima de tudo, independentemente do que façam para se divertir, incuta neles o valor de sua vida e de seu bem-estar — e da vida e do bem-estar dos outros.[18]

Após o tiroteio na Sandy Hook Elementary School, opositores do controle de armas apontaram para *videogames* violentos como o problema, não o fácil acesso às armas. Na realidade, essa não é uma situação de um ou outro. A prevalência de armas de fogo na mídia audiovisual violenta dessensibiliza os usuários tanto para as armas quanto para a violência. Um estudo experimental escolheu aleatoriamente crianças de 8 a 12 anos para assistirem a um clipe de filme classificado como PG (orientação parental sugerida) com ou sem armas, ou jogar um *videogame* classificado como E (livre) com ou sem armas. Levadas para uma sala diferente com brinquedos e jogos e um arquivo com uma pistola de 9 mm real, mas desativada, escondida em uma gaveta, quase todas as crianças encontraram a arma. Aquelas que haviam visto filme ou jogado um jogo com armas tinham maior probabilidade de manusear a arma e puxar o gatilho, inclusive apontando a arma para si mesmas ou para um amigo.[19] O aumento das representações de violência armada na televisão entre 2000 e 2018 foi associado a mais homicídios relacionados a armas envolvendo jovens de 15 a 24 anos, tanto como perpetradores quanto como vítimas.[20] Essas descobertas são paralelas a pesquisas que demonstram que retratar visualmente os meios de suicídio aumenta a probabilidade de esses meios serem usados em tentativas de suicídio.[21] O suicídio responde pela maioria de todas as mortes por armas de fogo (54%), enquanto o homicídio responde por 43%.[22] A normalização de armas na mídia, incluindo jovens posando com elas nas redes sociais para parecerem poderosos, torna mais provável que jovens que se sentem vulneráveis carreguem armas.[23]

Jogos interativos como poderosas ferramentas de ensino

Os *videogames* parecem ser professores ainda mais poderosos que mídias passivamente assistidas como televisão e filmes.[24] Enquanto testemunhar violência parece dessensibilizar os espectadores, jogos violentos fazem mais, tornando as crianças participantes ativas em uma narrativa violenta. Os *videogames* fornecem roteiros comportamentais para os jogadores, um conjunto específico de comportamentos que serão recompensados com pontos e oportunidades para jogabilidade mais complexa e interessante.[25] Seja o jogo futebol ou uma luta para sair de um hospital para criminosos insanos, o roteiro comportamental será repetido várias e várias vezes enquanto seu filho melhora sua habilidade e progride no mundo do jogo.

Os *videogames* criam uma oportunidade para que um jovem aprenda, ensaie e aperfeiçoe a tarefa central do jogo. Que melhor ferramenta de ensino? Pilotos que jogam *videogames* têm níveis mais altos de atenção visual, tornando-os capazes de detectarem e processarem muito mais estímulos visuais em um campo visual mais amplo.[26] Cirurgiões que jogavam *videogames* mais de três horas por semana demonstraram coordenação olho-mão e destreza aprimoradas.[27] Da mesma forma, estudos mostraram que, com o tempo, os jovens aprendem com a mídia violenta que consomem; desenvolvem um viés de atribuição hostil, o que significa que são mais propensos a presumirem que as declarações ou ações de outra pessoa têm intenção hostil.[28] Isso muda a dinâmica das interações com os outros, inclinando o equilíbrio interpessoal para um conflito que deve ser vencido em vez de resolvido.

A relação entre jogos violentos e pensamentos e comportamentos agressivos é especialmente preocupante quando se percebe que nove entre 10 jogos mais vendidos recompensam os jogadores por praticarem violência contra outros.[29] Pesquisas mostraram que usuários frequentes de *videogames* violentos exibem menos comportamentos pró-sociais e pior desempenho acadêmico.[30] Essas descobertas levantam preocupações sobre o que essa ferramenta de ensino altamente eficaz está realmente ensinando. Pesquisas da China examinando a relação entre jogar *videogames* violentos e *cyberbullying* descobriram que, consistente com o modelo geral de agressão,* maior uso de *videogames* violentos correlacionou-se com mais *bullying* e *cyberbullying*, e essa associação era mais forte entre jogadores com alta agressividade como traço e mais fraca entre aqueles com alta identidade moral.[31]

Infelizmente, mesmo a moralidade como moderador pode ser comprometida se a violência for vista como justificada, praticada pelo "mocinho" contra o "bandido". Pesquisas observacionais mostraram que a violência que parecia ser pró-social e justificada era mais propensa a ser imitada.[32] Pesquisas funcionais cerebrais com pessoas de 18 a 22 anos mostraram que a violência retratada como injustificada ou "errada" ativa a parte do cérebro que responde a eventos assustadores ou repulsivos, enquanto a violência praticada para proteger os indefesos ou vingar injustiças aciona os centros de recompensa do cérebro.[33] Tais distinções entre "violência ruim" a ser re-

* N. de R. T. O *General Aggression Model* é uma teoria que ajuda a entender como e por que as pessoas podem agir com agressividade. Ele mostra que nossos comportamentos violentos não surgem do nada — são resultado de uma mistura de fatores, como experiências de vida, emoções do momento e até o ambiente em que estamos. Essa abordagem é muito usada em pesquisas sobre violência, especialmente quando se quer entender o impacto de jogos, filmes ou redes sociais no comportamento das pessoas.

jeitada e "violência boa" a ser emulada tornam-se problemáticas quando não brancos são desproporcionalmente representados como "bandidos" e mulheres são desproporcionalmente vítimas de violência.[34]

PERGUNTE AO MIDIATRA

Como posso conversar com meu marido sobre violência na mídia?

Tenho filhas de 8 e 10 anos e um enteado de 6 anos. Meu novo marido acha que filmes classificados como PG-13 e videogames *violentos são adequados para todas as nossas crianças, inclusive seu filho de 6 anos. Mas nunca permiti que minhas filhas usassem mídia violenta porque, como orientadora escolar, estou bem ciente dos perigos da violência midiática para crianças. Como posso educar meu marido sobre essa questão?*

Você e seu marido não estão sozinhos; muitos casais de pais discordam entre si sobre violência na mídia. Pelo que vejo em minha prática clínica, as opiniões geralmente seguem linhas de gênero: mães tendem a se preocupar e pais tendem a pensar que não é grande coisa. Por que esse debate de longa data ainda não foi resolvido? Porque se concentra em crenças carregadas de valores como "Eu realmente não gosto de assistir a todos esses tiroteios" e "Eu joguei *videogames* quando criança e me tornei uma pessoa normal" — em vez de evidências científicas de como o uso de mídia realmente afeta as crianças e a consciência dos pais sobre o temperamento e as vulnerabilidades de seus filhos.

Concentre sua conversa em fatos em vez de opiniões. Evite julgamentos de opinião e valor como "os perigos da violência na mídia". Explique calmamente ao seu marido que pesquisas científicas mostram que crianças que usam mídia violenta são mais propensas a

- tornarem-se temerosas ou ansiosas sobre as situações violentas que veem e ouvem;
- tornarem-se menos sensíveis ao sofrimento dos outros;
- tornarem-se mais agressivas em seus pensamentos e comportamentos.

A criança que fica perturbada com mídia violenta está aprendendo que o mundo é um lugar perigoso e assustador; aquela que não fica perturbada com isso está aprendendo que a violência é a maneira de resolver problemas. É improvável que os pais queiram qualquer um desses resultados para seus filhos.

Em sua conversa com seu marido, concentre-se no positivo. Como é fato que as crianças aprendem com a mídia, converse sobre o que você *realmente* deseja que elas aprendam. Que tipos de comportamentos você quer que elas vejam, ouçam e emulem? Então, faça um *brainstorming** com seu marido para encontrar exemplos de filmes, programas de TV e músicas que forneçam modelos positivos dos quais possam aprender. Se você focar nos tipos de mídia que deseja compartilhar com seus filhos, poderá encontrar um terreno comum.

Se a conversa com seu marido não resolver a questão e as crianças continuarem a usar mídia violenta, discutam abertamente como família o que elas estão vendo e como isso as faz se sentirem. Isso dará a seus filhos uma oportunidade de discutir imagens que possam tê-los assustado ou confundido, ajudará você e seu marido a entenderem o que seus filhos estão vendo e aprendendo, além de oferecer uma oportunidade para reforçar como você deseja que seus filhos se comportem.

Metanálises de estudos representando 15.386 jogadores mostraram que jogos de *videogame* violentos estão correlacionados com maior agressão física ao longo do tempo, com os efeitos mais fortes ocorrendo em jogadores entre 13 e 16 anos.[35] Outra metanálise de pesquisas envolvendo mais de 17.000 jogadores descobriu que a associação mais forte entre jogabilidade de *videogame* violento e agressão foi encontrada em jogadores brancos, menos forte, mas significativa, entre jogadores asiáticos, e não confiável entre jogadores latinos, sugerindo que a dessensibilização à violência resultou em menor empatia entre aqueles que se sentiam socialmente mais poderosos.[36] Embora a jogabilidade de *videogame* violento tenha sido associada a comportamento menos pró-social no geral, pesquisas experimentais recentes encontraram aumento no comportamento pró-social entre crianças de 9 a 12 anos após

* N. de R. T. A tempestade de ideias, também conhecida como *brainstorming*, é uma metodologia de expressão muito utilizada em grupos de trabalho, tanto em ambientes escolares quanto em empresas. Durante um tempo determinado — geralmente entre 15 e 20 minutos —, os participantes são incentivados a falar livremente sobre um tema, uma palavra-chave ou uma questão. No processo, não há julgamentos nem censuras: o objetivo é permitir que pensamentos, percepções, estereótipos sociais e associações espontâneas venham à tona. Muitas vezes, surgem reflexões sobre as pressões culturais, os padrões impostos pela sociedade e a influência constante da mídia e da publicidade. Essa prática é valiosa porque abre espaço para diferentes visões de mundo, revelando como somos afetados por imagens, discursos e valores que nos cercam. Além de promover criatividade, também contribui para o pensamento crítico e o diálogo coletivo.

jogarem *Fortnite Battle Royale* em dupla (em parceria com outro jogador) em comparação com jogo em dupla de um *pinball** neutro e com jogo solo de *Fortnite* ou do *pinball*.[37] Isso pode ser devido a um sentimento de que a violência em defesa de outro é um comportamento pró-social, de ajuda, e que os efeitos da jogabilidade no comportamento podem ser moderados pela identidade moral, como identificado no estudo chinês.[38]

PERGUNTE AO MIDIATRA

Por que crianças diferentes respondem diferentemente à violência na mídia?

Meus meninos, agora com 15 e 17 anos, são tão diferentes. Percebi que eles podem assistir aos mesmos programas violentos juntos, mas respondem de maneira diferente. É verdade que, após assistir a programas violentos, algumas crianças se comportarão de forma mais agressiva enquanto outras se tornam mais temerosas? Se sim, você pode explicar como isso acontece? Existe alguma chance de algumas crianças não serem afetadas de forma alguma?

Crianças diferentes responderão de maneira diferente a materiais distintos, e há muitas razões para essas variações, nem todas fáceis de identificar. Algumas razões têm a ver com idade, outras com temperamento, e algumas com o que mais está acontecendo na vida da criança, mas, em geral, há três efeitos a serem observados:

Dessensibilização (passar a aceitar a violência como parte normal da vida). O efeito mais universal e penetrante da exposição à mídia violenta — um que afeta a todos nós, independentemente de nossa idade, educação ou sofisticação — é que quanto mais vemos, mais dessensibilizados nos tornamos à violência e ao sofrimento resultante. Quando vemos muita violência, seja na mídia ou na vida real, nossa compreensão do mundo muda. Os seres humanos são organismos adaptáveis. Se vivemos — e particularmente, se crescemos — em um ambiente violento, nos adaptamos a ele. Quanto mais violência vemos, menos fora de lugar ela parece.

Medo e ansiedade. Isso pode acontecer mais em crianças mais novas. Ver violência em todas as notícias, filmes e *videogames* pode levá-las a acreditarem que o mundo é um lugar muito perigoso e que são vítimas potenciais toda vez que saem de casa.

* N. de R. T. Pode ser jogo de boliche, de dardos ou mesmo de bolas ou xadrez.

Aumento da agressão. Este é o efeito menos comum, mas o que mais preocupa. Na mídia de entretenimento, a violência é frequentemente usada para resolver conflitos. Além disso, as consequências negativas dessa violência nem sempre são mostradas. Vendo isso repetidamente, algumas crianças podem ter pensamentos agressivos aumentados e aprender a resolver problemas usando violência física.

Você também perguntou se existem crianças que não são afetadas de forma alguma. Em geral, não, e, francamente, eu provavelmente me preocuparia ainda mais com uma criança que parecesse completamente não afetada. Os seres humanos se relacionam uns com os outros de maneiras positivas e negativas. Por mais indesejáveis que sejam as interações agressivas, uma criança que não consegue se conectar o suficiente para se importar e sentir empatia por aqueles que são feridos é profundamente preocupante.

Infelizmente, não há uma boa maneira de prever quais crianças serão afetadas de que maneiras por sua exposição à mídia violenta. Isso torna a prevenção complicada. Mas, considerando que a maioria das crianças experimentará pelo menos um desses três efeitos principais, reduzir a exposição à violência na mídia só pode ajudar. Quando seus filhos encontrarem violência nas notícias ou na mídia de entretenimento, ensine-os a pensarem criticamente sobre o que viram e ouviram do lado do agressor e do lado da vítima. Imagine o que eles poderiam fazer em uma situação semelhante. E, como Fred Rogers aprendeu com sua mãe, pense nos ajudantes daqueles que estão feridos.

Prevenir é melhor que desaprender a violência

Ao final da Primeira Guerra Mundial, líderes militares dos Estados Unidos ficaram chocados ao descobrir que mais da metade de todas as baixas no campo de batalha morreu sem disparar suas armas. Analisando esse fenômeno preocupante, psicólogos concluíram que, como os recrutas recém-chegados haviam sido treinados para atirar em alvos de papel, na primeira vez que miraram em uma pessoa jovem como eles mesmos, hesitaram. O breve momento em que confrontaram a realidade de matar um de sua própria espécie foi suficiente para deixar o outro atirar primeiro.[39] Líderes militares reconheceram que essa resistência instintiva a matar outro ser humano precisava ser superada para que os soldados tivessem sucesso no campo de batalha. Para a Segunda Guerra Mundial, treinaram soldados para atirarem em silhuetas feitas de madeira compensada de soldados inimigos —

e as baixas no campo de batalha com armas não disparadas foram reduzidas pela metade.[40] Técnicas para criar cenários de treinamento cada vez mais realistas evoluíram com cada ação militar. Hoje, tanto o exército quanto as academias de polícia treinam recrutas em jogos de tiro em primeira pessoa para aumentar sua vigilância e atenção visual, melhorar sua coordenação olho-mão e superar sua resistência instintiva a matar outro ser humano.[41] Ao mesmo tempo, é importante ressaltar que os recrutas são treinados em disciplina militar, instruídos a atirarem e pararem de atirar sob comando, e ensinados a respeitarem o poder de sua posição e de suas armas. A preocupação do Coronel David Grossman, um ex-Ranger do Exército e professor de psicologia em West Point que estudou o ato de matar e seus efeitos psicológicos, é se crianças e adolescentes que jogam esses mesmos jogos de tiro em primeira pessoa sem disciplina e respeito compensatórios podem ser dessensibilizados para o ato de matar.[42]

Em 2013, o jornal *New York Times* publicou um artigo intitulado "Unlearning Gun Violence" (em tradução livre, "Desaprendendo a Violência Armada"), que discutia o trabalho de um epidemiologista que, após uma década combatendo tuberculose, HIV e cólera na África, retornou a uma epidemia potencialmente fatal em sua cidade natal de Chicago — a violência armada. Ele usou as mesmas técnicas que funcionaram para doenças infecciosas na África, identificando fontes e padrões de contágio, conectando pares da comunidade com atiradores e vítimas para interromper o ciclo mortal de violência, e indo ao hospital para intervir na vingança quando alguém era baleado.[43] Essa prevenção secundária e terciária é eficaz — mas só pode ser feita após a ocorrência da violência. Para que não seja necessário que mais pessoas morram, devemos ir além de desaprender a violência para praticar a prevenção primária. Nunca devemos aprender a violência.

Naquela mesma semana, um relatório de pesquisa publicado no periódico *Pediatrics* detalhou o aumento dramático da violência armada em filmes classificados como PG-13, triplicando nas últimas três décadas.[44] Filmes que qualquer criança pode assistir (esperançosamente, mas não necessariamente, com orientação dos pais) agora eram mais violentos do que aqueles restritos a maiores de 17 anos, a menos que acompanhados por um adulto. Um dia depois, fui convidado a apresentar pesquisas em apoio a um projeto de lei no Senado Estadual de Massachusetts que nomearia uma comissão de especialistas para estudar se e como jogos eletrônicos violentos e outras mídias interativas influenciam e ensinam seus usuários.[45]

A indústria de jogos eletrônicos forjou um sucesso financeiro dramático e transformou nossa sociedade não apenas superando filmes, televisão e outras mídias em rendimento financeiro, mas também aproveitando o envolvimento dos jovens com essas experiências virtuais na educação formal. Encorajados pelas afirmações dos fabricantes de *software* de que currículos gamificados são o segredo para envolver jovens aprendizes e ensinar tudo, desde ciências até cidadania, investimos bilhões de dólares em dispositivos e *softwares* para nossas escolas. Ao mesmo tempo, a indústria de jogos eletrônicos argumentou perante órgãos legislativos que seus produtos de entretenimento não ensinam as crianças ou influenciam seu comportamento de forma alguma. Testemunhei nessas audiências que a ciência mostra que as crianças estão aprendendo o tempo todo. Elas estão constantemente construindo seu acervo de conhecimento sobre si mesmas, sobre o mundo e sobre como devem se comportar nele. Filmes e televisão espelham o mundo, retratando uma variedade de escolhas humanas e os resultados dessas escolhas. Jogos eletrônicos criam ambientes virtuais nos quais os jogadores são recompensados por fazerem as escolhas corretas, praticando repetidamente atividades que vão desde esportes até matar.[46] Tanto a pesquisa científica quanto o senso comum apoiam as afirmações da indústria de mídia sobre o potencial e o poder de seus produtos para ensinar. Mas no início do primeiro ano letivo após os trágicos tiroteios na Sandy Hook Elementary School, um ano que viu *Grand Theft Auto* 5 faturar quase US$ 1 bilhão em seus primeiros três dias de vendas, a indústria estava argumentando ao Senado Estadual de Massachusetts que nós não precisávamos entender os porquês e como esses jogos ensinavam as crianças.[47]

Conhecimento é poder — o poder de fazer escolhas, como indivíduos e como sociedade, com plena compreensão dos riscos, dos benefícios e dos potenciais resultados dessas escolhas. Se jogos eletrônicos podem ensinar, eles podem ensinar a calcular e podem ensinar a matar. Além de apoiar a prevenção secundária e terciária de ajudar nossos concidadãos a desaprenderem a violência armada, talvez devêssemos considerar **praticar a prevenção primária e nunca ensinar a violência em primeiro lugar**.

PERGUNTE AO MIDIATRA

A tortura aumenta os efeitos da violência representada nos jogos?

Meu filho de 16 anos adora jogos de RPG (do inglês role-playing games, *ou jogos de interpretação de papéis) na internet. Recentemente, ficamos preocupados quando descobrimos que os enredos dos jogos frequentemente envolvem tortura. Questionamos por que ele se sente atraído por esse tipo de jogo e se existem riscos de curto ou longo prazo que deveríamos conhecer. Pensamos se deveríamos restringir totalmente seu acesso à internet, mas percebemos que essa não é uma opção realista. Fazemos o possível para manter os canais de comunicação abertos, mas precisamos de orientação sobre como conversar com ele sobre nossas preocupações.*

Ver seu filho envolvido nesse tipo de jogo certamente pode ser alarmante, e seu impulso de conversar com ele sobre isso está correto — mas sua discussão precisa ser conduzida pela razão em vez de pela emoção, ou pode ter o efeito contrário. Compreender o que pode estar acontecendo pode ajudar.

Crianças e adolescentes com frequência são atraídos pela violência na mídia não porque gostam de violência, mas porque ela as assusta, perturba ou alarma. Ao retornar a ela, estão tentando dominar a experiência perturbadora. No entanto, crianças que repetidamente se envolvem com violência até que ela não as incomode mais podem se dessensibilizar não apenas à violência virtual, mas também às violências física e psicológica. Parte do problema com a exposição à violência na mídia é que ela faz a violência parecer mais comum do que realmente é e muda nossas crenças sobre o que é normal.

Outro fator contribuinte pode ser os sentimentos intensos do seu adolescente, que podem incluir raiva e vulnerabilidade. O interesse dele nesses jogos pode ser motivado em parte pela necessidade de explorar esses sentimentos. No entanto, envolver-se em tortura simulada não é a maneira mais saudável de fazer isso. Efeitos de curto prazo podem incluir sinais de que ele está mais tenso, como aumento de ansiedade, distúrbios do sono e irritabilidade. Em longo prazo, ele pode ver a violência contra outros ou contra si mesmo como uma forma de resolver seus conflitos.

Parece que vocês já estabeleceram as bases para uma comunicação aberta sobre mensagens da mídia, e falar sobre a questão da tortura não precisa ser muito diferente. Ainda assim, existem algumas abordagens específicas que podem ser úteis para tratar dessa questão:

- ***Ajude-o a encontrar uma maneira de explorar os sentimentos intensos.*** Restringir o acesso à internet não fará os sentimentos desaparecerem. Por isso, pode ser útil que ele trabalhe com um psicólogo para encontrar uma saída diferente e mais terapêutica para eles, como esportes ou artes marciais.
- ***Mantenha o computador em um espaço público,*** como a mesa de jantar. Dessa forma, ele pode jogar em áreas onde vocês podem ver o que ele está fazendo e discutir isso com ele.
- ***Inicie conversas sobre o jogo jogando com ele ou sentando-se ao lado dele enquanto joga.*** Peça que lhe ensine sobre o jogo e explique o que

está acontecendo nele, como ele se sente jogando e o que acha agradável nisso. Buscar aprender com ele demonstra seu respeito e amor, além do interesse em compreender seu envolvimento com os jogos, não julgá-lo ou repreendê-lo. Ouvi-lo pode ajudar a descobrir quais necessidades esse jogo está atendendo e abrir caminho para pensar em outras maneiras de atendê-las.

- ***Estabeleça limites quanto ao conteúdo.*** Pode ser difícil ser razoável em vez de emocional nesse ponto, mas tente dizer algo como: "Como seu pai/mãe, assim como não lhe dou comida prejudicial, não acredito que você deva praticar ferir os outros. Vejo que você acha isso empolgante e sei que sua mente racional entende que é apenas faz de conta, mas acostumar-se mesmo com tortura simulada muda qualquer pessoa. Não quero que você mude dessa maneira". Depois, trabalhe com ele para encontrar jogos que o estimulem, mas não incluam tortura.

Lembre-se de que os interesses dele na mídia podem oferecer uma janela para o que ele está processando internamente. Portanto, uma combinação de estabelecer limites ao conteúdo e ajudá-lo a encontrar outra maneira de explorar e processar os sentimentos deve servir bem a toda a família.

A mãe de Dylan o trouxe para uma consulta por causa de coriza em um dia muito frio de inverno, logo após ele completar 8 anos. Quando estavam saindo, sua mãe disse: "Não tenho certeza se é apropriado perguntar, mas é normal que ele ainda molhe a cama? Não acontece com frequência, mas o suficiente para que eu tenha uma capa plástica no colchão". Dylan era saudável e tinha desenvolvimento normal. Não havia histórico familiar de problemas urinários. Eles haviam cortado todos os líquidos após o jantar e garantido que ele urinasse antes de ir para a cama. "Mas de vez em quando eu o ouço gritando ou chorando no meio da noite", disse ela. "Quando entro no quarto, sua cama está encharcada de urina, mas ele está profundamente adormecido."

Embora os pais se preocupem com as crianças aprendendo a ser violentas a partir da mídia violenta, muito mais crianças aprendem a ter medo, como sugeriam os pesadelos e a enurese* noturna de Dylan. Quando as crianças

* N. de R. T. Descontrole da bexiga com perda involuntária da urina durante o sono profundo à noite. Até mais ou menos 6 anos é frequente acontecer, porém, ao perdurar, é importante investigar a causa desse tipo de queixa ("fazer xixi na cama" durante o sono à noite), muito frequente nos consultórios.

passam tanto tempo com a mídia, as telas se tornam uma fonte importante de informação sobre o mundo e como devem se comportar nele. E como a violência é primordial, opcional em termos de linguagem (diferentemente do romance ou do desenvolvimento de personagens), visceralmente atraente e menos dispendiosa de produzir do que outros elementos de enredo que envolvem o público, é a aposta mais segura para produtores de mídia que desejam melhorar suas chances de obter lucro. Como resultado, há uma alta prevalência de violência na mídia utilizada por todos nós. E a mídia precisa continuar superando seu último esforço para permanecer provocativa e recapturar nossa atenção primitiva.

A maioria das representações violentas na TV encontradas pelo *National Television Violence Study* (Estudo Nacional de Violência na Televisão) na década de 1990 estava na programação infantil.[48] Claro, isso incluía muitos desenhos animados, e muitos diriam que esse tipo de violência é diferente de, por exemplo, um filme de ação de Arnold Schwarzenegger ou "pornografia de tortura" como os filmes *Jogos mortais*. E eles estão certos. O conteúdo é diferente. Quando o Coiote cai no fundo de um cânion profundo ou é esmagado por uma bigorna, a violência é mais estilizada e claramente fictícia — para adultos. Mas para crianças é diferente.

A psicologia cognitiva, que estuda como e quando o cérebro humano desenvolve habilidades específicas, mostrou que crianças com menos de 7 ou 8 anos não conseguem distinguir claramente entre realidade e fantasia.[49] O que isso significa é que, para uma criança, há pouca diferença entre ver um tiroteio na rua e ver um tiroteio em um desenho animado.

O ponto foi trazido à tona para mim de maneira poderosa quando fui convidado a participar de uma força-tarefa organizada às pressas para avaliar e responder ao trauma psicológico experimentado por crianças que testemunharam o 11 de setembro. Havia uma profunda preocupação de que precisaríamos responder ao transtorno de estresse pós-traumático em massa entre crianças que assistiram a imagens de aviões colidindo com edifícios, derrubando-os repetidamente durante aquele dia caótico e aterrorizante. Nas semanas após o 11 de setembro, os pais estavam angustiados, com medo, chorosos e inseguros — mas, para surpresa e alívio de muitos, suas crianças pareciam majoritariamente ilesas. Quando as crianças foram questionadas sobre isso, muitas deram de ombros: "Nada demais. Já vi isso antes". Para elas, a violência que viram na tela era tão real quanto os *Power Rangers* ou os *Looney Tunes*.

Aumento da ansiedade em um mundo que parece perigoso

Quando as crianças, particularmente as mais novas, veem violência na televisão ou jogam *videogames* violentos, aprendem que o mundo é um lugar violento e ameaçador. É uma conclusão lógica a se tirar quando sua principal experiência do mundo além de seus lares é o entretenimento que assistem e os jogos que jogam. Testemunhar violência virtual pode resultar em aumento de ansiedade, medo e distúrbios do sono.[50] Em uma época em que mais crianças e cada vez mais adolescentes estão usando medicamentos psiquiátricos para ansiedade, transtorno de déficit de atenção/hiperatividade, depressão ou distúrbios do sono do que jamais na história, talvez devêssemos considerar se podemos prevenir ou reduzir seus sintomas diminuindo sua exposição a experiências que provocam ansiedade. Embora a preocupação com os efeitos da mídia violenta tenha se concentrado quase exclusivamente em se a exposição torna algumas crianças violentas, o aumento da ansiedade entre um número maior de crianças e a dessensibilização de todos nós têm um efeito mais amplo em nossa sociedade e na saúde de nossos filhos.

Eu não via Dylan há quase 10 anos. Então ele veio à clínica aos 17, com um homem que se apresentou como seu conselheiro. O Department of Youth Services (Departamento de Serviços para Jovens) precisava de um histórico físico e de imunização recente de Dylan porque ele estava em liberdade condicional. Fiquei surpreso. Todos os seus problemas durante o crescimento pareciam estar dentro do intervalo normal de rebeldia e comportamento de risco. Dylan era um bom garoto. Ele tinha uma família maravilhosa e solidária e uma ótima educação. Cresceu com tudo o que precisava ou queria. Não tinha problemas com drogas ou álcool.

"O que está acontecendo?", perguntei.

"Agressão física", relatou seu conselheiro. Olhei para Dylan com curiosidade.

"Foi uma coisa estúpida", disse ele. "Sei disso agora." Depois de olhar para seu conselheiro para verificar se ele podia falar, Dylan relatou que ele e três amigos haviam sido presos por "*happy slapping*".* Eles tinham desafiado uns aos outros a atacar um estranho aleatório, gravar em um celular e

---

* N. de R. T. *Happy slapping* é um tipo de violência que envolve estapear (bater) uma pessoa desconhecida. Infelizmente, no Brasil, tem ocorrido muitos casos envolvendo pessoas em situação de rua.

fazer *upload* para a internet. Um de seus amigos tinha visto vídeos de *happy slapping* no YouTube e achou muito engraçado. O irmão mais velho do estudante que eles atacaram não achou engraçado e chamou a polícia.

E quanto às classificações de mídia e à mídia produzida especialmente para crianças? Mesmo classificações G ou a marca Disney, reconhecida como saudável, não protegem as crianças da mídia violenta. Todos os filmes de animação de longa-metragem criados entre 1939 e 1999 continham representações de personagens perpetrando violência contra outros.[51] Entre os jogos eletrônicos classificados como E em 2001, 64% envolviam o jogador em comportamento violento.[52] É importante entender que os sistemas de classificação de mídia para filmes e jogos eletrônicos foram desenvolvidos e são aplicados pelas próprias indústrias de mídia, não pelo governo ou por uma organização independente dedicada a otimizar a saúde e o desenvolvimento infantil. O sistema de classificação de filmes da Motion Picture Association foi implementado em 1968 não para proteger crianças e orientar pais, mas para libertar cineastas criativos das rígidas restrições da censura governamental, permitindo-lhes retratar honestamente a efervescência social da época. O Entertainment Software Rating Board (ESRB), que classifica jogos, foi similarmente criado em 1994 pela indústria de jogos eletrônicos para evitar a supervisão governamental de seus produtos após o público e o Congresso manifestarem preocupação com o aumento do conteúdo violento e sexual.[53] Classificações baseadas em idade são atribuídas de maneira semelhante por ambos os grupos.* Vários avaliadores treinados, cuja qualificação é serem ou terem sido pais, analisam a versão proposta para lançamento de um filme ou uma descrição escrita e vídeos de cenas selecionadas de um jogo. Pede-se aos avaliadores que determinem para qual idade infantil um pai provavelmente aprovaria o produto. As classificações resultantes refletem mais os valores sociais da época do que o que é melhor para a saúde e o desenvolvimento infantil. Isso resultou em um deslizamento nas classificações cinematográficas.[54] As classificações de jogos do ESRB têm sido criticadas por não incluírem conteúdo questionável nos vídeos de jogos submetidos para análise de classificação. Como os sistemas de classificação são supervisionados pelas próprias indústrias, existe um compreensível incentivo comercial para buscar as classificações menos restritivas e pressionar os limites delas para atrair espectadores e jogadores. Por isso, defensores das crianças têm um ceticismo igualmente compreensível em relação às classificações da in-

* N. de R. T. Ver notas de rodapé dos Capítulos 2 e 9 sobre as classificações no Brasil.

dústria. Agora que a maioria da mídia audiovisual é consumida em casas em vez de em cinemas, as classificações cinematográficas são inaplicáveis, servindo apenas como eficazes ferramentas de *marketing* que anunciam conteúdo adulto.

Da minha perspectiva como pediatra e pai, classificações prescritivas "apropriadas para a idade" são inerentemente falhas por três motivos:

1. independentemente de quão imparciais sejam quanto a considerações comerciais, organizações supervisoras não podem prescrever de maneira confiável mídia para crianças que não conhecem tão bem quanto os pais delas;
2. nem toda criança da mesma idade está no mesmo estágio de desenvolvimento;
3. conteúdo apropriado para uma família é inapropriado para outra.

As classificações de mídia permanecem amplamente baseadas em valores sociais em vez de em efeitos no desenvolvimento. Para que um sistema de classificação de mídia seja verdadeiramente eficaz no apoio ao desenvolvimento infantil saudável, precisaria ser um sistema descritivo que delineasse que tipo de conteúdo será encontrado em um filme, programa de televisão ou jogo. Informações sobre o conteúdo das telas permitiriam que decisões fossem tomadas sobre o que é ótimo em termos de desenvolvimento, não apenas para as variações normais entre crianças da mesma idade, mas para uma gama de crianças neurodiversas de qualquer idade, permitindo aos pais determinar o que consideram ideal para cada filho. Finalmente, crenças culturais e religiosas variam muito, então descrição em vez de prescrição permitiria às famílias avaliar o que consideram apropriado para seus filhos. Para seu crédito, ambos os sistemas de classificação agora estão incluindo descrições de conteúdo com suas classificações categóricas.

As classificações de mídia nunca serão perfeitas. Conteúdo que confunde, perturba, assusta ou causa repulsa em uma criança passará inclusive por classificações muito aprimoradas. Em última análise, é por meio da modelação e da orientação para seu filho ser um espectador crítico e um pensador crítico, do compartilhamento de mídia e das experiências midiáticas abertamente e da comunicação aberta para discussão, resposta a perguntas e ajuda no processamento dessas experiências que seu filho desenvolverá a educação midiática necessária para otimizar seu desenvolvimento e sua saúde física, mental e social.

A violência na mídia ecoa no *bullying* e no *cyberbullying*

Shari era a quintessência da abelha-rainha. Ela vinha praticando desde o 3º ano, quando primeiro ganhou reputação de mandona, dirigindo as brincadeiras de suas amigas na escola e em encontros. No pátio, mantinha o controle anunciando diariamente quem eram suas melhores amigas; elas mudavam conforme seus caprichos. No 5º ano, Shari dominava o grupo das meninas e usava desprezo e esnobação para exercer seu poder social, fazer algumas garotas infelizes e garantir que as outras vivessem com medo. No ano seguinte, seus pais lhe deram um *smartphone* por ter entrado no quadro de honra da escola. Shari instantaneamente transformou o telefone em arma como ferramenta para expandir seu alcance e sua capacidade de agressão social. Ela tirava fotos constrangedoras de outros e as publicava nas redes sociais, espalhava fofocas, fazia comentários maldosos e, pior de tudo, respondia a mensagens de texto com longos silêncios que deixavam seus alvos se contorcendo.

Shari foi levada à Clinic for Interactive Media and Internet Disorders (CIMAID, Clínica para Transtornos de Mídia Interativa e Internet), após ser suspensa por três dias durante a 1ª série do ensino médio. Shari havia filmado uma colega de classe com sobrepeso, Maddy, dançando freneticamente em uma festa do pijama. Shari publicou o vídeo como um *meme* em um popular *site* de mídia social baseado em imagens com a legenda "HippoMaddymus dançando o Feio-Traseiro", e o vídeo viralizou, obtendo mais de 150.000 visualizações durante a noite. Profundamente envergonhada, Maddy ficou fora da escola por uma semana. Quando a escola ligou para seus pais, Maddy disse que não podia voltar às aulas porque todos lá a odiavam, mas não quis dizer por quê. Quando sua mãe entrou em contato com a amiga da filha, ela revelou o que Shari havia feito. Por violar a regra de tolerância zero da escola sobre *bullying*, Shari foi informada pela coordenação que precisaria participar de aconselhamento *antibullying* antes de retornar às aulas.

Assim que tanto Shari quanto Maddy retornaram à escola, a assistente social escolar conduziu várias reuniões de justiça restaurativa nas quais Shari pôde se desculpar publicamente, Maddy pôde explicar o sofrimento, e os colegas puderam discutir como poderiam ter sido espectadores cúmplices do *bullying*. À medida que essas discussões evoluíram, revelou-se que Shari praticava *cyberbullying* contra Maddy e vários outros estudantes desde o ensino fundamental e que o *cyberbullying* era comum na turma da 1ª série do ensino médio. Na terceira e última reunião de justiça restaurativa, Shari desabou e revelou que sofria *bullying* desde que estavam juntas no ensino fundamental por uma garota que agora estava no penúltimo ano — mas recusou-se a nomeá-la.

O *bullying*, como tem sido praticado ao longo da história registrada, é o uso sistemático de ameaça ou força pelos mais poderosos para coagir, machucar ou prejudicar os mais fracos ou vulneráveis. O *bullying* pode levar a problemas escolares e comportamentais, como notas baixas e comportamentos disruptivos, tanto para agressores quanto para vítimas.[55] Ocorrendo frequentemente como extensão do *bullying* presencial, o *cyberbullying** é o uso deliberado de tecnologia digital *on-line* para humilhar repetidamente com insultos ou imagens constrangedoras, espalhar inverdades maliciosas, ostracizar, perseguir, ameaçar danos físicos ou enviar imagens explícitas indesejadas para ou de uma vítima específica.[56]

Smartphones e redes sociais abriram novas oportunidades para o *bullying*. A facilidade de publicar crueldades casuais e a velocidade com que elas viajam para um público mundial transformaram o *bullying* em um espetáculo da era digital. Em um caso estranhamente semelhante ao de Dylan, uma menina de 14 anos foi agredida fisicamente por outra garota no corredor de sua escola, e um vídeo da agressão foi publicado no TikTok. Seu pai contou aos repórteres, após ela cometer suicídio, que sua filha havia lamentado: "Não quero ser aquela garota que apanha em vídeo e é ridicularizada".[57]

Pesquisas demonstraram que aqueles que sofrem *bullying* na escola frequentemente são vítimas *on-line*, e aqueles que praticam *bullying* na escola costumam fazê-lo *on-line*.[58] Em 2022, 46% dos jovens estadunidenses relataram ter sofrido *cyberbullying*.[59] Embora reduzido dos 59% relatados em 2018,[60] quando metade de uma comunidade escolar era vítima de *bullying*, a cultura social fica permeada de ameaça. Das vítimas de *bullying*, 41% confessam acreditar que serão intimidadas novamente.[61]

O *cyberbullying* geralmente ocorre entre crianças ou adolescentes que se conhecem. Em uma pesquisa com pré-adolescentes e adolescentes do Reino Unido, apenas 1% relatou ter sofrido *bullying* exclusivamente *on-line*.[62] Enquanto o *bullying* físico é mais prevalente entre meninos (p. ex., os mais velhos dando "cuecões" nos mais novos no pátio da escola), o *cyberbullying* é quase três vezes mais prevalente entre meninas, cujas formas psicológicas de *bullying* são facilmente transpostas para o âmbito digital.[63] Meninas de 15 a 17 anos (54%) têm maior probabilidade do que meninos da mesma idade

---

* N. de R. T. No Brasil, o *cyberbullying* é considerado uma forma de violência e é crime de acordo com a Lei nº 14.811, de 12 de janeiro de 2024, e com a Resolução nº 245 do Conselho Nacional dos Direitos da Criança e do Adolescente (CONANDA), de 5 de abril de 2024.

(44%) ou adolescentes de 13 a 14 anos de qualquer gênero (41%) de terem experimentado *cyberbullying*.[64] Como no *bullying* presencial, uma diferença de poder é explorada no *cyberbullying*, com os socialmente privilegiados visando os socialmente marginalizados. Jovens negros têm quase duas vezes mais probabilidade de serem vítimas de *cyberbullying* (21%) por causa de sua cor ou etnia, em comparação com jovens latinos (11%), e mais de cinco vezes mais probabilidade do que jovens brancos (4%).[65] Jovens que se identificam como LGBTQ+ têm quase duas vezes mais probabilidade de sofrerem *cyberbullying* do que seus pares heterossexuais.[66] Há uma grande sobreposição entre os 58% dos jovens que relatam ter recebido e os 53% que relatam ter enviado mensagens ofensivas *on-line*.[67] Como as identidades são menos claras *on-line*, o *cyberbullying* capacitou a vítima-agressor, vítimas de *cyberbullying* que depois intimidam outros, inclusive aqueles que os intimidaram.[68]

Adolescentes que foram vitimizados relatam que o *cyberbullying* com frequência começa presencialmente como microagressões repetidas, comentários sarcásticos constantes, interações desrespeitosas, exclusão social ou comportamentos que diminuem alguém, isolando-os socialmente e ignorando seus sentimentos. Então, uma mensagem ofensiva de um remetente desconhecido é recebida e sentida no isolamento. A conexão remota e o intervalo de tempo entre envio e recebimento protegem o remetente de ver o dano que causou — e faz o receptor se sentir terrivelmente sozinho. A velocidade e a disseminação do ecossistema digital rapidamente escalam o sofrimento, e ele se torna viral. O anonimato percebido e a psicologia de multidão *on-line* incentivam o acúmulo de comentários cruéis, fazendo a vítima sentir que, como uma paciente relatou, chorando, "O mundo inteiro me odeia!".

Essas características do espaço *on-line* podem tornar o *cyberbullying* mais prejudicial à saúde mental dos indivíduos e à cultura de uma escola ou comunidade do que a agressão presencial. Palavras faladas e socos são menos profundamente dolorosos e as lesões infligidas mais transitórias do que a humilhação *on-line*, rumores ofensivos e imagens degradantes e odiosas que permanecerão para sempre. Maiorias crescentes de crianças e adolescentes estão continuamente conectadas com seus pares via *smartphones*. Embora essa conectividade possa facilitar o engajamento social positivo, também facilita que o *cyberbullying* seja perpetrado 24 horas por dia e acessado a qualquer momento de qualquer lugar. As vítimas não podem escapar para a segurança de suas casas como podem escapar do *bullying* presencial. O *cyberbullying* pode afetar a saúde mental das vítimas, levando a ansiedade, raiva, frustração, baixa autoestima, depressão, ideação suicida e uma variedade de outros problemas emocionais e psicológicos.[69] As vítimas frequentemente se sentem sozinhas e desamparadas e têm risco muito maior de suicídio.[70]

Quando o *cyberbullying* foi identificado pela primeira vez como uma ameaça à saúde mental, as escolas argumentavam que, por ocorrer fora do *campus* e após o horário letivo, não era problema delas. Essa perspectiva mudou radicalmente. Em 2023, o EdWeek Research Center (Centro de Pesquisa EdWeek) entrevistou educadores e estudantes para avaliar o que havia afetado negativamente a saúde mental dos alunos no ano anterior — 70% dos educadores apontaram o *bullying on-line* como sua principal preocupação; apenas 11% dos estudantes citaram o *cyberbullying*, classificando-o em 15º lugar.[71] Na realidade, a maioria das vítimas de *cyberbullying* não relata a vitimização a um adulto.[72] Isso não ocorre porque lhes falta um adulto confiável e atencioso em sua vida, mas porque acreditam que o adulto tentaria protegê-los tomando seus telefones e cortando seu acesso ao espaço *on-line*. O que pais ou cuidadores veem como o vetor do dano, os jovens enxergam como seu sistema de alerta precoce, escudo e arma de retaliação. As vítimas às vezes revidam. Quando tiroteios escolares foram investigados, descobriu-se que os atiradores quase universalmente haviam sido ostracizados e vitimados por agressores na "elite do poder" da escola.[73] Os efeitos negativos de sofrer *cyberbullying* podem ser ainda mais graves do que os do *bullying* presencial, e os efeitos de qualquer forma de *bullying* podem perdurar até a idade adulta.[74]

Pesquisas sobre a psicologia do *bullying* demonstraram que três componentes são necessários para sua ocorrência: um agressor, uma vítima e espectadores que aceitam e, às vezes, incentivam.[75] Esses comportamentos humanos correspondem exatamente aos três resultados que têm sido consistentemente associados à exposição à violência na mídia: aumento da agressão (agressor), medo/ansiedade (vítima) e dessensibilização (espectadores). Então, a mídia violenta está "entretreinando" — isto é, "entretendo" enquanto "treina" — para que, desde cedo, as crianças se identifiquem com um desses três grupos?

PRESCRIÇÃO DE MÍDIA SAUDÁVEL

Neutralizando os efeitos da violência na mídia sobre pensamentos e comportamentos agressivos das crianças

A violência pode ser encontrada em muitas formas de mídia popular, desde noticiários televisivos até desenhos animados. Compreenda que as crianças estão sempre aprendendo com a mídia que assistem, com a qual jogam e ouvem — e com a maneira como respondemos a ela. Se virem pais ou amigos consumindo mídia violenta, aprenderão a aceitá-la como normal e a apreciá-la como entretenimento. Você conhece seu filho, com todos os seus traços de personalidade e sensibilidades, melhor do que qualquer pessoa no mundo. Limitar sua exposição à mídia violenta é parte de sua tarefa. É igualmente importante ajudar seu filho a processar a violência que inevitavelmente vê para orientá-lo a aprender *sobre* a violência em vez de aprender a *praticá-la*. Ajude seu filho a compreender que a violência não é normal, socialmente aceitável ou, na vida real, uma maneira eficaz de resolver problemas.

VOCÊ PODE

- ***Usar a mídia com seu filho o máximo possível.*** Procure oportunidades para compartilhar bons momentos, aprender com ele, incentivá-lo em um jogo ou passar tempo juntos enquanto cada um faz sua própria atividade na tela.
- ***Ler resumos de livros, filmes, programas de TV, músicas e jogos antes de oferecê-los ao seu filho.*** Muitos apresentam personagens que resolvem conflitos com violência e são tratados como heróis. As crianças podem ver a agressão de personagens favoritos como justificada e internalizar isso para significar que a agressão também é aceitável para elas.
- ***Colocar computadores domésticos em uma área comum***, como as salas de jantar ou estar, para desencorajar seu filho de visualizar violência excessiva ou se envolver em *cyberbullying*. Certifique-se de que todos os dispositivos conectados à internet, como *tablets* e *smartphones*, sejam deixados na sala de estar ou na cozinha para carregar durante a noite. Ao manter esses aparelhos eletrônicos em uma área comum, você pode monitorar seu uso com muito mais facilidade e estar ciente de qualquer mídia violenta ou *cyberbullying*.
- ***Observar a resposta de seu filho à mídia que está usando.*** Ele está com medo ou empolgado? Ele se afasta ou imita atos agressivos que vê na tela?
- ***Assistir a filmes ou TV, ouvir música e jogar (ou pelo menos observar)*** **videogames** que você não conhece com seu filho e observá-lo usando-os. Discuta abertamente suas observações e dúvidas para ajudá-lo a fazer escolhas ideais de mídia.
- ***Compreender os sistemas de classificação de mídia*** para filmes, TV, *videogames* e música da indústria do entretenimento e *sites* de defesa como Common Sense Media. Depois de assistir a um filme ou programa de TV com seu filho, leia críticas e classificações e calibre o que leu ali para seu filho. Use sua própria classificação personalizada para orientar o que seu filho realmente verá e ouvirá.

- ***Modelar e orientar como ser um espectador crítico.*** Incentive seu filho a notar e pensar sobre as vítimas e sobre os perpetradores de violência e como eles poderiam evitar se tornar uma vítima ou um perpetrador.
- ***Modelar e orientar seu filho a ser respeitoso e atencioso ao se comunicar com outras pessoas* on-line**, a pensar se suas palavras, imagens ou ações poderiam ser sentidas como prejudiciais por outra pessoa. Explique como as microagressões machucam os outros e podem ser uma forma de *bullying*, seja *on-line*, na escola, no campo esportivo ou em outros lugares.
- ***Notar e conversar sobre problemas potenciais enquanto estiverem* on-line *juntos.*** Preste atenção especial a comentários sarcásticos, maldosos ou mesmo brincadeiras depreciativas nas comunicações com outras pessoas. Converse sobre como podem ser interpretados negativamente. É melhor ter seu filho rindo de você por ser bobo ou tenso do que deixar potenciais primeiros passos em direção ao desrespeito ou dano passarem despercebidos.
- ***Estar ciente do conteúdo violento em vídeos ou jogos*** que você e irmãos mais velhos estão assistindo e/ou jogando quando crianças mais novas estão presentes. Mesmo que seu filho muito novo possa não entender o conteúdo, as imagens e os sons de violência ainda podem perturbar sua brincadeira e aumentar sua ansiedade.
- ***Estar ciente da exposição ambiental de seu filho à mídia violenta e ajudá-lo a evitar se dessensibilizar.*** Quando as crianças veem a violência na mídia como normal, elas não ficam perturbadas quando a veem e têm menos probabilidade de tentar evitar ou parar a violência quando a veem acontecer no mundo real.
- ***Reduzir o risco de uma criança se tornar um agressor ou uma vítima de* cyberbullying *estabelecendo expectativas, orientando e monitorando suas atividades* on-line.**[76] Isso é especialmente importante ao apresentar a seu filho um novo dispositivo interativo, aplicativo ou plataforma. Nesse momento, é fundamental descrever explicitamente o *cyberbullying* como ameaçar deliberadamente dano físico ou psicológico, insultar, ostracizar, espalhar falsos rumores, perseguir ou enviar imagens explícitas indesejadas para ou de uma vítima específica.
- ***Ter conversas regulares, abertas e honestas com seu filho sobre o que ele está vendo e fazendo* on-line.** Pergunte especificamente sobre *cyberbullying* e se ele ou um amigo já o experimentou. Certifique-se de que seu filho saiba que você está sempre presente para ele. Apenas saber que podem contar com segurança a alguém se estiverem sendo

intimidados diminui o impacto psicológico negativo que o *cyberbullying* pode ter sobre eles.

- ***Tranquilizar seu filho de que, se ele compartilhar com você que está sendo intimidado, você não tirará seu dispositivo, jogo ou acesso às redes sociais.*** Diga-lhe que você está sempre presente para ele e incentive-o a falar sobre qualquer coisa que veja, ouça ou se encontre fazendo *on-line* que o confunda, perturbe ou estranhe.
- ***Encorajá-lo a não se envolver com um agressor de forma alguma.*** Revise regularmente o que seu filho faz e com quem interage *on-line*.
- ***Permanecer alerta para sinais de seu filho sendo vítima de* cyberbullying**, como tornar-se hipervigilante *on-line*, esconder a tela do telefone quando você passa, estar acordado e *on-line* no meio da noite, perder o interesse na escola, sentir-se triste ou deprimido, ou afastar-se de amigos e familiares.
- ***Notar quaisquer comportamentos preocupantes de seu filho*** e, se ele concordar, buscar ajuda de um conselheiro escolar ou terapeuta que possa fornecer outros apoios para ajudar a interromper e prevenir a ocorrência de *cyberbullying*.
- ***Ensinar seu filho como bloquear e denunciar usuários que o estão assediando em* sites *de redes sociais.*** Crianças e jovens são muito mais propensos a bloquearem do que a denunciarem agressores porque não querem delatar. Motive seu filho a denunciar, apontando que ele não está delatando, mas protegendo outras crianças de danos.

Capítulo 11

Virtualmente conectado

Uso problemático de mídia interativa

Patrick tinha apenas 12 anos quando seus pais o trouxeram à Clinic for Interactive Media and Internet Disorders (CIMAID, Clínica para Transtornos de Mídia Interativa e Internet). Ele estava assustado e confuso, sentindo-se como se estivesse sendo punido. Quando perguntei o motivo de sua vinda à clínica, ele evitou responder, com os olhos baixos: "Eles que trouxeram". Isso me fez sorrir. Patrick não sorriu de volta.

"Como posso ajudar?"

"Pergunte a eles!"

Olhei para seus pais. O pai olhou para o chão. Nervosa, a mãe relatou a transformação de Patrick em menos de um ano: de um aluno amigável, atlético e sociável do 5º ano para um recluso e pouco comunicativo no 6º ano, mudança que eles atribuíram à "palavra com F" — *Fortnite*. Patrick havia se isolado em seu quarto, com um *tablet* no colo, jogando. Ele perdeu o interesse pelo futebol e saiu do time. *Hackeou* o Chromebook fornecido pela escola para jogar enquanto fingia fazer anotações; cada vez que o professor se aproximava, Patrick cobria o ambiente do jogo com um texto que estava "escrevendo". Ele parou de sair com os amigos. Quando solicitado a descer para as refeições em família, dizia: "Só um minuto!". Não era apenas um minuto, mas 30, 60, 90 minutos passavam, e ele ainda estava em seu quarto. Quando estava com a família, Patrick era nervoso, irritado e mal-humorado. A família parou de incluí-lo nas refeições e nas atividades porque ele deixava todos infelizes.

O pai descreveu Patrick ficando acordado até tarde da noite, às vezes a noite inteira. Quando era obrigado a ir para a cama, Patrick acordava para jogar depois que os pais dormiam. Quando cortavam seu acesso à internet, ele continuava jogando com jogos baixados em seus dispositivos. Cada vez que os pais tentavam redirecioná-lo para fazer tarefas ou dormir, ele resistia. Quando pressionavam, ele explodia de raiva, batendo a porta do quarto para mantê-los fora.

Patrick estava jogando quando seus avós e primos chegaram para o encontro anual de verão da família. Ele ficou em seu quarto durante todo o fim de semana. Sua mãe insistiu que ele tomasse banho antes de todos irem jantar em seu restaurante italiano favorito. Enquanto Patrick estava no chuveiro, seu pai encontrou o *tablet* dele. Ao sair do banho, Patrick anunciou que não se sentia bem e não poderia acompanhar a família no jantar. Seus avós e primos tentaram convencê-lo a ir, mas Patrick insistiu que estava realmente doente. Por fim, desistiram e todos entraram na van do avô sem Patrick, seu pai levando consigo o *tablet* e o roteador da internet.

Depois que eles partiram, ansioso para voltar ao jogo, Patrick procurou em vão por seu *tablet*. Convencido de que seus pais o haviam trancado no carro da família, como já haviam feito antes, ele procurou freneticamente pela chave do carro. Frustrado, tentou abrir as fechaduras mecânicas das portas com uma chave de fenda. Finalmente, pegou um martelo na bancada de trabalho do pai e quebrou o para-brisa e uma janela lateral para entrar no carro, amassando o capô e arranhando as portas. Procurou no carro cada vez mais angustiado. Quando sua família retornou, encontrou Patrick sentado no chão da garagem, furioso e chorando. Irritado com os danos ao carro, o pai confrontou Patrick, que fugiu da garagem e desapareceu na noite.

Após duas horas de crescente preocupação, seus pais estavam se preparando para chamar a polícia quando Patrick entrou na casa. Ele foi direto para a cozinha, pegou uma faca e a segurou contra sua própria garganta, declarando: "Se vocês não devolverem meu *tablet*, eu me mato". Apavorada, sua mãe ligou para a polícia, que veio e desarmou Patrick; paramédicos o levaram ao departamento de emergência hospitalar.

A equipe da emergência precisava determinar se Patrick estava em perigo de ferir a si mesmo ou aos outros. Ainda furioso com os pais, Patrick recusou-se ao "contrato de segurança" — prometer que não faria mal a si mesmo ou aos outros —, então a equipe de saúde mental emergencial admitiu-o em um hospital psiquiátrico. Uma vez transferido por ambulância para uma ala psiquiátrica fechada, a raiva de Patrick transformou-se em medo. Seus pais não podiam visitá-lo; apenas falar com ele pelo telefone fixo compartilhado do hospital. Ele pediu desculpas repetidamente e implorou para ser levado para casa. A psiquiatra explicou que precisava ter certeza de que ele estava seguro. Patrick prometeu que não machucaria a si mesmo ou aos pais novamente; contudo, ela disse que levaria algum tempo até ter certeza disso. Ela iniciou uma medicação para ajudá-lo com ansiedade e depressão. Patrick foi autorizado a jogar no computador compartilhado dos pacientes; mas seu jogo favorito não estava disponível lá. Tentou outros jogos sem achar tão divertidos — seu grupo de jogos também não estava lá. Desistiu de esperar sua vez no computador. Observado por 10 dias e determinado pela psiquiatra como não sendo mais perigoso, Patrick foi liberado para casa. Humilhado e assustado por seu próprio comportamento fora de controle e pelo fato de os profissionais médicos terem levado isso tão a sério, Patrick concordou com o plano de alta do hospital: continuar o acompanhamento na CIMAID.

"A atração por esse jogo era simplesmente... inacreditável", continuou sua mãe. A busca frenética de Patrick, sua perda de controle ao danificar o carro e a explosão de raiva frustrada pareciam, para seus pais, policiais e paramédicos, o comportamento de alguém sob o domínio de uma dependência em drogas.

"Deveríamos ter vindo aqui muito antes", admitiu o pai de Patrick. "Ele está viciado. E a ironia é que fui eu quem o apresentou aos jogos quando ele era muito jovem, em um *site*. Você provavelmente conhece — *Addicting Games* (jogos viciantes, em português)."

Dependência?

Em terapia e outros contextos de desenvolvimento pessoal, há um ditado — *nomeie, assuma, controle* — que se refere à importância de identificar um desafio ou problema e assumi-lo como os primeiros passos para enfrentá-lo efetivamente. Nomear é importante porque identifica a verdadeira natureza do desafio enfrentado, permitindo reivindicá-lo e tomar medidas para controlá-lo. *Dependência* é uma palavra comumente usada para descrever um desejo intenso e persistente de usar uma substância, como álcool, cocaína ou opioides, que é prazerosa mas desnecessária para a vida. O uso provoca mudanças fisiológicas mensuráveis e reproduzíveis desejadas pelo usuário. O consumo continua e geralmente aumenta para alcançar o mesmo nível de prazer, apesar das consequências negativas para os relacionamentos, para a produtividade e para o bem-estar geral. A abstinência do uso causa desconforto previsível, que é evitado sempre que possível por meio do consumo da substância. Como o uso é prejudicial e não essencial para a vida, o objetivo do tratamento da dependência é a abstinência.

O uso descontrolado de mídia interativa pode se assemelhar muito à dependência de substâncias. Imersos na interatividade, os usuários concentram-se em suas telas, frequentemente excluindo tudo e todos ao seu redor. Eles perdem a noção do tempo. Quando solicitados a parar, querem desesperadamente terminar o que estão fazendo. Quando solicitados novamente, podem explodir de raiva. Separados de suas telas, podem ficar distraídos, inquietos e ansiosos, acalmando-se apenas quando retornam ao uso da mídia.

A aplicação da linguagem da dependência ao uso da mídia interativa começou há mais de um quarto de século como um diagnóstico fictício postado em um quadro de avisos *on-line*. O psiquiatra Ivan Goldberg, MD, parodiou a linguagem diagnóstica complexa do *Manual diagnóstico e estatístico de transtornos mentais* (DSM) para descrever "transtorno de dependência de internet" nos dias das telas âmbar e impressoras matriciais.[1] Para sua surpresa, Goldberg foi inundado por mensagens de muitos colegas psiquiatras e de outras especialidades agradecendo por ter levado o "netaholismo [net + alcoolismo]" a sério e pedindo ajuda. Goldberg rapidamente procurou esclarecer suas intenções satíricas, afirmando que "medicalizar todo comportamento colocando-o na nomenclatura psiquiátrica é ridículo. Se você expandir o conceito de dependência para incluir tudo que as pessoas podem exagerar, então deve falar sobre pessoas dependentes de livros".[2]

Mas com tantas pessoas enfrentando dificuldade com a tecnologia e tão pouco conhecimento sobre o que estava acontecendo, a nomenclatura permaneceu. Kimberly Young, então doutoranda em psicologia com uma amiga que havia perdido o marido por causa de um romance em sala de bate-papo *on-line*, levou isso a sério ao publicar "Internet Addiction: The Emergence of a New Clinical Disorder" ("Dependência de internet: o surgimento de um novo transtorno clínico", em tradução livre), em 1998.[*3] Desde então, milhares de relatórios de pesquisa e mais de 100 termos diagnósticos — desde *dependência de jogos digitais* até *dependência de celular* ou *uso compulsivo de material explícito na internet* e *uso problemático de internet* — foram propostos. A nomenclatura variava conforme o dispositivo, plataforma ou aplicativo estudado pelo pesquisador. Na prática, o termo provocativo viralizou como outros termos ou tendências na era digital: porque eram chamativos e marcantes, não porque estavam fundamentados em ciência rigorosa.

Em 2016, metade dos adolescentes norte-americanos entre 13 e 18 anos entrevistados e 59% dos pais relataram acreditar que os adolescentes eram

---

* N. de R. T. Outros livros da autora foram publicados em língua portuguesa pela Artmed: Young, K. S., & Abreu, C. N. (Orgs). (2011). *Dependência de internet: manual e guia de avaliação e tratamento*; Young, K. S., & Abreu, C. N. (Orgs). (2019). *Dependência de internet em crianças e adolescentes: fatores de risco, avaliação e tratamento.*

dependentes de seus dispositivos.[4] Mais de três quartos dos pais e 41% das crianças achavam que o outro estava distraído pelos dispositivos; isso foi validado na mesma pesquisa por 72% das crianças e 48% dos pais que sentiam necessidade imediata de responder às notificações.[5] A pesquisa *Global Growing Up Digital* (GUD, Pesquisa Global sobre Crescimento no Mundo Digital), em Alberta, de 2016, perguntou aos pais e avós se achavam que seus filhos ou netos estavam distraídos ou dependentes de telas — 22% dos pais achavam que seus filhos estavam dependentes; porém, 30% acreditavam estar eles mesmos dependentes; 36% dos avós pensavam que as crianças estavam dependentes.[6]

DISTRAÍDOS OU DEPENDENTES?

30% dos pais sentiam-se eles mesmos "dependentes" de tecnologia, com as redes sociais sendo a área de maior prevalência.

22% dos pais achavam que seus filhos estavam "dependentes" de tecnologia, com a área de maior prevalência sendo assistir a vídeos e jogar *videogame.*

36% dos avós acreditavam que os netos estavam "dependentes" de tecnologia.

Alberta Teachers' Association, "Growing Up Digital" (infographic), *Learning Team* 21, nº 3 (Spring 2018): 2, https://legacy.teachers.ab.ca/SiteCollectionDocuments/ATA/Publications/Learning-Team/Volume%2021/Learning%20Team%2021-3.pdf.

Enquanto China e Coreia do Sul estabeleceram o transtorno de dependência de internet como um diagnóstico e desenvolveram infraestruturas de saúde para tratá-lo, o *transtorno dos jogos eletrônicos pela internet* é mencionado como necessitando de mais pesquisas para ser considerado um diagnóstico formal na 5ª edição do DSM, que Goldberg havia parodiado quase duas décadas antes.[7] Outras autoridades na definição de termos diagnósticos estão tomando decisões diferentes. A 11ª edição da *Classificação internacional de doenças* (CID-11) da Organização Mundial da Saúde inclui um diagnóstico de *transtorno do jogo eletrônico.*[8] O debate clínico sobre a nomenclatura continua, mas, mais importante para os pais, esse debate reflete uma diferença fundamental em como o problema é compreendido, como os adolescentes que enfrentam essa dificuldade são vistos e como nós — como pais, profissionais da saúde e comunidades — respondemos a eles. O rótulo de dependência não é útil quando distorce nossa resposta e falha em fornecer ao jovem os meios para corrigir um padrão de uso da mídia que saiu do controle.

A grande compulsão: apetites digitais fora de controle

As mídias interativas não são apenas ferramentas poderosas, mas, ao contrário de algumas substâncias às quais se pode tornar dependente, são recursos *necessários*. A habilidade com mídias interativas é essencial para educação, emprego, compras, entretenimento, vida social e cidadania. Durante o confinamento na pandemia de covid-19, dependíamos completamente dessas mídias para praticamente todos os aspectos de nossa vida.

Os pacientes que chegam à CIMAID perderam o controle sobre sua relação com uma ferramenta poderosa que é essencial para a vida. O objetivo terapêutico para o uso descontrolado de mídias interativas é desenvolver ou recuperar esse controle, autorregulando o uso desse recurso indispensável. Uma forma eficaz de entender o problema e como melhor respondê-lo, tanto para pais quanto para profissionais da saúde, não está na dependência, mas no transtorno da compulsão alimentar periódica. Esse é o transtorno alimentar mais comum nos Estados Unidos e se caracteriza pelo consumo excessivo e descontrolado de um recurso necessário — alimento — mesmo quando a pessoa não está com fome. Comer torna-se uma estratégia para lidar com o sofrimento psicológico. A compulsão alimentar não é biologicamente desencadeada pela fome nem interrompida pela saciedade. Não há ponto final para os compulsivos em comida, que comem compulsivamente para preencher uma necessidade psicológica que os alimentos não podem satisfazer. Eles comem secretamente, afastando-se da família e dos amigos por vergonha e para proteger e continuar seu comportamento. O objetivo do tratamento não é a abstinência; comer é necessário para a vida. Assim como os compulsivos em comida devem regular, em vez de se abster da alimentação, os jovens com uso problemático de mídias interativas precisam regular e usar eficazmente essas ferramentas para funcionar bem no mundo atual.

Mantenha esse paralelo e a distinção muito real entre comportamento desordenado e dependente em mente, porque as palavras que usamos carregam significado e impacto psicológico. Há um poderoso estigma social associado à dependência. Ele está cheio de julgamentos severos e promove a exclusão daqueles que estão lutando contra isso. A sociedade percebe os dependentes como fracos de caráter, incapazes de resistir à força inexorável do comportamento repetitivo e sem controle — alguém a ser punido ou digno de pena. No caso de crianças e adolescentes em dificuldade, quando pais, professores ou outros responsáveis os rotulam como dependentes, acabam estigmatizando-os ainda mais, minando sua autoestima, retardando o diagnóstico e contaminando a recuperação com punições e vergonha. Quando se invoca o termo dependência, não apenas a força do caráter do jovem é questionada, como também o rótulo pode dar-lhes permissão para alegar impotência diante da atração irresistível do comportamento problemático. Isso vai contra o impulso natural dos adolescentes em desenvolvimento para alcançar autonomia como indivíduos bem-sucedidos e únicos. Além disso, atrasa-se o enfrentamento precoce do uso problemático das mídias interativas ou mesmo sua prevenção total. Por mais frustrados ou irritados que os pais possam estar com os comportamentos dos filhos, muitos só percebem seus filhos como dependentes — e finalmente necessitando de tratamento — quando já estão gravemente prejudicados; nesse ponto, o estereótipo da dependência parece ser a única explicação plausível. Como aconteceu com Patrick, muitos pacientes chegam à CIMAID após precipitarem ou sofrerem eventos catastróficos: abandonar ou reprovar na escola; ameaçar fisicamente ou atacar membros da família; ou até mesmo tentar suicídio.*

---

* N. de R. T. A literatura científica sobre as dependências tecnológicas na vida adulta reconhece duas principais bases etiológicas: as dependências comportamentais, que envolvem padrões repetitivos de busca por recompensa apesar de prejuízos funcionais —, à semelhança dos transtornos por uso de substâncias —; e os transtornos do controle dos impulsos, caracterizados por falhas na inibição de comportamentos diante de estímulos altamente reforçadores, mesmo com plena consciência dos prejuízos. Embora esses modelos possam, eventualmente, se sobrepor, o debate clínico tende a preservá-los como categorias conceituais distintas. No caso de adolescentes, a discussão costuma girar em torno do uso problemático de mídia interativa e é geralmente associado à imaturidade das funções executivas e à busca de alívio emocional em um cérebro ainda em desenvolvimento. Já entre adultos, observa-se uma compreensão mais consolidada — especialmente entre psicólogos e psiquiatras —, que tende a classificar tais quadros em uma proposta de um novo transtorno psiquiátrico emergente — dependências tecnológicas —, com padrões mais persistentes e critérios clínicos mais definidos. Essa distinção também se reflete na linguagem adotada neste livro: enquanto a visão pediátrica tende a estudar o fenômeno em seus estágios iniciais — recorrendo a termos como síndrome ou quadro —, os profissionais que atuam na clínica de saúde mental do adulto frequentemente reconhecem configurações diagnósticas mais consolidadas, o que permite categorizações mais formais, bem como planos de tratamento mais delineados. O conteúdo deste texto, portanto, dialoga com esse entendimento, ao sugerir, ainda que sem recorrer diretamente à nomenclatura técnica, que os comportamentos disfuncionais relacionados ao uso

Mídias sociais: salvação ou armadilha?

Primeiro, notei suas mãos. Trilhas brancas de arranhões eram pontuadas por pequenas crostas escuras, como um jogo de ligar os pontos em modificações corporais. Suas unhas estavam mordidas até o limite. Anna, de 16 anos, estava furiosa enquanto ela e seus pais entravam juntos na CIMAID.

"Posso te dar algo para aliviar essa pele seca", disse, gentilmente segurando sua mão para examiná-la. Surpreendentemente, sua mão relaxou enquanto eu a segurava. Ao virar sua mão, vislumbrei várias cicatrizes brancas lineares em seu antebraço. Ela rapidamente puxou a manga do moletom para baixo e cobriu a mão ao retirá-la.

"Não estamos aqui por isso", retrucou seu pai, encarando a filha com dureza. "Anna está viciada em seu *smartphone*! Ele está na mão dela 24 horas por dia. Ela o leva para a escola, para o banheiro — ela dorme com ele!"

"Todo mundo faz isso!" Anna virou as costas para o pai e, pela primeira vez, olhou diretamente para mim.

Olhei para Anna através de sua cabeleira desbotada de laranja sobre preto. "Conte-me sobre seu telefone."

"É onde meus amigos estão", murmurou ela, olhando para mim como se estivesse afirmando o óbvio.

Os pais haviam lhe dado o *smartphone* como recompensa por ter tirado notas máximas em seu último ano do ensino fundamental, explicou seu pai, acrescentando com descontentamento: "E suas notas caíram desde então!".

Levantei minha mão para encorajar Anna a continuar.

"Ele nos mudou para cá onde eu não tenho *nenhum* amigo", começou ela, antes de seu pai interromper para relatar que ela chegava em casa e imediatamente desaparecia em seu quarto, atualizando-se e "conversando" com os amigos por texto, imagens ou chamadas de vídeo. Quando seu pai ou mãe se

---

excessivo da tecnologia não decorrem de uma única causa, mas expressam formas diversas de autorregulação comprometida. Essa perspectiva está alinhada com a tradição inaugurada por Kimberly Young e desenvolvida por autores como Marc Potenza e outras produções brasileiras, favorecendo intervenções mais ajustadas, menos estigmatizantes e orientadas ao fortalecimento das funções executivas, sobretudo em contextos nos quais a abstinência tecnológica não é nem possível, nem desejável. Para saber mais, leia as obras citadas anteriormente de Kimberly Young e Cristiano Nabuco de Abreu, além das seguintes: Young, K. S. (1998). Internet addiction: The emergence of a new clinical disorder. *CyberPsychology & Behavior*, 1(3), 237-244; Abreu, C. N. et al. (2008). Dependência de internet e de jogos eletrônicos: uma revisão. *Rev. Bras. Psiquiatr.*, *30*(2), 156-167; Potenza, M. N. (2013). Non-substance addictive behaviors in the context of DSM-5. *Addict Behav.*, *39*(1), 1-2.

levantavam no meio da noite, frequentemente viam um brilho fraco sob sua porta e assumiam que ela estava no telefone todo o tempo.

"Uma noite Anna gritou e me acordou de um sono profundo", contou o pai. "Corri para o quarto dela, mas, como sempre, a porta estava trancada. Bati na porta tentando chegar até ela. Ouvi seus soluços e finalmente ela mencionou algo sobre um pesadelo. Preciso dizer, doutor: foi o momento mais assustador da minha vida! Eu estava bloqueado do lado de fora; impotente. Pesadelo ou não, imaginei que tinha algo a ver com o telefone, então encerrei sua conta no dia seguinte. E aí ela *realmente* explodiu!"

Anna — já mais alta que seu pai aos 16 anos — chegou em casa da escola e ficou cara a cara com ele na sala de estar, gritando em seu rosto por seis minutos seguidos! Sua mãe estava furiosa: "Eu já tinha perdido a paciência com os dois! Foi ele quem quis dar esse telefone para ela; eu não queria. Fui à cozinha e procurei esta clínica *on-line*".

Depois de dispensar seus pais da sala, olhei para Anna e, após um momento, ela começou a falar. Anna revelou que se sentia profundamente solitária após sua família mudar-se da Costa Oeste. Ela tentou retomar contato com seus antigos amigos, mas apenas alguns deles tinham telefone. Com o tempo, havia cada vez menos assunto entre eles à medida que viviam vidas separadas. Ela conectou-se a outros amigos *on-line,* e esses amigos a apresentaram a outros ainda mais distantes.

"E como você se sente depois de se conectar?"

Anna hesitou antes de responder e começou a dizer algo; então parou. Após uma longa pausa, disse: "Decepcionada, acho. Solitária".

"Sempre?"

"Quase sempre", respondeu com um leve encolher de ombros.

"Então por que você faz isso?"

"*Não consigo* parar... É tudo o que tenho." À medida que sua confiança cresceu ao longo das visitas seguintes, Anna compartilhou que sempre teve dificuldade em fazer amigos. Antes da mudança, ela tinha uma excelente orientadora escolar no ensino fundamental que a ajudou a superar sua timidez e começar a criar laços próximos com colegas. "Mas então fui jogada nesse grande colégio sem conhecer ninguém; fiquei paralisada", disse ela. Sentindo-se desconfortável e preocupada com julgamentos dos outros alunos, Anna sentiu-se muito sozinha.

Ela encontrou pessoas *on-line* que também se sentiam assim: sozinhas. Quando tentou fazer contato timidamente pela primeira vez e falar sobre sua solidão, as respostas foram rudes: "Também estou sozinho; por que você não manda uma foto nua?" ou "Se está tão mal assim, apenas acabe com tudo!".

O humor de Anna tornou-se cada vez mais sombrio; ninguém parecia querer falar com ela além de um grupo de fãs de *anime* e *cosplayers* chamado Entrada para a Escuridão. "Eles não gostavam particularmente uns dos outros", lembrou Anna, "mas pelo menos não me expulsavam nem me humilhavam". Os membros do grupo desafiavam uns aos outros com tarefas arriscadas como beber molhos apimentados cada vez mais fortes ou surfar no teto de carros fazendo manobras radicais. Mas parecia que eles tinham pessoas com quem tentar esses desafios juntos; Anna não tinha ninguém.

Havia outra pessoa que, como Anna, circulava pelas margens do grupo Entrada para a Escuridão e, eventualmente, entrou em contato com ela. "Finalmente encontrei alguém com quem podia conversar e que não era totalmente cruel comigo. Ela também estava deprimida e só precisava falar." Anna e sua amiga *on-line* se comunicavam por horas, às vezes conversando, outras vezes apenas mantendo uma chamada de vídeo aberta enquanto dormiam. Anna queria saber o nome e onde sua amiga morava, mas a garota não compartilhava essas informações. Com frequência, tarde da noite, sua amiga sugeria desafios. Elas pingavam cera quente de vela nas pernas e contavam quantas gotas conseguiam suportar antes de parar. Arranhavam os braços com agulhas até sangrar e depois passaram a se cortar com lâminas de barbear. A amiga de Anna dizia que isso a fazia se sentir melhor, como se estivesse deixando o mal sair.

"Como isso fazia você se sentir?", perguntei.

"Doía. Mas eu não sentia nada."

Na próxima chamada de vídeo, quando sua amiga trouxe uma lâmina de barbear, Anna sugeriu que segurassem a respiração pelo maior tempo possível. Anna não queria admitir à amiga que achava os cortes assustadores, mas esperava que o desafio de segurar a respiração fosse menos intimidador. Elas iniciaram uma chamada de vídeo para fazerem isso juntas, mas nenhuma conseguiu segurar a respiração por muito tempo. O que aconteceu em seguida foi além de tudo o que Anna poderia imaginar. "Ela pegou um lenço azul muito bonito do armário, amarrou-o na maçaneta da porta do armário e envolveu-o em volta do pescoço. Então ela meio que se levantou e inclinou-se para longe dele — ficou mais apertado! E ela estava meio que rindo, mas sem som", disse Anna. "Então pareceu que seus pés escorregaram e ela ficou meio mole. Foi quando eu gritei e meu pai veio correndo pelo corredor e, bem, você sabe o resto da história."

"Não. Eu não sei." Houve uma longa pausa enquanto Anna se recompunha.

"Quando meu pai foi embora, a chamada de vídeo havia terminado. Eu liguei e caiu na caixa postal dela, o que foi assustador — eu estava ouvindo sua voz enquanto pensava que ela poderia estar morta! Continuei tentando ligar durante a noite, mas sempre ia para a caixa postal. E eu não fazia ideia de onde ela estava ou para quem eu poderia ligar."

Pré-adolescentes e adolescentes são programados para crescerem como indivíduos independentes e se separarem dos pais e da família enquanto avançam em direção à idade adulta. Isso é tanto normal quanto o motor de muitos conflitos, grandes ou pequenos, entre pais e adolescentes. À medida que desviam seu olhar da família e buscam conexões com pares — pessoas com quem se identificam, compartilham valores e experimentam ser eles mesmos além da observação parental —, querem explorar diferentes versões de si mesmos, testar limites fora do controle dos pais e além das concepções prévias da família e deles próprios. Eles querem ser vistos, ouvidos e validados; precisam sentir que *importam*. A interatividade com amigos, estranhos ou até NPCs (do inglês *non-player character*, ou personagem não jogável) e *chatbots* de inteligência artificial (IA) simulando celebridades que respondem a eles permite-lhes sentir sua presença no mundo. Anna jamais imaginaria que sua busca por amigos levaria a tal momento.

Quatro formas de perder o controle

Patrick, buscando controle sobre sua atenção e ansiedade, perdeu o controle sobre seus jogos eletrônicos. Anna, procurando conexão social, perdeu-se nas mídias sociais. Na CIMAID, identificamos quatro manifestações distintas — às vezes concomitantes — de uso descontrolado de mídias interativas:

1. jogos eletrônicos
2. mídias sociais
3. pornografia
4. consumo excessivo de informações em *sites* agregadores

Esses comportamentos ocorrem em diversos dispositivos, plataformas e aplicativos. Há uma grande sobreposição entre essas ações — quando os consoles de jogos são confiscados por pais frustrados, os jovens vão *on-line* para consumir vídeos sobre jogos ou conversar sobre eles nas redes sociais. O que esses jovens têm em comum é o impulso para interagir.

Entre as centenas de crianças e adolescentes atendidos na CIMAID, ainda não vimos nenhum caso sem uma questão psicológica subjacente sendo evitada por meio do uso das mídias interativas como distração ou alívio emocional. O que observamos são comportamentos problemáticos relacionados ao uso dessas mídias devido à sua natureza imersiva — distraindo ou acalmando crianças e adolescentes com questões emocionais ou comportamentais subclínicas ou insuficientemente tratadas.

Identificamos o uso problemático de mídia interativa (PIMU, do inglês *problematic interactive media use*) como uma descrição unificadora do fenômeno observado na CIMAID; caracterizamos isso como uma síndrome,* em vez de um diagnóstico singular.[9] Em outras palavras, PIMU é um conjunto de sinais e sintomas resultantes de tentativas inadequadas de lidar com uma ou mais condições psicológicas subjacentes — mais proeminentemente transtorno de déficit de atenção/hiperatividade (TDAH), transtorno do espectro autista (TEA), ansiedade, depressão e outros transtornos afetivos ou do humor.

Quando "todo mundo faz isso" torna-se problemático

Para a maioria dos pacientes da CIMAID, os pais são os motivadores da visita. Às vezes, trata-se de casos de "preocupação saudável", em que os pais estão preocupados, mas a criança ou adolescente está bem. Outras vezes, o jovem está prejudicado pelo PIMU, sofrendo impactos em sua saúde física, mental ou social. De qualquer forma, o jovem geralmente não acredita que há um problema. Com frequência, chega desconfiado ou até irritado, sentindo que está sendo punido e privado do que o faz feliz por fazer "o que todo mundo está fazendo". Como os pais geralmente têm menos interesse e habilidade com mídias interativas, raramente se envolvem na vida digital dos filhos. Suas interações com eles sobre mídia costumam ser negativas: "Você deveria parar de jogar *videogame* e fazer seu dever de casa!".

Certa vez, um paciente de 16 anos entrou desleixadamente no consultório e, quando perguntei o que estava errado, respondeu: "O mundo inteiro fica me dizendo o que eu *deveria* fazer!". Ele se sentia julgado e insuficiente porque só ouvia o que deveria ou não fazer. Quando pais ou responsáveis assumem uma postura distante e reprovadora em relação ao uso de mídias

---

* N. de R. T. A adoção de "síndrome", em detrimento de uma classificação diagnóstica formal, é justificada pelo autor não apenas pela multiplicidade de manifestações clínicas observadas, mas também pelo fato de se tratar de uma população ainda em desenvolvimento. Tal escolha evita a antecipação de diagnósticos psiquiátricos consolidados, cuja definição plena é mais adequada à fase adulta. Além disso, reflete a perspectiva do autor como profissional da pediatria, área que privilegia abordagens descritivas e preventivas frente à psicopatologia em formação.

interativas pelos jovens, estes passam a acreditar que o ambiente digital é seu domínio privado e livre de pais — uma parte essencial do que os define como indivíduos, diferentes de seus responsáveis. Assim como a tríade adolescente proverbial de sexo, drogas e *rock and roll* simbolizava independência rebelde nos anos 1960, jogos, mensagens de texto e redes sociais desempenham esse papel para os adolescentes de hoje — algo do qual seus pais não fazem parte, não entendem e não gostam, tornando as mídias interativas ainda mais atraentes e pessoais para eles.

PERGUNTE AO MIDIATRA

Viciada no celular?

Sou mãe de três filhas (15, 13 e 11 anos). Embora eu tente estabelecer limites, a tecnologia está arruinando minha vida familiar. Minha filha mais velha fica olhando para o celular o tempo todo. Ela é viciada em Instagram, Snapchat, FaceTime e mensagens de texto. Quando está on-line, *fica ansiosa e usa ainda mais o celular, o que a deixa ainda mais ansiosa. Quando peço para ela parar, ela revira os olhos e me ignora. Quando bloqueei sua conta no celular, ela usou o computador da escola e depois pegou emprestado o celular de uma amiga para continuar em contato com sabe-se lá quem. Agora minhas filhas de 13 e 11 anos querem celulares também. Sinto-me em um filme ruim cercada por zumbis adolescentes. O que você sugere?*

Educar crianças digitais é desafiador porque não temos referências da nossa própria infância. Mas você pode relaxar. Pelo que descreveu, sua filha não está lidando com uma dependência nem é uma zumbi que transformará suas outras filhas em zumbis. Como adolescente, ela está perseguindo tarefas fundamentais do desenvolvimento por meio do uso da mídia — buscando experiências, estabelecendo sua identidade individual e conectando-se com pares. No entanto, talvez a quantidade de tempo dedicada a isso, a exclusão da família e a ansiedade crescente — e o fato de que ela responde à ansiedade aumentando o uso — precisem ser abordados.

Converse diretamente com sua filha sobre isso de forma simples e com compaixão. Primeiro, escolha um momento em que vocês não estejam em conflito aberto — de preferência enquanto dirigem juntas para algum lugar, isoladas do mundo exterior no carro e sem precisar se encarar diretamente — e tenha uma conversa com ela. Comece como aluna dela. Peça para ela explicar como funcionam Instagram ou Snapchat. Pergunte como ela se sente ao usá-los. Ouça-a atentamente. Ela pode estar infeliz ou desconfortável e talvez diga isso desde que não se sinta julgada ou criticada por você nem tema ser punida. Se surgir a oportunidade, diga que está preocupada porque ela parece ficar ansiosa quando está *on-line*. Mesmo que não consiga perguntar diretamente sobre ela mesma, peça conselhos sobre se as irmãs devem ter celulares e quando isso deveria acontecer. Adolescentes têm mais facilidade para enxergar riscos e problemas nos outros do que neles mesmos; essa abordagem pode ajudá-la a refletir indiretamente sobre sua própria experiência.

É possível que ela esteja sentindo muita pressão para estar constantemente disponível. Diga-lhe que você também não gosta disso; por isso avisa seu chefe e amigos que após determinado horário à noite seu telefone será desligado. (Sabia que você pode pedir pagamento extra se seu empregador exigir que leia ou responda a *e-mails* fora do expediente?) Sugira que ela se disponibilize *on-line* apenas durante horários específicos para evitar interrupções no sono, nas tarefas escolares ou no tempo em família. Ofereça-se para assumir a culpa caso os amigos dela critiquem sua ausência em todos os momentos — ela pode reclamar dizendo que "minha mãe tira meu celular para carregá-lo entre 21h e 6h", por exemplo. Dessa forma, ela pode preservar sua imagem enquanto reduz a ansiedade e aprende a gerenciar o uso da mídia no contexto das demais responsabilidades diárias.

Projetado para atrair e prender a atenção

Por que tantos pré-adolescentes e adolescentes passam tanto tempo com mídias interativas, mesmo sem apresentar PIMU? Pesquisas mostram, e nossa experiência clínica corrobora, que o que atrai os usuários para jogos eletrônicos, redes sociais, leilões *on-line*, caixas de recompensa (*loot boxes*), aplicativos de namoro e outros não é o dispositivo, a plataforma ou o aplicativo em si, mas os sistemas de recompensa variável embutidos nas mídias interativas, que capturam e mantêm nossa atenção.[10]

O que exatamente é um sistema de recompensa variável e como ele funciona? A maioria de nós conhece o condicionamento clássico: os cães de Pavlov, que associavam o estímulo do toque de um sino ao horário da alimentação. Uma vez condicionados, os cães salivavam ao ouvir o sino tocar, independentemente de serem alimentados ou não. Mas se não fossem alimentados, a resposta condicionada ao toque do sino desapareceria com o tempo. Para entender isso melhor, o psicólogo experimental B. F. Skinner inverteu o experimento de Pavlov, recompensando ratos com uma pelota de comida cada vez que pressionavam uma alavanca. Os ratos aprenderam rapidamente que receberiam comida ao pressionar a alavanca, então pressionaram-na repetidamente — no início. No entanto, com recompensas alimentares confiáveis, pararam após algum tempo. Os ratos aprenderam que sempre seriam recompensados com comida ao pressionarem a alavanca; assim, pressionavam-na quando estavam com fome e paravam quando estavam satisfeitos. Skinner experimentou variar as recompensas: às vezes os ratos recebiam uma pelota de comida, às vezes nenhuma e às vezes dez. Com um cronograma variável de recompensas, os ratos aprenderam a pressionar a alavanca mais lentamente no início; mas, uma vez aprendido, continuaram pressionando-a freneticamente — mesmo quando não estavam mais com fome.[11] Recompensas variáveis provaram ser um eficaz estímulo comportamental. Produziam uma alta taxa de comportamentos repetitivos desejados que persistiam independentemente do resultado, impulsionados pela esperança de que a próxima pressão na alavanca geraria uma grande recompensa.

As mídias interativas oferecem sistemas de recompensa variável extremamente eficazes. Nos jogos eletrônicos, as recompensas variáveis são projetadas dentro do jogo. Para os psicólogos experimentais contemporâneos — herdeiros acadêmicos de Skinner —, o *design* de jogos tornou-se uma das opções de carreira mais bem remuneradas. Um jogador aprende a atividade central de um jogo interativo — seja arremessar bolas de basquete ou eliminar terroristas — repetindo essa atividade até dominá-la. O jogador recebe reforço positivo ao acertar um arremesso ou eliminar um inimigo e reforço negativo ao falhar. O sucesso é recompensado com níveis mais altos e desafiadores no jogo, oferecendo mais habilidades ou armas melhores. Jogos eletrônicos interativos atendem a todos os critérios para um sistema eficaz de recompensa variável: um desafio frustrante mas alcançável que gera vitórias imediatas e valiosas — embora intermitentes —, falhas ou quase vitórias suficientes para convencer o jogador de que vencerá na próxima tentativa; e essa "próxima vez" precisa ser *agora*!

Quando um jogo é jogado *on-line* com outras pessoas reais, a variabilidade não apenas é projetada como também multiplicada pelas variações imprevisíveis do comportamento humano. Em jogos multijogador massivos *on-line* de RPG (MMORPGs, do inglês *massively multiuseronline role-playing games*), como *League of Legends*, com milhões de jogadores engajados 24 horas por dia em todo o mundo, o aspecto social do jogo combina-se às recompensas variáveis projetadas para torná-lo extremamente difícil de abandonar. Não apenas a emoção do sucesso ou quase sucesso motiva o jogador; há outros jogadores — talvez em diferentes fusos horários — que dependem dele para alcançar seu próprio êxito. O componente social e a sensação de estar entre camaradas que entendem, apreciam e precisam dele são difíceis de resistir. E eles estão lá jogando em qualquer hora do dia ou da noite.

Os jovens são especialmente suscetíveis a serem atraídos tanto pelos sistemas de recompensa variável quanto pela conectividade social das mídias interativas. Um controle de impulsos ainda em desenvolvimento é facilmente sobrepujado pelo sistema límbico socioemocional do cérebro. O desejo supera a lógica e desequilibra facilmente a balança. É por isso que propagandas que não falam sobre o produto em si mas sobre como ele pode fazê-lo sentir-se ou tornar-se algo são tão eficazes. Redes sociais foram chamadas de "propaganda potencializada" porque a conexão social se combina aos sistemas de recompensa variável. As recompensas variáveis das redes sociais são criadas pela quase infinita variabilidade da natureza humana. Quando um usuário publica uma imagem ou texto, pode haver uma resposta quase instantânea na forma de curtidas (*likes*), risadas e republicações; ou ataques cruéis por *trolls* anônimos; ou respostas atrasadas; ou, pior ainda, nenhuma resposta. Cada uma dessas situações força maior engajamento: respostas rápidas e positivas incentivam mais publicações semelhantes; ataques geram retaliação e escalada ou sofrimento silencioso; respostas lentas criam insegurança e incerteza, frequentemente levando à exclusão da publicação original e à postagem de algo mais ousado para chamar atenção; nenhuma resposta é devastadora: "Alguém me vê ou me escuta...?".

Para Anna, a necessidade de sentir-se importante e ter um grupo de amigos — por mais frágil que fosse essa conexão — levou-a a um lugar sombrio que dificilmente poderia ser considerado recompensador além da sensação inicial de aceitação e presença encontrada no início. Para outros jovens, mesmo quando as recompensas parecem positivas, elas podem tornar-se problemáticas.

Clickbait:* sequestrando a curiosidade pela aprendizagem

Isabella, de 15 anos, era "incessantemente curiosa", segundo descrição de sua mãe. Estudiosa e ávida por conhecimento, ela demonstrava entusiasmo em aprender sobre tudo o que despertava seu interesse. Desde cedo, Isabella

* N. de R. T. *Clickbait* (do inglês, literalmente, "isca de cliques") refere-se a títulos ou chamadas sensacionalistas e apelativas cujo objetivo principal é atrair a atenção do usuário e gerar cliques, mesmo que o conteúdo associado não entregue o que foi prometido. Trata-se de uma estratégia comum em ambientes digitais para aumentar tráfego, engajamento ou monetização, frequentemente à custa da qualidade informativa.

lia com voracidade, consumindo ficção para adolescentes e jovens adultos ainda nos primeiros anos escolares. Quando se deparou com questões adultas perturbadoras e confusas, como sexo, migrou para livros de não ficção e começou a ler sobre tribos perdidas na Amazônia, história antiga e fusão nuclear. Ao receber um Chromebook para aprendizagem remota durante o isolamento da pandemia, substituiu os livros por Wikipedia, Reddit e YouTube — mas não utilizava o dispositivo para prestar atenção nas aulas ou fazer tarefas escolares. "Qual é o sentido? Todo mundo vai passar de ano mesmo", dizia. Durante o ano de ensino remoto, os pais e professores de Isabella, que conheciam sua curiosidade voraz, ficaram perplexos com sua falta de motivação e baixo desempenho.

Ao chegarem à CIMAID, os pais de Isabella relataram que não era apenas seu desempenho escolar que estava prejudicado, mas também seu sono, suas atividades e *hobbies* que antes apreciava, o tempo com a família e amigos e até mesmo seu humor. Isabella havia se tornado reclusa com seu Chromebook. Seus pais monitoravam o tráfego *on-line* da filha e estavam confiantes de que ela não jogava *videogames*, usava redes sociais ou acessava *sites* preocupantes. Apenas observavam uma jornada eclética pela internet, conectando ideias em uma cadeia de pensamentos. Isabella revelou achar a escola entediante e repetitiva em relação a "coisas que já sei". Ela se empolgava muito mais com o que aprendia *on-line*, começando por uma notícia sobre voo humano até aerodinâmica das asas dos pássaros, quantas calorias um beija-flor consome diariamente e como as plantas são polinizadas. Para ela, os colegas da escola eram "insípidos" e a excluíam por ser "diferente". Isabella via absolutamente nenhum propósito em fazer tarefas escolares "só para agradar os adultos".

Assim como Anna e Patrick, foi a interatividade que atraiu Isabella. No entanto, no caso dela, não eram exatamente as recompensas variáveis nem seus efeitos no cérebro que mantinham sua atenção. Isabella adorava aprender. O que a cativava eram as recompensas reais e sempre mutáveis de explorar a quase infinita fonte instantaneamente acessível do conhecimento humano e da experiência. Ela se encantava com suas descobertas e não via nada na escola — acadêmico ou social — que a motivasse a participar ali. Foi apenas quando ela ingressou no ensino médio e as reuniões entre pais e professores tornaram-se mais críticas que seus pais perceberam que ela estava ficando para trás academicamente.

"No ensino fundamental, os professores só falavam sobre como ela era brilhante!", explicou sua mãe. Por isso incentivaram suas explorações *on-line*. Mas Isabella não estava aprendendo de forma organizada, construindo entendimento fundamental e habilidades interligadas. Ela pulava de uma ideia interessante para outra, conectada por fios tênues mas fortes como teias de aranha formadas por *hot links*. Isabella seguia o que capturava seu interesse, absorvendo muita informação, mas de maneira desordenada. Embora sua compulsão por informações parecesse aleatória, era guiada pelos sofisticados algoritmos digitais do mecanismo de busca que registravam e analisavam suas escolhas, oferecendo com precisão crescente informações que a inteligência artificial da aprendizagem de máquina previa serem do interesse dela. Para Isabella, suas jornadas *on-line* pareciam aprendizagem autodirigida; para seus orgulhosos pais, seus comportamentos pareciam pesquisa. No entanto, o tempo e a atenção dedicados estavam prejudicando seu progresso acadêmico e sua socialização — encolhendo seu círculo de amigos e eliminando esportes e atividades ao ar livre que faziam parte de sua vida anterior.

Na medicina, há condições chamadas "agudas sobre crônicas". Elas ocorrem quando uma condição médica crônica existente torna o paciente vulnerável a um problema agudo no mesmo sistema corporal — como quando alguém com asma crônica desenvolve pneumonia aguda. "Aguda sobre crônica" é uma boa forma de descrever o ocorrido durante o isolamento da pandemia. A maioria das crianças e dos adolescentes aumentou seu tempo na frente das telas em todos os dispositivos disponíveis — *smartphones*, *tablets*, *laptops* e televisores. O uso multitarefa com múltiplas telas aumentou 62%. E os conflitos entre pais e filhos sobre o uso das telas tornaram-se mais frequentes e intensos — 42% dos pais relataram essas discussões diariamente. Quase metade (44%) das vezes as discussões eram sobre *quanto* tempo as crianças passavam nas telas; um terço (32%) era sobre *quando* usavam as telas; uma em cada cinco (20%) era sobre o *conteúdo* consumido nas telas.[12] Embora o isolamento causado pela pandemia de covid-19 tenha chamado mais atenção aos comportamentos relacionados ao PIMU, ele não foi sua causa; serviu como acelerador para um fenômeno já existente.

PESQUISA DE RASTREAMENTO, MARÇO DE 2021

Mudança de tempo dispendido em mídia pelas crianças, de acordo com seus pais

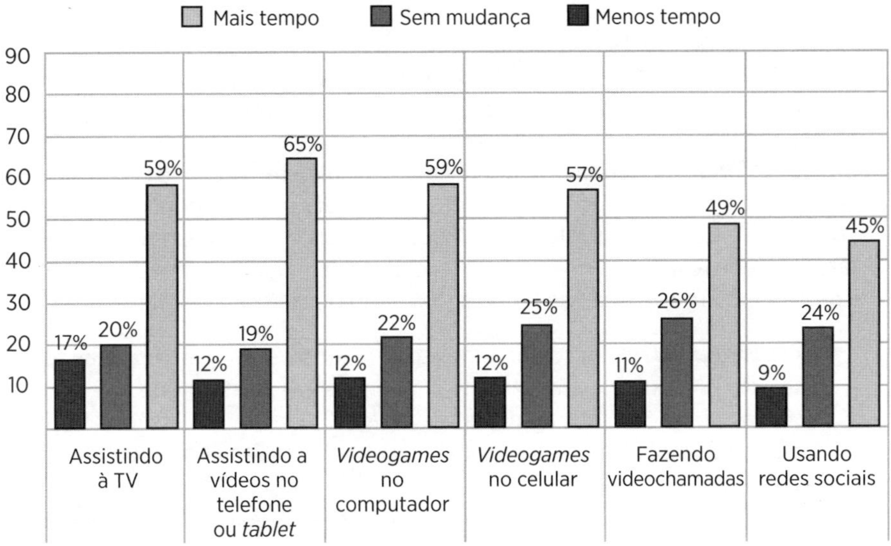

Boston Children's Hospital, Digital Wellness Lab.

Como o cérebro da criança e do adolescente está em desenvolvimento — e a função executiva de autorregulação segue a mesma trajetória —, alguns diagnósticos psicológicos não podem ser estabelecidos com segurança antes da idade adulta. Como o neurodesenvolvimento se estende até depois dos 20 anos, fatores dinâmicos como idade, estágio do desenvolvimento e ambiente de vida tornam o diagnóstico um alvo móvel. Certos comportamentos descontrolados, como ataques de birra, são normais em uma etapa do desenvolvimento, mas representam problemas em outra. O cérebro em desenvolvimento da criança e suas interações com o ambiente digital em rápida evolução dificultam diferenciar comportamentos problemáticos daqueles adaptativos, considerados um "novo normal". Determinar quando o uso de mídias interativas por um jovem é problemático torna-se ainda mais complexo na adolescência, período marcado por impulsividade, experimentação e busca por sensações. A experiência de Isabella nos lembra que o uso das mídias interativas não é necessariamente tóxico. Trata-se de uma ferramenta que, utilizada com atenção plena, constitui parte saudável e necessária da vida moderna. Contudo, a forma como é utilizada e a quantidade desse uso podem tornar-se disfuncionais.

PRESCRIÇÃO DE MÍDIA SAUDÁVEL

Mas quanto é demais?

Como frequentemente parece que toda criança ou adolescente passa grande parte do dia olhando para um *smartphone*, *tablet* ou *notebook*, como os pais podem reconhecer quando seu filho está enfrentando dificuldades relacionadas ao PIMU? O uso dessas mídias torna-se problemático quando prejudica física, psicológica, acadêmica ou socialmente a criança ou o adolescente. Embora seja compreensível que os pais se sintam incomodados com o uso excessivo das telas pelos filhos, repreendê-los ou puni-los apenas fará com que resistam ainda mais às tentativas de mudança. Transforme sua irritação em preocupação solidária ao focar no bem-estar do seu filho.

- ***Aspecto acadêmico:*** seu filho deixa de fazer ou entregar as tarefas escolares? As notas estão caindo? Os professores relatam que ele usa o celular ou não presta atenção nas aulas? Ele lê por diversão, pratica esportes, encontra-se com amigos e cultiva *hobbies* — ou todo tempo livre é dedicado às telas?
- ***Saúde física:*** está privado de sono por ficar acordado até tarde ou acordar durante a madrugada para acessar a internet? Tem dificuldade para despertar pela manhã? Sente sonolência diurna? Está ganhando ou perdendo peso? Reclama de dor ou cansaço ocular? Dor cervical ou lombar? Cefaleias? Ele passa tempo ao ar livre aproveitando os benefícios do contato com a natureza ("tempo verde")? Quanto tempo permanece sedentário *versus* ativo enquanto está acordado?
- ***Saúde social:*** tornou-se recluso, passando cada vez mais tempo isolado com dispositivos eletrônicos? Dedica menos tempo à família e aos amigos? Está pulando refeições ou evitando situações sociais?
- ***Saúde mental:*** mostra-se retraído ou irritável quando não está usando mídias interativas? Torna-se argumentativo ou até agressivo quando solicitado a interromper o uso dessas mídias? Houve mudança nos hábitos de higiene pessoal?

Embora muitos pais se preocupem com o tempo que seus filhos passam diante das telas, aquilo que pode parecer excesso para os adultos talvez seja apenas o próximo normal para as crianças (pois qualquer "novo normal" ficará ultrapassado em poucas semanas). A maioria dos jovens consegue integrar o uso das telas às atividades escolares e sociais mantendo sua saúde física e mental. Pais que percebem dificuldades acadêmicas, sociais ou relacionadas à saúde física ou mental podem buscar auxílio junto aos professores ou orientadores educacionais da escola; pediatras ou médicos da família; psicólogos ou outros profissionais de saúde mental. Muitas vezes são esses profissionais que reconhecem os desafios relacionados ao uso das mídias interativas pelos jovens e podem recomendar estratégias específicas tanto para as crianças quanto para os pais.

Restaurando o equilíbrio da vida por escolha

No ambiente clínico, a recuperação do PIMU começa quando uma criança ou adolescente percebe que (1) seu médico ou psicólogo entende sua atração pelas mídias interativas; (2) o objetivo não é retirar essas mídias deles, mas ajudá-los a controlá-las; e (3) os pais serão orientados a pararem de policiar os comportamentos dos filhos e começarem a apoiar seus sucessos. Uma vez que o jovem confia no médico ou no psicólogo, frequentemente torna-se capaz de identificar seus próprios pontos críticos — notas escolares, vida social e relacionamentos com os pais e a família. Quando percebe que pode aliviar essas dores autorregulando o uso das mídias interativas, ele pode ser guiado para equilibrar sua vida. O mais importante é que tanto a criança quanto os pais precisam perceber que ela está no controle. Reconhecer e assumir controle sobre seus comportamentos afirma sua autonomia de maneira mais poderosa do que desafiar os pais sucumbindo ao apelo irresistível das mídias interativas clamando por seu tempo, atenção, cliques e dinheiro.

Isso é mais fácil dizer do que fazer — e raramente acontece da noite para o dia. A natureza "aguda sobre crônica" do PIMU ajuda a explicar o duplo desafio para um tratamento eficaz. Por exemplo, jovens que jogam *videogames* descontroladamente (a condição aguda) com frequência apresentam condições crônicas previamente desconhecidas, subclínicas (sem sintomas observáveis), não diagnosticadas ou insuficientemente tratadas, como TDAH. Sua impulsividade e distração permitem-lhes se destacar em jogos eletrônicos interativos, sobretudo aqueles como jogos de tiro em primeira pessoa (*first-person shooter games*), que exigem respostas rápidas e reflexivas para ter sucesso. Crianças com TDAH como Patrick frequentemente são melhores nesses jogos do que crianças neurotípicas. Para elas, jogar é um espaço de domínio; suas exigências intermináveis por hipervigilância afinada constroem sua confiança — um contraste tranquilizador com as confusões e demandas da sala de aula, do recreio ou da interação social. Para esses jovens, jogar não está causando PIMU; está funcionando como uma forma de medicar seu TDAH.

Da mesma forma, crianças com ansiedade — especialmente ansiedade social, como no caso de Anna — são atraídas pelas redes sociais por parecerem um ambiente menos arriscado no qual esperam desenvolver amizades. Contudo, a mesma distância que faz as redes sociais parecerem seguras dilui a autenticidade necessária para estabelecer e sustentar relacionamentos significativos. Até mesmo situações humanas críticas, como a conexão *on-line* com alguém contemplando suicídio, tornam-se performáticas e observadas a distância como um drama intenso. Aqueles conectados à pessoa em sofrimento constroem um senso de necessidade e, assim, encontram significado ou propósito de vida. É difícil ter perspectiva sobre isso e ainda mais difícil ceder ao que dá sentido à sua vida.

Para aprendizes constantes como Isabella, a internet é um mundo maravilhoso de informações infinitamente interligadas — e um campo minado de *clickbait*. Cada fato interessante, ideia ou questão está conectado a muitos outros. Pode-se perder completamente a noção do tempo, desaparecendo em um labirinto infinito de informações, imagens, histórias e vídeos, todos com mensagens comerciais explícitas e implícitas associadas. E os movimentos do usuário por esses labirintos são automaticamente rastreados para direcioná-lo, de formas cada vez mais precisas e poderosas, a mais do mesmo.

Alguns adolescentes reconhecem o PIMU em si mesmos e se autorregulam. Outros iniciaram tendências de resistência, como trocar *smartphones* por celulares simples, utilizando até mesmo plataformas como TikTok para encorajar colegas a domarem a tecnologia e usá-la positivamente. Mas para muitas das crianças e dos adolescentes que chegam à CIMAID, os fatores psicológicos subjacentes ao PIMU tornam o aconselhamento profissional e o tratamento terapêutico respostas mais eficazes.

Trabalhando com profissionais da saúde para abordar o uso problemático de mídia interativa do seu filho

Se você acredita que seu filho está prejudicado pelo PIMU e não conseguiu manter um diálogo construtivo com ele sobre isso, procure ajuda de um profissional com experiência na avaliação e no tratamento. Estabeleça com seu filho ou adolescente que você está preocupado em vez de irritado, buscando apoiá-lo em vez de puni-lo. Apresente a consulta clínica como parte do esforço para ajudá-lo, não para privá-lo de uma atividade importante para ele. É provável que ele não acredite em você inicialmente, mas você estará preparando o terreno para que o médico e a família adotem juntos uma abordagem solidária.

É importante que os pais expressem que também precisam de ajuda no uso das mídias interativas por eles mesmos e pela família — que estão buscando assistência do médico tanto para si quanto para seu filho. O médico ouvirá você, demonstrará que não está tomando partido e enfrentará os conflitos entre pais e filhos que podem estar interferindo na autonomia crescente da criança ou do adolescente e dificultando sua recuperação. Ao afirmar que não se trata de uma situação de certo *versus* errado, mas sim de encontrar a melhor forma de ser saudável e bem-sucedido, o médico deixará claro que é o jovem quem encontrará seu caminho para a recuperação — não o profissional nem os pais.

O médico solicitará um histórico completo de saúde física, mental e social. Seu filho teve problemas na escola ou dificuldade em fazer tarefas? Ele tem dificuldade para dormir ou acordar pela manhã? Como ele se comporta em casa? Como ele se alimenta — faz refeições com a família? As refeições ocorrem com ou sem dispositivos eletrônicos para ele e outros membros da família? Qual é o seu próprio uso de mídias interativas? Seu filho tem algum histórico de problemas médicos, psicológicos ou educacionais? Como esses problemas foram gerenciados? Ele toma alguma medicação? Há histórico familiar de problemas educacionais, psicológicos ou relacionados ao uso de substâncias?

Em consultas individuais com o jovem, o médico perguntará o que os pais acertaram ou erraram ao contar sua história sobre o uso das telas pelo filho, reconhecendo que cada pessoa percebe a realidade de maneira diferente.

- Como ele se sente sobre sua própria situação e sobre si mesmo?
- Se pudesse mudar uma coisa em sua vida, qual seria?
- Quais são seus pontos críticos? Ele tem problemas físicos como dores nos olhos, pescoço ou costas? Está ansioso, deprimido ou irritadiço? Sente-se solitário ou gostaria de ter mais amigos?
- Como o médico pode ajudar?

O médico tentará identificar condições não reconhecidas ou insuficientemente tratadas que possam estar impulsionando os comportamentos relacionados ao PIMU. Muitas vezes, os jovens não compartilham ansiedade ou depressão com os pais por vergonha ou constrangimento. Problemas atencionais podem ter passado despercebidos pelo jovem — que nunca conheceu outra realidade — ou até por professores e pais porque ele desenvolveu estratégias instintivas na escola. O jovem pode ter sido diagnosticado e tratado quando mais novo e considerado “curado” quando sintomas como hiperatividade ou ansiedade diminuíram. O adolescente pode ter crescido fisicamente a ponto de a dosagem da medicação anteriormente eficaz não ser mais suficiente para otimizar sua atenção ou aliviar sua ansiedade. Em nossa experiência clínica, uma vez identificada a condição psicológica subjacente ao PIMU e otimizados os tratamentos médicos e psicoterapêuticos necessários, os comportamentos problemáticos relacionados ao uso das mídias tornam-se mais fáceis de abordar.

Na CIMAID, praticamos a terapia para uso disfuncional de mídias, chamada de MUT (do inglês *media use therapy*) tanto como acrônimo quanto por ser uma mistura de terapia cognitivo-comportamental (TCC) — na qual pensamentos prejudiciais sobre si mesmo e o mundo são desafiados com verificações da realidade — e terapia comportamental dialética (DBT), que trabalha com estratégias orientadas à aceitação e à mudança, buscando equilíbrio e um caminho intermediário aceitável para pacientes e pais. Abordamos os pontos críticos relacionados ao PIMU do jovem utilizando a terapia de aprimoramento motivacional (TAM), ajudando-o a identificar estratégias alternativas para lidar com seu sofrimento psicológico e social.

Cada jovem que vivencia o PIMU apresenta uma trajetória singular, com percursos de recuperação que diferem em tempo, abordagem e necessidade de suporte. Alguns conseguem reverter a situação e se autorregular rapidamente, necessitando de apenas três ou quatro visitas. A maioria leva de quatro a 12 meses, com encontros a cada duas ou quatro semanas. Uma pequena minoria resiste ativamente ou não consegue responder ao tratamento ambulatorial e à autorregulação. A hospitalização psiquiátrica geralmente não é útil. Em muitos casos, hospitais psiquiátricos oferecem tempo de jogo ou acesso *on-line* como recompensa por bom comportamento. Com o tempo, isso pode mudar — quando eu era estudante de medicina, o hospital psiquiátrico no qual fiz meu treinamento recompensava bom comportamento com cigarros. Embora existam centros residenciais de tratamento anunciados *on-line*, a maioria está disponível apenas para adultos. Um programa residencial chamado reSTART, localizado nos arredores de Seattle e com mais de uma década de experiência no tratamento de adultos, agora oferece um programa para adolescentes de 13 a 18 anos.[13] Muitos programas residenciais são baseados em tratamentos para dependência em álcool ou drogas e alguns são combinados com esses programas. Como o entendimento, o tratamento e até mesmo a nomenclatura do PIMU não foram padronizados, cada programa tem seu próprio modelo terapêutico, e poucos coletam dados rigorosos sobre resultados. Consequentemente, deve-se confiar em avaliações *on-line* em *sites* semelhantes ao Yelp feitas por pessoas que foram tratadas nesses locais.

Alguns jovens que não conseguem alcançar a autorregulação do uso de mídias interativas em programas ambulatoriais como a CIMAID tiveram sucesso com terapia comportamental ao ar livre (OBH, do inglês *outdoor behavioral health*) ou terapia na natureza (*wilderness therapy*).* A ideia central da terapia OBH é ajudar jovens que enfrentam questões emocionais, comportamentais e relacionais — como ansiedade, depressão, uso de substâncias ou transtornos do humor — a se reestruturarem. Com orientação de terapeutas licenciados, eles trabalham para reconstruir a si mesmos e sua autoconfiança no ambiente mais simples do mundo natural. A natureza é calmante e centradora, mas também implacável. A utilidade da terapia OBH para jovens que enfrentam o PIMU está no fato de estarem "fora da rede", sem dispositivos nem internet. Eles precisam lidar diretamente com as consequências de seus sucessos e fracassos, desde acender uma fogueira até interagir pessoalmente com outros. *Feedback* positivo e negativo imediato em um ambiente solidário ajuda os jovens a "encontrarem a si mesmos". A terapia OBH geralmente inclui convivência com outras pessoas, terapia em grupo e exercícios de *mindfulness*, além de sessões individuais de aconselhamento. Alguns programas coletam e analisam resultados terapêuticos, sendo avaliados rigorosamente por centros acadêmicos como a University of New Hampshire.[14]

Embora alguns programas OBH tenham ajudado jovens a romperem com o PIMU, eles não são uma solução universal nem acessíveis para todos. Como essa terapia ainda não foi padronizada ou formalmente credenciada, os programas não são uniformes em qualidade, tampouco são cobertos pela maioria dos planos de saúde. O custo da terapia OBH — que geralmente requer dois ou três meses — fica na casa das dezenas de milhares de dóla-

---

* N. de R. T. Trata-se de uma abordagem psicoterapêutica que combina intervenções clínicas com atividades estruturadas em ambientes naturais, como trilhas, acampamentos e vivências ao ar livre. Frequentemente aplicada a adolescentes e jovens adultos com dificuldades comportamentais, emocionais ou envolvimento problemático com tecnologias digitais, busca promover autorregulação emocional, resiliência, autonomia e habilidades interpessoais. Os participantes são inseridos em contextos que favorecem o desligamento dos estímulos digitais e o enfrentamento de desafios concretos, como parte de um processo terapêutico intencional e monitorado (Gass et al., 2012; Russell, 2001). Referências: Gass, M. A. et al. (2012). *Adventure therapy: Theory, research, and practice*. Routledge; Russell, K. C. (2001). What is wilderness therapy? *Journal of Experiential Education*, *24*(2), 70-79. Veja o manual de orientação da Sociedade Brasileira de Pediatria sobre os benefícios da natureza no desenvolvimento de crianças e adolescentes em: https://www.sbp.com.br/fileadmin/user_upload/manual_orientacao_sbp_cen1.pdf.

res, tornando-a funcionalmente disponível apenas para quem pode pagar. Alguns pais dedicaram o fundo universitário dos filhos a esse tratamento porque acreditam que eles precisarão controlar o PIMU para terem sucesso na faculdade. O progresso feito pelos jovens nesses programas deve ser sustentado e continuado por meio de planos cuidadosos e vigilantes para sua reintegração ao ambiente onde desenvolveram o PIMU.

Como não há padrão confiável, alguns programas OBH e ambulatoriais que alegam tratar o PIMU receberam merecidas críticas negativas por serem ineficazes ou até inseguros. Com o aumento do PIMU e da angústia dos pais sobre isso, surgiram programas que prometem curar "dependência digital" em ambientes luxuosos mediante adiantamentos financeiros elevados. Qualquer programa — ambulatorial, residencial ou baseado na natureza — deve ser minuciosamente pesquisado quanto às qualificações dos profissionais responsáveis pela terapia oferecida, ao uso de tratamentos baseados em evidências e ao *feedback* dos consumidores (indivíduos e famílias) que utilizaram os serviços. Uma característica fundamental dos programas legítimos e eficazes é medir e divulgar os resultados terapêuticos obtidos. Ao escolher um programa para seu filho, é essencial realizar uma investigação criteriosa.

Insight e ação levam à recuperação

Os dez dias de pausa de Patrick em relação aos jogos eletrônicos durante sua internação psiquiátrica permitiram reduzir sua hiperestimulação. Em sua primeira visita à CIMAID, identificamos seu TDAH e iniciamos o uso de medicamentos psicoestimulantes. Ele decidiu não jogar *videogames* por um mês, já que havia passado dez dias sem jogos, e então começar com um jogo não relacionado ao *Fortnite*. Patrick mergulhou nos estudos. Com o apoio dos pais, encontrou um tutor que o ajudou no planejamento e na realização das tarefas escolares. Ele enfrentou dificuldades no laboratório de informática porque seus amigos, com quem jogava *Fortnite* na escola e fora dela, "continuavam insistindo para eu jogar". Patrick conseguiu persuadir seus colegas a jogarem *Dungeons and Dragons* no programa extracurricular e tornou-se mestre do jogo (*dungeon master*). Além disso, ingressou em clubes de rádio amador e robótica, obtendo uma licença de rádio e competindo em torneios de robôs de batalha. Patrick nunca voltou aos jogos eletrônicos, afirmando que eram "chatos", mas admitiu ao terapeuta que temia ser "sugado novamente".

O pânico de Anna ao pensar que sua "parceira de desafios" havia morrido por acidente ou suicídio foi resolvido na manhã seguinte. Descobrindo que estava sem sinal de celular, Anna pegou emprestado o telefone de alguém na escola e conseguiu falar com a amiga, que riu dela por acreditar que era real. Magoada, Anna viu isso como crueldade e parou de se comunicar com a garota. Anna começou a trabalhar sua ansiedade com um terapeuta, apoiada por medicação leve contra ansiedade. Quando seu pai entendeu que o celular não era uma fuga da realidade para Anna, mas uma parte essencial dela, passou a tolerar seu uso. *Ele* também concordou em não levar o celular para a mesa de jantar. Sentindo que suas necessidades eram respeitadas e que seu pai estava disposto a seguir as mesmas expectativas, Anna conseguiu coordenar suas comunicações com os amigos *on-line* para que não interferissem nas tarefas escolares, refeições em família ou sono. Ela informou aos amigos que estaria *off-line* às 22h, não porque não se importasse com eles, mas porque seus pais "a obrigavam". Anna passou a deixar o celular na cozinha para carregar e só o pegava ao sair para a escola pela manhã. Redirecionou seus esforços sociais dos relacionamentos *on-line* para os colegas da escola, embora ainda se comunicasse principalmente pelo celular. Dormindo melhor e sentindo-se melhor consigo mesma, Anna engajou-se na escola, fez amigos, entrou em vários clubes e começou a dar aulas particulares de leitura para crianças do ensino fundamental. Ela parou de roer as unhas e de se arranhar. Recentemente foi aceita na faculdade, onde espera se formar em psicologia.

Isabella, ainda relutante em "jogar o jogo acadêmico", abordou a faculdade com cautela. Intrigada pela ideia de aprender o que quisesse, estava consciente de suas notas inconsistentes no ensino médio e sabia que precisava superar os problemas acadêmicos criados por ela mesma. Isabella começou a prestar atenção nas aulas e descobriu que realmente gostava de história. Orientada por seu terapeuta e um tutor, desenvolveu um cronograma no qual fazia as tarefas antes de mergulhar em informações *on-line*. Seus colegas frequentaram aulas preparatórias para o *Scholastic Assessment Test* (SAT) e contrataram orientadores universitários; entretanto, Isabella esqueceu-se de agendar os exames de admissão. Quando percebeu, todos os locais próximos à sua cidade estavam lotados.

Sem querer estar entre seus colegas durante o fim de semana do SAT, decidiu visitar seu tio favorito na cabana dele nas montanhas em um estado vizinho. Sempre disposto a ajudar, ele verificou se havia locais próximos disponíveis para o exame e encontrou uma escola local com vagas ainda abertas. Persuadindo-a a tentar mesmo sem preparação adequada, ele levou Isabella até a escola. Depois do exame, Isabella sentiu-se bem com o teste, mas não tinha ideia do desempenho obtido. Quando os resultados chegaram seis semanas depois, ficou chocada — ela havia ido muito bem. Animada e motivada, começou a procurar faculdades interessantes. Isabella ficou entusiasmada ao encontrar uma pequena faculdade de artes liberais e se inscreveu em disciplinas como botânica, filosofia, antropologia e poesia; lá começou a explorar possibilidades para desenvolver seu próprio curso interdisciplinar.

PRESCRIÇÃO DE MÍDIA SAUDÁVEL

Nunca é cedo demais, nem tarde demais para prevenir

Quando pensamos em medicina preventiva, geralmente visualizamos o que a saúde pública chama de *prevenção primária*: impedir que a doença aconteça. Na realidade, muito mais doenças são evitadas pela *prevenção secundária*, que consiste em identificar um problema potencial, rastreá-lo e tratá-lo antes que cause sintomas. Já a *prevenção terciária* refere-se ao reconhecimento de uma doença em curso e ao tratamento eficaz para evitar que ela piore ou se espalhe.

A prevenção do PIMU baseia-se em modelar, orientar e monitorar o uso saudável de mídias desde os primeiros estágios do uso de mídia pela criança até a adolescência, à medida que ela encontra, aprende e domina diferentes mídias. Compartilhe o uso das mídias com seus filhos em todas as etapas. Se eles demonstrarem sinais de perda de controle ou se você observar comportamentos ou ouvir linguagem influenciada pelo uso das mídias interativas, converse sobre isso. Crianças, mesmo irmãos, não amadurecem no mesmo ritmo, e você é o melhor juiz — tanto antes quanto depois de introduzir um dispositivo ou atividade digital — para avaliar se seu filho pode gerenciá-lo de maneira saudável, produtiva e respeitosa consigo mesmo e com os outros. Não há problema em restringir sua liberdade digital ou pausá-la completamente, assim como você faria ao aplicar um castigo ou impor um "*time-out*" para outros comportamentos prejudiciais ou inadequados.

Reconhecer sinais iniciais de comportamentos problemáticos — como conflitos familiares relacionados à interrupção do uso das mídias interativas, comportamento mais reservado ou irritabilidade quando *off-line* que desaparece ao voltar *on-line* — é fundamental para intervir cedo, de forma definitiva e empática. Criar um adolescente envolve transferir a disciplina de uma imposição externa para uma autorregulação interna: dos pais fornecendo disciplina para o jovem desenvolvendo autodisciplina. O desenvolvimento humano não ocorre em uma linha reta e sempre ascendente; tampouco acontece da noite para o dia. Seja paciente. Um ambiente doméstico calmo e consistente para o uso das mídias é um componente essencial para o sucesso.

Use as estratégias familiares básicas, apresentadas anteriormente e reiteradas nos capítulos precedentes, como um guia de solução de problemas quando estiver preocupado com o uso das mídias por seu filho.

VOCÊ PODE

- ***Revisar as expectativas compartilhadas sobre o uso das telas na família.*** Pais e irmãos devem seguir as mesmas diretrizes básicas, como não usar dispositivos à mesa durante as refeições ou nos quartos durante a noite; os dispositivos devem ser desligados e, se possível, mantidos longe fisicamente durante momentos em família, conversas ou realização de tarefas escolares. Expectativas familiares são mais eficazes do que regras impostas pelos pais.
- ***Sentar-se com seu filho para revisar o dia padrão dele.*** Incentive-o a priorizar o que deseja e precisa fazer diariamente e crie um cronograma que assegure nutrição adequada, atividade física intensa, tempo para tarefas escolares e sono suficiente.
- ***Reservar tempo para atividades essenciais.*** Inclua tarefas escolares, atividade física intensa, responsabilidades domésticas e a atividade mais importante não apenas para a nutrição dos seus filhos mas também para sua saúde mental: uma refeição familiar sem dispositivos para ninguém.
- **Planejar tempo *on-line* após as atividades essenciais.** Se seu filho joga ou interage com amigos *on-line*, incentive-o a avisar os amigos sobre quando estará *on-line* e *off-line* para evitar a pressão de estar disponível 24 horas por dia. Incentive-o a culpar os "pais rigorosos" pelo tempo limitado *on-line* em vez de arriscar que os amigos se sintam rejeitados.
- ***Agendar uma atividade favorita após o tempo* on-line.** Isso ajuda na transição ao focar no início de algo prazeroso em vez de no término do tempo nas telas.
- ***Desligar todas as telas uma hora antes do horário de dormir.*** Isso permite que o cérebro da criança libere melatonina, o hormônio do sono. Adolescentes — que estão crescendo mais rápido do que em qualquer outro momento desde o nascimento — precisam dormir entre nove e 11 horas por noite. Estabeleça um ritmo circadiano consistente (dia-noite) relacionado ao sono.
- ***Estabelecer um "horário de fechamento" para todas as telas. Desde televisores até* smartphones, *todos os dispositivos devem ser deixados fora dos quartos durante a noite.*** Um local comum para carregar os dispositivos na cozinha ou em outra área compartilhada reforça que as mesmas expectativas se aplicam a todos na família.
- ***Escrever o cronograma decidido com seu(s) filho(s) e fixá-lo na geladeira.*** Isso evita futuros desentendimentos sobre o que foi combinado.

Uso problemático de mídia interativa ou o próximo normal

Por mais desconhecido que o comportamento dos jovens com seus dispositivos e aplicativos digitais possa parecer aos pais, é importante distinguir o que é disfuncional do que representa uma evolução geracional do comportamento humano. Para educar bem no espaço digital onde crianças e adolescentes passam tanto tempo, é necessário compreender o PIMU, preveni-lo sempre que possível e reconhecer e intervir caso uma criança esteja em dificuldade. Lembre-se de que nossos dispositivos são ferramentas neutras. É a forma como os utilizamos que pode nos ajudar ou nos prejudicar. O uso consciente, focado e autorregulado das mídias interativas pode apoiar o desenvolvimento saudável de crianças e adolescentes, mas o uso descontrolado e sem direcionamento é problemático e prejudicial.

Como pais, professores, clínicos e membros da sociedade, precisamos reconhecer e responder a esse fenômeno de maneiras compreensivas, não julgadoras, abrangentes o suficiente para incluir diversas manifestações e que identifiquem claramente o problema. Jovens que enfrentam dificuldades com o uso das mídias interativas precisam de ajuda o mais cedo possível. O reconhecimento e o tratamento eficazes exigem uma abordagem baseada em evidências por parte dos clínicos. Igualmente importante é o compromisso dos pais em abordar as raízes do uso problemático do filho, resistir às promessas de *marketing* que exploram seus medos e lidar com suas próprias inquietações no ambiente digital. Adote uma abordagem integral ao conversar com o médico, terapeuta ou orientador escolar de seu filho sobre o uso das mídias interativas. Compartilhe suas observações sobre os desafios e pontos fortes da criança e do adolescente para que juntos possam abordar as condições subjacentes que impulsionam seu uso das mídias. Com essa compreensão, seu filho pode adotar medidas significativas para desenvolver a autorregulação e aproveitar plenamente as mídias de maneira eficaz e sábia.*

---

* N. de R. T. Para obter mais informações a respeito destas e de outras questões envolvendo o uso inadequado das telas digitais, sugerimos acessar: Rede E.S.S.E. Mundo Digital (www.essemundodigital.com.br), Associação Matera: Sustentabilidade e Bem-estar Digital (www.associacaomatera.org.br) e Sociedade Brasileira de Pediatria (www.sbp.com.br).

Parte 3

E agora?

Capítulo 12

O gambito da rainha

Reivindique seu poder na matriz midiática

Conteúdo é rei. Com este título de três palavras em um *blog* há mais de um quarto de século, Bill Gates imaginou trazer a internet para todos, prevendo o dia em que o conteúdo *on-line* seria algo que qualquer pessoa, em qualquer lugar, poderia criar, consumir e comercializar. Ele profetizou: "Qualquer pessoa com um computador e um *modem* pode publicar qualquer conteúdo que consiga criar [...], permitindo que a informação seja distribuída mundialmente com custo marginal quase zero para o editor. Aqueles que tiverem sucesso impulsionarão a internet como um mercado de ideias, experiências e produtos — um mercado de conteúdo".[1]

Nas décadas que se seguiram à coroação do conteúdo, seu mercado explodiu. O rápido desenvolvimento da tecnologia permitiu que quase qualquer pessoa criasse e consumisse conteúdo a qualquer momento e em qualquer ambiente. Conteúdos produzidos por empresas multibilionárias de notícias, entretenimento e tecnologia; movimentos sociais e políticos; pornografia; músicos; até mesmo pela família, pela criança ou pelo cachorro do vizinho inundaram o ecossistema digital. Vimos o melhor, o pior e o "interminável mimimi" no meio, notável apenas pela sua quantidade avassaladora.

Pais e professores têm se sentido impotentes diante do *tsunami* de conteúdo midiático que captura nossa atenção e das técnicas "grudentas" que capturam e retêm crianças, adolescentes e todos nós. A ciência associou o consumo de conteúdo problemático a comportamentos de risco para a saúde, como aprendemos nos capítulos anteriores. No entanto, a velocidade com que todo tipo de conteúdo é produzido e a rápida evolução dos dispositivos nos quais é consumido superaram os melhores esforços de pesquisadores da área da saúde da infância e de psicólogos do desenvolvimento para determinar os efeitos em longo prazo da exposição ao conteúdo midiático em crianças e adolescentes. Pais, pediatras, professores e defensores das crianças têm feito campanhas longas e árduas para protegerem as crianças de conteúdos nocivos e têm ficado amplamente frustrados porque conteúdos cada vez mais provocativos vendem e a legislação fica estagnada. O tempo de tela das crianças, ou seja, a duração do uso de mídia, foi associado a resultados negativos para a saúde física, mental e social. Grande parte dessa pesquisa baseou-se na suposição de que o conteúdo midiático é inerentemente prejudicial; portanto, mais tempo usando-o resulta em maior dano. Como o conteúdo midiático varia muito entre o bom, o ruim e o esquecível, não podemos mais usar o tempo de tela como métrica principal de risco para a saúde e o desenvolvimento das crianças. Além disso, é quase impossível medir o tempo de tela em nosso mundo saturado por dispositivos digitais. Conteúdo de tela de qualquer tipo e duração está disponível sob demanda a qualquer hora do dia ou da noite em dispositivos presentes em quase todos os ambientes domésticos ou nos bolsos. As crianças navegam constantemente entre as telas digitais e o mundo físico. O que mais elas estão fazendo (e o que não estão fazendo) enquanto usam mídia pode ser tão influente quanto o conteúdo ao qual estão expostas. Estamos agora medindo *como* crianças e adolescentes utilizam mídias digitais e as maneiras pelas quais diferentes usos levam a resultados significativos para sua saúde física e desenvolvimento geral. Dentro desse entendimento cheio de nuances sobre o uso de telas digitais, a ciência entregou aos pais uma ferramenta transformadora que pode ser utilizada para beneficiar seus filhos: é o contexto — como, quando, onde e com quem as crianças usam mídia digital. Aí reside seu poder.

Se conteúdo é rei, então contexto é rainha. O antigo jogo de xadrez baseia-se nessa dinâmica dual de poder: enquanto o rei deve ser protegido, a rainha é sua guerreira mais poderosa. O contexto do uso midiático por crianças é tão crítico para seu bem-estar quanto o próprio conteúdo ao qual estão expostos ou a duração da exposição. Embora seja difícil controlar os conteúdos disponíveis na mídia digital, regular o contexto do uso midiático por crianças é muito mais viável para os pais porque eles compram os dispositivos; pagam por aplicativos, serviços ou assinaturas; introduzem esses dispositivos no ambiente doméstico; e estabelecem expectativas familiares sobre como, quando e onde mídias digitais podem ser utilizadas.

Em especial para crianças mais novas, grande parte do ambiente físico no qual consomem mídia está sob controle dos pais — estes podem liderar ao criar atividades alternativas ao uso excessivo das telas digitais. Essa é sua oportunidade para concretizar sua visão sobre vida familiar durante os anos formativos das crianças. Lembre-se dos 3Ms — modelar, orientar e monitorar — começando por observar objetivamente seu próprio comportamento enquanto utiliza mídias digitais como parte do contexto desejado dentro da dinâmica familiar criada ao redor dos filhos. Quando está com seu filho, como você modela o seu uso equilibrado e consciente de celular, mensagens de texto, redes sociais e tempo de tela recreativo?

Seu filho não sabe nem se importa se você está no seu dispositivo por trabalho ou por diversão. Você está apenas no seu dispositivo. Pedir a ele que pare de usar o dispositivo enquanto você está usando o seu é, para ele, o cúmulo da hipocrisia. Desligar seus dispositivos quando você estiver com seus filhos significa que você está presente para eles, aproveitando o tempo em família sem distrações. E é mais saudável para você também. Pesquisas mostraram que os funcionários que recebem e respondem a *e-mails* após o expediente experimentam aumento da ansiedade, diminuição da qualidade do sono e menor satisfação no relacionamento porque sentem que estão de plantão 24 horas por dia, sete dias por semana. Não apenas sua saúde mental, mas sua produtividade e desempenho sofrem.[2] (Chefes, prestem atenção!) Tanto os funcionários quanto os empregadores precisam estar cientes de que, nos Estados Unidos, a Fair Labor Standards Act (FLSA) exige que os empregadores paguem aos funcionários não isentos por todas as horas extras trabalhadas — incluindo quaisquer horas extras enviando *e-mails*, mensagens de texto ou conversando — ou enfrentem uma multa.[3] EurWORK, o repositório de regras de trabalho da União Europeia, define "o direito de um trabalhador de poder se desvincular do trabalho e se abster de se envolver em comunicações eletrônicas relacionadas ao trabalho, como *e-mails* ou outras mensagens, durante o horário de folga".[4] Desde 2017, os funcionários franceses têm permissão por lei para desligar telefones e todos os outros dispositivos fora de suas 35 horas de trabalho semanais.[5] De acordo com a FLSA, os cidadãos norte-americanos estão igualmente protegidos, mas a maioria de nós não está ciente desse regulamento e não desenvolveu o hábito de desligar os dispositivos e se concentrar em nossas famílias e em nós mesmos. Isso pode ser alterado. Estamos todos, empregadores e funcionários, nisso juntos — e juntos podemos mudar isso. Nós e nossas famílias seremos mais felizes e saudáveis por isso.*

---

* N. de R T. No Brasil, sugerimos a obra pioneira de Melo, S. N., & Rodrigues, K. R. A. L. (2018). *Direito à desconexão do trabalho: com análise crítica da reforma trabalhista (Lei n. 13.467/2017): teletrabalho, novas tecnologias e dano existencial.* LTr.

Quem

Cada criança cresce e amadurece de forma diferente. Não há idade específica apropriada para as crianças usarem um dispositivo ou consumirem certo conteúdo midiático. O desenvolvimento humano não é democrático. Não apenas é insalubre para todas as crianças de todas as idades terem acesso a todos os dispositivos e conteúdos, mas as idades recomendadas para introduzir dispositivos e conteúdos midiáticos são apenas isso — recomendações, não direitos relacionados à idade. Conheça seu filho — alguns estarão prontos antes e outros depois das idades recomendadas. A prontidão do desenvolvimento é uma métrica que se aplica não apenas a crianças de várias idades cronológicas, mas também àquelas com neurodivergências* e com desafios cognitivos. Busque o momento mais adequado do ponto de vista desenvolvimental para introduzir cada dispositivo e plataforma. Quando acreditar que seu filho precisa e está pronto para usar com responsabilidade um dispositivo, plataforma ou aplicativo de mídia, oriente seu uso de tela. É provável que ele saiba muito, possivelmente mais que você, sobre como fazer essa ferramenta poderosa funcionar. Não confunda facilidade técnica com educação midiática. Ele precisa que você o ensine para que, onde e quando utilizará a ferramenta — e *explicitamente* para que *não* a usará, e onde e quando *não* a usará de forma alguma. Se você se sente desconfortável para falar sobre pornografia, *sexting*, *cyberbullying* ou quaisquer das realidades *on-line* que exploramos na Parte 2, talvez seu filho e você não estejam prontos para iniciarem o uso responsável, respeitoso e saudável dessa tecnologia que nos acessa tão facilmente.

---

* N. de R. T. Neurodiversidade é um termo amplo e atual que se aplica a todas as pessoas com algum tipo de atipia no tempo do desenvolvimento cerebral e mental, alguma deficiência física, auditiva, visual, intelectual ou transtorno mental, como transtorno do espectro autista (TEA), ou deficiências múltiplas como consequência de paralisia cerebral ou de alguma outra doença ou acidente. No Brasil, a Lei nº 13.146, de 6 de julho de 2015, estabelece o Estatuto da Pessoa com Deficiência e inclui, no título IV, sobre ciência e tecnologia, o acesso às tecnologias assistivas para a melhor inclusão social e qualidade de vida. Veja o documento "Benefícios da tecnologia para todas as crianças e adolescentes: mais aptidão, mais saúde", produzido pela Sociedade Brasileira de Pediatria em: https://www.sbp.com.br/fileadmin/user_upload/23903c-ManOrient_-_BenefTecnol_todas_crc_e_adl-MaisAptidao_MaisSaude.pdf.

Como

O modo como seu filho usa a mídia deve sempre ser guiado pela compreensão de que se trata de uma ferramenta poderosa. Isso não significa que ele não possa usá-la por prazer, mas a mídia deve ser utilizada propositalmente para aprender, comunicar-se e, sim, entreter-se — e então ser desligada para realizar outras atividades quando essa tarefa estiver concluída. Limitar o tempo de tela, ou seja, por quanto tempo seu filho usa a mídia, não se trata de evitar exposição à tela inerentemente negativa, mas de não substituir atividades mais saudáveis sem tela — incluindo tempo presencial com família e amigos, refeições sem distrações, atividade física vigorosa (preferencialmente ao ar livre), dever de casa e sono. Estratégias saudáveis de uso de mídia incluem:

- não permitir que o uso de mídia de tela se torne um comportamento padrão;
- não usar telas para evitar o tédio;
- saber escolher mídia de tela quando não for a melhor ferramenta para a tarefa em questão.

Onde e quando

O uso de telas, saudável em certos contextos, pode tornar-se problemático se essa ferramenta for utilizada em local ou momento inadequados, comprometendo o propósito do ambiente e da ocasião. Na escola, a tarefa primordial dos alunos é aprender com professores, colegas e mídias digitais apenas quando integradas ao currículo planejado. A maioria das atividades realizadas em *smartphones* distrai da aprendizagem. A conectividade constante com os pais interfere no desenvolvimento socioemocional crucial para a autonomia, socialização e construção de uma sociedade própria. Dispositivos digitais podem prejudicar os estudos se usados para multitarefas. Os benefícios psicológicos e nutricionais de uma refeição familiar são reduzidos quando há aparelhos à mesa. Celulares no quarto comprometem a qualidade e a quantidade do sono, tão importantes para crianças e adolescentes em rápido crescimento.

Perspectivas futuras

Com o surgimento de novos dispositivos e tecnologias, devemos buscar e criar formas de otimizar seu uso. Em breve, provavelmente avaliaremos os potenciais efeitos do metaverso na saúde. Atualmente, o metaverso e sua tecnologia permanecem mais uma novidade do que uma experiência midiática generalizada. Entre outros fatores, os dispositivos de realidade virtual (RV) e realidade aumentada (RA) ainda são desajeitados, causando exaustão física e cognitiva. Quais seriam os efeitos, positivos ou negativos, na saúde das crianças?

Não temos experiência suficiente com o uso de RV para obter resultados válidos sobre seus efeitos na saúde. O córtex pré-frontal, ainda em desenvolvimento em crianças e adolescentes, é responsável pela integração dos estímulos visuais duplos da RV/RA em uma única imagem tridimensional. Muitos adultos ficam exaustos e com dor de cabeça após usarem RV. Imagine o impacto dessa carga cognitiva no córtex pré-frontal em formação. Uma criança talvez não se queixe de cansaço ou dor de cabeça, mas pode não ter energia ou tolerância emocional para a próxima atividade não digital ou interação humana. Sua fadiga cerebral pode manifestar-se como desinteresse, irritabilidade ou impaciência.

Apesar dessas preocupações teóricas válidas, estudos já demonstraram efeitos benéficos do uso de RV na assistência médica e na educação. Pesquisadores fizeram pacientes queimados jogarem um jogo de arremesso de bolas de neve em RV durante o desbridamento de feridas, um dos procedimentos médicos mais dolorosos. O conteúdo de RV apresentava um ambiente ártico frio no qual os pacientes precisavam se concentrar para encontrar pinguins e tentar acertá-los com bolas de neve. Cientistas teorizam que, como a experiência imersiva inundava seus sistemas sensoriais audiovisuais, os pacientes necessitavam de menos medicação para dor durante o procedimento em comparação com situações sem RV.[6] Na educação, a RV tem sido utilizada na narrativa de histórias por meio de experiências virtuais, desde escalar o Monte Everest até mergulhar nas partes mais profundas do oceano.[7] Ambas as aplicações já estão em uso. Preocupações sobre riscos futuros que a experiência do metaverso pode representar para a saúde e o desenvolvimento de crianças e adolescentes são razoáveis nesse estágio, enquanto muito ainda está em desenvolvimento. Esse é o momento, no início das fases de *design* e *marketing*, de fazer perguntas críticas, realizar pesquisas rigorosas sobre efeitos na saúde e no desenvolvimento e oferecer expectativas baseadas em evidências para os usuários.

O Digital Wellness Lab (Laboratório de Bem-estar Digital) e outros podem trabalhar para melhorar constantemente dispositivos digitais, aplicativos e conteúdos para o futuro, mas todos devemos reconhecer o poder que temos — agora mesmo — de atentar para os contextos que criamos para nossas próprias vidas digitais. Não apenas nossos filhos serão mais felizes e saudáveis, mas ao modelarmos e oferecermos orientação, eles também aprenderão a criar contextos de uso digital saudáveis. Com a conscientização vem a autonomia. Estou encorajado pelo que ouço de jovens que desejam encontrar seu equilíbrio de vida saudável.

Inclinando a balança

Jeff sentou-se cuidadosamente na borda da cadeira sem braços no consultório, evitando o encosto. Ele e sua família haviam se mudado recentemente de outro estado. Era nossa primeira consulta. Veio em busca de ajuda para controlar sua acne, mas o que mais me chamou a atenção foi seu sobrepeso. Aos 14 anos, Jeff pesava 89 kg, 27 kg acima do peso saudável para sua idade e altura. Ele disse que sua acne havia piorado nos últimos seis meses. "Está por todo o peito e as costas." Após vários anos e muitos remédios para acne amplamente divulgados, a mãe de Jeff achou que era hora de consultar um médico. Analisando os registros de seu pediatra anterior, vi que ele não tinha condições médicas crônicas, nem tomava medicamentos. Crescera de um bebê saudável e robusto para um menino corpulento. Na pré-adolescência, quando seus amigos se envolveram em esportes e escotismo, Jeff optou por não participar. Era fã de *anime* japonês e passava horas assistindo *on-line*.

"Estou aprendendo japonês!", disse-me orgulhosamente.

"O que mais você faz para se divertir?", perguntei enquanto media sua pressão arterial, elevada em 150/85.

"Jogo com meus personagens de *anime*."

"Com quem você joga?"

"Amigos *on-line*. É assim que estou aprendendo japonês. Eles estão no Japão. Ah, pode me dar um atestado para não fazer educação física? Meus quadris e joelhos doem quando corro."

"Quando você assiste *anime*?"

"Sempre que posso. Principalmente à noite, depois de terminar o dever de casa."

"E quando você joga?"

"Antes da minha família acordar. O horário do Japão é praticamente o oposto do nosso, então eles chegam da escola por volta das 16h." Jeff acordava às 4h para jogar depois de ficar acordado até meia-noite ou mais tarde assistindo *anime*. Como seu horário era tão diferente, ele não fazia mais refeições com a família, preferindo levar pratos de comida e lanches para comer em seu quarto enquanto assistia *anime*.

"O que você quer fazer sobre seu peso?"

"Não há nada a fazer. Já tentei de tudo. Nada funciona."

Embora Jeff estivesse acima do peso em comparação com padrões saudáveis, estava mais próximo da média quando comparado a seus pares. A obesidade entre crianças dobrou e entre adolescentes mais que triplicou nas últimas décadas.[8] A prevalência de obesidade pré-pandemia era de quase uma em cada cinco crianças (19,7% em média).[9] A proporção aumentava constantemente com a idade das crianças:

- 12,7% entre 2 e 5 anos;[10]
- 20,7% entre 6 e 11 anos;[11] e
- 22,2% entre 12 e 19 anos.[12]

Como Jeff, muitos dos 14,7 milhões de crianças e adolescentes obesos tinham condições relacionadas à obesidade, incluindo pressão arterial elevada, colesterol alto, diabetes tipo 2, dor nas articulações e problemas respiratórios, como asma e apneia do sono.

A forte ligação entre o aumento do tempo de televisão e o risco de obesidade foi um dos principais motivos das recomendações da American Academy of Pediatrics, em 1999, para limites de tempo de tela. Um estudo longitudinal do rápido aumento da obesidade infantil na década de 1980 encontrou uma forte relação entre o tempo médio diário de TV e o risco de sobrepeso entre crianças de 10 a 15 anos, com até 60% dos novos casos de sobrepeso atribuíveis ao excesso de televisão.[13] A obesidade é agora a principal causa evitável de morte nos Estados Unidos, com 47% mais anos de vida perdidos do que os atribuídos ao uso de tabaco. Obesidade e fatores de risco cardiometabólicos associados, como pressão arterial elevada e níveis de colesterol na idade adulta, foram associados a maior tempo de tela na infância.[14] Programas comunitários de redução do tempo de tela resultaram em menor ganho de peso em crianças, demonstrando uma relação de causa e efeito.[15]

A resposta inicial e lógica a essas descobertas foi concluir que o sobrepeso era resultado do tempo de tela sedentário que substituía a atividade física vigorosa. Contrariando as primeiras impressões, no entanto, a relação entre assistir à televisão e obesidade pode não ser impulsionada apenas pelo comportamento sedentário. Intervenções que reduziram o tempo de tela resultaram em participantes menos acima do peso, mas não houve aumento significativo na atividade física vigorosa — em vez de assistir à televisão, as crianças liam ou brincavam com calma, permanecendo relativamente sedentárias.[16]

Mais de 90% dos estudos que buscam o mecanismo do aumento do risco de obesidade demonstraram que mais tempo de tela estava associado a menos sono.[17] A privação de sono contribui para o ganho de peso ao alterar a sensibilidade aos hormônios reguladores do apetite, elevando, assim, a fome e diminuindo a sensação de saciedade. O sono inadequado resulta em mais lanches, especialmente à noite, com alimentos reconfortantes que tendem a fornecer mais calorias e menos nutrição.[18] Crianças e adolescentes que assistem a vídeos, jogam, enviam mensagens ou usam redes sociais à noite, prejudicando a qualidade e a quantidade de sono, têm maior probabilidade de estarem acima do peso.[19]

Pesquisas em saúde pública associaram a obesidade e o sobrepeso em crianças à exposição à publicidade de alimentos na televisão. As limitações à publicidade infantil, vigentes desde 1946, foram desregulamentadas por Ronald Reagan nos anos 1980, permitindo a proliferação de comerciais de alimentos com alta densidade energética e pobres em nutrientes, ricos em gordura, sal e açúcar (ultraprocessados) na programação televisiva infantil após 1983.[20] Uma revisão de pesquisas sobre os efeitos da publicidade televisiva de alimentos e bebidas, "*advergaming*" (propaganda de alimentos nos intervalos dos jogos *on-line*) e mídias sociais direcionadas a crianças mostrou um efeito significativo nas escolhas alimentares, na ingestão de alimentos e no comportamento insistente das crianças ao irem ao supermercado com os pais.[21] Cognitivamente incapazes de discernirem a intenção persuasiva da publicidade de alimentos, particularmente em *advergames* ou mídias sociais que parecem ser entretenimento ou mensagens de amigos, constatou-se que as crianças aumentam a alimentação automática quando os anúncios são incorporados ao entretenimento animado.[22] Mesmo um único anúncio de 30 segundos influencia a preferência pela marca.[23] Em um ensaio controlado randomizado, o padrão-ouro da pesquisa, as crianças preferiram o sabor de *fast-food* de marca em testes de degustação lado a lado.[24]

A preocupação com a correlação demonstrada entre assistir à televisão e obesidade motivou a recomendação da American Academy of Pediatrics de um limite de duas horas para o uso de todas as telas. Mas todas as telas são iguais? Especificamente, os efeitos relacionados à obesidade do uso de todas as telas são semelhantes? Um estudo conduzido por membros da equipe do Digital Wellness Lab (antes de o laboratório existir formalmente) buscou responder a essa questão. Utilizamos o *Measuring Youth Media Exposure* (MYME), um método de pesquisa inovador e multimodal que quantifica e registra como as crianças usam televisão, computadores, *videogames* e *smartphones*, para comparar o uso de tela de adolescentes de 13 a 15 anos com medições do índice de massa corporal (IMC).[25] Não foi encontrada associação significativa entre o tempo total de tela e o IMC. Apenas durações maiores de atenção primária à televisão foram significativamente associadas ao aumento do IMC. O que é diferente na forma como usamos a televisão que faz com que apenas ela impulsione a relação entre tempo de tela e risco de obesidade?

Pistas contextuais para pistas comportamentais

Ao analisarmos os contextos em que cada uma dessas telas era utilizada, havia uma diferença gritante. Exclusivamente, assistir à televisão deixava as mãos dos usuários livres. Computadores, *videogames* e *smartphones* mantinham as mãos do usuário de mídia ocupadas. E o que os telespectadores faziam com as mãos? Alimentavam-se. Não com refeições nutritivas e equilibradas, mas com lanches muito anunciados, ricos em gordura, sal e açúcar, estimulando suas papilas gustativas com a mesma intensidade que seus olhos e ouvidos eram estimulados. E como queriam limitar as interrupções da visualização, pegavam o pacote inteiro de batatas fritas ou o pote de sorvete da cozinha e comiam até acabar, distraídos pela tela dos sinais de fome e saciedade do corpo. Esse estudo demonstrou que o contexto em que a tela era usada, comer enquanto assistia, era um fator poderoso, talvez o mais poderoso, influenciando o risco de obesidade dos jovens.

Não repreendi Jeff sobre suas escolhas alimentares, falta de exercícios ou mesmo seu uso de tela. Em vez disso, conversamos sobre fatores do estilo de vida que eram modificáveis. Ele ficou surpreso por eu não mencionar dieta ou exercícios naquela primeira consulta, mas sugeri que ele poderia tentar ajustar apenas um hábito — seu uso de mídia — e ver o que aconteceria. Ao pensar sobre isso, ele percebeu que na maioria dos dias passava cerca de sete horas assistindo a vídeos de *anime* e mais duas horas jogando com seus amigos do Japão, e não havia feito uma refeição com sua família nos três meses desde que se mudaram. Sugeri que, apenas por um mês, ele reduzisse seu tempo de tela pela metade, parasse de lanchar enquanto assistia, dormisse oito horas e fizesse uma refeição com sua família todos os dias. Ele concordou, raciocinando que ainda lhe restavam quatro horas e meia para fazer o que quisesse. Considerando que ele frequentemente assistia a *anime* apenas para preencher o tempo, listamos outras atividades que ele queria tentar. Ele logo aderiu: “Eu poderia aprender a desenhar *anime* eu mesmo!”.

Quando Jeff retornou quatro semanas depois, havia perdido cinco quilos e normalizado sua pressão arterial sem quaisquer restrições em sua dieta ou aumento de exercícios. No início, reduzir o tempo de tela foi mais difícil do que ele havia previsto, então tirou a tela plana de seu quarto e começou a fazer o dever de casa na mesa de jantar. Ele pegou seu telefone para me mostrar um desenho que fez de seu personagem de *anime* favorito — usando o computador e parte de seu tempo de tela. Ele saiu para fazer trabalhos no jardim com seu pai, o que, ficou surpreso em perceber, o fez se sentir melhor. Enquanto estava fora, conheceu seu vizinho que frequentava a mesma escola. Foi convidado para jogar basquete com ele. “Eu não fui muito bem”, admitiu, “mas pelo menos ele disse que deveríamos fazer isso de novo”.

PRESCRIÇÃO DE MÍDIA SAUDÁVEL

Escolha uma dieta midiática consciente que promova um equilíbrio saudável entre tempo de tela, refeições e movimento

Quando trazemos consciência e apreciação a algo rotineiro, isso se torna mais agradável. Ao dedicarmos um pouco de tempo e atenção para observar nossos hábitos relacionados à alimentação, ao uso de telas e à movimentação, podemos intensificar os prazeres dessas três atividades e colher os benefícios para a saúde.

VOCÊ PODE

- ***Promover o consumo consciente de alimentos e de mídia.*** Coma quando estiver comendo e assista quando estiver assistindo.
- ***Fazer pelo menos uma refeição diária em família, sentados à mesa e sem telas***, conversando sobre o dia. Nenhuma tela deve estar presente, visível ou audível durante as refeições.*

* N. de R. T. Há publicações que correlacionam as refeições em família à melhora da saúde mental das crianças da casa. O importante *World Happiness Report* de 2025, publicado pelo Wellbeing Research Centre (Centro de Pesquisa de Bem-estar) da University of Oxford, analisou dados de mais de 140 países e concluiu que refeições compartilhadas estão associadas a maiores níveis de felicidade, melhor saúde mental e física, e conexões sociais mais fortes. O relatório também observou que comer sozinho regularmente pode ser tão prejudicial quanto fumar 15 cigarros por dia. Veja mais informações em: https://worldhappiness.report.

- ***Lembrar-se de escolher conteúdos com duração adequada ao desenvolvimento e à capacidade de atenção da criança em cada idade***, desligando-os ao final do programa.
- ***Ajudar seu filho a reconhecer e se sentir empoderado para questionar ou evitar conteúdos midiáticos que promovam estereótipos sobre peso e atratividade.*** Embora às vezes escolham programações clichês, uma conversa franca sobre mensagens tóxicas pode ajudá-los a evitar a auto-objetificação e o questionamento do próprio valor.
- ***Evitar assistir a comerciais sempre que possível.*** Use serviços de *streaming* sem anúncios, assista a vídeos gravados ou avance-os rapidamente. Quando inevitáveis, tente "desconstruir" os anúncios de forma improvisada, ridicularizando-os, contestando sua veracidade e questionando seus motivos.
- ***Fazer compras e cozinhar com seu filho desde cedo*** para que ele aprenda que comer não é apenas sustento, mas uma experiência sensorial compartilhada e uma forma de vínculo com entes queridos.
- ***Manter frutas e vegetais abundantes e sempre disponíveis em casa.*** Limite a disponibilidade de lanches ricos em gordura, sal e açúcar.
- ***Reservar tempo para atividade física diária.*** Incentive crianças e adolescentes a brincarem ao ar livre, participarem de equipes esportivas ou frequentarem centros comunitários locais. Brinquem e façam tarefas domésticas juntos em família. Torne isso divertido!

Os limites de tempo de tela recomendados pela American Academy of Pediatrics foram propostos quando a televisão aberta era a única tela utilizada pela maioria das crianças. Os contextos físicos em que elas consumiam mídia eram limitados pelo fato de as televisões serem móveis estáticos. Quando a American Academy of Pediatrics recomendou que as televisões ficassem apenas em espaços familiares públicos, muitos pais, louvadamente, as removeram dos quartos infantis, em meio a protestos intensos. A televisão aberta tinha horários fixos, permitindo aos pais determinarem a quais programas e de que duração seus filhos assistiriam. Reguladas pela Federal Communications Commission (Comissão Federal de Comunicação dos Estados Unidos), as emissoras limitavam certos tipos de conteúdo a horários de audiência infantil. Programações infantis de menor duração eram restritas ao dia e ao início da noite, enquanto conteúdos mais adultos e longos eram exibidos mais tarde. Nessas condições, os limites de tempo de tela eram uma tentativa aproximada, mas quantificável, de restringir a quantidade e a qualidade do conteúdo midiático consumido pelas crianças.

Apesar das melhores intenções, os limites de tempo de tela não funcionaram. Se o limite familiar após a escola fosse de uma hora, as crianças corriam para casa e ligavam a televisão para assistir ou jogar *videogames*. Ao final da hora prescrita, o que acontecia? Absolutamente nada. Então, após 1h20, quando a mãe ou o pai vinham lembrar a criança de que ela havia ultrapassado o tempo, sempre havia choramingos, negociações e raiva. "Posso terminar meu programa? Não posso passar de fase no meu jogo?" O problema com os limites de tempo de tela, mesmo quando mensuráveis, é que eles tornavam o tempo de tela o fruto proibido. Como um bolo de chocolate, qualquer coisa que precisa ser restringida é algo que as crianças desejarão e farão de tudo para obter mais. Assim, havia conflito toda vez que o limite era atingido ou excedido. Os limites de tempo de tela não eram baseados em evidências, geravam conflitos e, por fim, tornaram-se obsoletos com a evolução dos dispositivos móveis e do conteúdo sob demanda.

Embora os limites de tempo de tela estejam obsoletos, isso não significa que não devamos aplicar restrições. Nossa abordagem estava equivocada. Tratávamos as telas como algo aceitável em pequenas doses, mas prejudicial após duas horas diárias. Crianças (e muitos pais) não acreditavam que, após 120 minutos, as telas se transformassem de toleráveis em tóxicas. Táticas de medo não funcionam na educação em saúde, como aprendemos ao tentar combater o tabagismo dissecando pulmões enegrecidos nas aulas de ciências. O importante não é que o tempo de tela seja inerentemente tóxico, mas que ele *substitui* atividades mais saudáveis — como dormir, sair ao ar livre, exercitar-se, ler, fazer dever de casa, conviver com amigos e família, sonhar acordado e imaginar o novo. As telas, agora onipresentes, oferecem o caminho de menor resistência para matar o tempo. O tempo é tudo o que temos na vida, então por que desejaríamos matá-lo? E as telas não o matam realmente; elas o dissolvem. Uma vez que as crianças estão nas telas, perdem a noção de tempo e lugar, dificultando sua extração do que é um fraco substituto para um estilo de vida saudável e diversificado.

Quando Jeff começou a jantar com sua família, manteve seu compromisso de deixar o celular e o *tablet* fora da sala de jantar. Contudo, logo notou que seu pai comia silenciosamente com uma mão enquanto rolava *e-mails* com o polegar oposto. Sua mãe ria de vez em quando com o programa de televisão ainda ligado na cozinha. Ninguém falava. Jeff sentia-se solitário. Começou a contar o que havia acontecido na escola naquele dia, mas nenhum dos pais respondeu — ou sequer pareceu ouvi-lo. Ele se levantou e pegou seu prato, pronto para levá-lo ao quarto, mas após um minuto, o recolocou, foi à cozinha e desligou a televisão.

"Por que você fez isso?", perguntou sua mãe.

"Esfaqueei minha professora de álgebra com um lápis hoje."

"*O quê?* Querido, você ouviu isso?", a mãe de Jeff perguntou ao pai.

"Hum-hum."

"Largue esse telefone. Precisamos conversar. Seu filho está com problemas!"

A ansiedade crescente na voz da mãe fez o pai baixar o celular. "O quê?"

"Conte a ele, Jeff. Conte o que você fez!"

"Não fiz nada. Só queria esfaqueá-la com um lápis porque ela zombou de uma das minhas respostas em um teste. Eu só queria falar sobre o meu dia. Como foram os de vocês?"

Esse foi o início da transição de sua família para uma refeição diária à mesa, sem dispositivos ou distrações. E eles começaram a conversar entre si, tanto sobre o que havia acontecido naquele dia na escola ou no trabalho quanto para planejar férias em família. Depois de um tempo, a mãe de Jeff o convidou para a cozinha, e ele descobriu que adorava cozinhar. Até inventou uma omelete de Doritos e a serviu, sob opiniões divergentes, numa manhã de domingo. Seu interesse pela culinária levou Jeff ao supermercado com a mãe para escolher seus próprios ingredientes para a refeição que estava preparando. Conforme o tempo esquentava, Jeff jogava basquete com mais frequência com seu vizinho. Ao longo dos meses seguintes, Jeff tornou-se mais consciente e regulou sua dieta e exercícios. Continuou a perder peso, embora muito mais lentamente do que no início. O mais importante é que ele começou a se sentir melhor, tanto fisicamente quanto consigo mesmo.

Um mundo de preocupações: solidão, ansiedade, depressão

Evitar situações sociais por medo de constrangimento ou humilhação pública é a descrição clássica do transtorno de ansiedade social. E para alguns jovens, essa é a descrição da adolescência. As mídias sociais e as mensagens de texto proporcionam aos adolescentes tentativas de conexões. O contexto psicossocial em que utilizam as mídias sociais — o que comunicam, como o fazem e o que esperam disso — varia de pessoa para pessoa e até mesmo dentro de um indivíduo em diferentes momentos. No caso de muitos, as mídias sociais podem servir como um espaço fértil e aparentemente mais seguro para expressar interesse por outra pessoa. Privado o suficiente para evitar constrangimento, mas público o bastante para que a negação plausível e a fuga emocional permaneçam possíveis, o contato eletrônico prova ser uma zona de transição saudável de estranho para amigo no caso de muitos adolescentes. Contudo, para outros, a ansiedade de progredir do conforto das mídias sociais para o contato presencial pode ser avassaladora.

As mídias sociais parecem seguras porque conectam, mas não exigem conexão. É fácil alcançar e demonstrar interesse por alguém, mas é igualmente fácil abusar ou (pior) ignorar quem está se aproximando. O interesse social é medido pelo número e pela velocidade das respostas. Infelizmente, isso quantifica os sentimentos humanos que, em sua forma mais verdadeira, geram qualidade, não uma pontuação. À medida que os adolescentes amadurecem social e emocionalmente, muitos vão além de se autopromover, aumentando a abertura e a honestidade ao buscarem relacionamentos mais profundos e genuínos. Os relacionamentos em amadurecimento se aproximam emocional e fisicamente, e, conforme isso ocorre, muitos jovens diminuem ou abandonam o uso das mídias sociais em favor de estarem juntos pessoalmente.

É muito fácil para os dispositivos e plataformas digitais tornarem-se muros em vez de pontes entre nós. Incentive os jovens a abrirem-se e aproximarem-se uns dos outros, aprimorando suas conexões mútuas.

- Em vez de tuitar, envie uma mensagem de texto.
- Em vez de enviar uma mensagem de texto, telefone ou, melhor ainda, faça uma videochamada.
- Em vez de telefonar, encontre-se pessoalmente.

Naturalmente, isso se aplica a pessoas que se conhecem bem — não àquelas conhecidas *on-line* ou cuja personalidade não vai além da que apresentam nas redes sociais. (Veja a importante nota de advertência no quadro a seguir.) É preciso ter cautela com estranhos que abordam e aliciam crianças *on-line*, explorando sua solidão para prejudicá-las, embora sejam eventos relativamente raros. Amplificadas pela mídia, essas histórias preocupam os pais. Contudo, os jovens temem ainda mais passar vergonha diante dos colegas. É muito mais comum ver uma fila de adolescentes sentados lado a lado no intervalo ou em um evento social, todos em seus celulares, trocando mensagens em vez de virarem a cabeça para olharem e conversarem entre si. A ansiedade de se expor pode nos isolar uns dos outros.

É demasiado fácil para jovens socialmente ansiosos permanecerem no espaço de transição das redes sociais, estabelecendo relações sem evoluí-las.

Buscando conexão, mas sentindo-se vulneráveis, alguns esperam mais das redes sociais do que elas podem oferecer. A ansiedade os leva às redes sociais por parecerem mais seguras, mas os impede de se abrirem para uma conexão autêntica. Quando ficam estagnados, seus sentimentos de inadequação são reforçados, levando à depressão. Quando superam o medo de passar vergonha e se encontram pessoalmente, podem perceber que não são os únicos aprendendo a se conectar. Tornarem-se abertos e vulneráveis permite que sua empatia, humildade e humor floresçam. Ser autêntico possibilita o desenvolvimento de confiança e intimidade profundas e significativas. Pode-se dizer (e mostrar) muito com um *smartphone*, mas não se aprende a beijar com ele.

Nota importante: este conselho de aprimorar conexões aplica-se apenas a amigos que se conhece na vida real. Crianças e adolescentes devem ser extremamente cautelosos com estranhos que conheceram *on-line* que buscam encontros pessoais. Mesmo que enviem uma foto, não se pode confiar que sejam quem dizem ser. Predadores sexuais se fazem passar por pares para construir confiança e aliciar jovens, explorando sua solidão. É importante que os jovens sempre usem o pensamento crítico quando estiverem *on-line* para se protegerem de danos. Como regra, é melhor manter os contatos feitos *on-line* estritamente *on-line*.

Comparações ascendentes e depressoras

Pesquisas científicas rigorosas demonstraram que adolescentes ansiosos ficam mais ansiosos e os deprimidos ficam mais deprimidos quando usam as redes sociais.[26] Devido à sua ansiedade e depressão, envolvem-se em comparações sociais ascendentes, observando as publicações brilhantes de outros que mostram o melhor de si e de sua vida. Ao compararem suas próprias realidades filtradas pela ansiedade e pela depressão com imagens idealizadas publicadas por outros, sentem-se piores.

Uma paciente minha, ativa nas redes sociais, mas lutando contra ansiedade e depressão, desenvolveu problemas com bebida durante seu primeiro semestre na University of Southern California. Buscando ajuda, foi apresentada ao trabalho de uma estudante do outro lado do país e compartilhou essa introdução comigo em seu exame anual. Larissa May, estudante da prestigiada Vanderbilt University e influenciadora de moda com centenas de milhares de seguidores nas redes sociais, viu-se sentindo-se ansiosa, deprimida e terrivelmente sozinha. Procurando entender por que se sentia tão mal, teve uma percepção reveladora de que estava comparando toda a sua realidade vivida com publicações nas redes sociais que mostravam apenas parte das histórias dos outros — apenas a parte boa. Percebendo que ela também mostrava apenas seu melhor, mas ansiando por ser vista, fundou o #HalfTheStory, uma plataforma de narrativas na qual os usuários podem ser exatamente como são. Lá, ela corajosamente contou sua história completa e incentivou outros a fazerem o mesmo. May iniciou um movimento no qual ativou milhares de adolescentes e jovens adultos para recuperarem sua saúde mental, não desativando as redes sociais, mas usando-as para serem verdadeiros sobre si mesmos e empáticos com as verdades dos outros. O #HalfTheStory foi a primeira organização liderada por jovens a encabeçar a conversa sobre bem-estar digital com formuladores de políticas e grandes empresas de tecnologia, construindo um coletivo de jovens ao redor do mundo para lutar por seu futuro.[27]

Embora haja muito debate público sobre se as mídias sociais e os *smartphones* causam ansiedade e depressão em adolescentes, essa especulação baseia-se no aumento medido desses transtornos em paralelo ao crescimento da posse de *smartphones* e do uso de mídias sociais por esse grupo. As pesquisas, contudo, contam uma história diferente. Mesmo aqueles que propõem que as mídias sociais e *smartphones* possam causar ansiedade e depressão reconhecem que tanto os que usam pouco ou nenhuma mídia social quanto os que as utilizam em excesso apresentam piores resultados de saúde mental em comparação aos usuários moderados.[28] Nossa pesquisa no Digital Wellness Lab mostrou que:

- 55% dos adolescentes e 45% dos pais observaram que o uso de mídias sociais é mais benéfico do que prejudicial à saúde mental dos jovens, particularmente durante o isolamento dos *lockdowns* da covid-19;[29]
- a maioria dos adolescentes sentiu que seu uso de mídias sociais os fazia se sentirem socialmente conectados (79%), emocionalmente apoiados por seus pares (69%) e melhorava os relacionamentos de amizade (50%).[30]

No entanto, 46% se sentiram pior em relação ao seu corpo.[31] O que observei em mais de 30 anos cuidando de adolescentes é que, para muitos, sentir-se ansioso, exaltado, frustrado, assustado, feliz, confuso, contente, inseguro e tragicamente triste, com frequência em rápida sucessão, faz parte do desenvolvimento socioemocional desse período. As mídias sociais e sua disponibilidade 24 horas por dia, sete dias por semana, via *smartphones* não são a causa da ansiedade e depressão adolescente, mas servem como aceleradores de estímulos socioemocionais e amplificadores de respostas psicológicas.

Não é quanto, mas como os jovens usam as telas, especialmente as mídias sociais, que influencia seu bem-estar emocional. O contexto de uso das mídias sociais — o humor em que estão no momento, com quem estão, que imagem desejam projetar, o que querem mostrar e esconder — é mais revelador do que o que está na tela. Seu contexto de uso de telas incorpora dois mundos: seu mundo interior, acessível aos pais apenas na medida em que o *insight* e a confiança de seus adolescentes lhes permitem articular, e seu mundo voltado para o exterior, em que você pode incentivar o aproveitamento de atividades não relacionadas a telas, apoiar encontros com amigos e orientá-los para uma rica diversidade de experiências.

Um quarto com vista: as pessoas certas no momento certo

Os adolescentes usam mídias sociais mais do que qualquer outra faixa etária porque é um ambiente que parece mais seguro para se envolver com tarefas-chave do desenvolvimento, particularmente a formação de identidade e a conexão com pares. A adolescência é um período de exploração e, para o bem ou para o mal, de experimentação. Muitos usam as mídias sociais ativamente, buscando formar relacionamentos e grupos de afinidade sobre diferentes assuntos, desde perfis compartilhados até questões de justiça social. Particularmente para jovens que sentem que não se encaixam onde vivem devido a sua etnia, política, religião, gênero ou sexualidade, as mídias sociais podem permitir que encontrem a comunidade que não têm em seu mundo físico. Marginalizados, ostracizados, às vezes intimidados em suas comunidades e até mesmo em suas casas, esses jovens encontram seu caminho nas mídias sociais.[32]

Julian foi encaminhado a mim pelo médico que atendia uma escola interna exclusivamente masculina da Nova Inglaterra. Após vários meses de seu primeiro ano lá, ele havia parado de fazer o dever de casa, estava dormindo nas aulas e suas notas haviam despencado. Quando seu supervisor descobriu que Julian estava jogando em seu *laptop* em vez de fazer o dever de casa e seu colega de quarto reclamou que os jogos frequentemente continuavam após o horário de dormir, o *laptop* de Julian foi confiscado. Todo o seu dever de casa foi convertido para papel. Julian começou a fazer o dever de casa e ir para a cama no horário, mas, após alguns dias, voltou a adormecer nas aulas.

O médico o considerou saudável, sem razão orgânica para estar tão sonolento. Algumas semanas depois, Julian foi encontrado profundamente adormecido no assento da janela da sala comum de seu dormitório, com a cabeça sobre o *laptop* de outro estudante. Ele havia retomado suas sessões noturnas *on-line* pegando "emprestados" os dispositivos de outros estudantes enquanto dormiam. Sem saber se deveria puni-lo ou obter ajuda clínica para ele, a escola enviou Julian à Clinic for Interactive Media and Internet Disorders (CIMAID, Clínica para Transtornos de Mídia Interativa e Internet).

Surpreendentemente, Julian acolheu a atenção médica. Descreveu como se sentia solitário longe de casa no Texas, como fez amigos *on-line* primeiro por meio de jogos e depois continuou as interações em uma plataforma de mídia social na qual podiam interagir e jogar com avatares por eles mesmos. Essa foi a primeira consulta de um relacionamento clínico que durou vários anos. Com o tempo, assegurada a confidencialidade, Julian revelou que se sentia desconfortável em seu corpo masculino desde o primeiro ano escolar, mas não havia contado à família ou aos amigos por não saber como reagiriam. Agora longe de casa, Julian compartilhou um novo nome escolhido — Julie — e os pronomes *ela/dela*. Os jogos eram uma forma de se distrair da luta interior; as mídias sociais ofereciam oportunidade de interagir com outros por meio de seu avatar feminino.

On-line, Julie encontrou um grupo de amigos que, como ela, tinha disforia de gênero e experimentava ser seu verdadeiro eu, identificando-se como mulher.

"Eles entendem. E me ajudaram a me sentir bem comigo mesma pela primeira vez", disse Julie. "Agora estão me ajudando a descobrir o que fazer." Em comparação com seus pares heterossexuais e cisgênero, adolescentes LGBTQ+ têm maior risco de depressão, autolesão e ideação e consumação suicida.[33] Jovens LGBTQ+ usam ativamente as mídias sociais como um lugar onde podem descobrir quem são, como se encaixam na constelação humana e quem pode e irá apoiar sua saúde mental em momentos difíceis.[34] Após concluir seu programa de tratamento na CIMAID, Julie, apoiada pelo grupo de amigos *on-line*, buscou cuidados de afirmação de gênero — mas não antes de enfrentar ataques *on-line* odiosos e ameaçadores na plataforma de mídia social para a qual ela e seus amigos *on-line* haviam se retirado em busca de segurança. Agora estudante universitária e mais assertiva do que quando mais jovem, Julie relutantemente se despediu da comunidade *on-line* que havia sido tão solidária em um momento crucial, aconselhando esses amigos a se mudarem para espaços mais gentis.

Como no caso de Julie, algoritmos de mídias sociais projetados para atingir mercados para anunciantes podem reunir pessoas com interesses, atividades e estilos de vida compartilhados. O ecossistema digital criou espaços universalmente acessíveis, antes indisponíveis, onde aqueles que se sentem marginalizados em seus mundos físicos podem encontrar uma comunidade de pares que os afirmam, apoiam e compartilham a vida com eles. Infelizmente, para aqueles que temem e odeiam qualquer pessoa diferente daquelas com quem se identificam, as mídias sociais podem criar concentrações daqueles que buscam vitimizar. Julie encontrou aceitação e, por fim, um senso de si mesma sólido nas mídias sociais, mas também enfrentou discriminação, ódio e ameaças. A forma como Julie usou as mídias sociais inicialmente foi libertadora, uma autorrealização saudável. Mas quando comportamentos humanos menos saudáveis mudaram o ambiente digital, Julie estava ciente e forte o suficiente para se afastar. Foi *como* Julie usou, e depois escolheu *não usar*, as mídias sociais que a ajudou em um momento difícil de sua vida. A conexão nesse contexto significou tudo.

Socialize seu filho para as mídias sociais

Devido a autoconsciência única, curiosidade, labilidade emocional e controle de impulsos incompleto no estágio de neurodesenvolvimento adolescente, é importante criar contexto e orientar seu adolescente ao começar a usar mídias interativas. Mantenha-se em contato e deixe a porta aberta para comunicação sem julgamentos enquanto navegam pelo ecossistema digital. Eles encontrarão imagens e informações que os intrigam, confundem, perturbam e assustam. Precisam que você seja pai/mãe e esteja lá por eles. Como usam as mídias sociais é crucial para seus resultados de saúde. Embora não faça parte da conversa deles nas mídias sociais, você cria o contexto de diálogo entre vocês dois, no qual é confiavelmente acessível, razoável e solidário na forma como se envolve. É nesse contexto que seu filho ganha confiança de que pode contar com você.

PERGUNTE AO MIDIATRA

Como posso mudar a conversa sobre mídias sociais?

Para minha filha e suas amigas adolescentes, as mídias sociais são o mar em que nadam, mesmo quando parecem se afogar no drama. Como posso mudar a conversa quando não faço parte dela?

Você claramente é uma observadora experiente quando se trata de interpretar os sinais de sua filha e as amigas dela. Mesmo quando os adolescentes sabem que usar mídias sociais os faz se sentirem mal, eles relutam em abandoná-las. Embora isso pareça contraintuitivo para os adultos, quanto pior os adolescentes se sentem, mais se apegam aos *smartphones*. Enquanto muitos de nós usamos o celular mais do que o necessário devido ao FOMO (medo de ficar de fora, do inglês *fear of missing out*), adolescentes e pré-adolescentes lutam com o ainda mais potente FOBLO (medo de ser deixado de fora, do inglês *fear of being left out*).[35] Enquanto suas emoções oscilam com a quantidade e rapidez de curtidas que recebem, ser ignorado ou excluído é ainda pior. Eles temem que, se ficarem *off-line*, deixarão de existir, ao menos no ambiente digital. Devido ao FOMO/FOBLO, 29% dos adolescentes relataram dormir com o *smartphone* na cama, e 36% admitiram acordar para responder mensagens.[36] O déficit de sono resultante contribui para sonolência diurna e ansiedade,[37] e as interrupções do sono podem impedir a "limpeza cerebral" e a consolidação da aprendizagem que ocorrem no sono REM profundo.[38] Adolescentes mais investidos e que usavam mais mídias sociais em geral e à noite experimentaram pior qualidade de sono, menor autoestima e níveis mais altos de ansiedade e depressão.[39]

Pesquisas encontraram diferentes resultados de bem-estar a partir de diferentes formas de uso das mídias sociais. O uso passivo, como navegar pelas postagens dos outros, mostrou desencadear autocomparação ascendente, pior imagem corporal e insatisfação com a vida, enquanto o uso ativo, como alcançar outras pessoas e criar algo novo, provoca *feedback* positivo e conexão social.[40] No entanto, teorias de comunicação desafiam a dicotomia uso passivo/ativo, argumentando que todo uso de mídia, receptivo ou interativo, é ativo por natureza.[41]

Há tantas mensagens midiáticas disponíveis que escolhemos ativamente a quais prestar atenção com base em como nos sentimos no momento. A forma como as mensagens escolhidas nos afetam depende dos contextos psicológico, social e situacional em que as recebemos — e eles, assim como as personalidades, diferem de pessoa para pessoa. Estudos testando teorias de uso passivo/ativo de mídia em tempo real descobriram que o uso passivo resultou em bem-estar negativo para 10% dos adolescentes; os 90% restantes sentiram um efeito positivo ou nenhum efeito.[42] Um estudo de acompanhamento descobriu que para 11% dos adolescentes, tanto o uso ativo quanto o passivo levaram a efeitos negativos, e para 12% ambos levaram a efeitos positivos no bem-estar afetivo.[43]

Os efeitos do uso de mídias sociais no bem-estar adolescente variam de indivíduo para indivíduo e de contexto para contexto. A ideia de que podemos reconhecer o efeito de nosso próprio contexto interno sobre como nos sentimos e respondemos nas mídias sociais, que podemos afirmar controle sobre o contexto em que nos envolvemos com os outros, é algo que sua filha pode achar útil.

Enquanto isso, você conhece seus filhos melhor do que ninguém. Reconhecendo como, no contexto do uso de mídia, eles provavelmente responderão a diferentes estímulos, você é a melhor companhia para eles enquanto exploram ambientes digitais e os explicam para você. Na melhor tradição de orientação, você irá ensinar e aprender com eles.

Por mais óbvias que as águas turbulentas possam ser olhando da praia, você está certa em reconhecer quando não é útil mergulhar nelas. Mas quando você faz das águas mais calmas uma constante em seu próprio espaço, sua filha experimentará a alternativa por si mesma e saberá que sempre pode encontrar você lá, um porto seguro na tempestade social.

A pesquisa sobre os efeitos do uso de mídia na saúde de crianças e adolescentes continua a fornecer percepções cheias de nuances sobre os impactos tanto dos conteúdos midiáticos utilizados quanto dos contextos em que são consumidos. Em uma era em que as telas são onipresentes, o tempo gasto nelas não se refere ao que as crianças estão fazendo, mas ao que *deixam de fazer* — dormir, exercitar-se, estudar, socializar, imaginar... simplesmente ser.

Na luta para atender a limites preconcebidos de tempo de tela, falhamos e nos sentimos culpados. Contudo, podemos mudar essa equação. Temos o poder de controlar os contextos que criamos nos quais nós e nossos filhos utilizamos a mídia, os hábitos de tela que modelamos para eles, as habilidades de uso que orientamos e as memórias que construímos com eles quando estamos longe das telas.

Capítulo 13

A arte de viver

Curiosidade e criatividade como contexto para a infância

A infância é uma aventura. À medida que crescem, as crianças encontram situações, pessoas, eventos, ambientes e problemas inéditos a serem solucionados, além de histórias para contar. Experiência após experiência, constroem seu conhecimento do mundo, aprendem sobre os outros, encontram suas identidades, expressam-se e descobrem como ser produtivas e felizes. Com o advento da era digital, o alcance de crianças e adolescentes ao mundo exterior expandiu-se exponencialmente. Com a introdução dos *smartphones*, sua capacidade de direcionar e controlar esse alcance aumentou drasticamente — assim como a proporção de suas horas de vigília gastas em telas.

O imenso volume de informações não solicitadas que chegam às crianças apresenta novos desafios educacionais. Além de aprender a aprofundar e focar a pesquisa em assuntos de interesse, crianças e adolescentes precisam filtrar o que é distração do que é essencial. O conhecimento superficial amplo, instantaneamente disponível sobre qualquer assunto, embota a curiosidade e desestimula o aprofundamento. Fatos, informações equivocadas e até desinformação são apresentados como equivalentes, exigindo extensa verificação de fontes e desconfiança geral. Algoritmos projetados para traçar perfis de consumidores e direcionar mensagens comerciais personalizadas criaram câmaras de eco nas quais os usuários recebem informações e ideias com as quais já concordam e simpatizam.

Ironicamente, conforme nossa conectividade aumentou, nossa conexão uns com os outros e com o mundo diminuiu. Em vez de nos aproximar, em muitos aspectos as telas nos distanciaram. As mídias interativas estão constantemente disponíveis, são acríticas e mais fáceis do que outros seres humanos. Qualquer experiência pode ser acessada virtualmente. Perdemos o contato com o mundo e uns com os outros — e não sentimos falta nem percebemos isso. Ao sair do hospital após um longo e exaustivo dia, pisei na calçada e virei para oeste em direção ao estacionamento, sendo recebido por um glorioso pôr do sol dourado-púrpura-laranja-rosa. Fui instantaneamente elevado, energizado por esse presente inesperado. Sorrindo, olhei ao redor para as centenas de outras pessoas na calçada. Todas elas estavam olhando fixamente para seus telefones. Não viram o pôr do sol.

Marvin havia enfrentado dificuldades nos anos finais do ensino fundamental, tanto acadêmica quanto comportamentalmente. Foi suspenso duas vezes, uma por enfrentar uma professora e ameaçá-la fisicamente e outra por suspeita de fornecer comestíveis com *Cannabis* a um colega que foi pego com eles. Entrou no ensino médio com uma reputação sombria. Os professores foram alertados, e os alunos que vieram de sua escola anterior advertiram os outros. Marvin começou mal seu primeiro ano. Tentou participar do time de basquete, mas entrou em uma briga com outro aluno e foi convidado a sair. Evitado por outros estudantes durante anos, Marvin buscou conforto *on-line*, jogando até altas horas da noite e tendo dificuldade para acordar pela manhã. Chegava atrasado à escola, perdendo sua aula de inglês do primeiro período e às vezes a de educação cívica do segundo. A história se repetia. Professores e alunos igualmente estavam cautelosos com Marvin e cansados de seus comportamentos. No segundo bimestre, ele foi rebaixado de nível em inglês, então seu horário mudou e foi obrigado a fazer uma aula de artes para manter seus créditos. Ao entrar em sua primeira aula de artes, sentou-se sozinho na mesa de trabalho mais distante dos outros alunos, manchada de tinta. O professor Perez, musculoso e tão largo quanto alto, entrou na sala carregando um enorme bloco de argila úmida. Foi direto para Marvin e bateu a argila na mesa com força. "Espanque isso... por favor." Marvin olhou para o professor com uma mistura de confusão e irritação. "Faça isso! Eu lhe direi quando você e a argila estiverem prontos." Sem saber o que mais fazer, Marvin começou a socar e amassar a argila. O professor Perez virou-se para a turma e disse: "Bem-vindos à arte 3D. Começaremos fazendo recipientes". Ele envolveu a classe em uma discussão sobre o que eram recipientes, como eram usados historicamente e por que eram considerados arte. Marvin continuou amassando.

As telas ao nosso redor, especialmente aquelas em nossos bolsos, tornaram o ato de olhá-las reflexivo. Sempre que temos um breve momento, nosso medo de ficar de fora e o medo das crianças de serem deixadas de fora nos compelem a tirar as telas do bolso. Estas nos capturam com suas recompensas variáveis, nós perdemos a noção do tempo e as utilizamos por mais tempo do que aquele momento inicial. Uma vez que os jovens estão envolvidos com jogos eletrônicos, redes sociais ou mesmo com a rolagem angustiante de notícias, torna-se difícil para eles se desengajarem. E quando é um dos pais que lhes pede para retornar à vida — para jantar, fazer o dever de casa, ir para a cama ou apenas ter um momento em família —, irritação, raiva e até agressividade podem ser desencadeadas. Se queremos orientar efetivamente crianças e adolescentes pelo diversificado *menu* de experiências que os ajudará a aprender, crescer e se tornarem resilientes, é essencial tornar essas experiências divertidas, sociais e disponíveis para competir com o canto da sereia das mídias digitais, disponíveis 24 horas por dia, sete dias por semana. Lembre-se, o objetivo não é restringir ou banir as telas, mas utilizá-las de modo consciente. Parte do uso consciente dessas ferramentas poderosas é ligá-las para fazer o que fazem bem — e desligá-las quando não são a melhor ferramenta para a tarefa ou quando não há tarefa alguma. As telas facilmente se tornam um comportamento padrão, o caminho de menor resistência, deslocando a aprendizagem experiencial, a brincadeira recreativa no ambiente físico e até mesmo o devaneio. (Devaneio? Qual é a utilidade disso?!)

O professor Perez atribuiu um "esboço rápido" das vasilhas que os estudantes imaginavam fazer, distribuindo grandes folhas de papel e lápis. Ele colocou os materiais na frente de Marvin e apontou para seu pedaço de argila. "Você terminou. Pegue isso e me siga." Aliviado por não ter que desenhar, Marvin seguiu o professor até uma sala nos fundos. No meio, havia uma pequena mesa com um prato redondo sobre um eixo vertical. "Jogue isso bem no centro." O professor sentou-se, acionou um interruptor e o prato começou a girar. Molhando as mãos em uma tigela com água, ele silenciosamente, quase hipnoticamente, transformou a massa disforme de argila em um vaso alto. Marvin ficou fascinado. "Posso fazer isso?" foram as primeiras palavras que pronunciou. O professor Perez parou o torno de oleiro. "Você deve!", disse ele, esmagando seu punho e reduzindo o vaso a uma massa de argila. Marvin ficou atônito. "Por que você fez isso?" O professor levantou-se e indicou que Marvin deveria se sentar. "Porque você vai fazer algo melhor."

Quando nos recuperávamos da Grande Recessão de 2008, a IBM entrevistou mais de 1.500 CEOs corporativos de 33 indústrias e 60 países para determinar quais qualidades eram mais importantes para a liderança.[1] Contrariando expectativas de que apontariam para gestão disciplinada, a maioria dos CEOs citou a criatividade como o critério de liderança mais importante. Mas o que é criatividade? Como a medimos? E é diferente da inteligência?

De forma sucinta, criatividade é alternar o pensamento divergente — gerar novas ideias — e o pensamento convergente — combinar essas ideias para imaginar o novo. Inteligência, conforme medida pelos testes de quociente de inteligência (QI), é raciocinar, usando o repertório de conhecimento para resolver problemas. Desde que a inteligência começou a ser medida no início dos anos 1900, o QI médio de crianças e adolescentes aumentou cerca de três pontos a cada década, fenômeno chamado efeito Flynn.[2] Acredita-se que esse aumento constante na inteligência seja resultado de ambientes informacionais mais ricos e do maior foco no pensamento complexo e abstrato na educação, junto a melhor nutrição e maior miscigenação genética devido à maior mobilidade.[3]

A criatividade vem sendo medida desde os anos 1960 com os Testes de Pensamento Criativo de Torrance (TTCT, do inglês *Torrance Tests of Creative Thinking*).[4] A pesquisadora educacional Kyung Hee Kim constatou que a média dos escores de pensamento criativo das crianças aumenta constantemente durante os anos pré-escolares até atingir o pico no 3º ano, estabiliza-se até o 6º ano e, depois, diminui progressivamente, acreditando-se que isso ocorra devido à maior conformidade de pensamento à medida que a escolarização foca cada vez mais em lógica, raciocínio e obtenção da resposta certa. Os escores de criatividade da população aumentaram paralelamente aos escores de QI até 1990. Enquanto os escores de QI continuaram a subir, os escores do TTCT diminuíram significativamente desde 1990, com os declínios mais sérios ocorrendo na educação infantil até o 3º ano — anteriormente o estágio de desenvolvimento com o maior aumento no pensamento criativo.[5] Quando o pesquisador educacional Jonathan Plucker comparou os escores de QI e de pensamento criativo das crianças com suas realizações na vida adulta, descobriu que o sucesso inovador adulto estava correlacionado com o pensamento criativo três vezes mais fortemente do que com os escores de QI.[6]

Enquanto o professor Perez voltou para a sala de aula principal de artes, Marvin molhou as mãos e começou a trabalhar em sua argila. Tentando imitar o professor, ele tentava puxar a argila para cima, mas esta se desprendia e espatifava no chão. Marvin a recolhia e recomeçava repetidas vezes. O sinal tocou e os outros estudantes deixaram a sala, mas ele continuou, totalmente concentrado. O professor Perez entrou e observou Marvin por um momento. "Você tem outra aula agora?"

"Almoço", respondeu Marvin sem levantar o olhar. "Posso ficar?"

"Claro."

Resiliência é um ato criativo

A criatividade, desde a produção musical até a construção de fortes e brincadeiras de faz de conta com fantasias, é natural nas crianças, mas frequentemente desvalorizada e esquecida à medida que crescem e avançam na escola. Na escola e em nossas comunidades, tratamos a arte como uma disciplina eletiva acadêmica ou um luxo disponível apenas para aqueles que podem pagar aulas de violoncelo ou grupos teatrais infantis. E a arte não é o único caminho para a criatividade. Cada disciplina, cada ambiente, cada relacionamento oferece a oportunidade de ser criativo. A criatividade é essencial ao ser humano. Pode ser praticada em qualquer comunidade, qualquer escola e qualquer lar. Mas é preciso largar o celular, desligar a televisão e exercitar a criatividade, lutar com ela como argila em um torno e torná-la própria.

A expressão criativa de nossa humanidade compartilhada é o mais importante recipiente da história e da cultura. Lembramo-nos da obra de Leonardo da Vinci, mas não dos comerciantes que a financiaram. Cantarolamos uma melodia de Mozart, mas não conseguimos nomear o imperador para quem ele a compôs. A criatividade estimula nosso cérebro de maneiras que nenhuma outra atividade consegue. Quando a música começa a tocar, as crianças começam a balançar. Nos anos finais do ensino fundamental, a maioria dos jovens fica autoconscientemente encostada nas paredes durante as danças. Quando se pergunta a uma turma de jardim de infância quem é artista, todos levantam a mão. Quando chegam ao 4º ano, apenas alguns a levantam, porque a arte foi minimizada na escola e as crianças acreditam que apenas alguns poucos selecionados são bons o suficiente para terem sido elogiados. Os sons, as formas e os movimentos que surgem naturalmente nas crianças foram avaliados pelos adultos e considerados insuficientes se não forem de um Picasso ou um Yo-Yo Ma. O verdadeiro valor da arte para as crianças, e para todos nós, está em sua criação, não em seu julgamento.

As crianças são artistas naturais e instintivas, imaginando e criando o tempo todo, seja construindo castelos de areia, cantando para si mesmas ou encenando lutas de espada com gravetos. Os humanos têm criado desde que nossos ancestrais mais antigos moldavam argila e pintavam em paredes de cavernas. Filósofos e antropólogos propuseram que o impulso de criar arte, de moldar nossa compreensão da condição humana, está codificado em nosso DNA. Isso tem sido essencial para nossa capacidade de dar sentido e nos adaptar ao mundo, transmitindo essas características às gerações futuras.

Assim como a criatividade pode ser *desaprendida* pelas crianças, também pode ser *ensinada* a elas, desenvolvida e nutrida em casa e na escola, não apenas nas aulas de artes. Em vez de ensinar para a prova e focar na resposta certa (que a inteligência artificial [IA] agora gerará mais rápida e precisamente), a educação que estimula a curiosidade, celebra a singularidade e proporciona estabilidade para assumir riscos e falhar produz adultos criativos, confiantes e resilientes. *Celebrar*, em vez de *desencorajar*, a curiosidade infinita do pré-escolar que pergunta "Por quê?" centenas de vezes ao dia é um investimento em seu futuro. Por mais útil que pareça satisfazer a pergunta, responder com a resposta certa não é tão bom para a criança quanto "Vamos descobrir!". Modelar e encorajar a resolução de problemas em vez de pesquisar no Google ativa o hemisfério esquerdo do cérebro para reunir fatos e o direito para buscar experiências lembradas. A atenção desfocada — divagação mental ou devaneio — produz ideias parcialmente formadas. Então, a atenção focada reúne essas perspectivas alternativas, padrões não vistos e abstrações complexas no — eureca! — novo. O pensamento divergente/convergente pode transformar o "Por quê?" do pré-escolar no "Por que não?" do adolescente. Embora existam algumas pessoas naturalmente mais inclinadas a pensarem de forma divergente, o neuropsicólogo Rex Jung descobriu que a capacidade de alternar entre os pensamentos divergente e convergente, ou seja, a criatividade, pode ser desenvolvida e nutrida por meio da prática.[7]

Fornecer às crianças as ferramentas e a intenção de solucionar problemas serve não apenas para nutrir a criatividade, mas também para desenvolver determinação e resiliência. Vivemos em tempos de ansiedade. Ansiedade e depressão estão em ascensão, de maneira mais aguda entre crianças e adolescentes. A ansiedade é uma resposta ao estresse paralisada por um sentimento de impotência; a depressão é o luto potencializado pela desesperança. Em um ambiente desafiador, em constante mudança e às vezes confuso, as habilidades de resolução de problemas proporcionam adaptabilidade — flexibilidade, otimismo e confiança de que, com paixão, perseverança e humor, é possível sobreviver e prosperar. Confrontados com problemas avassaladores, seremos tentados a suprimir nossa criatividade e recorrer a regras rígidas e predeterminadas. Encontrar a resposta certa pode acalmar o caos em curto prazo, mas não desenvolve nem modela a resiliência criativa necessária para as crianças lidarem com o inesperado. A criatividade não é um luxo reservado àqueles que podem pagar por ela. É uma função cerebral essencial que nos mantém engajados, abertos, positivos e motivados. Se não brincarmos, experimentarmos, rompermos padrões e imaginarmos, nossa capacidade de inovar fica limitada e nosso bem-estar socioemocional corre risco.

Mark Runco, professor de psicologia cognitiva, pede a seus alunos universitários que listem todos os obstáculos que poderiam impedi-los de se formar. Em seguida, solicita que escolham apenas um e pensem em tantas soluções quanto possível. Os estudantes que exercitaram o pensamento divergente-convergente e se saíram melhor tanto na identificação quanto na resolução criativa de problemas tinham melhores relacionamentos interpessoais. Aqueles que conseguiam listar problemas rapidamente, mas cuja inflexibilidade criativa os impedia de encontrar soluções, apresentavam taxas mais elevadas de desespero e ideação suicida, mesmo quando controlados os fatores de ansiedade e de depressão. Ele também descobriu que aqueles com melhor desempenho tanto na identificação quanto na resolução de problemas mantinham melhores relacionamentos com os outros, pois conseguiam identificar e resolver criativamente os problemas que surgiam.[8]

Marvin não apenas ficou durante o almoço, tentando repetidas vezes fazer o vaso, mas pediu para voltar após a aula e continuar tentando. O professor Perez limpava o estúdio e preparava-se para o dia seguinte enquanto Marvin sentava-se ao torno. Às vezes conversavam; na maior parte do tempo, trabalhavam em silêncio. Ocasionalmente, Marvin pedia ajuda e o professor Perez explicava como ele poderia fazer. O professor nunca mais demonstrou o que fazer: "Não se trata do que seus olhos veem, mas do que seus dedos sentem". A mente de Marvin divagava e seus dedos aprendiam.

O cérebro anseia por liberdade e diversão na vida real

Desde a década de 1990, a ciência da neuroestética tem reunido neurologia, ciência cognitiva, psicologia, saúde pública, engenharia, *design*, educação, humanidades e artes para estudar como a criatividade nutre o desenvolvimento cerebral e melhora o aprendizado, a memória, a fala, a saúde mental e a qualidade de vida. Somos atraídos por experiências estéticas porque elas nos fazem sentir bem. Sentimo-nos bem porque elas conectam nossos sentidos com nossas emoções e pensamentos de maneiras que nos ligam ao mundo e uns aos outros. Cada um de nós conecta sensações, sentimentos e pensamentos de formas únicas que definem nossa individualidade e identidade. Experimentamos a mesma pintura, livro ou peça musical de maneiras diferentes, mas o fazemos juntos. Quando nos sentamos no cinema escuro assistindo a um filme, a experiência estética é tanto intensamente pessoal quanto universal, conectando-nos uns aos outros.

Criar arte, seja apresentando uma peça com fantoches de meia ou cantarolando uma melodia, engaja, constrói e nutre o cérebro de maneiras complexas por meio da experiência sensorial. Podemos ver, ouvir, cheirar, tocar e provar o que criamos. Uma refeição, uma canção, uma dança, um poema, uma pintura nos penetra pelos sentidos, agita nossas emoções e é interpretada cognitivamente, estimulando e conectando as funções sensoriais, límbicas e corticais superiores de nosso cérebro de maneiras exclusivamente nossas. A criação artística tem sido usada para curar e ensinar, desde os xamãs de nossos ancestrais neolíticos até os professores da educação infantil de hoje. A arte não precisa ser feita "bem" (um conceito arbitrariamente subjetivo, de qualquer forma); só precisa ser feita.

A arte é divertida e interessante o suficiente para competir com as telas e está disponível para todos, independentemente de seus recursos financeiros — mas requer um pouco mais de esforço tanto dos pais quanto da criança. É esse esforço, o envolvimento prático com materiais e o engajamento direto de recursos internos, que ajuda as crianças a crescerem saudáveis, inteligentes e sociáveis. Podemos aproveitar o poder da neuroestética redirecionando a atenção da criança da tela para o mundo físico. É o processo, não o produto, que as ajuda a se tornarem mais saudáveis, mais inteligentes e mais gentis.

Marvin continuava retornando ao estúdio do professor Perez, não apenas para aulas avançadas de artes, mas em seu tempo livre, sobretudo quando estava estressado academicamente, desafiado socialmente ou quando só precisava pensar. Não era somente a produção artística, mas a aceitação incondicional e tácita e a confiança do professor Perez em Marvin que o atraíam de volta. Marvin sentia-se psicologicamente seguro, e sua autoconfiança crescia. Às vezes, ele fazia exatamente o que o professor fizera quando se conheceram: modelava um cilindro alto e o amassava repetidamente. Sua mente divagava, e ele resolvia problemas. Refletia sobre sua aula de biologia e seu relacionamento com o pai. Pensava na menina por quem estava apaixonado e em como poderia começar a conversar com ela. Lembrava-se de canções que amava e que ficavam grudadas em sua cabeça. Marvin estava em boa companhia. Grandes pensadores ao longo do tempo encontraram atividades favoritas que permitem à mente vagar, revigorando o cérebro e estimulando seu pensamento. Enquanto lutavam com problemas a resolver, Albert Einstein tocava violino e Fred Rogers nadava na piscina.[9]

Em 1997, neurocientistas utilizavam ressonância magnética funcional para imagear a atividade neural em tempo real a fim de mapear as regiões cerebrais envolvidas em várias tarefas cognitivas e físicas. Eles descobriram que entre as tarefas, quando o sujeito de pesquisa estava deitado no tubo de ressonância aguardando instruções, regiões muito maiores e mais diversas do cérebro se tornavam ativas. Os cientistas haviam descoberto uma rede neural que denominaram erroneamente como *rede de modo padrão*, pois era encontrada quando o sujeito não estava fazendo nada. Mas quando questionados sobre o que estavam fazendo, os participantes revelavam que sua mente estava vagando. Ao estudar quais regiões do cérebro registravam cores, por exemplo, uma pessoa poderia ter sido mostrada à cor vermelha. Aguardando a próxima tarefa, ela se lembrava de que os tomates vermelhos em seu jardim precisavam ser colhidos e provavelmente estavam muito maduros, então faria molho de tomate com eles usando a receita da avó, mas a avó havia falecido no ano anterior e ela sentia muita falta dela, porém tinha conhecido um primo de segundo grau pela primeira vez em seu funeral. Quando devaneamos, passamos da sensação para associações, memórias, sentimentos e ideias, muito parecido com o modo como uma borboleta se move de flor em flor. Neurocientistas agora estão focando na chamada rede de modo padrão como a fonte de pensamento divergente da criatividade.[10] Outros estão examinando seu papel em nosso senso de identidade, aquela amálgama única de experiências, sensações, relacionamentos, sonhos, memórias, alegrias e tristezas, esperanças e mágoas que não se duplica em ninguém mais.

Embora seja importante evitar que as mídias de tela desloquem a criatividade, dispositivos e aplicativos digitais não são inimigos dela. Como poderosas ferramentas de informação e imagem, as mídias de tela podem ser aproveitadas para criar o novo. A capa deste livro é criada a partir de muitas *selfies* e fotos de vidas vividas que foram reunidas na imagem de uma criança, uma metáfora visual do que estamos falando neste livro, que somos todos amálgamas de muitas experiências. O ecossistema digital é rico em oportunidades para experimentar arte e artistas em ação, do Carnegie Hall a músicos de rua, do Museu de Arte Moderna a murais em bairros ao redor do mundo. Vídeos no YouTube apresentam músicos, dançarinos, artistas visuais e escultores que nos convidam a participar de seu trabalho, que pode ocorrer em qualquer lugar, com qualquer coisa. Veja o artista britânico Andy Goldsworthy, que trabalha com a natureza e o tempo como seus materiais e colaboradores na *land art*.[11] Crie atividades experienciais para seu filho e peça que ele crie experiências para você, a fim de ir além da tela em direção à imaginação única dele.

O brincar não é frívolo — é uma construção cerebral alegre

Dylan, que tratei quando pré-escolar por lesões sofridas em um tiroteio imaginário, está atualmente na faculdade estudando robótica social. Ao longo de sua infância e adolescência, ele e sua irmã faziam festas do chá com amigos imaginários; envolviam-se em *cosplay*, assumindo diferentes personagens (às vezes trocando de gênero); jogavam *Dungeons and Dragons*; perseguiam personagens Pokémon pelo bairro; e construíam um forte para receber os Klingons quando chegassem. Dylan até aprendeu um pouco de *klingon* para poder conversar com eles, mas sua irmã se recusou. Essas realidades alternativas fantasiadas, que os psicólogos chamam de *paracosmos*, os ajudaram a lidar com sentimentos fortes, a aprender que a realidade é aquilo a que prestam atenção e a idealizar seu futuro. Muitos artistas famosos, de Hieronymus Bosch a Salvador Dalí, e escritores, das irmãs Brontë a C. S. Lewis, desenvolveram paracosmos. Talvez mais surpreendentemente, um estudo da Michigan State University descobriu que muitos vencedores do prêmio "*genius grant*" da Fundação MacArthur criaram paracosmos quando crianças.[12]

"Brincar é o trabalho da infância." Embora frequentemente atribuída a Maria Montessori, cujo método educacional aproveitou o modo natural de aprendizagem das crianças, ou a Jean Piaget, o pai da psicologia do desenvolvimento, essa frase foi articulada quase um século antes por Friedrich Froebel (1782-1852), o fundador do jardim de infância. Esses visionários pioneiros da primeira infância compreenderam que a brincadeira infantil não é frívola, mas um imperativo biológico para descobrir como funcionam o mundo e aqueles com quem o compartilham.

É por meio do brincar que as crianças experimentam e dominam o mundo e a si mesmas. Uma pesquisa de opinião do Digital Wellness Lab (Laboratório de Bem-estar Digital), assim como observações empíricas da Clinic for Interactive Media and Internet Disorders (CIMAID, Clínica para Transtornos de Mídia Interativa e Internet), revelou que os aspectos sociais do brincar digital interativo com amigos eram mais numerosos e frequentemente mais importantes do que o próprio jogo. As crianças e os adolescentes falavam sobre os jogos sociais como um momento de convivência com seus amigos, e não como uma competição para vencer.[13]

Assim como a criatividade, a brincadeira livre e não estruturada é muitas vezes desvalorizada pelos pais em favor de atividades com um propósito — aprender uma habilidade, melhorar em um esporte, praticar um instrumento, destacar-se academicamente. Sociólogos observaram que as crianças são vistas por alguns como "seres humanos em formação" em vez de "seres humanos plenos".[14] O que eles querem dizer com isso é que muitos adultos veem as crianças como adultos em construção. A brincadeira organizada por adultos pode atender a objetivos específicos de aprendizagem, mas pressupõe que a criança seja incompetente e direciona sua brincadeira para o desenvolvimento de competências. Pode-se concluir razoavelmente que os jogos eletrônicos, sendo projetados por adultos que estabelecem regras e objetivos claros, constituem brincadeiras dirigidas por adultos. E brincadeiras dirigidas por adultos não são brincadeiras de fato, segundo o Dr. Peter Gray, psicólogo infantil e educador do Boston College. Gray vê a brincadeira dirigida pela criança não como uma distração nem como uma pausa necessária da educação, mas como *educação do tipo mais importante e essencial*. Ele considera as atuais dificuldades de saúde mental e relacionais dos jovens como resultado do declínio e desaparecimento da brincadeira livre e dirigida pela criança.[15]

As crianças vivem no aqui e agora, um lugar onde a brincadeira dirigida por elas, espontânea e livre, pode surgir. A brincadeira dirigida por adultos concentra-se no que ela *faz* pelas crianças. A brincadeira livre pertence às crianças — o que ela *significa* é o que é importante para elas. As crianças gostam de se movimentar. Elas aprendem a ser aventureiras e a dominar seus medos assumindo riscos. Dominam habilidades motoras finas construindo uma torre com blocos e habilidades motoras amplas derrubando-a com um chute. Desenvolvem sua própria narrativa lúdica e trabalham juntas para realizá-la. Aprendem a negociar e a se dar bem com aqueles com quem brincam. Embora possa parecer sem direção aos olhos dos adultos, a brincadeira livre dirigida pela criança contribui para resultados que a maioria dos pais busca para seu filho: crescimento e desenvolvimento saudáveis, aprendizagem, criatividade e bem-estar físico, mental e social.[16]

Como a brincadeira livre faz isso? Sendo:

- Intrinsecamente motivada, acontecendo por si mesma, em vez de orientada para objetivos.
- Espontânea e voluntária, iniciada e autodirigida pelas crianças que brincam, que têm a liberdade de escolher e a liberdade de desistir.
- Diversificada, incorporando as ideias e imaginações das diferentes idades, habilidades e culturas das crianças envolvidas.
- Social, desenvolvendo-se em um contexto socioemocional que exige que os participantes atendam às necessidades e aos desejos dos outros, bem como aos seus próprios, para sustentar a brincadeira.

- Imaginativa, libertando as crianças de seus ambientes e circunstâncias imediatos por meio de transformações criativas de materiais e improvisação de faz de conta para desenvolver e envolver-se em um mundo criado por elas mesmas.
- Estimulante, com frequência arriscada emocional ou fisicamente e absorvente, permitindo-lhes alcançar um estado de fluxo de consciência.
- Aberta e autogovernada por crianças que negociam e constroem uma estrutura interna com diretrizes claras que são adaptáveis à medida que a brincadeira evolui.
- Emocionalmente ressonante, intensa, frequentemente alegre, mas muitas vezes carregada de uma ampla variedade de sentimentos que ressoam com sua vida interior e as ajudam a dar sentido ao seu mundo em um ambiente ficcional.

Assim como na criação artística, não é o resultado imediato da brincadeira livre, mas o processo que produz benefícios tanto imediatos quanto de longo prazo. As evidências de tais benefícios são suficientemente convincentes para que Michael Yogman, MD, professor de pediatria na Harvard Medical School, escrevesse uma recomendação para que pediatras prescrevessem brincadeiras, posteriormente endossada pela American Academy of Pediatrics.[17] Yogman viu as consultas de rotina das crianças ao pediatra como uma oportunidade para prescrever brincadeiras ao ar livre — para crianças *e* pais — como forma de "enfatizar as capacidades dos pais de compartilharem descobertas alegres por meio de brincadeiras com seus filhos... Brincar é construir o cérebro", concluindo que a aprendizagem lúdica aprimora a alfabetização, o conhecimento numérico, a função executiva, a criatividade, a resolução de problemas e as habilidades socioemocionais de cooperação e colaboração das crianças. Mais importante, ela atenua a adversidade e o estresse.[18]

Embora a brincadeira dirigida por adultos possa ajudar as crianças a desenvolverem habilidades e trabalho em equipe, isso ocorre em uma estrutura de fora para dentro. Trabalhar juntos na brincadeira livre exige que as crianças desenvolvam essa disciplina de dentro para fora e trabalhem em conjunto com outras, sem as restrições das regras dos adultos. Os jogos eletrônicos são a alternativa mais fácil à qual muitas crianças recorrem — brincadeiras dirigidas com regras e objetivos determinados por adultos que não exigem o tipo de habilidades aprendidas, praticadas e desafiadas na brincadeira livre. No entanto, os jogos eletrônicos não são a única opção para brincar no espaço digital. A Digital Futures Commission, uma organização sem fins lucrativos do Reino Unido "dedicada a colocar os interesses das crianças no centro do *design* do mundo digital",[19] após um exame aprofundado das qualidades da brincadeira livre que promovem o desenvolvimento saudável, realizou o estudo *Playful by Design*, sobre como crianças, adolescentes e famílias brincavam *on-line* e como essas experiências atendiam, modificavam ou não atendiam aos critérios para a brincadeira livre ideal do ponto de vista do desenvolvimento.[20] As crianças estudadas consideravam que os jogos digitais com os quais brincavam eram sociais, diversos, estimulantes, imersivos e imaginativos. Elas sentiam que as experiências eram razoavelmente abertas e proporcionavam um senso de realização e ressonância emocional. No entanto, não estavam tão entusiasmadas com as oportunidades de assumir riscos ou com a segurança dos produtos digitais que utilizavam. Poucas delas sentiam que os produtos digitais ofereciam brincadeiras voluntárias. O mais interessante, tanto no estudo da Digital Futures Commission quanto nas observações do Digital Wellness Lab e da CIMAID, foram as formas criativas que os jovens desenvolveram para suas próprias brincadeiras livres com dispositivos, aplicativos e jogos digitais. Estas variavam desde desenhar e contar histórias com parentes distantes em aplicativos de videoconferência até brincar de esconde-esconde com dispositivos escondidos ou jogar um jogo de tiro e recusar-se a atirar, escondendo-se de predadores com seus amigos pelo maior tempo possível. É encorajador perceber que, no limiar do metaverso 3D imersivo, os jovens podem trazer sua criatividade, imaginação e disposição para assumirem riscos mesmo para produtos que foram projetados com diferentes resultados em mente.

Traga de volta o tédio

Talvez o desafio mais difícil a superar na busca por alternativas mais saudáveis às telas seja nossa aversão cultural ao tédio. Todos nós, crianças e adultos, evitamos facilmente o tédio por termos telas disponíveis durante praticamente todas as nossas horas de vigília. As crianças entram no ônibus escolar e olham silenciosamente para seus celulares. Os adultos fazem o mesmo quando entram em um elevador. Presos em nosso olhar voltado para baixo, não mais observamos o mundo ao nosso redor, nem conversamos uns com os outros. É mais fácil e menos desafiador absorver o fluxo contínuo de estímulos disponíveis em nossos celulares.

Em 1905, apelidado por estudiosos do século XX como seu "ano milagroso", Albert Einstein escreveu quatro artigos científicos sobre os quais se baseia a física teórica, culminando com sua famosa equação, $E = mc^2$, que deu origem à era atômica. Naquela época, Einstein não estava trabalhando em um laboratório ou lecionando em uma universidade. Ele era um funcionário de baixo escalão no escritório de patentes na Suíça.[21] A previsibilidade monótona de seu trabalho permitiu que a imaginação de Einstein fluísse livremente, viajando pelo espaço e pelo tempo. O tédio é o cadinho da imaginação, da criatividade e da inovação, não apenas porque proporciona um espaço no qual imaginar, mas porque é um vácuo desconfortável, incentivando-nos a preenchê-lo com novas ideias, imagens e sons. Todos nós, crianças e adultos, com muita frequência renunciamos à oportunidade de pensar o novo quando recorremos a qualquer jogo, *meme*, texto ou anúncio que por acaso esteja em nossos celulares. As corporações gastam bilhões para capturar nossa atenção, e nós a entregamos gratuitamente. Devemos isso — trazer de volta o tédio — a nossas crianças e ao futuro que elas vão imaginar.

Cultive o tempo verde

"Olhe profundamente para a natureza e então você compreenderá tudo melhor", escreveu Albert Einstein, refletindo sobre a natureza do universo em uma correspondência pessoal.[22] Pode-se imaginar o cientista caminhando para seu trabalho no escritório de patentes às margens do Rio Aare, observando os redemoinhos e vórtices da água e ponderando sobre o cosmos. Ele descobriu que seu trabalho mais produtivo era realizado durante longas caminhadas na natureza.[23] Para muitos de nós, nosso foco nas telas nos distanciou do mundo natural. Crianças jogam *Fortnite*; não escalam árvores. Jovens trocam mensagens de texto em vez de se reunirem no parque. Muitos frequentam acampamentos acadêmicos ou de informática no verão, instalados em prédios escolares, não em bosques. Perdemos o contato com a natureza — e sofremos com isso. Desconectados do mundo natural do qual fazemos parte, nos desconectamos uns dos outros e de nós mesmos. Todos nós, crianças e adultos, precisamos "tocar a grama".

A maioria de nós sofre do transtorno de déficit de natureza, condição cunhada pelo autor Richard Louv em seu livro *Last Child in the Woods* (em tradução livre, *A última criança na floresta*).[24] Nossa configuração padrão de vida tornou-se voltada para as telas, e nossa saúde física, emocional e mental foi prejudicada. As crianças não dependem ou sequer utilizam plenamente seus sentidos; pesquisadores chineses associaram o uso de computadores a um aumento na miopia, uma evolução adaptativa impulsionada por nosso uso quase constante de telas.[25] Aumentos no transtorno de déficit de atenção/hiperatividade (TDAH) foram associados ao uso de telas, mas passar tempo na natureza demonstrou melhorar a atenção.[26] O tempo na natureza tem sido prescrito por pediatras para intervir e prevenir a obesidade e doenças relacionadas, como o diabetes tipo 2.[27] Uma pesquisa australiana com crianças pré-escolares de 2 a 5 anos mostrou que o aumento do tempo brincando ao ar livre, em comparação com o tempo de tela, estava associado a melhores habilidades sociais, como participação de brincadeiras de forma aberta e direta e cooperação calma e descontraída.[28] Uma metanálise de 186 estudos de pesquisa ao redor do mundo constatou que o tempo de tela estava associado a piores resultados psicológicos de ansiedade, depressão e desempenho acadêmico, enquanto o "tempo verde" na natureza mostrou-se protetor.[29] Esses resultados foram mais pronunciados no início e no final da adolescência e entre jovens de recursos econômicos mais baixos que viviam em ambientes urbanos. Um estudo recente descobriu que mesmo uma breve intervenção de 10 dias de experiência na natureza mostrou uma melhora significativa nos níveis de estresse, felicidade e satisfação com a vida, com a maior mudança encontrada entre aqueles com os níveis mais altos de tempo de tela.[30] As pesquisas continuam a mostrar que até mesmo passos modestos para passar mais tempo ao ar livre, como passear com o cachorro da família, podem fazer diferença no uso de mídia de seu filho e no seu impacto na saúde e bem-estar.[31]

O desafio que enfrentamos é que, no espaço de uma única geração, a cultura infantil mudou de crianças brincando ativamente ao ar livre até o sino do jantar tocar para ficarem "seguras" dentro de casa, dependentes de experiências virtuais trazidas até elas. As mídias móveis ofereceram a chance de se desconectar da televisão ou do computador e se tornar mais ativo, mas para muitas crianças serviram para continuar o uso de telas ao ar livre e adicionar mais telas para serem usadas simultaneamente em ambientes internos. Essa mudança cultural transformou a infância de um período ativo e exploratório de crescimento e desenvolvimento, no qual o ar livre e a natureza figuravam proeminentemente, para uma passagem mais reclusa, sedentária e isolada para a idade adulta jovem.

O custo dessa troca na saúde de crianças e adolescentes foi alto. Obesidade, diabetes, problemas de atenção, ansiedade, depressão, uso de substâncias, agressão e um profundo senso de desconexão do mundo maior — todos esses se tornaram questões urgentes de saúde pública. Não mais preocupantes projeções estatísticas no horizonte, esses são problemas que afligem as crianças agora mesmo. O tempo verde provou ter um efeito curativo em todos elas.

PRESCRIÇÃO DE MÍDIA SAUDÁVEL

A hora verde: aproveite ao máximo o tempo verde e o tempo de tela

Você pode utilizar as mídias para fazer as crianças se movimentarem, explorarem e interagirem com o mundo exterior ao seu redor. Pesquisas sobre brincadeiras criativas e saúde realizadas pelos Centers for Disease Control and Prevention e pela American Academy of Pediatrics mostram que a melhor maneira de conectar os jovens a uma preocupação duradoura com a natureza, a vida selvagem e o ambiente exterior é por meio de experiências positivas regulares. Em *Friending Fresh Air: Connecting Kids to Nature in the Digital Age* (*Amizade com o ar fresco: conectando as crianças à natureza na era digital*, em tradução livre), a National Wildlife Federation promove o objetivo de uma hora por dia ao ar livre — uma "hora verde" — e oferece dicas sobre como usar a tecnologia para ajudar seu filho a se conectar com a natureza.[32]

VOCÊ PODE

- ***Inspirar e planejar suas experiências baseadas na natureza explorando*** *links on-line* para aventuras ao ar livre.
- ***Manter um registro de suas experiências*** tirando fotos e fazendo vídeos.
- ***Criar um diário da natureza*** que catalogue aventuras e descobertas ao ar livre com seus filhos e o efeito que isso tem no humor deles (e no seu).
- ***Compartilhar fotos, videoclipes e uma carta em estilo*** de diário de viagem sobre a aventura com familiares ou amigos que moram distante.

Da coragem à grandiosidade, a experiência sensorial da natureza estimula respostas saudáveis no cérebro e no corpo. Passar tempo ao ar livre proporciona a todas as crianças uma sensação visceral de conexão com o mundo natural e seu lugar nele. Elas podem observar nuvens se transformarem em tempestade e a luta de uma mosca presa em uma teia de aranha. Podem assistir, mas não controlar, à beleza e à tragédia da vida que se desenrola. Aprendem como suas próprias escolhas e ações afetam o mundo natural. Em livros subsequentes, Louv explorou como seria a vida das crianças se estivessem tão imersas na natureza quanto estão na tecnologia e propôs 500 maneiras pelas quais crianças e famílias poderiam se conectar com a natureza em seu cotidiano.[33]

Os benefícios da natureza são cada vez mais importantes como antídoto para as vidas estressantes e pressionadas das crianças e dos adultos que cuidam delas. Para muitas crianças, estar imersa na natureza tem um efeito calmante e focalizador. O "banho de floresta" — passar tempo nos bosques por seus benefícios terapêuticos — e outras experiências de imersão em ambientes naturais tornaram-se populares em muitas culturas para aliviar o estresse, apoiar a autorregulação, focalizar a atenção, acalmar a mente e o corpo e restaurar a energia. A natureza ajuda crianças, adolescentes e todos nós a nos sentirmos menos estressados e a interagir de maneiras positivas. Como revelou um estudo de pesquisa da University of Rochester, estar na natureza ou apenas olhar para ela torna os seres humanos mais humanos. Torna-nos mais saudáveis, mais felizes, mais calmos e mais gentis.[34]

Brincadeiras ativas e movimento físico apoiam o desenvolvimento cerebral saudável. O tempo ao ar livre passado em parques e espaços abertos dá às crianças a chance de brincar e resolver problemas, de cocriar cenários imaginários. Tudo isso estabelece a base para o aprendizado em qualquer ambiente. Estudos demonstraram que conectar as crianças à natureza as ajuda academicamente — crianças em escolas com programas de educação ambiental obtêm pontuações mais altas em testes padronizados de matemática, leitura, escrita e compreensão auditiva.[35] A exposição à educação baseada no meio ambiente aumenta significativamente o desempenho dos estudantes em testes de habilidades de pensamento crítico.[36] Há um número crescente de pré-escolas ao ar livre baseadas na natureza e, embora em menor quantidade, também um aumento de escolas de ensinos fundamental e médio nos Estados Unidos e no mundo.[37]

Os principais benefícios da natureza e das brincadeiras ao ar livre incluem:

- Estimulação sensorial natural, incluindo os sentidos visual, auditivo, tátil, olfativo e espacial.
- Passar tempo ao ar livre eleva os níveis de vitamina D, ajudando a proteger as crianças de futuros problemas ósseos, doenças cardíacas, diabetes e outros problemas de saúde.
- A brincadeira protege o desenvolvimento emocional das crianças, enquanto a perda de tempo livre combinada com um estilo de vida apressado pode ser fonte de estresse e ansiedade, podendo contribuir para a depressão. Crianças que passam grande parte do tempo dentro de casa assistindo à televisão ou jogando *videogames* podem se tornar isoladas e retraídas, mesmo aquelas que estão se conectando *on-line*.

O tempo sem telas com outras crianças desenvolve habilidades sociais essenciais para conversação bidirecional, colaboração, negociação, leitura de pistas sociais, socialização e outras habilidades para a vida.

- Uma criança que se conecta com a natureza tem mais probabilidade de se tornar um adulto que se preocupa com o meio ambiente e pratica boa gestão dos recursos naturais. Isso é um investimento na saúde em longo prazo — para seu filho, para todos nós e para a Terra.
- Para os pais, passar tempo com seu filho ao ar livre oferece oportunidades únicas de compartilhar experiências e criar memórias, explorando, sendo brincalhão e criativo na natureza.

A natureza tem sido utilizada como terapia com crianças que apresentam uma variedade de desafios ou necessidades especiais e como terapia ocupacional com crianças neurodiversas, desenvolvendo sua confiança e força física.[38] Quando jovens que lutam contra o uso problemático de mídia interativa (PIMU, do inglês *problematic interactive media use*) não conseguem alcançar a autorregulação do uso de mídias interativas no ambiente ambulatorial da CIMAID, nossa opção mais bem-sucedida para um nível mais elevado de cuidado é a terapia na natureza ou terapia comportamental ao ar livre (OBH, do inglês *outdoor behavioral health*). A natureza reduz a necessidade de hiperestimulação constante, mas exige atenção e responsabilidade por si mesmo e pelos outros. Se um jovem quer permanecer seco, precisa trabalhar com outros para montar uma barraca. Se deseja comer, deve aprender a fazer uma fogueira e a cozinhar. Abordando comportamentos problemáticos por meio da construção de responsabilidade pessoal e social, os programas de terapia OBH incluem sessões terapêuticas individuais e em grupo, caminhadas e outros exercícios físicos intensos, experiências de aventura psicologicamente desafiadoras como escalada, e treinamento de *mindfulness* por meio de ioga e meditação.

As mídias podem ser aliadas quando as utilizamos para apoiar a apresentação das crianças à natureza, despertando sua curiosidade e desejo de explorar mais. As telas podem ser uma janela especial para as maravilhas da natureza, desde o mundo oculto dos micróbios até os *habitats* diversos e extremos de nosso planeta e os confins mais distantes do cosmos. Não há nada inerentemente errado com vídeos *on-line* impressionantes, do topo das montanhas às profundezas dos oceanos, das praias às florestas remotas. Mas o cérebro e o corpo não são enganados. A própria natureza — a coisa real — oferece experiências e sensações que não podem ser replicadas ou substituídas por nenhuma tela.

PERGUNTE AO MIDIATRA

Ruminando sobre o recreio: pátio ou diversão nas telas?

Minha filha está no 3º ano e prefere passar o recreio na sala de mídia da escola usando computadores em vez de brincar ao ar livre no pátio. Fico feliz que ela possa aprimorar suas habilidades tecnológicas, e as crianças têm aulas de educação física três vezes por semana, mas estou preocupado — ela está perdendo algo importante?

Você tem motivos para se preocupar com sua filha perdendo o recreio ao ar livre. Além de ser uma ótima maneira de se exercitar, as brincadeiras ao ar livre proporcionam muitos benefícios cognitivos, sociais, emocionais e físicos para as crianças.

O recreio ao ar livre oferece uma pausa das pressões normais do dia escolar e proporciona uma oportunidade de vivenciar a natureza, não apenas atividade física. A natureza tem ritmos e regras próprios que nem o *software* nem o ginásio mais sofisticado podem reproduzir. Observar um pássaro alimentando seus filhotes ou formigas carregando comida de volta para o formigueiro pode ser uma maneira maravilhosa de aprender sobre os ritmos da natureza e pode acalmar e centrar sua filha.

Diferentemente da brincadeira solitária na sala de mídia, o recreio ao ar livre é comunitário. É excelente para o desenvolvimento socioemocional, uma tarefa fundamental da educação elementar. Ter um tempo seguro e supervisionado para brincadeiras livres permite que as crianças joguem, criem mundos imaginários e desenvolvam uma estrutura social na qual aprendem a enfrentar desafios e resolver conflitos. Embora jogos de computador e vídeos possam introduzir uma variedade de conteúdos, da leitura à ciência, a experiência direta com o ar livre e a complexidade da natureza e a interação face a face com os colegas são excepcionalmente valiosas.

- Converse com sua filha sobre suas escolhas no recreio. Por que ela prefere pular o recreio ao ar livre? Se está evitando o ambiente social, talvez precise de alguma orientação sobre como sair de sua zona de conforto, ser criativa em encontrar coisas para fazer com os outros e se juntar aos colegas no pátio.
- Se ela se sente excluída ou intimidada, comunique sua preocupação aos professores para que possam abordar a situação. Eles podem ajudar sua filha a escolher o recreio ao ar livre, auxiliá-la a se habituar à dinâmica do pátio e informá-la sobre como ela está se saindo.

- Explique à sua filha os benefícios de estar ao ar livre que a sala de mídia não pode proporcionar. Compartilhe algumas de suas experiências favoritas da infância brincando ao ar livre com amigos, mas não romantize — histórias de seus próprios desafios no recreio e como você os administrou podem ser igualmente motivadoras.
- Incentive sua filha a equilibrar seu tempo de brincadeira e sugira tentar ir para fora durante o recreio pelo menos duas vezes por semana para começar. Quando ela escolher sair, converse regularmente sobre suas experiências de uma maneira que permita refletir sobre o que foi bom e buscar sua ajuda para lidar com o mais difícil. Elogie seus sucessos e incentive-a a aumentar a frequência de suas brincadeiras ao ar livre conforme o ano letivo avança.

A natureza pode nos guiar para enfrentar os desafios de viver e criar filhos adequadamente no ambiente físico-digital. A psicóloga Catherine Steiner-Adair compara a família a um ecossistema: diverso, resistente, frágil e resiliente. "Cada um de nós deseja que nossa família cresça e prospere, que perdure no melhor sentido dessa palavra", escreveu ela em *The Big Disconnect: Protecting Childhood and Family Relationships in the Digital Age* (*A grande desconexão: protegendo a infância e os relacionamentos familiares na era digital*, em tradução livre). "O jardim nos ensina a perseverar e manter a esperança, sabendo perfeitamente que não podemos controlar o clima." Mas podemos cultivar o que ela chamou de "família sustentável" proporcionando dia após dia, momento a momento, "o contexto mais amoroso, solidário e exclusivamente humano para um crescimento e desenvolvimento saudáveis". Ela observou: "A ameaça às famílias sustentáveis está em não se adaptar, não abrir o círculo para novas pessoas e novas ideias, conexões geradoras e novas tecnologias".[39] Nosso uso de mídia e o contexto que criamos podem fortalecer ou enfraquecer os vínculos familiares. Isso depende de nós.

Ao pensar sobre o conteúdo e o contexto do uso de mídia, lembre-se de que você tem mais poder para efetuar mudanças do que pode imaginar. Arte, música, dança e outras atividades criativas ou passatempos são tristemente desvalorizados no contexto da vida escolar de nossos filhos e frequentemente são uma opção, mas não uma prioridade após a escola, quando o dever de casa tem prioridade. Criatividade, brincadeira e contato com a natureza — pense nesses elementos como o contexto que você deseja criar para seu filho, e seja criativo você mesmo ao usar a mídia como recurso sem depender dela.

Como consumidores, podemos investir propositalmente nossos recursos naqueles dispositivos, jogos, aplicativos e assinaturas que oferecem conteúdo que queremos que nossos filhos aprendam. Com um novo foco no contexto, lembre-se de que são o conteúdo da mídia e o contexto em que a utilizamos que fazem a experiência e quaisquer efeitos sobre a saúde serem positivos ou negativos. Como vimos repetidamente com as tecnologias existentes, qualquer configuração de segurança projetada por empresas de tecnologia pode ser burlada por usuários que não querem ser restringidos. As crianças são especialmente hábeis nisso e ansiosas para compartilhar suas soluções alternativas com seus pares.

O uso de mídia interativa precisa ser limitado não porque seu conteúdo seja universalmente tóxico, mas por causa do que crianças e adolescentes *deixam de fazer* durante as longas e intermináveis horas em que estão imersos nas telas, tendo perdido a noção do tempo. Lembre-se, o conteúdo pode ser o rei, mas o contexto é a rainha, a peça mais poderosa e flexível em nosso tabuleiro de xadrez. O contexto do uso de mídia interativa pelas crianças — o estágio de desenvolvimento da criança, como ela está usando a mídia interativa, onde e quando a está utilizando — são todos controláveis. Quando e onde as crianças estão usando mídia interativa podem ser contidos por quando e onde capturamos sua curiosidade contagiante e criatividade natural com aventuras fora das telas, do basquete à culinária, das artes marciais à dança, do *parkour* à orientação. Brincadeiras livres com outros, leitura e tempo livre para se entediar e preencher com sua imaginação são os mais importantes e os mais difíceis de organizar pelo mesmo motivo — são autoestruturados. Assim como usar a mídia em família, buscar atividades alternativas juntos serve tanto para modelar quanto para criar vínculos em torno de comportamentos saudáveis. O que é mais protetor para os jovens, e para todos nós, é envolver-se com a mídia com nossos filhos, dominar essas ferramentas e criar os contextos nos quais nós e nossos filhos estamos capacitados a moldar nosso ambiente digital para que este seja mais saudável, mais seguro e mais inclusivo e empático. Isso nos convoca a sermos conscientes em nosso uso de telas, equilibrados em nossas atividades com e sem telas e, acima de tudo, presentes com e para nossos filhos.

Capítulo 14

Sim, você pode!

Encontrando um uso mais saudável e feliz das mídias

"É demais! Simplesmente não acho que consigo lidar com isso. A irmã mais nova dela não me preocupa nem um pouco. Ela não está nem aí para garotos." A mãe de Nicki caiu em prantos quando a filha se afastou para ir ao banheiro colher uma amostra de urina antes de se encontrar comigo para seu exame de rotina. "Pediram que ela fizesse xixi num copo. Será que acham que ela pode estar grávida?"

Tranquilizei-a dizendo que era rotina pedir uma amostra de urina e que não faríamos um teste de gravidez a menos que parecesse necessário. A mãe de Nicki inclinou-se. "Você pode ao menos fazer um teste para drogas? Simplesmente não faço ideia do que ela anda fazendo quando sai."

Quando conheci Nicki, agora com 17 anos, sua mãe estava preocupada com a possibilidade de ela se meter em problemas com estranhos na internet. Agora, Nicki estava saindo para o mundo real para encontrar amigos em vez de ficar *on-line*. A preocupação não havia diminuído, apenas mudado de foco. Quando perguntei como Nicki estava, sua mãe suavizou a expressão.

"Ela enviou todas os formulários de inscrição para a faculdade. Suas notas melhoraram depois que começou a fazer o dever de casa na sala de jantar — obrigada pela ideia — então está bastante esperançosa e ansiosa pela faculdade. Provavelmente porque finalmente vai se livrar de mim e do pai dela!", disse com um sorriso pesaroso.

Como você viu nas histórias de crianças, adolescentes e seus pais ao longo deste livro, e possivelmente experimentou você mesmo, a criação dos filhos é um trabalho constante em andamento, agora mais do que nunca. Devemos lembrar que, com cada filho, estamos criando, ensinando e desfrutando de um ser humano único. Cada um está percorrendo o arco do desenvolvimento de maneiras diferentes e em ritmos diferentes. O ambiente psicossocial dos anos formativos de nossos filhos continua a evoluir à medida que as fronteiras entre o físico e o digital se tornam cada vez mais indistintas. Isso ficará ainda mais indefinido quando o projetado ambiente imersivo de realidade virtual/aumentada em 3D se tornar mais estabelecido. Como vimos, o ambiente digital pode afetar o desenvolvimento de crianças e adolescentes de maneiras positivas e negativas, enquanto os jovens estão continuamente se desenvolvendo, se autodefinindo e interagindo com o ambiente físico-digital e entre si para criar e moldar seu futuro.

Os comportamentos das crianças e as formas como elas e todos ao seu redor vivem sua vida estão constantemente se adaptando às novas ferramentas e processos disponíveis. Hoje, *smartphones*, *smartwatches* e casas com conexões inteligentes são quase onipresentes, mas logo serão substituídos pelas ferramentas de realidade virtual e aumentada. Muitas das tarefas que realizamos atualmente, desde dirigir carros até escrever redações para a faculdade, poderão ser apoiadas ou realizadas pela inteligência artificial (IA). Estamos envolvidos, como pais, indivíduos e cidadãos do mundo, em um processo contínuo com três elementos em movimento, como mencionei no início deste livro — o ser humano em desenvolvimento, o ambiente físico-digital que afeta e reflete esse desenvolvimento, e a transformação de todos os nossos comportamentos à medida que aprendemos a controlar e evitar ser controlados por essas poderosas ferramentas digitais.

Surpreendentemente até para mim, comecei a trabalhar neste livro nos anos anteriores à transformação de nossa vida pelas redes sociais e *smartphones*. Tenho aprendido e aconselhado, na clínica, em palestras e por escrito, como criar filhos em um mundo repleto de telas desde a época em que as televisões eram as telas que preocupavam pais, professores e pediatras. Eu não sabia como o mundo das telas mudaria (e, francamente, nem os futuristas sabiam). Agora, novamente sem saber exatamente o que o futuro reserva, estou otimista em relação a crianças, adolescentes e seus pais.

A criação dos filhos e a própria vida são uma jornada sem um destino conhecido. Aprendi muito em minha jornada como pai, como pediatra, como cineasta e como pesquisador da saúde da criança em um mundo cada vez mais saturado e dependente de telas. Toda essa exploração, desde os dias pitorescos da televisão em preto e branco na qual eu secretamente assistia a filmes de Abbott e Costello em vez de ir à igreja, até hoje, quando posso explorar mundos reais e fictícios em 3D através de um óculos de realidade virtual, me levou ao ponto em que essa jornada começou. O que não é uma lealdade a um conjunto "básico" de princípios fundamentais que definem a relação pai-filho, mas uma compreensão profunda de como aspectos fundamentais de estratégias de criação testadas pelo tempo podem ser aplicados de maneiras novas para evoluir com o ambiente físico-digital e as experiências e aspirações de nossos filhos.

O que não sei é o que o futuro das mídias de tela reserva, por isso explorei com você os conceitos fundamentais de como nós, humanos de todas as idades, respondemos às telas e uns aos outros. Você pode aplicar esses princípios fundamentais às mídias interativas ainda não inventadas. Se eu falasse sobre dispositivos, aplicativos ou plataformas específicas, essas informações estariam obsoletas em poucos anos, se não em meses.

O que sei é que a maioria dos pais se importa profundamente e deseja fazer o melhor por seus filhos. Você tem bons instintos e habilidades parentais, mas muitos não se sentem confiantes e hesitam em usá-los em um mundo tão diferente daquele em que cresceram. Você está confuso e preocupado com o que vê, inquieto sobre o futuro de seus filhos e inseguro sobre como proceder. E talvez sinta culpa por não ter criado seus filhos tão bem quanto poderia. Abandone a culpa. Aplique essa energia para aprender a viver, amar e criar filhos no mundo que temos, para o bem ou para o mal. Tudo o que você precisa é aprender, em parte com seus filhos, o ecossistema físico-digital em que eles vivem, transitando facilmente entre o que costumávamos chamar de *real* e *virtual* — e então traduzir seus bons instintos e habilidades para esse ambiente. Isso não é uma noção absurda. Você faz alguma versão disso todos os dias ao navegar no mundo impregnado de mídia.

Este livro explorou o ecossistema digital, suas promessas e perigos, e reconheceu que essa exploração nunca termina. Você tem as ferramentas para navegar pelo mundo digital, *ouvir* seus filhos quando eles falam (ou enviam mensagens) e *falar (ou enviar mensagens)* para que eles ouçam. A Parte 1 examinou primeiramente o "O quê?" do desenvolvimento humano típico e uma visão equilibrada dos *efeitos* positivos e negativos que o uso de telas pode ter nesse desenvolvimento e na saúde da criança. Na Parte 2, "E então?", exploramos as consequências dos *riscos potenciais à saúde física, mental e social das crianças* representados pelo conteúdo de mídia ao qual estão expostas. E na Parte 3, "E agora?", focamos no *contexto* em que as mídias são utilizadas e nas *ações que você pode tomar* para otimizar o uso de mídia de seus filhos, moldando os contextos em que eles as utilizam. À medida que você continua a aventurosa jornada da parentalidade, pode voltar a esses capítulos conforme seu filho passa por estágios de desenvolvimento ou quando você enfrenta preocupações de saúde.

O que se segue é "Idades e estágios: um guia de bem-estar digital", que lista os estágios de desenvolvimento da infância à idade adulta jovem e as maneiras como o uso de telas pode influenciar o ser humano em desenvolvimento em cada estágio. À medida que o ecossistema digital evolui e a pesquisa continua a gerar novas descobertas baseadas em evidências, alguns desses princípios e estratégias evoluirão com ele. Para obter as informações mais atualizadas sobre como a idade e o estágio de seu filho podem se beneficiar e evitar riscos no ecossistema digital, visite o *Guia de bem-estar digital familiar on-line* em https://digitalwellnesslab.org/parents/family-digital-wellness-guide. Mas você já tem o que precisa para criar seus filhos efetivamente no ambiente em que estamos e naquele em que ele se transformará. Tenha em mente os 3Ms originais (modelar, orientar e monitorar)* — mais dois.

VOCÊ PODE

- **Modelar** o uso de tela e os comportamentos interpessoais que deseja ver em seus filhos.
- **Orientar** sobre o uso de tela de seus filhos ao introduzir cada ferramenta poderosa quando eles precisarem dela e puderem, em seu julgamento, usá-la com responsabilidade e respeito por si mesmos e pelos outros.
- **Monitorar** o uso de tela de seus filhos, especialmente no início, e estar preparado para aumentar ou reduzir sua autonomia no ecossistema digital conforme demonstrem suas habilidades e cidadania digital.
- **Criar memórias** passando tempo juntos sem telas — eles, e você, não se lembrarão de jogos eletrônicos jogados ou filmes assistidos tão intensamente quanto de refeições em família, festas dançantes, jogos de basquete ou caminhadas — e daqueles com quem os fizeram.
- **Dominar** o ecossistema digital com seus filhos combinando todos os cinco Ms, sabendo quando deixar seu dispositivo de lado e estar presente para eles, modelando comportamentos saudáveis, orientando e aprendendo com sua exploração do mundo físico-digital, desfrutando da mídia com eles e criando-os no espaço digital como faz no espaço físico, e sabendo quando enriquecer suas vidas e experiências desligando as telas e criando memórias.

* N. de R. T. Veja a nota explicativa sobre os 3Ms no Capítulo 1.

Tão empolgante e preocupante quanto a revolução digital em curso possa ser, e tão frustrantes quanto os comportamentos de nossos filhos possam ser, devemos sempre lembrar por que quisemos trazer esses novos seres humanos ao mundo. Lembremo-nos de desfrutar deles, de rir de seus comportamentos e de nossos erros, e de seguir em frente. No início, os gênios que criaram a revolução digital estavam focados em lançar o aplicativo matador. Agora que estamos no meio dessa evolução contínua, nós, como pais e como seres humanos, devemos nos concentrar em desenvolver o seguinte:

- ***Ser consciente.*** Usar nossas poderosas ferramentas digitais para o que fazem bem e desligá-las quando não forem a melhor ferramenta para a atividade.
- ***Ser equilibrado.*** Usar a intencionalidade para integrar o uso de telas e atividades sem telas.
- ***Ser/Ficar entediado.*** Livrar-se da tendência de recorrer a uma tela e usar o desconforto de não ter nada para fazer e o espaço disponível em sua mente atenta para imaginar o novo.
- ***Ser/Estar presente.*** Conscientemente deixar de lado seus dispositivos para que sua conectividade quase infinita com estranhos não comprometa nossa conexão profunda e sustentável com aqueles que amamos.

A alegria de criar filhos saudáveis, inteligentes e respeitosos em nosso mundo saturado de telas está em se fazer presente. A infância deles é fugaz. Apoiá-los a experimentar tudo o que puderem durante esse tempo precioso os ajuda a serem saudáveis mental e fisicamente. A curiosidade destemida e a disposição para assumir riscos desenvolverão sua inteligência. Mas ser saudável e inteligente já não é mais suficiente no ambiente físico-digital impregnado de mídia de hoje. A gentileza é essencial para que uma criança prospere. Como nossos filhos respeitam e tratam a si mesmos, e como respeitam e tratam os outros, define o mundo como eles o experimentam e como o criam para os demais. Nossos esquemas — nossas expectativas e suposições sobre como o mundo funciona, e nosso lugar e nossos comportamentos nele — são criados pelas narrativas e pelos estereótipos midiáticos que consumimos e aqueles que criamos. Infelizmente, nossos instintos de sobrevivência mais primitivos podem ser facilmente acionados no ambiente digital. As vozes de intolerância e desprezo pelos outros foram amplificadas por algoritmos projetados para captar a maior atenção, o que torna o mundo menos seguro para todos nós. "Excluir" pessoas que parecem diferentes ou com as quais discordamos pode facilmente se tornar um chamado viral ao medo e ao ódio. Mas, ao reconhecer que estamos todos juntos nisso, que não é nós contra eles, mas *nós conosco*, podemos tornar o ecossistema físico-digital mais seguro e exigir o mesmo da tecnologia, do entretenimento e dos formuladores de políticas.

Você e sua família podem fazer isso acontecer exercendo sua influência como consumidores de mídia. Embora haja muita discussão sobre empresas de mídia e tecnologia multibilionárias controlando nossas escolhas, lembremo-nos de onde vieram seus bilhões de dólares: de nossos bolsos.

Todos nós gastamos nosso dinheiro em dispositivos, jogos, aplicativos e assinaturas de *streaming* que eram os mais atraentes para nós naquele momento. No entanto, sabendo o que sabemos agora e lembrando que todas as mídias são educativas, podemos direcionar intencionalmente nossos recursos para aqueles dispositivos, jogos, aplicativos e assinaturas que oferecem conteúdo midiático que queremos que nossos filhos aprendam em contextos em que atividades mais saudáveis não sejam deslocadas.

Embora muita preocupação tenha sido expressa e muita legislação tenha sido proposta para proteger as crianças da mídia, as indústrias de tecnologia e entretenimento investem, com grande sucesso, na proteção de seus produtos contra restrições legais. E usaram essas liberdades para produzir e promover o que o mercado mostra que mais desejamos.

Mas se nós, como pais, professores e outros cuidadores, estivermos educados e capacitados — como você está agora — e, como consumidores, fizermos escolhas consistentes com nossas intenções, as forças de mercado mudarão o conteúdo oferecido. Se não pagarmos mais por conteúdo que esteja dificultando o desenvolvimento ideal das crianças, colocando-as em risco ou prejudicando sua saúde, então produzir e distribuir esse conteúdo será não lucrativo. Se investirmos na aprendizagem e no bem-estar de nossos filhos, modelando, orientando e monitorando o consumo de mídia saudável de maneiras saudáveis, até as megacorporações seguirão o dinheiro. Em sua busca para reconquistar e reter clientes, elas redirecionarão parte dos milhões que gastam combatendo publicidade adversa, fazendo *lobby* com formuladores de políticas e defesa legal para pesquisas científicas rigorosas sobre como melhorar um segundo objetivo fundamental: o bem-estar físico, mental e social de seus usuários. Esse resultado permitirá que mantenham e aumentem seus consumidores, em vez de afastá-los. Elas poderão se sair bem enquanto fazem o bem.

Não será um processo rápido ou fácil, mas se agirmos como consumidores informados, determinados e consistentes que se preocupam com as crianças e o futuro que elas criarão e viverão, teremos sucesso em mudar os produtos trazidos ao mercado. Isso já tem sido uma jornada e continuará sendo. Tenha certeza, você não está sozinho. Estamos juntos nisso, todos nós. Deixe de lado seus medos pela coragem, sua confusão pela confiança e sua culpa pela compaixão e senso de humor. Você é e tem o que precisa para ser o melhor pai ou mãe para seu filho. Você pode fazer isso. Sim, você pode!

Parte 4

Idades e estágios: um guia de bem-estar digital

O bem-estar digital, na mente, no corpo e nos relacionamentos, pode ser alcançado adotando-se uma abordagem equilibrada, aproveitando os aspectos positivos de nossas poderosas ferramentas de tela e evitando ou intervindo precocemente nas influências negativas. O bem-estar digital não é um estado final, mas um processo contínuo de engajamento intencional com nosso ambiente físico-digital. Buscar o bem-estar digital é, e sempre será, um trabalho em andamento, tanto porque o ecossistema digital está sempre evoluindo quanto porque seremos sempre menos que perfeitos.

Ao criar e cuidar de crianças hoje, estamos lidando com três alvos em movimento:

- o desenvolvimento humano desde a primeira infância, passando pela infância e pela adolescência até a idade adulta;
- nosso ambiente digital em rápida evolução que está tanto afetando quanto refletindo o desenvolvimento humano;
- a transformação de nosso comportamento desde que integramos dispositivos e aplicativos digitais em nossa vida.

Embora compreendamos a progressão biológica do desenvolvimento infantil, sabemos que cada criança é única e percorre seu próprio caminho de desenvolvimento. Este guia resume o desenvolvimento humano em estágios amplos, mas poucas crianças se encaixarão perfeitamente em um único estágio. Um ou mais aspectos do desenvolvimento do seu filho podem estar adiantados ou atrasados em relação às estimativas de idade aqui apresentadas, então leia as seções anteriores ou posteriores à idade dele para encontrar as questões mais reconhecíveis e sugestões úteis. Por exemplo, questões de imagem corporal surgem mais comumente em adolescentes, por isso é nessa fase que este guia as discute, mas elas podem ocorrer primeiro em pré-adolescentes ou crianças em idade escolar. Da mesma forma, embora o *cyberbullying* seja mais prevalente em pré-adolescentes, pode ocorrer pela primeira vez nos anos da adolescência ou no início da idade adulta. Procure suas preocupações onde quer que apareçam e leia adiante para estar preparado. Se você está começando na fase pré-adolescente ou adolescente, seria útil ler os estágios anteriores para conhecer hábitos de mídia saudáveis que idealmente iniciam o mais cedo possível, mas podem ser estabelecidos em qualquer idade. Para fundamentos básicos, este guia, somado à experiência e à atenção que você traz à parentalidade, são uma boa base.

Para informações constantemente atualizadas sobre o estado atual do ambiente físico-digital e estratégias para otimizar a saúde e o desenvolvimento infantil nele, e para referências completas às fontes (também nas Notas), procure o *Guia de bem-estar digital familiar on-line* em https://digitalwellnesslab.org/parents/family-digital-wellness-guide.

As cinco questões-chave da educação midiática

A educação midiática é o fundamento e o objetivo não apenas para nossas crianças, mas para nós como pais. Com isso em mente, use estas questões-chave para manter sua própria educação midiática aguçada — e em crescimento. Lembre-se de que patrocinadores, profissionais de *marketing* e influenciadores estão mirando em *você*, assim como em seus filhos. Quando seus filhos forem capazes de ter essas conversas, use essas questões como estímulos. Mas, enquanto isso, observe quando mensagens em seu ambiente são projetadas para persuadi-lo de algo — talvez sobre produtos, mas também sobre a própria parentalidade. Observe como você responde a essas mensagens — primeiro imediatamente, depois após ter pensado sobre elas por um tempo. Pratique desconstrui-las perguntando a si mesmo as cinco questões-chave da educação midiática que você também ajudará seu filho a aprender a perguntar. Em seguida, mantenha as questões em mente enquanto passa por todas as idades e estágios do seu filho:

- Quem criou essa mensagem e o que queriam que ela fizesse?
- Quais técnicas são usadas para atrair sua atenção?
- Quais estilos de vida, valores e pontos de vista estão representados?

- Como diferentes pessoas podem interpretar essa mensagem de maneira diferente?
- O que está omitido dessa mensagem?

Uma ressalva final e importante: essas recomendações visam à criação ativa de seu filho em crescimento no espaço digital, praticando os cinco tópicos completos — modelar, orientar, monitorar, criar memórias com seu filho e dominar as mídias de tela. A parentalidade digital é prática e mais envolvente do que a maioria de nós, inclusive eu, tem praticado. Infelizmente, delegamos parte de nossa criação à babá eletrônica e só agora percebemos como poderíamos tê-lo feito melhor. Por favor, não deixe que essas recomendações o façam sentir-se culpado pelo passado, mas também não as considere excessivas para implementar agora. Estamos todos juntos nesse trabalho contínuo em andamento. Vamos resolver o futuro juntos e lembrar de aproveitar nossos filhos e nossos momentos com eles ao máximo.

Bem-estar digital — do nascimento ao jardim de infância

A ciência diz...

Os bebês (do nascimento aos 18 meses) experimentam **rápido desenvolvimento cerebral, exploração e aprendizagem ao começarem a interagir com sua família e ambiente imediato.** Os bebês começam a **sorrir e imitar as expressões de seus cuidadores**. Fisicamente, avançam rapidamente de levantar a cabeça para rolar e sentar, e por volta dos 8 a 12 meses, para engatinhar, explorando seu mundo em expansão.

Por volta de 1 ano, os bebês conseguem **entender a linguagem** e podem começar a balbuciar, imitar a linguagem falada ou até mesmo dizer suas **primeiras palavras**. Embora suas palavras possam ser difíceis de entender no início, os bebês estão **aprendendo a se comunicar** e praticando o dar e receber da conversação. Eles absorvem a riqueza e o calor de seu mundo físico. As telas são frias, distantes e, em comparação, imitações pobres da vida. Embora a atenção de um bebê seja atraída pelas imagens e pelos sons novos de uma tela devido à resposta de orientação, não está claro se eles conseguem decodificá-los em algo significativo. Reconhecer o som e a imagem de uma pessoa amada conhecida pode ser o momento mais precoce em que os bebês conectam o que veem na tela com seu mundo físico, mas sua atenção é limitada por seu cérebro ainda em desenvolvimento.

O midiatra recomenda...

- ☐ Quando estiver com seus filhos em casa, no parquinho ou empurrando o carrinho, ***esteja com eles. Guarde seu telefone quando eles estiverem acordados***. Haverá muito tempo para se atualizar quando eles dormirem. Não perca esse momento muito especial, mas fugaz, quando você preenche o mundo deles e eles preenchem o seu. Olhe para eles, leia suas expressões faciais, deixe-os lerem as suas e esteja presente.
- ☐ ***Preferencialmente, use mídias não baseadas em telas*** com seu bebê. Leia livros, ouça e dance sua música favorita (tudo bem, você dança e segura seu bebê, mas eles logo estarão dançando). Você descobrirá que eles sempre associarão essa música a alegria, conexão e bem-estar.
- ☐ Sempre ***apresente novas mídias com seu bebê no colo*** ou ao seu lado para que você possa perceber suas respostas e para que ele associe calor, segurança e sua presença ao uso da tela.
- ☐ Idealmente, a primeira experiência de tela do seu bebê será por meio de ***videochamadas de três a cinco minutos*** com familiares e amigos que eles já conheceram pessoalmente.
- ☐ ***Interaja na tela com respeito e empatia*** pelos outros. Mesmo bebês que ainda não falam podem entender e aprender com as palavras que você está usando e seu tom de voz.
- ☐ ***Evite expor seu bebê a telas usadas por outros.*** Mesmo uma programação aparentemente inofensiva como um evento esportivo é, na melhor das hipóteses, uma distração tanto para o bebê quanto para aqueles a quem o bebê procura para se conectar. Mais comumente, respostas emocionais altas dos espectadores podem ser confusas e perturbadoras para o bebê que, incapaz de entender a mudança abrupta, a experimenta como uma desconexão com aqueles ao seu redor.
- ☐ ***Crie memórias*** desses momentos muito especiais com eles para que você e seus filhos possam se lembrar deles quando frustrarem um ao outro no futuro. O tempo de tela solitário gasto distraidamente assistindo a programas de TV e jogando *videogames* rapidamente desaparece da mente, mas todos nos lembramos de jogar bola, cozinhar ou passear na floresta juntos. Atividades compartilhadas — mesmo jogos de palavras baseados em tela ou outros — fazem as memórias permanecerem.

A ciência diz...

As crianças em estágio inicial do desenvolvimento (18 meses a 3 anos) começam a se aventurar além do casulo de sua família nuclear para conhecerem colegas em creches ou parquinhos. Elas começam com **brincadeiras paralelas** ao lado de outras crianças e depois **se envolvem em brincadeiras mútuas**. Suas **emoções podem oscilar** drasticamente à medida que sua exploração do mundo se torna **cada vez mais independente** e cognitivamente desafiadora. Bebês e crianças mais novas estão extremamente sintonizados com as pessoas e o mundo físico; eles **aprendem interagindo** com os outros e com seu ambiente.

O midiatra recomenda...

- ☐ Continue a ***priorizar livros, música e brincadeiras sem tela.***
- ☐ Quando parecerem prontos, ***comece a assistir a programas educativos infantis interativos*** com seu filho no colo ou em contato físico ao seu lado.
- ☐ ***Converse e faça perguntas sobre o que seu filho está vendo e ouvindo.*** Aponte coisas, faça perguntas e demonstre reações pró-sociais.
- ☐ ***Esteja atento às representações de gênero e etnias na mídia.*** As crianças percebem diferenças já aos 3 meses de idade e internalizam essas mensagens até a pré-escola.
- ☐ ***Modele e ensine a visualização crítica*** desde o momento em que começam a assistir.
- ☐ ***Quando a atenção diminuir, mude para uma atividade divertida sem tela.*** Considere esta fórmula simples para estimar o tempo de atenção do seu filho: 2-3 × idade em anos = minutos de capacidade de atenção.
- ☐ ***Estabeleça as refeições como momentos sem tela*** para todos. Quando os pais usam dispositivos durante as refeições, as famílias perdem momentos importantes de vínculo e os comportamentos e práticas alimentares das crianças são prejudicados. Durante as refeições, desligue todas as telas e deixe *tablets* e *smartphones* fora do ambiente.
- ☐ ***Resista à forte tentação de usar mídias de tela como babá eletrônica.*** Isso estabelecerá expectativas em seu filho que serão difíceis de quebrar posteriormente.
- ☐ ***Apoie o desenvolvimento da autorregulação.*** Evite entregar um *smartphone* ou dar acesso à tela para acalmar as birras de seu filho — você

estará recompensando esse comportamento e garantindo que ele aconteça novamente.

- ☐ Lembre-se de que ***interagir com humanos e com o mundo físico*** é mais rico do que interagir com qualquer tela nessa idade.

A ciência diz...

As crianças pré-escolares (de 3 a 5 anos) estão se tornando cada vez **mais independentes**, formando suas próprias opiniões, desenvolvendo amizades e explorando o mundo para **além de sua família nuclear.** Elas gostam de saber **o que esperar e por quê.** Estão **desenvolvendo rotinas, aprendendo regras** e demonstrando **reações emocionais complexas às situações.** Os pré-escolares são **autocentrados** e podem se envolver em **extensas brincadeiras** de faz de conta, incluindo amigos imaginários e múltiplas autoidentidades (mesmo em curtos períodos!). Estão aprendendo a **navegar em relacionamentos, regular suas emoções** e **testar limites.** Estão **desenvolvendo rapidamente habilidades linguísticas e sociais**, com a narrativa de histórias tornando-se cada vez mais importante. As crianças pré-escolares continuam a **aprender melhor por meio de interações com os outros, brincadeiras livres e curiosidade autodirigida.** É melhor limitar seu tempo de tela, preferencialmente a menos de duas horas no total (incluindo videochamadas) por dia, com um cuidador adulto presente, em mídias pró-sociais que incentivem a interação, como responder a perguntas.

O midiatra recomenda...

- ☐ ***Desenvolva habilidades sociais, emocionais e cognitivas.*** Seu tempo com seu filho é mais bem aproveitado interagindo diretamente um com o outro sem a distração de telas e outros dispositivos.
- ☐ ***Limite seu próprio uso de tela*** quando estiver com seu filho. Quando você está em uma tela, não está presente com ele. Os resultados de saúde comportamental são piores para crianças cujos pais estão em seus dispositivos durante refeições ou interações.
- ☐ ***Não deixe que o uso de tela de seu filho substitua*** experiências mais produtivas e ideais em termos desenvolvimentais, como ***brincadeiras livres, criação artística, exercícios físicos intensos*** (ao ar livre, se possível) e ***interação com amigos***.
- ☐ ***Trate as mídias de tela como uma ferramenta*** a ser usada com propósito, não como uma recompensa especial por bom comportamento ou negada por mau comportamento.

- ☐ ***Evite usar telas para confortar ou regular as emoções de seu filho.*** Apoie o desenvolvimento das habilidades de autorregulação emocional praticando a corregulação e a autorregulação que envolvam interação pessoal com você ou outros, ou com brincadeiras práticas que não envolvam telas ou mídias.
- ☐ ***Mude da tela para uma atividade sem tela quando a atenção diminuir*** (2-3 × idade em anos = minutos de atenção). Esteja alerta para lapsos, mesmo breves, no olhar deles para evitar recapturas de atenção.
- ☐ Embora reunir-se pessoalmente seja sempre melhor, ***use videochamadas para passar tempo limitado, conforme a capacidade de atenção de seu filho,*** com entes queridos que estão distantes. Incentive-os a falar diretamente com seu filho, cantar músicas, jogar jogos ou repetir ações para imitar (como bater palmas). Os pré-escolares podem mostrar trabalhos artísticos, demonstrar novas habilidades ("Olha o que eu consigo fazer!") ou contar histórias.
- ☐ ***Busque interatividade em mídias de tela receptivas,*** como programas em que os personagens fazem perguntas aos espectadores. Modele como responder à tela para a criança quando ela começar a assistir a esses programas.
- ☐ ***Selecione programas de TV, filmes e livros que mostrem uma variedade de diferenças humanas*** — incluindo gênero, etnia e capacidade. Faça perguntas e observações que notem e ***celebrem as diferenças*** como enriquecedoras.
- ☐ Os pré-escolares podem manter uma conversa e falar com você sobre o que estão vendo. ***Pergunte*** o que eles acham que os personagens estão sentindo ou como reagiriam se estivessem na história.
- ☐ ***Limite o tempo de tela a no máximo duas horas no total por dia***, em sessões curtas e com atenção total.
- ☐ ***Desligue todas as telas pelo menos uma hora antes das sonecas ou do horário de dormir*** para que o cérebro possa secretar melhor a melatonina e eles possam ficar naturalmente sonolentos e dormir melhor.

Bem-estar digital — idade escolar

A ciência diz...

Crianças em idade escolar (6 a 9 anos) assistem predominantemente à televisão (mais de 90% o fazem regularmente), e mais de dois terços dos pais relatam que seus filhos utilizam mídias interativas como *tablets, smartpho-*

nes, consoles de jogos e computadores.[1] Pais e cuidadores relatam dificuldades em tomar decisões sobre supervisão, aplicação de regras e equilíbrio dos hábitos midiáticos de seus filhos nessa faixa etária.

Nessa fase, as crianças tornam-se fisicamente mais **fortes e coordenadas**, mais **independentes** e muito mais **conscientes de si mesmas e de seu corpo**. A ida à escola representa sua primeira oportunidade prolongada de funcionar como **indivíduos entre pares**, e não como membros de uma família. Essa **aprendizagem socioemocional** é ainda mais importante do que o conteúdo acadêmico nos primeiros anos escolares, e a independência necessária para tal aprendizado pode ser **prejudicada pelo uso de telefones na escola**.

Crianças em idade escolar começam a **formar relações mais complexas** com seus pares. Podem testar limites, quebrar regras e experimentar novas identidades em **busca de aceitação**. Os colegas tornam-se cada vez mais importantes à medida que formam amizades e alianças.

Fisicamente, as crianças nessa faixa etária passam por períodos rápidos de mudança. Em geral há grande variação de altura e peso entre crianças da mesma idade. Elas necessitam de pelo menos uma hora de atividade física diária,[2] e o desenvolvimento de **hábitos saudáveis de alimentação e exercícios** é particularmente importante.

Crianças em idade escolar começam a desenvolver períodos de atenção mais longos, com **capacidade de focar em uma única tarefa** por até uma hora aos 9 anos. Começam a **tomar decisões mais complexas**, refletindo, resolvendo problemas e contribuindo significativamente para sua família e grupos de pares. Nessa idade, as crianças começam a desenvolver autorregulação e autoconsciência, compreendendo a si mesmas em relação aos outros e manejando suas emoções.

Crianças em idade escolar podem começar a **usar mídias de tela com mais propósito**. O uso conjunto e engajado de **jogos** com pais e colegas pode oferecer oportunidades de construção de relacionamentos e aprendizagem. Nessa idade, as crianças podem desenvolver relações significativas por meio de *videogames* e outras formas interativas de diversão *on-line*. Conteúdos de tela adequados ao desenvolvimento podem apoiar melhor desempenho acadêmico, enriquecimento do conhecimento e aumento da alfabetização.

O midiatra recomenda...

- ☐ ***Desenvolva cronogramas*** em antecipação ao primeiro dia de aula. Agora que um horário escolar será o balizador do dia da criança, é um bom momento para aproveitar seu entusiasmo em crescer e trabalhar com ela para estabelecer rotinas para dias úteis e fins de semana. Se a criança se sentir ouvida e desenvolver os cronogramas com você, terá propriedade sobre eles e maior probabilidade de aderir. Isso é como os cintos de segurança que sempre estão afivelados antes do carro partir uma vez que ela deixa a cadeirinha — algo natural que faz parte do processo de crescimento.

☐ ***Crie expectativas familiares, não regras.*** Regras impostas pelos pais aos filhos são feitas para serem quebradas. Expectativas criadas e seguidas em conjunto são mais eficazes. A parentalidade autoritativa (não autoritária), em uma atmosfera de respeito mútuo, é superior à parentalidade autoritária, tanto por trabalhar juntos de forma flexível para otimizar a vida familiar quanto por funcionar melhor. É muito pior ter seus pais desapontados por você não atender às expectativas do que zangados por quebrar uma regra.

☐ ***Evite limites de tempo de tela*** que causem conflitos e culpa parental e nunca funcionam realmente. Sente-se com seu filho e aborde seu dia de 24 horas como um copo vazio que vocês preenchem juntos com suas atividades necessárias e desejadas.

☐ ***Trabalhe de trás para a frente a partir do horário de acordar:*** comece pelo horário em que a criança deve acordar a tempo de tomar café da manhã, escovar os dentes e chegar à escola, e trabalhe de trás para a frente até um horário de dormir que lhe dê pelo menos oito horas de sono e um período sem telas uma hora antes para que possa produzir melatonina e desacelerar em direção ao sono.

☐ ***Trabalhe para a frente a partir do retorno da escola:*** como os horários de retorno das crianças da escola e as rotinas familiares variam muito, o tempo entre o retorno da escola e o período sem telas precisa ser personalizado para sua realidade. Independentemente do horário em que chegam em casa da escola, elas devem comer um lanche imediatamente para elevar a glicose no sangue, fazer alguma atividade física vigorosa se não a fizeram na escola ou após as aulas, e então avaliar sua situação de dever de casa.

☐ ***Uma refeição familiar à mesa*** todos os dias é a tradição mais importante que você pode estabelecer para uma nutrição equilibrada e para a saúde mental de todos. É importante ter tempo juntos como família para descomprimir, reconectar-se e desfrutar da companhia uns dos outros. É essencial que você faça isso...

- ☐ ***Sem dispositivos na mesa de jantar ou visíveis*** — crianças *e* adultos. A experiência compartilhada da refeição, tão nutritiva para a mente, o corpo e o espírito, perde-se facilmente na atenção dispersa aos dispositivos.
- ☐ ***Modele comportamentos saudáveis em relação à mídia*** para seus filhos: *seja* a mudança que deseja *ver*. Mesmo antes de usarem ou receberem dispositivos próprios, lembre-se de que eles observam e aprendem com você. Demonstre comportamentos pró-sociais por meio de seu próprio uso de mídias interativas e sociais. Siga contas positivas, compartilhe vídeos e publicações que mostrem os melhores aspectos da interação humana e evite fazer postagens que ataquem outras pessoas.
- ☐ ***Deixe seus dispositivos de lado (preferencialmente em outro cômodo) quando estiver com seu filho***, especialmente durante as refeições, antes de dormir e durante conversas. Evite intencionalmente o uso de dispositivos durante o tempo em família, como quando assistem a um filme juntos, jogam um jogo de tabuleiro ou comparecem a eventos esportivos.
- ☐ ***Desenvolva a educação midiática juntos.*** Até cerca de 7 ou 8 anos, as crianças são incapazes de compreender a intenção persuasiva e, portanto, estão mais vulneráveis à publicidade. À medida que crescem, começam a desenvolver uma compreensão mais profunda sobre publicidade, influenciadores e desinformação, bem como sobre o que os produtores dessas campanhas estão tentando fazê-las pensar ou fazer. O envolvimento conjunto com a mídia ao lado de seu filho oferece uma oportunidade para desenvolver o pensamento crítico sobre o que estão vendo. Quando virem um anúncio ou mensagem persuasiva, pergunte a seus filhos:
  - o que acham atraente (ou não) nela;
  - quem acham que criou a mensagem;
  - o que a mensagem está tentando fazê-los pensar, acreditar ou fazer;
  - se concordam ou não com essa mensagem.
- ☐ ***Oriente o uso de mídia deles***, apresentando cada dispositivo, aplicativo ou plataforma sentando-se lado a lado. Lembre-se de que os *smartphones* que temos em nossos bolsos são ferramentas de poder mais de 1 milhão (isso mesmo, 1.000.000) de vezes mais potentes do que o computador que levou pessoas à Lua. Ensine-os a dominarem as mídias interativas da mesma forma que os ensinará a dominarem outra

ferramenta poderosa e libertadora: um automóvel (tenso, ao lado deles no banco da frente).

- ☐ ***Os* tablets *são frequentemente o melhor primeiro dispositivo*** devido à interface de toque fácil. Apresente-os com respeito tanto pelo poder do dispositivo e do aplicativo *quanto* por seu filho. Deixe claro que a maneira como lidam com um *tablet* demonstrará quando estarão prontos para dispositivos mais móveis, como um *smartphone*. (Ver seção sobre **Pré-adolescentes** para a discussão sobre *smartphones*).
- ☐ ***Converse explicitamente sobre:***
  - quando seu filho deve ou não usar ferramentas de mídia;
  - como devem usá-las com respeito por si mesmos e pelos outros;
  - onde é adequado ou não navegar na internet;
  - com quem podem ou não interagir *on-line;* e
  - decida com eles quais devem ser as consequências se/quando não atenderem às expectativas estabelecidas em conjunto. Se você não estiver pronto para falar com seu filho sobre pornografia, por exemplo, considere se está pronto para dar-lhe um dispositivo no qual poderá (e irá) deparar-se com esse conteúdo.
- ☐ ***Jogue com seu filho.*** Os *videogames* oferecem uma oportunidade de vínculo e enfrentamento compartilhado para famílias com crianças em idade escolar. As crianças adoram ser especialistas e compartilhar sua *expertise* com outros, particularmente quando podem ensinar algo a seus pais. Pergunte a seu filho o que estão jogando, do que gostam e se você pode jogar com eles. Peça que lhe ensinem a jogar e faça perguntas ao longo do caminho ("O que devo fazer agora?", "Qual botão devo apertar para fazer meu próximo movimento?"). Se estiverem jogando jogos sociais, como *Roblox*, *Fortnite* ou *Minecraft*, peça que apresentem seus amigos e contem mais sobre eles e como se conheceram.
- ☐ ***Considere cuidadosamente os jogos de ação violenta.*** As pesquisas sobre os efeitos de jogar jogos violentos são mistas, mas indicam pelo menos efeitos negativos de curto prazo na agressividade, empatia e trabalho escolar. Contudo, as pesquisas também indicam que jogos de ação em mundo aberto podem ter efeitos positivos na atenção e na capacidade de aprendizagem. Recomendo que os pais evitem jogos violentos com seus filhos mais novos. Se decidir permitir que crianças em idade escolar ou pré-adolescentes joguem jogos de ação, jogue com seu filho no início, observe como ele se comporta durante o jogo e, depois, converse sobre o que está acontecendo na tela e como se sente a respeito.

- ☐ ***Estabeleça hábitos de estudo eficazes desde cedo.*** O dever de casa apresenta uma ótima oportunidade para construir padrões de trabalho acadêmico focado e autorregulação, mesmo nos primeiros anos escolares. Crie um espaço tranquilo e confortável, com boa iluminação e sem distrações, para seu filho fazer as tarefas. Apoie hábitos de estudo eficazes estabelecendo expectativas para o uso de telas durante o dever de casa e o tempo de estudo — coloque telefones e *tablets* em outro cômodo, desligue televisores e concentre-se em uma única tarefa com *laptops*, se necessário, para o trabalho escolar.
- ☐ ***Oriente seu filho em direção a conteúdos adequados ao desenvolvimento, provenientes de fontes educacionais confiáveis, e monitore os* sites *periodicamente*** conforme eles e seu filho mudam. Se seu filho avançou no desenvolvimento, encontre novos *sites* adequados à sua idade.
- ☐ ***Gerencie o acesso a dispositivos e conteúdos*** à medida que seu filho em idade escolar os utiliza de forma independente. Só porque o cérebro dele consegue manejar o dispositivo, o córtex pré-frontal, que controla funções executivas como controle de impulsos, pensamento futuro e automonitoramento, ainda está a cerca de duas décadas do desenvolvimento completo.
- ☐ ***Equilibre o digital e o físico.*** Crianças saudáveis necessitam de atividade física, criatividade e interações presenciais com colegas e familiares. A exposição excessiva às mídias de tela tem sido correlacionada com obesidade e resultados negativos de saúde em longo prazo. Incentive e modele um uso saudável de mídia de tela que seja intencional e equilibrado com uma rica diversidade de relacionamentos humanos presenciais, brincadeiras ao ar livre, esportes, arte e leitura.

Bem-estar digital — pré-adolescentes (dos 10 aos 12 anos)

A ciência diz...

À medida que o cérebro amadurece, os pré-adolescentes conseguem lidar com trabalhos escolares de nível mais elevado. Muitos deles fazem a transição dos anos iniciais para os anos finais do ensino fundamental, e as exigências acadêmicas aumentam — mas estas se tornam menos importantes quando comparadas à intensidade da dinâmica social, pois eles se voltam para os colegas em busca de aceitação e aprovação. Os anos finais do ensino fundamental trazem **novas expectativas** dos professores, **nova independência** e **foco na privacidade** para os pré-adolescentes — o que se traduz em **novo distanciamento dos pais. Mais capazes de pensamento lógico e abstrato**, eles mergulham em tarefas práticas, resolução de problemas e negociação das complexidades das estruturas sociais e do drama das amizades.

Ser percebido como popular e descolado assume grande importância. A puberdade já começou para alguns, mas não para outros. Com o aumento dos hormônios no início da adolescência, alguns pré-adolescentes experimentam mudanças físicas notáveis, com maior variabilidade na altura, no odor corporal e no desenvolvimento sexual secundário entre crianças da mesma idade. À medida que os relacionamentos sociais continuam a aumentar em importância, eles ficam **extremamente autoconscientes** e buscam ser atraentes para os outros. Como parte do desenvolvimento normativo, podem estar tentando compreender sua sexualidade e relacionamentos, com amizades não românticas frequentemente predominando. Muitos são **aspiracionais**, tentando se vestir, falar e agir como adolescentes admirados ou celebridades idolatradas. Querem *smartphones*, tanto para ver o que é legal quanto para serem legais. No entanto, a combinação de sua **exploração, confusão e competição** com dispositivos móveis pode resultar em lutas particulares, paixões e crueldades tornando-se muito públicas.

Enquanto **testam os limites** de sua independência, os pré-adolescentes precisam de limites e da segurança de seus relacionamentos com pais e outros cuidadores. Nessa idade, podem começar a **usar as mídias com mais independência**, mas **ainda necessitam da orientação e supervisão** dos adultos.

O midiatra recomenda...

- ☐ ***Crie um acordo compartilhado de uso de mídia.*** Os pré-adolescentes apreciam limites e justiça; anseiam por independência orientada. Sentar-se com seu filho para elaborar um acordo de uso de mídia que aborde como todos na casa utilizam televisão, *tablets*, computadores, *smartphones*, consoles de jogos e outros dispositivos pode estabelecer expectativas e oportunidades para usar a mídia de forma independente e em conjunto. É importante que os pré-adolescentes opinem sobre o acordo e que todos o assinem.
- ☐ ***Seja transparente e colaborativo.*** É importante que toda a família tenha um envolvimento saudável e equilibrado com o ecossistema digital, pois os pré-adolescentes estão muito atentos aos padrões de uso de mídia dos adultos que parecem hipócritas, como um pai que não

permite que seu filho jogue *videogames*, mas passa horas em seu *smartphone* ou nas redes sociais.

- ☐ ***Aborde sua decisão sobre um* smartphone *para seu filho de forma ponderada***, assim como fará quando ele quiser obter a carteira de motorista. Os pré-adolescentes querem *smartphones* e pedem por eles repetidamente, personificando o "fator insistência" que os profissionais de *marketing* buscam enquanto as empresas de telecomunicações alcançam cada vez mais a infância. Muitos pais passaram a acreditar que sua capacidade de contatar os filhos 24 horas por dia é uma parte importante da criação, mas ter um *smartphone* na escola distrai da aprendizagem e prejudica a valiosa aprendizagem socioemocional de ser independente.
- ☐ ***Considere quais ferramentas eles precisam para atender às suas necessidades e compare essas necessidades com o que um* smartphone *oferece.*** Pense nas atividades e tarefas de seu filho. Ele tem escola e dever de casa. Tem tarefas domésticas. Pode ter atividades externas como esportes organizados. De todas as funções do *smartphone*, as únicas realmente necessárias para pré-adolescentes são falar e enviar mensagens para se comunicar com amigos e familiares ou para organizar transporte. Um celular comum atenderá a essas necessidades. Todo o resto em um *smartphone* é uma potencial distração. A França proibiu telefones nas escolas desde 2018* e, embora a aplicação tenha tido resultados mistos, os estudantes sem telefones conseguiram se concentrar nas aulas e uns nos outros.
- ☐ ***Trate um* smartphone *como trataria uma ferramenta de poder.*** É um instrumento que pode proporcionar possibilidades e liberdade, mas, se usado sem reflexão, pode atrapalhar ou prejudicar o usuário e outras pessoas. Deve ser fornecido quando a criança *precisar* e *puder usar* essa ferramenta com responsabilidade e respeito por si mesma e pelos outros. Quando seu filho de qualquer idade pedir um *smartphone*, pergunte-lhe por que o quer. Se a resposta for "Porque todo mundo tem um", ele não está entendendo o aparelho como uma ferramenta de poder nem planejando usá-lo dessa maneira.
- ☐ Muitos pais desejam que seus filhos se encaixem entre seus pares e lhes darão um *smartphone* acreditando que isso ajudará. Observe pré-adolescentes com *smartphones* e verá que eles se concentram em seus

---

* N. de. R. T. No Brasil, o uso de celulares nas escolas foi proibido desde janeiro de 2025.

aparelhos, não uns nos outros — mesmo quando estão lado a lado. ***Os smartphones distraem não apenas dos estudos, mas também da importantíssima aprendizagem socioemocional que ocorre na escola.*** *Smartphones* não ajudam os pré-adolescentes a se integrarem. Eles os separam de seus pares.

- ☐ ***Os smartphones proporcionam a estranhos acesso a seu filho***, não apenas pelas corporações cujos aplicativos estão instalados, mas por muitos indivíduos e organizações que eles e você nem sequer conhecem. A Children's Online Privacy Protection Act (COPPA, Lei de Proteção à Privacidade *On-line* das Crianças) proíbe a coleta de informações pessoais de qualquer pessoa com menos de 13 anos, mas as crianças que usam *smartphones* continuam vulneráveis. As evidências disponíveis indicam que as melhores práticas são evitar adquirir um *smartphone* para um pré-adolescente, atendendo às suas necessidades com um celular comum (alguns adolescentes, frustrados com sua distração, estão trocando seus *smartphones* por celulares comuns).
- ☐ ***Revise e atualize o cronograma diário estabelecido e o plano de uso de mídia pelo menos anualmente***, conforme as demandas escolares e os interesses evoluem. Continuar a ter uma boa noite de sono torna-se ainda mais importante à medida que os pré-adolescentes se aproximam da puberdade. As tarefas escolares tornam-se mais exigentes e demoradas à medida que as demandas aumentam em direção ao ensino médio. Ajude seu pré-adolescente a desligar as telas uma hora antes de dormir e a deixar todos os dispositivos fora do quarto durante a noite. Compre-lhe um despertador para que, quando obtiver um *smartphone*, este não se torne seu dispositivo para acordar. Conforme a independência de seu pré-adolescente aumenta e seu raciocínio amadurece, ele terá opiniões sobre quais dispositivos e aplicativos de mídia deseja usar. A adesão às expectativas familiares é mais provável quando tiver participado da elaboração delas.
- ☐ ***Discuta com seu filho os dispositivos e aplicativos que ele deseja usar.*** Pergunte qual conteúdo quer utilizar, se vocês podem visualizá-los juntos, quais podem ser suas preocupações e por que elas existem. Você ainda pode tomar a decisão que seja do melhor interesse de seu filho, mesmo que não esteja alinhada com os desejos dele, mas é importante que ele se sinta ouvido e compreenda por que você tomou tal decisão.
- ☐ ***Discuta abertamente o que seu pré-adolescente pode ver* on-line.** Muitos pais acham mais difícil ter a "conversa sobre internet" do que a

conversa sobre sexo. Por mais desconfortável que seja a conversa sobre sexo, a maioria dos pais sente que sabe mais sobre o assunto do que seus filhos. Mas não podem dizer o mesmo sobre a internet. Muitas crianças encontram pornografia *on-line* pela primeira vez ainda no ensino fundamental. Para a maioria dos pré-adolescentes, a pornografia é perturbadora e confusa durante uma fase de desenvolvimento em que estão iniciando sua consciência sexual. À medida que se aproximam da puberdade, naturalmente se tornam mais interessados em explorar sua própria sexualidade e usam a internet para buscar imagens e informações sexuais a fim de aprofundarem sua compreensão sobre sexo e sexualidade. Embora provavelmente cause desconforto a pais e filhos, é importante começar a ter conversas sobre a objetificação das mulheres e a imprecisão do comportamento sexual retratado na pornografia.

- ☐ ***Tenha acesso aberto à presença e à atividade* on-line *de seu filho desde o início.*** Quando você orientar seu filho sobre um novo dispositivo ou plataforma, decidam juntos seus nomes de usuário e senhas. Ele provavelmente se oporá a você ter acesso às suas contas, mas explique que essa é uma condição para que as tenha. Converse francamente; diga-lhe que você o ama, respeita e confia nele, mas que seu cérebro ainda está em desenvolvimento e ele precisa de seu apoio e orientação para se manter saudável e seguro. Você não precisará verificá-lo constantemente, mas seu filho aprenderá e praticará a autorregulação mais rapidamente se puder fazê-lo.
- ☐ ***Estabeleça expectativas em torno do uso de mídias sociais.*** Embora seja uma violação da COPPA crianças menores de 13 anos estarem nas redes sociais, pesquisas indicam que pelo menos um terço dos pré-adolescentes está em *sites* como TikTok, Instagram, Snapchat e Facebook. Seu pré-adolescente provavelmente desejará juntar-se a eles, mas, para isso, com ou sem seu conhecimento, precisará mentir sobre a idade. Embora seja melhor que ele espere até ter 13 anos ou mais para adicionar a distração das mídias sociais, é mais importante que você esteja plenamente ciente de sua presença e de seus comportamentos nas redes sociais sempre que começar a usá-las. Se ele entrar nas mídias sociais sem seu conhecimento (e muitos o farão), você não estará disponível quando encontrar dificuldades.
- ☐ ***Os pré-adolescentes desejarão realidade virtual (RV) e realidade aumentada (RA).*** Embora o prometido metaverso ainda não tenha chegado e as vendas de óculos de realidade virtual tenham sido lentas,

essa tecnologia é altamente desejada pelos pré-adolescentes que, assim como os adolescentes, serão os primeiros a adotá-la. Resolver imagens 3D consome muita potência das funções executivas do cérebro. Mesmo adultos com córtex pré-frontal maduro têm dificuldades com essa tecnologia, frequentemente saindo de filmes 3D exaustos e com dor de cabeça. Uma vez que a novidade da RV/RA se desgasta, muitos jovens as abandonam por telas mais gerenciáveis.

- ☐ ***Esteja presente e ativo na vida digital de seu pré-adolescente*** em relação a pornografia, desinformação, informações falsas, *sites* de ódio que propagam racismo, misoginia, xenofobia, homofobia, transfobia e todos os tipos de "fobias contra o diferente". Como suas funções executivas cerebrais ainda estão em desenvolvimento, os pré-adolescentes podem ser particularmente vulneráveis a imagens e vídeos *on-line* selecionados, alterados e completamente falsos. Ensine-os a serem céticos quanto ao que ouvem, leem e veem, e a verificarem tudo.
- ☐ ***Decidam juntos e configure contas* on-line *com seu filho.*** A maioria dos aplicativos, serviços de *streaming* e jogos exige que os usuários tenham contas com permissões e preferências específicas. Em vez de configurar essas contas para seu filho ou permitir que ele o faça de maneira independente, recomendo configurá-las juntos para que possam discutir e tomar decisões em conjunto sobre preferências, permissões e limites.
- ☐ ***Ensine aos pré-adolescentes a "regra da vovó".*** Quando começarem a criar, postar e se comunicar *on-line*, devem estar cientes de que seus comportamentos na internet podem sempre ser vistos por outros. Como a maioria das crianças ama, respeita e quer ser respeitada por sua avó, com quem mantém um relacionamento especial e sem julgamentos, ensine-lhes: "Não poste nada *on-line* que você não queira que a vovó veja".
- ☐ ***Aborde explicitamente o* cyberbullying.** Com maior foco nos relacionamentos entre pares, surge o potencial para *bullying*, ostracismo, rejeição ou outros comportamentos excludentes. Seu pré-adolescente pode ser vítima, agressor, espectador ou qualquer combinação desses papéis em momentos diversos, já que as diferenças de poder são menos claras no mundo digital do que no físico. Crianças que sofrem *bullying on-line* têm maior risco de depressão e ansiedade do que seus pares. Elas podem observar obsessivamente seu dispositivo, escondê-lo quando um dos pais se aproxima, afastar-se de amigos e familiares

e/ou ficar perturbadas depois de estarem *on-line* ou quando solicitadas a desconectarem-se. Converse regularmente com seu filho sobre o que está vendo e ouvindo tanto *on-line* quanto pessoalmente. Faça-lhe perguntas sem julgamento, como: "Ouvi de um amigo que há muito *cyberbullying* na escola do filho dele. Isso acontece na sua escola?". Denuncie o *bullying* quando souber dele. Se seu filho estiver praticando *bullying*, mesmo que em retaliação, converse sobre isso. Pergunte o que estava acontecendo com ele naquele momento, como se sentiu, como acha que a vítima se sentiu e o que poderia fazer para melhorar a situação para a vítima.

- ☐ ***Desenvolva habilidades saudáveis de tomada de decisão tanto* on-line *quanto* off-line.** Quando estão *on-line*, crianças de qualquer idade se veem tomando decisões rapidamente e, muitas vezes, por conta própria. Você pode ajudá-las a fazerem escolhas saudáveis, pedindo que considerem os potenciais benefícios positivos e as consequências negativas de cada escolha. Descreva sua própria análise de risco-benefício em diferentes situações, desde decisões mundanas, como o que vestir em um evento, até escolhas importantes, como a maneira de falar com os outros ou sobre eles. Permita que cometam erros seguros em ambientes como jogos sociais, em que podem tomar decisões ruins e se recuperar delas com menor risco de consequências graves. Pergunte a seu filho o que deu errado e o que poderia fazer diferente da próxima vez.

Bem-estar digital — adolescentes e jovens adultos

A ciência diz...

A adolescência (dos 13 aos 18 anos) é um período ativo de mudanças que finaliza a transição da infância para a idade adulta. Os adolescentes estão **amadurecendo física, sexual e cognitivamente**, enquanto também desenvolvem **relacionamentos mais complexos e nuançados** com seus pares e buscam ainda maior independência dos pais e cuidadores primários.

Os amigos tornam-se a conexão predominante durante a adolescência, oferecendo um espaço seguro e independência emocional dos pais e de outros cuidadores. Os adolescentes formam amizades e relacionamentos românticos mais maduros e começam a sentir **maior necessidade de estabelecer sua própria identidade sexual**. A conectividade social é parte integral dos resultados de bem-estar em longo prazo.

Embora seu cérebro ainda não tenha atingido os níveis de maturidade da idade adulta, os adolescentes tornam-se mais capazes de pensar no futuro e resolver problemas logicamente. Eles estão desenvolvendo compreensões mais complexas das relações humanas, nuances emocionais e seus próprios sistemas de moral e valores.

Conforme se aventuram com mais independência no mundo *on-line*, precisam de oportunidades para **assumir riscos com redes de segurança** e usar seus cuidadores para apoio e orientação.

Quase 100% dos adolescentes relatam ter acesso a um *smartphone* ou computador doméstico, e quase metade deles afirma estar *on-line* "quase constantemente"; 60% relatam usar computadores para fazer o dever de casa todos os dias.[3] Movendo-se facilmente entre o digital e o físico, adolescentes e jovens adultos estão **engajados em uma interação constante e com frequência simultânea** com o que experimentam como um único ambiente.

À medida que os jovens adultos (dos 19 aos 25 anos) deixam a adolescência, começam a assumir identidades e atividades **motivadas por seus próprios interesses**, em vez daquelas determinadas por figuras de autoridade parental. **Podem sair** da casa da família, frequentemente para apartamentos ou ambientes universitários, ao **assumirem papéis adultos**, buscando carreiras, passatempos e relacionamentos platônicos e românticos mais maduros.

Os relacionamentos dos jovens adultos com seus pais tornam-se mais igualitários, e a influência dos pares da mesma idade começa a diminuir à medida que se sentem mais confortáveis com suas próprias identidades e interesses. Ao ingressarem em novos ambientes e relacionamentos, começam a construir novos hábitos, rotinas e sistemas de apoio, assumindo funções-chave da vida diária, como plano de saúde, gestão financeira e sua própria segurança física. Nessa faixa etária, 84% relatam usar mídias sociais regularmente. Apesar de sua independência plena, **ainda necessitam do apoio e orientação de suas famílias para navegar pelas novas pressões e decisões** da vida adulta.

O midiatra recomenda...

- ☐ ***Converse com os adolescentes cedo e com frequência sobre telas e mídias interativas*** que são partes importantes de sua vida social, educação e escolhas de entretenimento. Essas podem ser conversas leves e objetivas sobre o que estão fazendo e quais escolhas estão fazendo *on-line*. Diferentemente dos estágios anteriores, em que os pais forneciam estrutura e disciplina como proteção, essas conversas têm os objetivos de conhecer o que seu adolescente está vivenciando, aconselhá-lo sobre lições de vida enquanto aprende novos desenvolvimentos digitais com ele e desenvolver habilidades para o bem-estar digital ao longo da vida, transferindo a disciplina de tela de fora para dentro. Capacite seu filho para maximizar os benefícios potenciais do uso de mídias interativas e tecnologia, minimizando os possíveis danos.

- ☐ ***Revise e atualize o acordo de uso de mídia familiar*** para abordar o uso evolutivo de dispositivos e aplicativos digitais por todos e estabelecer expectativas mútuas. Pesquisas indicam que quanto mais simples, melhor, e que manter detalhes escritos do acordo disponíveis para revisão frequente pode favorecer uma adesão mais forte. À medida que seu filho se torna cada vez mais independente, você pode ajudá-lo a manter um engajamento mais saudável e equilibrado com o mundo digital.
- ☐ ***Apoie e respeite os limites de mídia de seu adolescente e intervenha apenas quando necessário para ajudá-lo a se manter seguro e saudável* on-line.** O conteúdo compartilhado por meio das mídias sociais tem o potencial de alcançar um grande público, independentemente das configurações de privacidade. Converse com seu adolescente sobre a permanência da internet e como, uma vez que algo é compartilhado, ele perde o controle sobre essa mensagem ou imagem. Sente-se com ele para examinar as configurações de privacidade em cada uma de suas contas e torne-se amigo dele nas redes sociais. Peça permissão antes de postar sobre seu adolescente *on-line*; não importa o quão orgulhoso você esteja dele, ele tem o direito de controlar como sua imagem e informações são compartilhadas, mesmo por seus pais.
- ☐ ***A inteligência artificial (IA), particularmente os* chatbots *de IA generativa, mudou a educação.*** Embora haja preocupação legítima sobre os efeitos da IA na aprendizagem, isso é paralelo aos temores que surgiram quando as calculadoras entraram na sala de aula de matemática. A IA é uma ferramenta poderosa que pode escanear trilhões de recursos *on-line* e gerar uma base de evidências razoavelmente confiável. *Pode* gerar trabalhos e passar em exames profissionais, mas comete erros, às vezes enormes. A IA generativa opera com base em probabilidade, não em raciocínio. Por isso, pode juntar frases convincentes, mas não verdadeiras. Os estudantes aprenderão a verificar as fontes da base de evidências da IA, desenvolver ideias originais e sustentá-las com seu próprio raciocínio. Se não o fizerem, poderão se formar com uma média sólida de B tendo aprendido

pouco — ou enfrentar consequências graves se e quando sua trapaça for descoberta!

- ☐ ***Introduza as mídias sociais de forma ponderada, uma plataforma por vez.*** As mídias sociais oferecem oportunidades de conexão por meio de divisões geográficas, culturais e sociais. No entanto, podem estar repletas de desinformação, ódio, *bullying*, hipersexualização e outras influências potencialmente prejudiciais. Os pais podem introduzir e apoiar o acesso de seu adolescente às mídias sociais quando sentirem que ele pode gerenciar esse ambiente. As plataformas de mídia social devem ser introduzidas pelo pai ou pela mãe, lado a lado com o filho, com monitoramento próximo. Façam juntos a pesquisa para entenderem os objetivos e parâmetros de cada plataforma e estabeleçam metas claras e sinais de alerta. Explorem cada *site* juntos, discutindo como as mídias sociais devem e não devem ser usadas. Uma vez que seu adolescente esteja usando-as por conta própria, mantenha-se disponível para perguntas, preocupações e ajuda sem julgamento quando ele precisar.
- ☐ ***Seja intencional ao fornecer um* smartphone.** Atualmente, os pais disponibilizam esses poderosos computadores para seus filhos por volta dos 10 anos, com frequência para garantir que possam se comunicar facilmente e permanecer seguros quando longe de casa. Entretanto, um *smartphone* oferece às crianças acesso quase irrestrito a todos e a tudo na internet, devendo ser tratado como a ferramenta poderosa que é. Quando você e seu filho estiverem prontos para o primeiro *smartphone* dele, sentem-se e perguntem o que ele pretende fazer com o aparelho. Tenham uma conversa franca sobre como, quando e onde o telefone pode (e não pode) ser usado e quais devem ser as consequências quando as expectativas não forem atendidas. Mantenha acesso ao telefone e aos aplicativos de seu filho. Continue estabelecendo a expectativa de que você verificará aleatoriamente suas contas e analisará seu uso.
- ☐ ***Resista ao impulso de verificar seu filho quando ele estiver na escola.*** A escola é a oportunidade de seu filho estabelecer sua independência. Você também deve modelar o uso responsável, e ligar para ele fora de situações de emergência demonstrará uma aceitação do uso do aparelho durante o horário escolar.
- ☐ ***Auxilie seu adolescente a obter o sono necessário.*** Adolescentes e jovens adultos precisam de oito a 10 horas de sono todas as noites para manterem sua saúde e bem-estar. O uso de mídias de tela na adolescência

está associado a maior demora para adormecer, menos horas de sono e mais interrupções durante o descanso. Continue apoiando seu adolescente no estabelecimento de um horário regular e consistente para dormir e forneça um espaço fora do quarto onde ele possa carregar todos os dispositivos durante a noite. Proporcione-lhe um despertador para que não precise manter o telefone em seu quarto.

- ☐ ***Ajude os adolescentes a aprenderem a amar o corpo deles.*** Quando virem fotos de celebridades e outras pessoas *on-line*, pergunte quão realistas as imagens parecem. Questione se ele conhece alguém que se pareça com aquilo, o que seria necessário para ter aquela aparência e se acredita que a pessoa se parece com a foto na vida real. Discuta as ideias de seu filho sobre beleza e corpos ideais e como ele desenvolveu esses conceitos.
- ☐ ***Fale sobre os perigos dos celulares no carro.*** Muitos jovens começam a dirigir de forma independente no final da adolescência, aproximadamente na mesma idade em que ganham uso independente de seus celulares. A direção distraída é extremamente perigosa, ceifando milhares de vidas a cada ano. Você pode incutir hábitos seguros que os acompanharão pela vida enquanto seu filho estiver aprendendo a dirigir.
  - Modele comportamento seguro. Nunca envie mensagens enquanto dirige ou olhe para seu telefone com o carro em movimento. Quando precisar mudar a lista de reprodução de músicas, enviar uma mensagem ou fazer uma ligação, pare em um local seguro e estacione o carro antes de fazê-lo.
  - Exija que os telefones sejam desligados e colocados fora de alcance quando seu filho estiver dirigindo.
  - Se seu filho precisar do telefone para reproduzir música, ajude-o a configurar uma lista de reprodução, ativá-la e colocar o aparelho fora de seu alcance antes de ligar o carro.
  - Estabeleça expectativas e consequências claras para comportamentos arriscados ao volante. A perda do carro e/ou do telefone daria a seu adolescente uma chance de refletir e recuperar esses privilégios.
- ☐ ***Mantenha a consciência situacional.*** Muitos adolescentes usam fones de ouvido nas orelhas ou ao redor do pescoço quando estão no mundo exterior. Ajude o seu a estabelecer e manter a consciência situacional quando estiver em público, andando de bicicleta ou dirigindo um carro, removendo seus fones de ouvido. Se não puderem ouvir o que está

ao redor, não conseguirão antecipar perigos para si ou para outros. Os fones de ouvido os tornam alvos para roubo ou agressão porque anunciam que o usuário tem dinheiro e está desligado do ambiente.

- ☐ ***Discuta abertamente sobre* sexting *com seu adolescente.*** O envio e o recebimento de imagens e conteúdos sexualmente explícitos têm sido correlacionados com comportamentos sexuais mais arriscados. O *sexting* é ilegal para menores de 18 anos em muitos estados;* enviar fotos sexualmente explícitas de menores pode ser considerado exploração sexual ou pornografia infantil. Escolha um momento em que você e seu filho estejam calmos e possam se concentrar na conversa. O *sexting* não é incomum mesmo entre adolescentes mais jovens; tenha em mente que esse comportamento pode parecer comum e seguro para seu filho. Forneça aos jovens acesso sem vergonha a informações precisas sobre sexualidade e comportamento sexual, e ajude-os a compreenderem a importância de um relacionamento afetuoso para uma atividade sexual saudável e satisfatória.
- ☐ ***Proteja seu filho da sextorsão*** tendo discussões francas sobre sexo como uma atividade humana normal e não uma fonte de vergonha. O *catfishing* tem levado a golpes financeiros e, em vários casos, à morte por suicídio do adolescente envergonhado.
- ☐ ***Converse com seu jovem adulto sobre namoro* on-line.** Os aplicativos de relacionamento transformaram o romance e o sexo. Quase metade dos jovens adultos — e bem mais da metade dos adultos que se identificam como LGBTQ+ — relata ter usado *sites* ou aplicativos de namoro *on-line*. Embora o namoro *on-line* seja prevalente e geralmente seguro, uma porcentagem notável de usuários relata ter experimentado comportamentos problemáticos, como assédio ou ameaças de dano físico. Para alguns, conhecer potenciais parceiros românticos ou sexuais como quem compra *on-line* tornou os relacionamentos românticos superficiais e o sexo transacional. Converse com seu filho sobre quem está conhecendo *on-line*, como está confirmando que cada pessoa é quem diz ser e como está mantendo-se seguro ao encontrar-se pessoalmente.
- ☐ ***Ajude seu adolescente a aprender com os erros que ele comete.*** Quando seu filho tomar uma decisão prejudicial, como tentar um desafio viral

---

* N. de R. T. No Brasil, é considerado crime segundo o Art. 241 do Estatuto da Criança e do Adolescente (ECA).

potencialmente perigoso ou compartilhar uma imagem ofensiva nas redes sociais da qual se arrependa, pergunte-lhe calmamente por que fez essa escolha, o que esperava alcançar e o que poderia fazer diferente na próxima vez. Se o comportamento dele violou o acordo de uso de mídia da família, converse sobre as consequências previamente acordadas e implemente-as.

- ☐ ***Continue ajudando seu adolescente a avançar em sua educação midiática.*** Publicidade, inserção de produtos e *marketing* de influenciadores podem afetar significativamente as atitudes e os comportamentos dos adolescentes em relação à saúde e ao bem-estar. À medida que adolescentes e jovens adultos desenvolvem seus próprios conjuntos de crenças e valores, essas influências podem ser particularmente importantes. Peça a seu filho que lhe mostre alguns dos influenciadores que segue nas redes sociais. Pergunte o que gosta em cada um e o que acha que essa pessoa ou empresa está tentando fazê-lo pensar ou fazer. Converse sobre notícias com seu adolescente e pergunte o que pensa sobre elas. Poderia haver outras perspectivas sobre um evento? O que o repórter poderia estar querendo que ele pensasse, e por quê? O que seu adolescente acredita sobre o evento?
- ☐ ***Apoie o desenvolvimento das habilidades de gerenciamento digital de seu adolescente.*** À medida que começa a navegar no ecossistema digital com mais independência, seu adolescente tomará decisões importantes todos os dias. Quando estiver enfrentando um problema ou decisão, *on-line* ou *off-line*, resista ao impulso de intervir e resolvê-lo. Em vez disso, faça perguntas investigativas para ajudá-lo a chegar a uma solução por conta própria. Quais são as potenciais consequências positivas e negativas para cada decisão possível? Compartilhe seus próprios processos decisórios. Se você tiver uma conta em rede social, mostre suas publicações a seu filho. Diga-lhe por que publicou e se recebeu as respostas que esperava. Capacitá-lo para enfrentar problemas e tomar decisões por conta própria apoiará resultados positivos na vida de seu adolescente em longo prazo.

Notas

Introdução

1. Hilda K. Kabali et al., "Exposure and Use of Mobile Media Devices by Young Children", *Pediatrics*, 136, no. 6 (2015): 1044–50, https://doi:10.1542/peds.2015-2151.
2. Victoria Rideout et al., *Common Sense Census: Media Use by Tweens and Teens, 2021* (San Francisco: Common Sense Media, 2022); https://www.commonsensemedia.org/sites/default/files/research/report/8-18-census-integrated-report-final-web_0.pdf; Victoria Rideout et al., *Common Sense Census: Media Use by Kids Age Zero to Eight, 2020* (San Francisco: Common Sense Media, 2020), 2020_zero_to_eight_census_final_web.pdf.
3. Melina R. Uncapher et al., "Media Multitasking and Cognitive, Psychological, Neural, and Learning Differences", *Pediatrics*, 140, Supplement 2 (2017): S62–S66, https://doi:10.1542/peds.2016-1758D.
4. Emily A. Vogels, Risa Gelles-Watnick e Navid Massarat, "Teens, Social Media and Technology 2022", Pew Research Center, 10 de agosto de 2022, https://www.pewresearch.org/internet/2022/08/10/teens-social-media-and-technology-2022/.
5. Jason M. Nagata et al., "Screen Time Use Among US Adolescents During the COVID-19 Pandemic: Findings From the Adolescent Brain Cognitive Development (ABCD) Study", *JAMA Pediatrics*, 176, no. 1 (2022): 94–96, https:// doi:10.1001/jamapediatrics.2021.4334.
6. ParentsTogether Foundation, "Survey Shows Parents Alarmed as Kids' Screen Time Skyrockets During COVID-19 Crisis", ParentsTogether Foundation, 23 de abril de 2020, https://parents-together.org/survey-shows-parents-alarmed-as-kids-screen-time-skyrockets-during-covid-19-crisis/.

7. ParentsTogether Foundation, "Survey Shows Parents Alarmed".
8. Sarah Shevenock, "YouTube, Netflix and Gaming: A Look at What Kids Are Doing with Their Increased Screen Time", Morning Consult, 20 de agosto de 2020, https://morningconsult.com/2020/08/20/youtube-netflix-and-gaming-a-look-at-what-kids-are-doing-with-their-increased-screen-time/.
9. Committee on Public Education, "Children, Adolescents, and Television", *Pediatrics*, 107, no. 2 (2001): 423–6, https://doi:10.1542/peds.107.2.423.
10. Victoria Rideout et al., *Common Sense Census: Media Use by Tweens and Teens, 2021* (San Francisco: Common Sense Media, 2022), https://www.commonsensemedia.org/sites/default/files/research/report/8-18-census-integrated-report-final-web_0.pdf.
11. David S. Bickham, Summer Moukalled e Michael Rich, "Young People's Media Use and Remote Schooling Experiences During the COVID-19 Pandemic" (trabalho apresentado na Technology, Mind and Society, 2021, Anais da Conferência).
12. Matthew D. Lieberman, *Social: Why Our Brains Are Wired to Connect*, 1ª ed. (Nova York: Crown Publishers, 2013); Robert Boyd e Peter J. Richerson, "Culture and the Evolution of Human Cooperation", *Philos Trans R Soc Lond B Biol Sci* 364, no. 1533, 12 de novembro de 2009, p. 3281–3288, https://doi:10.1098/rstb.2009.0134; Esther Herrmann et al., "Humans Have Evolved Specialized Skills of Social Cognition: The Cultural Intelligence Hypothesis", *Science* 317, no. 5843 (2007): 1360–66, https://doi:doi:10.1126/science.1146282.

Capítulo 1: Criando bem os filhos em um mundo de telas

1. E. B. White, "Removals", em *One Man's Meat*, 13ª ed. (Thomaston, ME: Tilbury House, 2003).
2. Emily A. Vogels, Risa Gelles-Watnick e Navid Massarat, "Teens, Social Media and Technology 2022", Pew Research Center, 10 de agosto de 2022, https://www.pewresearch.org/internet/2022/08/10/teens-social-media-and-technology-2022/.
3. Michael B. Robb, *The New Normal: Parents, Teens, Screens, and Sleep in the United States* (San Francisco: Common Sense Media, 2019), 2019-new-normal-parents-teens-screens-and-sleep-united-states-report.pdf
4. Victoria Rideout et al., *Common Sense Census: Media Use by Tweens and Teens, 2021* (San Francisco: Common Sense Media, 2022), https://www.commonsensemedia.org/sites/default/files/research/report/8-18-census-integrated-report-final-web_0.pdf.
5. *Star Wars: Episódio IV - Uma Nova Esperança*, dirigido por George Lucas (1977; Century City, CA: Twentieth Century Fox, 1982), DVD.
6. Bruce E. Wexler, *Brain and Culture: Neurobiology, Ideology, and Social Change* (Cambridge, MA: MIT Press, 2006), 101.
7. Wexler, *Brain and Culture*, 102.

8. Jack Flynn, "20 Vital Smartphone Usage Statistics[2023]: Facts, Data, and Trends on Mobile Use in the U.S.", Zippia.com, 3 de abril de 2023, https://www.zippia.com/advice/smartphone-usage-statistics/.
9. Jewish Broadcasting Service, "'Tech Shabbat: The Power of Unplugging One Day a Week'—A Conversation with Tiffany Shlain", vídeo no YouTube, 20 de agosto de 2021, 19:36, https://youtu.be/mZqJjpoLIBQ?si=qn3cQst4265_rLTx.
10. Jenny S. Radesky et al., "Patterns of Mobile Device Use by Caregivers and Children During Meals in Fast Food Restaurants," *Pediatrics* 133, no. 4 (abril de 2014): e843–9, https://doi.org/10.1542/peds.2013-3703.
11. Jeff Grabmeier, "Warning to Adults: Children Notice Everything", *Ohio State News*, 5 de agosto de 2019, https://news.osu.edu/warning-to-adults-children-notice-everything/.
12. David S. Bickham, Summer Moukalled e Michael Rich, "Young People's Media Use and Remote Schooling Experiences During the COVID-19 Pandemic" (trabalho apresentado na Technology, Mind and Society, 2021, Anais da Conferência).
13. Melina R. Uncapher e Anthony D. Wagner, "Minds and Brains of Media Multitaskers: Current Findings and Future Directions", *Proceedings of the National Academy of Sciences* 115, no. 40 (2018): 9889–96, https://www.pnas.org/doi/10.1073/pnas.1611612115.
14. Melina R. Uncapher et al., "Media Multitasking and Cognitive, Psychological, Neural, and Learning Differences," *Pediatrics* 140, Supplement 2 (2017): S62–S66, https://doi:10.1542/peds.2016-1758D; Uncapher e Wagner, "Minds and Brains of Media Multitaskers"; Susanne E. Baumgartner et al., "The Relationship Between Media Multitasking and Executive Function in Early Adolescents," *The Journal of Early Adolescence* 34, no. 8 (2014): 1120–44, https://doi:10.1177/0272431614523133.
15. Wikipedia, s.v. "Cinnamon Challenge," última modificação em 2 de outubro de 2023, https://en.wikipedia.org/wiki/Cinnamon_challenge.
16. Amelia Grant-Alfieri, Judy Schaechter e Steven E. Lipshultz, "Ingesting and Aspirating Dry Cinnamon by Children and Adolescents: The 'Cinnamon Challenge'", *Pediatrics* 131, no. 5 (2013): 833–35, https://doi.org/10.1542/peds.2012-3418.
17. Nancy Keates, "Just a Spoonful of Cinnamon Makes the Internet Rounds: 'Challenge' to Swallow Spice Finds Takers, Millions of Viewers; Warning Parents", *The Wall Street Journal*, 19 de março de 2012, https://www.wsj.com/articles/SB10001424052702304537904577279663808279888.

Capítulo 2: O que é bem-estar digital?

1. Boston Children's Digital Wellness Lab, "Welcome to the Digital Wellness Lab", https://digitalwellnesslab.org/about/.
2. *Babies*, dirigido por Thomas Balmès (2010; Focus Features), DVD.
3. Council on Communications and Media et al., "Media and Young Minds," *Pediatrics* 138, no. 5 (November 2016), https://doi.org/10.1542/peds.2016-2591.

4. Monique K. LeBourgeois et al., "Digital Media and Sleep in Childhood and Adolescence", *Pediatrics* 140, Supplement 2 (2017): S92–S96, https://doi.org/10.1542/peds.2016-1758J.
5. Giuseppe Curcio, Michele Ferrara e Luigi De Gennaro, "Sleep Loss, Learning Capacity, and Academic Performance", *Sleep Medicine Reviews* 10, no. 5 (outubro de 2006): 323–37, https://doi.org/10.1016/j.smrv.2005.11.001.
6. Candice A. Alfano e Amanda L. Gamble, "The Role of Sleep in Childhood Psychiatric Disorders", *Child and Youth Care Forum* 38, no. 6 (2009): 327–40, https://doi.org/10.1007/s10566-009-9081-y.
7. Sujay Kansagra, "Sleep Disorders in Adolescents", *Pediatrics* 145, Supplement 2 (2020): S204–S09, https://doi.org/10.1542/peds.2019-2056I.
8. Kansagra, "Sleep Disorders."
9. Beatriz Gómez-González et al., "Role of Sleep in the Regulation of the Immune System and the Pituitary Hormones", *Annals of the New York Academy of Sciences* 1261, no. 1 (julho de 2012): 97–106, https://doi.org/10.1111/j.1749-6632.2012.06616.x.
10. Simin Cao e Hui Li, "A Scoping Review of Digital Well-Being in Early Childhood: Definitions, Measurements, Contributors, and Interventions", *International Journal of Environmental Research and Public Health* 20, no. 4 (2023): 3510, https://doi.org/10.3390/ijerph20043510.
11. Kelly Johnston, "Engagement and Immersion in Digital Play: Supporting Young Children's Digital Well-Being", *International Journal of Environmental Research and Public Health* 18, no. 19 (2021): 10179, https://doi.org/10.3390/ijerph181910179.
12. Johnston, "Engagement and Immersion in Digital Play"; Helen Beetham, "Building Digital Capabilities Framework: The Six Elements Defined" (Bristol, UK: JISC, 2015), acesso em 24 de outubro de 2023, https://repository.jisc.ac.uk/8846/1/2022_Jisc_BDC_Individual_Framework.pdf.
13. Johnston, "Engagement and Immersion in Digital Play."
14. Zhen Xing Ong et al., "Measuring Online Well-Being: A Scoping Review of Subjective Well-Being Measures," *Frontiers in Psychology* 12 (11 de março de 2021): 616637, https://doi.org/10.3389/fpsyg.2021.616637.
15. Bjorn Nansen et al., "Children and Digital Well-Being in Australia: Online Regulation, Conduct, and Competence", *Journal of Children and Media* 6, no. 2 (2012): 237–54, https://doi.org/10.1080/17482798.2011.619548.
16. Audrey Yue et al., "Developing an Indicator Framework for Digital Well-Being: Perspectives from Digital Citizenship", acesso em 24 de outubro de 2023, https://ctic.nus.edu.sg/resources/CTIC-WP-01(2021).pdf.
17. "Infant Vision: Birth to 24 Months of Age," American Optometric Association, s.d., https://www.aoa.org/healthy-eyes/eye-health-for-life/infant-vision?sso=y; Janette Atkinson, Oliver Braddick e Fleur Braddick, "Acuity and Contrast Sensitivity of Infant Vision", *Nature* 247, no. 5440 (fevereiro de 1974): 403–4, https://doi.org/10.1038/247403a0; Angela M. Brown et al., "The Contrast Sensitivity of the Newborn Human Infant," *Investigative Ophthalmology and Visual Science* 56, no. 1 (2015): 625–32, https://doi.org/10.1167/iovs.14-14757; Susan M. Ludington-

-Hoe, "What Can Newborns Really See?", *American Journal of Nursing* 83, no. 9 (1983): 1286–89, https://doi.org/10.1097/00000446-198383090-00015.

18. Kerstin Uvnäs Moberg e Danielle K. Prime, "Oxytocin Effects in Mothers and Infants During Breastfeeding", *Infant* 9, no. 6 (2013): 201–6, https://www.infantjournal.co.uk/pdf/inf_054_ers.pdf.
19. Naomi Scatliffe et al., "Oxytocin and Early Parent-Infant Interactions: A Systematic Review", *International Journal of Nursing Sciences* 6, no. 4 (2019): 445–53, https://doi.org/10.1016/j.ijnss.2019.09.009.
20. Jeannette T. Crenshaw, "Healthy Birth Practice #6: Keep Mother and Baby Together—It's Best for Mother, Baby, and Breastfeeding", *The Journal of Perinatal Education* 23, no. 4: 211–17, https://doi.org/10.1891/1058-1243.23.4.211.
21. Ruth Feldman, "Parent-Infant Synchrony and the Construction of Shared Timing; Physiological Precursors, Developmental Outcomes, and Risk Conditions", *Journal of Child Psychology and Psychiatry* 48, no. 3–4 (2007): 329–54, https://doi.org/10.1111/j.1469-7610.2006.01701.x.
22. Feldman, "Parent-Infant Synchrony."
23. Charles A. Nelson, Nathan A. Fox e Charles H. Zeanah, "The History of Child Institutionalization in Romania", capítulo 3 de *Romania's Abandoned Children: Deprivation, Brain Development, and the Struggle for Recovery* (Cambridge, MA: Harvard University Press, 2014), p. 39–69.
24. Kirsten Weir, "The Lasting Impact of Neglect: Psychologists Are Studying How Early Deprivation Harms Children—and How Best to Help Those Who Have Suffered from Neglect", *Monitor on Psychology*, 48, no. 6 (junho de 2014), p. 36, https://www.apa.org/monitor/2014/06/neglect.
25. Charles A. Nelson et al., "Cognitive Recovery in Socially Deprived Young Children: The Bucharest Early Intervention Project", *Science*, 318, no. 5858 (dezembro de 2007), p. 1937–40, https://doi.org/10.1126/science.1143921; Charles A. Nelson, Nathan A. Fox e Charles H. Zeanah, "Socioemotional Development", capítulo 10 de *Romania's Abandoned Children: Deprivation, Brain Development, and the Struggle for Recovery* (Cambridge, MA: Harvard University Press, 2014), p. 227–65.
26. Weir, "The Lasting Impact of Neglect"; Kathryn L. Hildyard e David A. Wolfe, "Child Neglect: Developmental Issues and Outcomes", *Child Abuse and Neglect*, 26, no. 6 (junho de 2002), p. 679–95, https://doi.org/10.1016/S0145-2134(02)00341-1.
27. American Academy of Pediatrics, "Cell Phones Take Parents' Attention Away from Kids on Playgrounds", *EurekAlert!*, 25 de abril de 2015, https://www.eurekalert.org/news-releases/815247; Craig W. O'Brien, "Injuries and investigated deaths associated with playground equipment, 2001–2008", *US Consumer Product Safety Commission* (2009), https://www.cpsc.gov/s3fs-public/pdfs/playground.pdf.
28. Jenny S. Radesky et al., "Maternal Mobile Device Use During a Structured Parent--Child Interaction Task", *Academic Pediatrics*, 15, no. 2 (março–abril de 2015), p. 238–44, https://doi.org/10.1016/j.acap.2014.10.001; "Patterns of Mobile Device Use by Caregivers and Children During Meals in Fast Food Restaurants", *Pediatrics*, 133, no. 4 (abril de 2014), p. e843–9, https://doi.org/10.1542/peds.2013-3703.

29. Jessa Reed, Kathy Hirsh-Pasek e Roberta Michnick Golinkoff, "Learning on Hold: Cell Phones Sidetrack Parent-Child Interactions", *Developmental Psychology*, 53, no. 8 (2017), p. 1428–36, https://doi.org/10.1037/dev0000292.
30. *Diane Sawyer Reporting*, "Screentime", exibido em 3 de maio de 2019, na ABC.
31. Edward Tronick, "Still Face Experiment Dr. Edward Tronick", 25 de março de 2016, vídeo no YouTube, 2:49, https://www.youtube.com/watch?v=YTTSXc6sARg.
32. William Beardslee, *When a Parent Is Depressed: How to Protect Your Children from Effects of Depression in the Family* (Boston: Little Brown and Company, 2003).
33. Marshall McLuhan, *Understanding Media: The Extensions of Man* (Cambridge, MA: MIT Press, 1964).

Capítulo 3: Cérebros famintos

1. Aida Gómez-Robles et al., "Relaxed Genetic Control of Cortical Organization in Human Brains Compared with Chimpanzees", *Proceedings of the National Academy of Sciences USA* 112, no. 48 (2015), p. 14799–804, https://doi.org/10.1073/pnas.1512646112; Chet C. Sherwood e Aida Gómez-Robles, "Brain Plasticity and Human Evolution", *Annual Review of Anthropology* 46, no. 1 (2017), p. 399–419, https://doi.org/10.1146/annurev-anthro-102215-100009.
2. Frederico A. C. Azevedo et al., "Equal Numbers of Neuronal and Nonneuronal Cells Make the Human Brain an Isometrically Scaled-Up Primate Brain", *Journal of Comparative Neurology*, 513, 5 (2009), p. 532–41, https://doi.org/10.1002/cne.21974; Shawn F. Sorrells et al., "Human Hippocampal Neurogenesis Drops Sharply in Children to Undetectable Levels in Adults", *Nature* 555, no. 7696, março de 2018, p. 377–81, https://doi.org/10.1038/nature25975.
3. Suzana Herculano-Houzel et al., "The Elephant Brain in Numbers", *Frontiers in Neuroanatomy* 8 (junho de 2014), https://doi.org/10.3389/fnana.2014.00046; Heidi S. Mortensen et al., "Quantitative Relationships in Delphinid Neocortex", *Frontiers in Neuroanatomy* 8 (novembro de 2014), https://doi.org/10.3389/fnana.2014.00132.
4. Rebecca C. Knickmeyer et al., "A Structural MRI Study of Human Brain Development from Birth to 2 Years", *The Journal of Neuroscience: The Official Journal of the Society for Neuroscience* 28, no. 47 (2008), p. 12176–82, https://doi.org/10.1523/JNEUROSCI.3479-08.2008; Junko Matsuzawa et al., "Age-Related Volumetric Changes of Brain Gray and White Matter in Healthy Infants and Children", *Cerebral Cortex* 11, no. 4 (2001), p. 335–42, https://doi.org/10.1093/cercor/11.4.335.
5. JP Bourgeois, "Synaptogenesis, Heterochrony and Epigenesis in the Mammalian Neocortex", *Acta Paediatrica* 86, no. S422 (1997), p. 27–33, https://doi.org/10.1111/j.1651-2227.1997.tb18340.x; Center on the Developing Child at Harvard University, *From Best Practices to Breakthrough Impacts: A Science-Based Approach to Building a More Promising Future for Young Children and Families* (2016), https://harvardcenter.wpenginepowered.com/wp-content/uploads/2016/05/From_Best_Practices_to_Breakthrough_Impacts-4.pdf; Peter R. Huttenlocher

e Arun S. Dabholkar, "Regional Differences in Synaptogenesis in Human Cerebral Cortex", *The Journal of Comparative Neurology* 387, no. 2 (1997), p. 167–78, https://doi.org/10.1002/(SICI)1096-9861(19971020)387:2<167::AID-CNE1>3.0.CO;2-Z.

6. Huttenlocher e Dabholkar, "Regional Differences"; Deborah Phillips et al., *From Neurons to Neighborhoods: The Science of Early Childhood Development* (Washington, DC: National Academy Press, 2000).
7. Phillips et al., *From Neurons to Neighborhoods.*
8. Phillips et al., *From Neurons to Neighborhoods.*
9. American Academy of Pediatrics, "Newborn Reflexes", Healthychildren.org, atualizado em 8 de março de 2022, https://www.healthychildren.org/English/ages-stages/baby/Pages/newborn-reflexes.aspx.
10. Ross A. Thompson, "Early Attachment and Later Development: Reframing the Questions," em *Handbook of Attachment: Theory, Research, and Clinical Applications*, 3ª ed., editado por Jude Cassidy e Phillip R. Shaver (Nova York: The Guilford Press, 2016), 330–48; Nancy S. Weinfield et al., "Individual Differences in Infant-Caregiver Attachment: Conceptual and Empirical Aspects of Security," em *Handbook of Attachment*, 2ª ed. (2008), 78–101.
11. Megan E. Harrison et al., "Systematic Review of the Effects of Family Meal Frequency on Psychosocial Outcomes in Youth", *Canadian Family Physician* 61, no. 2 (fevereiro de 2015), p. e96–106, https://www.ncbi.nlm.nih.gov/pmc/articles/PMC4325878/pdf/0610e96.pdf.
12. Roma Jusiene et al., "Screen Use During Meals among Young Children: Exploration of Associated Variables," *Medicina* 55, no. 10 (outubro de 2019), p. 688, https://doi.org/10.3390/medicina55100688; Jenny S. Radesky et al., "Patterns of Mobile Device Use by Caregivers and Children During Meals in Fast Food Restaurants," *Pediatrics* 133, no. 4 (abril de 2014): e843–9, https://doi.org/10.1542/peds.2013-3703.
13. Daniel A. Abrams et al., "Neural Circuits Underlying Mother's Voice Perception Predict Social Communication Abilities in Children," *Proceedings of the National Academy of Sciences USA* 113, no. 22 (maio de 2016), p. 6295–300, https://doi.org/10.1073/pnas.1602948113; Anthony J. DeCasper e William P. Fifer, "Of Human Bonding: Newborns Prefer Their Mothers' Voices," *Science* 208, no. 4448 (1980), p. 1174–76, https://doi.org/10.1126/science.7375928; Donna L. Mumme, Anne Fernald e Carla Herrera, "Infants' Responses to Facial and Vocal Emotional Signals in a Social Referencing Paradigm," *Child Development* 67, no. 6 (1996), p. 3219–37, https://doi.org/10.1111/j.1467-8624.1996.tb01910.x; Alexandra R. Webb et al., "Mother's Voice and Heartbeat Sounds Elicit Auditory Plasticity in the Human Brain before Full Gestation", *Proceedings of the National Academy of Sciences USA* 112, no. 10 (março de 2015), p. 3152–7, https://doi.org/10.1073/pnas.1414924112.
14. J. Christopher Edgar et al., "The Maturation of Auditory Responses in Infants and Young Children: A Cross-Sectional Study from 6 to 59 Months," *Frontiers*

in Neuroanatomy 9, no. 131 (outubro de 2015), https://doi.org/10.3389/fnana.2015.00131; Sarah Lippé, Natasa Kovacevic e Anthony Randal McIntosh, "Differential Maturation of Brain Signal Complexity in the Human Auditory and Visual System," *Frontiers in Human Neuroscience* 3, no. 48 (novembro de 2009), https://doi.org/10.3389/neuro.09.048.2009.

15. Center on the Developing Child at Harvard University, *From Best Practices to Breakthrough Impacts*; Lisa S. Scott e Natalie H. Brito, "Supporting Healthy Brain and Behavioral Development During Infancy," *Policy Insights from the Behavioral and Brain Sciences* 9, no. 1 (2022), p. 129–36, https://doi.org/10.1177/23727322211068172.
16. Sérgio Gomes da Silva e Ricardo Mario Arida, "Physical Activity and Brain Development", *Expert Review of Neurotherapeutics* 15, no. 9 (2015), p. 1041–51, https://doi.org/10.1586/14737175.2015.1077115.
17. Michael Yogman et al., "The Power of Play: A Pediatric Role in Enhancing Development in Young Children", *Pediatrics* 142, no. 3 (2018), p. e20182058, https://doi.org/10.1542/peds.2018-2058.
18. Melissa Fay Greene, "30 Years Ago, Romania Deprived Thousands of Babies of Human Contact", *The Atlantic* (julho/agosto de 2020), https://www.theatlantic.com/magazine/archive/2020/07/can-an-unloved-child-learn-to-love/612253/; Charles H. Zeanah et al., "Attachment in Institutionalized and Community Children in Romania", *Child Development* 76, no. 5 (2005), p. 1015–28, https://doi.org/10.1111/j.1467-8624.2005.00894.x.
19. Charles A. Nelson, Nathan A. Fox e Charles H. Zeanah, "Socioemotional Development", capítulo 10 de *Romania's Abandoned Children: Deprivation, Brain Development, and the Struggle for Recovery* (Cambridge, MA: Harvard University Press, 2014), p. 227–65.
20. Greene, "30 Years Ago, Romania Deprived Thousands of Babies of Human Contact".
21. Charles A. Nelson, Nathan A. Fox e Charles H. Zeanah, "Early Institutionalization and Brain Development", capítulo 8 de *Romania's Abandoned Children: Deprivation, Brain Development, and the Struggle for Recovery* (Cambridge, MA: Harvard University Press, 2014), p. 182–210.
22. Taryn W. Morrissey, "Multiple Child-Care Arrangements and Young Children's Behavioral Outcomes", *Child Development* 80, no. 1 (2009), p. 59–76, https://doi.org/10.1111/j.1467-8624.2008.01246.x.
23. Center on the Developing Child at Harvard University, *From Best Practices to Breakthrough Impacts*.
24. Deborah Phillips et al., *From Neurons to Neighborhoods: The Science of Early Childhood Development* (Washington, DC: National Academy Press, 2000).
25. Ruth Graham, "The Rise and Fall of Baby Einstein", *Slate*, 19 de dezembro de 2017, https://slate.com/technology/2017/12/the-rise-and-fall-of-baby-einstein.html.
26. Victoria J. Rideout, Elizabeth A. Vandewater e Ellen A. Wartella, *Zero to Six: Electronic Media in the Lives of Infants, Toddlers, and Preschoolers*, The Henry J. Kaiser Family Foundation (2003), p. 10.

27. American Academy of Pediatrics Committee on Public Education, "Media Education", *Pediatrics*, 104, no. 2, pt 1 (1999), p. 341–43, https://doi.org/10.1542/peds.104.2.341.
28. Daniel R. Anderson e Katherine Hanson, "What Researchers Have Learned About Toddlers and Television", *Zero to Three* 33, no. 4 (março de 2013), p. 4–10; Council on Communications and Media, "Media Use by Children Younger Than 2 Years", *Pediatrics* 128, no. 5 (novembro de 2011), p. 1040–45, https://doi.org/10.1542/peds.2011-1753; Council on Communications and Media, "Media and Young Minds", *Pediatrics* 138, no. 5 (novembro de 2016), p. e20162591, https://doi.org/10.1542/peds.2016-2591.
29. "Fairplay Baby Einstein Product Detail", Fairplay, https://fairplayforkids.org/wp-content/uploads/archive/Attachment%203%20-%20BE%20words,%20da%20vinci,%20numbers.pdf, p. 3.
30. Frederick J. Zimmerman, Dimitri A. Christakis e Andrew N. Meltzoff, "Associations Between Media Viewing and Language Development in Children Under Age 2 Years", *The Journal of Pediatrics* 151, no. 4 (2007), p. 364–68, https://doi.org/10.1016/j.jpeds.2007.04.071.
31. Michael B. Robb, Rebekah A. Richert e Ellen A. Wartella, "Just a Talking Book? Word Learning from Watching Baby Videos", *British Journal of Developmental Psychology* 27, no. 1 (2009), p. 27–45, https://doi.org/10.1348/026151008X320156.
32. Graham, "The Rise and Fall of Baby Einstein"; Tamar Lewin, "No Einstein in Your Crib? Get a Refund", *New York Times*, 23 de outubro de 2009, https://www.nytimes.com/2009/10/24/education/24baby.html.
33. Columbia University Irving Medical Center, "The Orienting Reflex: The Foundation of Relational Health", https://nurturescienceprogram.org/the-orienting-reflex-the-foundation-of-relational-health/; Ivan Sechenov, *Reflexes of the Brain*, tradução de S. Belsky (Cambridge, MA: MIT Press, 1965).
34. Nelson Cowan, *Attention and Memory: An Integrated Framework*, Oxford Psychology Series, No. 26 (Nova York: Oxford University Press, 1995).
35. Leslie B. Cohen, Eric R. Gelber e Marilee A. Lazar, "Infant Habituation and Generalization to Differing Degrees of Stimulus Novelty", *Journal of Experimental Child Psychology* 11, no. 3 (1971), p. 379–89, https://doi.org/10.1016/0022-0965(71)90043-9.
36. Marie Evans Schmidt et al., "The Effects of Background Television on the Toy Play Behavior of Very Young Children", *Child Development* 79, no. 4 (2008), p. 1137–51, https://doi.org/10.1111/j.1467-8624.2008.01180.x.
37. Samuel Ball e Gerry Ann Bogatz, *The First Year of Sesame Street: An Evaluation* (Princeton, NJ: Educational Testing Service, 1970); Joan Ganz Cooney, *The Potential Uses of Television in Preschool Education: A Report to the Carnegie Corporation of New York* (Nova York: Carnegie Corporation, 1966); Shalom M. Fisch e Rosemarie T. Truglio, eds., *G Is for Growing: Thirty Years of Research on Children and Sesame Street* (Nova York: Routledge Communication, 2000); "The Joan Ganz Cooney Center", Sesame Workshop, https://www.sesameworkshop.org/what-we-do/research-and-innovation/joan-ganz-cooney-center.

38. Georgette L. Troseth e Judy S. DeLoache, "The Medium Can Obscure the Message: Young Children's Understanding of Video", *Child Development* 69, no. 4 (1998), p. 950–65, https://doi.org/10.1111/j.1467-8624.1998.tb06153.x.
39. Dimitri A. Christakis et al., "Audible Television and Decreased Adult Words, Infant Vocalizations, and Conversational Turns: A Population-Based Study", *Archives of Pediatrics and Adolescent Medicine* 163, no. 6 (2009), p. 554–58, https://doi.org/10.1001/archpediatrics.2009.61.
40. Dimitri A. Christakis et al., "Early Television Exposure and Subsequent Attentional Problems in Children", *Pediatrics* 113, no. 4 (2004), pp. 708–13, https://doi.org/10.1542/peds.113.4.708; Sheri Madigan et al., "Associations Between Screen Use and Child Language Skills: A Systematic Review and Meta-Analysis", *JAMA Pediatrics* 174, no. 7 (julho de 2020), p. 665–75, https://doi.org/10.1001/jamapediatrics.2020.0327; Frederick Zimmerman, Dimitri A. Christakis e Andrew N. Meltzoff, "Associations Between Media Viewing and Language Development in Children under Age 2 Years", *The Journal of Pediatrics* 151, no. 4 (2007), p. 364–68, https://doi.org/10.1016/j.jpeds.2007.04.071.
41. Daniela Avelar et al., "Children and Parents' Physiological Arousal and Emotions During Shared and Independent E-Book Reading: A Preliminary Study", *International Journal of Child-Computer Interaction* 33, Issue C (2022), https://doi.org/10.1016/j.ijcci.2022.100507; Ofra Korat, Adina Shamir e Shani Heibal, "Expanding the Boundaries of Shared Book Reading: E-books and Printed Books in Parent-Child Reading as Support for Children's Language", *First Language* 33, no. 5 (2013), p. 504–23, https://doi.org/10.1177/0142723713503148; Reading Rockets, Colorin Colorado e LD OnLine, "How to Read an E-Book with Your Child", Ed Tech and Digital Media (2013), https://www.readingrockets.org/topics/ed-tech-and-digital-media/articles/how-read-e-book-your-child.
42. Naomi Scatliffe et al., "Oxytocin and Early Parent-Infant Interactions: A Systematic Review", *International Journal of Nursing Sciences* 6, no. 4 (2019), p. 445–53, https://doi.org/10.1016/j.ijnss.2019.09.009.
43. Lauren J. Myers et al., "Baby Facetime: Can Toddlers Learn from Online Video Chat?", *Developmental Science* 20, no. 4 (2017), p. e12430, https://doi.org/10.1111/desc.12430.
44. Joan L. Luby et al., "Maternal Support in Early Childhood Predicts Larger Hippocampal Volumes at School Age", *Proceedings of the National Academy of Sciences USA* 109, no. 8 (2012), p. 2854–59, https://doi.org/10.1073/pnas.1118003109.
45. Patricia K. Kuhl et al., "Infants' Brain Responses to Speech Suggest Analysis by Synthesis", *Proceedings of the National Academy of Sciences USA* 111, no. 31 (julho de 2014), p. 11238–45, https://doi.org/10.1073/pnas.1410963111; David J. Lewkowicz e Amy M. Hansen-Tift, "Infants Deploy Selective Attention to the Mouth of a Talking Face When Learning Speech", *Proceedings of the National Academy of Sciences*, 109, no. 5 (2012), p. 1431–36, https://doi.org/10.1073/pnas.1114783109.
46. Carlo Maria Di Liegro et al., "Physical Activity and Brain Health", *Genes* 10, no. 9 (2019), p. 720, https://www.mdpi.com/2073-4425/10/9/720.

47. Suzanne E. Mol et al., "Added Value of Dialogic Parent-Child Book Readings: A Meta-Analysis", *Early Education and Development* 19, no. 1 (2008), p. 7–26, https://doi.org/10.1080/10409280701838603; Rosa Catharina Teepe, I. Molenaar e L. Verhoeven, "Technology-Enhanced Storytelling Stimulating Parent-Child Interaction and Preschool Children's Vocabulary Knowledge", *Journal of Computer Assisted Learning* 33, no. 2 (2016), p. 123–36, https://doi.org/10.1111/jcal.12169.
48. Melissa L. Danielson et al., "Prevalence of Parent-Reported ADHD Diagnosis and Associated Treatment Among U.S. Children and Adolescents, 2016", *Journal of Clinical Child and Adolescent Psychology* 47, no. 2 (março-abril de 2018), p. 199–212, https://doi.org/10.1080/15374416.2017.1417860.
49. Daniel J. Levitin, "Too Much Information, Too Many Decisions: The Inside History of Cognitive Overload", em *The Organized Mind: Thinking Straight in the Age of Information Overload* (Nova York: Penguin Group, 2014).
50. Annie Swanepoel et al., "How Evolutionary Thinking Can Help Us to Understand ADHD", *BJPsych Advances* 23, no. 6 (2018), p. 410–18, https://doi.org/10.1192/apt.bp.116.016659; David J. Pettitt et al., "Abnormal Glucose Tolerance During Pregnancy in Pima Indian Women: Long-Term Effects on Offspring", *Diabetes* 40, Supplement 2 (dezembro de 1991), p. 126–30, https://doi.org/10.2337/diab.40.2.s126.
51. Ine Beyens, Patti M. Valkenburg e Jessica Taylor Piotrowski, "Screen Media Use and ADHD-Related Behaviors: Four Decades of Research", *Proceedings of the National Academy of Sciences USA* 115, no. 40 (outubro de 2018), p. 9875–81, https://doi.org/10.1073/pnas.1611611114.
52. Beyens, Valkenburg e Piotrowski, "Screen Media Use and ADHD-Related Behaviors".
53. Dimitri A. Christakis et al., "Early Television Exposure and Subsequent Attentional Problems in Children", *Pediatrics* 113, no. 4 (2004), p. 708-13, https:// doi.org/10.1542/peds.113.4.708.
54. Kevin P. Madore e Anthony D. Wagner, "Multicosts of Multitasking", *Cerebrum* (2019), https://www.ncbi.nlm.nih.gov/pmc/articles/PMC7075496/pdf/cer-04-19.pdf.
55. Adrian F. Ward et al., "Brain Drain: The Mere Presence of One's Own Smartphone Reduces Available Cognitive Capacity", *Journal of the Association for Consumer Research* 2, no. 2 (2017), p. 140–54, https://doi.org/10.1086/691462.
56. Chaelin K. Ra et al., "Association of Digital Media Use with Subsequent Symptoms of Attention-Deficit/Hyperactivity Disorder Among Adolescents", *JAMA* 320, no. 3 (julho de 2018), p. 255–63, https://doi.org/10.1001/jama.2018.8931.
57. Madore e Wagner, "Multicosts of Multitasking".

Capítulo 4: Corações solitários

1. Amy Randall Parish, "Female Relationships in Bonobos (*Pan paniscus*)", *Hu Nat* 7, no. 1 (1996), p. 61–96, https://doi.org/10.1007/BF02733490.

2. Brian Hare e Vanessa Woods, *Survival of the Friendliest: Understanding Our Origins and Rediscovering Our Common Humanity* (Nova York: Random House, 2020).
3. Emily A. Vogels, Risa Gelles-Watnick e Navid Massarat, "Teens, Social Media, and Technology 2022", *Pew Research Center*, 10 de agosto de 2022, https://www.pewresearch.org/internet/2022/08/10/teens-social-media-and-technology-2022/.
4. Vogels, Gelles-Watnick e Massarat, "Teens, Social Media, and Technology 2022".
5. Amazing Videos, "Funny Infant Kid Crying for Mobile—Best funny baby video compilation of 2015", vídeo no YouTube, 10 de junho de 2015, 1:34, https://www.youtube.com/watch?v=c_XyWbxGNFQ.
6. Columbia University Irving Medical Center, "The Orienting Reflex: The Foundation of Relational Health", https://nurturescienceprogram.org/the-orienting-reflex-the-foundation-of-relational-health/.
7. Judy S. DeLoache et al., "Do Babies Learn from Baby Media?" *Psychological Science* 21, no. 11 (2010), p. 1570–74, https://doi.org/10.1177/0956797610384145; Council on Communications and Media, "Media and Young Minds", *Pediatrics* 138, no. 5 (novembro de 2016), https://doi.org/10.1542/peds.2016-2591; Rebekah A. Richert et al., "Word Learning from Baby Videos", *Archives of Pediatrics and Adolescent Medicine* 164, no. 5 (2010), p. 432–37, https://doi.org/10.1001/archpediatrics.2010.24.
8. Webkinz, Ganz, https://www.webkinz.com/.
9. Michael Thompson, Catherine O'Neill-Grace e Lawrence J. Cohen, *Best Friends, Worst Enemies: Understanding the Social Lives of Children* (Nova York: Ballantine Books, 2002).
10. Michael Thompson, entrevista concedida a Teresa Barker e Michael Rich, 3 de junho de 2023.
11. Susanne A. Denham, *Emotional Development in Young Children* (Nova York: Guilford Press, 1998).
12. Kate Cowan et al., "Children's Digital Play During the COVID-19 Pandemic: Insights from the Play Observatory", *Journal of E-Learning and Knowledge Society* 17, no. 3 (2021), p. 8–17, https://doi.org/10.20368/1971-8829/1135590; Jessica Navarro, "Fortnite: A Context for Child Development in the U.S. During COVID-19 (and Beyond)", *Journal of Children and Media* 15, no. 1 (2020), p. 13–16, https://doi.org/10.1080/17482798.2020.1858435; Victoria J. Rideout e Michael B. Robb, *The Role of Media During the Pandemic: Connection, Creativity, and Learning for Tweens and Teens* (San Francisco: Common Sense Media, 2021), 8-18-role-of-media-research-report-final-web.pdf.
13. Cowan et al., "Children's Digital Play"; Navarro, "Fortnite"; Rideout e Robb, *The Role of Media During the Pandemic.*
14. Cowan et al., "Children's Digital Play"; Navarro, "Fortnite"; Rideout e Robb, *The Role of Media During the Pandemic.*
15. Cowan et al., "Children's Digital Play"; Navarro, "Fortnite"; Rideout e Robb, *The Role of Media During the Pandemic.*

16. Paul Hodkinson, "Bedrooms and Beyond: Youth, Identity, and Privacy on Social Network Sites", *New Media and Society* 19, no. 2 (2017), p. 272–88, https://doi.org/10.1177/1461444815605454; Patti M. Valkenburg, Alexander P. Schouten e Jochen Peter, "Adolescents' Identity Experiments on the Internet", *New Media and Society* 7, no. 3 (2005), p. 383–402, https://doi.org/10.1177/1461444805052282; Joanna C. Yau e Stephanie M. Reich, "Buddies, Friends, and Followers: The Evolution of Online Friendships", in *Online Peer Engagement in Adolescence: Positive and Negative Aspects of Online Social Interaction*, organizado por Nejra Van Zalk e Claire P. Monks (Nova York: Routledge, 2020).
17. Helen Morgan et al., "The Role of the Avatar in Gaming for Trans and Gender Diverse Young People", *International Journal of Environmental Research and Public Health* 17, no. 22 (2020), p. 8617, https://doi.org/10.3390/ijerph17228617.
18. David S. Bickham, Summer Moukalled e Michael Rich, "Young People's Media Use and Remote Schooling Experiences During the COVID-19 Pandemic" (trabalho apresentado na Technology, Mind and Society, 2021, Anais da Conferência).
19. LinkedIn Talent Solutions, *2019 Global Talent Trends: The Four Trends Transforming Your Workplace*, 2019, https://business.linkedin.com/talent-solutions/global-talent-trends?trk=bl-po.
20. Michelle L. Kusel, "The Influence of Social Networking on Socially Responsible Leadership" (PhD diss., Universidade de Loyola, 2019).
21. Children's Online Privacy Protection Act of 1998, 15 U.S.C. §§ 6501–6506, 2000.
22. Colleen McClain, "How Parents' Views of Their Kids' Screen Time, Social Media Use Changed During COVID-19", Pew Research Center, 28 de abril de 2022, https://www.pewresearch.org/fact-tank/2022/04/28/how-parents-views-of-their-kids-screen-time-social-media-use-changed-during-covid-19/; Victoria J. Rideout et al., *Common Sense Census: Media Use by Tweens and Teens, 2021* (San Francisco: Common Sense Media, 2022); Shalynn Weeden, Bethany Cooke e Michael McVey, "Underage Children and Social Networking", *Journal of Research on Technology in Education* 45, no. 3 (2013), p. 249–62, https://doi.org/10.1080/15391523.2013.10782605.
23. Adam E. Barry et al., "Alcohol Marketing on Twitter and Instagram: Evidence of Directly Advertising to Youth/Adolescents", *Alcohol and Alcoholism* 51, no. 4 (2016), p. 487-92, https://doi.org/10.1093/alcalc/agv128; Megan A. Moreno e Jennifer M. Whitehill, "Influence of Social Media on Alcohol Use in Adolescents and Young Adults", *Alcohol Research* 36, no. 1 (2014), p. 91–100, https://arcr.niaaa.nih.gov/media/128/download?inline; Jacqueline Nesi et al., "Friends 'Alcohol-Related Social Networking Site Activity Predicts Escalations in Adolescent Drinking: Mediation by Peer Norms", *Journal of Adolescent Health* 60, no. 6 (2017), p. 641–47, https://doi.org/10.1016/j.jadohealth.2017.01.009.
24. Rideout et al., *Common Sense Census: Media Use by Tweens and Teens, 2021*.
25. Anna Fleck, "What Do You Want to Be When You Grow Up?", *Statista*, 22 de novembro de2022, https://www.statista.com/chart/28802/childhood-aspirations-in-china-us-uk/.

26. David S. Bickham, Summer Moukalled e Michael Rich, "Young People's Media Use and Remote Schooling Experiences During the COVID-19 Pandemic" (trabalho apresentado na Technology, Mind and Society, 2021, Anais da Conferência).
27. Marcus Carter et al., "Situating the Appeal of *Fortnite* Within Children's Changing Play Cultures", *Games and Culture* 15, no. 4 (2020), p. 453-71, https://doi.org/10.1177/1555412020913771; Alexa Hiebert e Kathy Kortes-Miller, "Finding Home in Online Community: Exploring TikTok as a Support for Gender and Sexual Minority Youth During COVID-19", *Journal of LGBT Youth 20*, no. 4 (2021), p. 800-17, https://doi.org/10.1080/19361653.2021.2009953; Jessica Navarro, "Fortnite: A Context for Child Development in the U.S. During Covid-19 (and Beyond)", *Journal of Children and Media* 15, no. 1 (2020), p. 13–16, https://doi.org/10.1080/17482798.2020.1858435.
28. American Psychological Association, "Health Advisory on Social Media Use in Adolescence", maio de 2023, https://www.apa.org/topics/social-media-internet/health-advisory-adolescent-social-media-use.
29. APA, "Health Advisory".
30. Jean M. Twenge et al., "Increases in Depressive Symptoms, Suicide-Related Outcomes, and Suicide Rates Among U.S. Adolescents after 2010 and Links to Increased New Media Screen Time", *Clinical Psychological Science* 6, no. 1 (2018), p. 3–17, https://doi.org/10.1177/2167702617723376.
31. Jean M. Twenge e W. Keith Campbell, "Associations Between Screen Time and Lower Psychological Well-Being Among Children and Adolescents: Evidence from a Population-Based Study", *Preventative Medicine Reports* 12 (dezembro de 2018), p. 271–83, https://doi.org/10.1016/j.pmedr.2018.10.003.
32. Jasmine N. Khouja et al., "Is Screen Time Associated with Anxiety or Depression in Young People? Results from a UK Birth Cohort", *BMC Public Health* 19, no. 1 (janeiro de 2019), p. 82, https://doi.org/10.1186/s12889-018-6321-9.
33. Linda Charmaraman et al., "Associations of Early Social Media Initiation on Digital Behaviors and the Moderating Role of Limiting Use", *Computers in Human Behavior* 127 (2022), p. 107053, https://doi.org/10.1016/j.chb.2021.107053; Karin M. Fikkers, Jessica Taylor Piotrowski e Patti M. Valkenburg, "A Matter of Style? Exploring the Effects of Parental Mediation Styles on Early Adolescents' Media Violence Exposure and Aggression", *Computers in Human Behavior* 70 (2017), p. 407–15, https://doi.org/10.1016/j.chb.2017.01.029.
34. Jean M. Twenge e Thomas E. Joiner, "U.S. Census Bureau-Assessed Prevalence of Anxiety and Depressive Symptoms in 2019 and During the 2020 COVID-19 Pandemic", *Depression and Anxiety* 37, no. 10 (2020), p. 954-56, https://doi.org/https://doi.org/10.1002/da.23077; Kathleen B. Watson et al., "Chronic Conditions Among Adults Aged 18–34 Years-United States, 2019", *Morbidity and Mortality Weekly Report 2022* 71, no. 30 (2022), p. 964–70, http://dx.doi.org/10.15585/mmwr.mm7130a3.
35. Bernice A. Pescosolido et al., "Trends in Public Stigma of Mental Illness in the US, 1996–2018", *JAMA Network Open* 4, no. 12 (2021), p. e2140202, https://doi.

org/10.1001/jamanetworkopen.2021.40202; A. H. Weinberger et al., "Trends in Depression Prevalence in the usa from 2005 to 2015: Widening Disparities in Vulnerable Groups", *Psychological Medicine* 48, no. 8 (2018), p. 1308–15, https://doi.org/10.1017/S0033291717002781.

36. Escritório do Cirurgião Geral dos Estados Unidos, *Protecting Youth Mental Health: The U.S. Surgeon General's Advisory*, 2021, https://www.hhs.gov/sites/default/files/surgeon-general-youth-mental-health-advisory.pdf.
37. Centers for Disease Control and Prevention, *Youth Risk Behavior Surveillance Data Summary & Trends Report: 2009–19*, 2020, https://www.cdc.gov/healthyyouth/data/yrbs/pdf/YRBSDataSummaryTrendsReport2019-508.pdf.
38. Sally C. Curtin, "State Suicide Rates Among Adolescents and Young Adults Aged 10–24: United States 2000–2018", *National Vital Statistics Reports* 69, no. 11 (2020), https://stacks.cdc.gov/view/cdc/93667.
39. Sally C. Curtin et al., "Provisional Numbers and Rates of Suicide by Month and Demographic Characteristics: United States, 2020," *NVSS: Vital Statistics Rapid Release* 70, no. 16 (2021), https://stacks.cdc.gov/view/cdc/110369.
40. Evan Tarver, "3 Social Media Networks Before Facebook", Investopedia, 13 de setembro de 2022, https://www.investopedia.com/articles/markets/081315/3-social-media-networks-facebook.asp#:~:text=In%202003%20Friendster%2C%20was%20a,Internet%20company%20at%20the%20time.
41. United States Census Bureau, "Age and Sex", *American Community Survey, ACS 1-Year Estimates Subject Tables, Table S0101*, 2022, https://data.census.gov/table?q=United+States+age&g=010XX00US.
42. Stacy Jo Dixon, "Number of Social Media Users in the United States from 2019–2028", Statista, 6 de novembro de 2023, https://www.statista.com/statistics/278409/number-of-social-network-users-in-the-united-states/.
43. Escritório do Cirurgião Geral dos Estados Unidos, *Our Epidemic of Loneliness and Isolation: The U.S. Surgeon General's Advisory on the Healing Effects of Social Connection and Community*, 2023, https://www.hhs.gov/sites/default/files/surgeon-general-social-connection-advisory.pdf.
44. Viji Diane Kannan e Peter J. Veazie, "US Trends in Social Isolation, Social Engagement, and Companionship: Nationally and by Age, Sex, Race/Ethnicity, Family Income, and Work Hours, 2003–2020", SSM - Population Health 21 (2023), p. 101331, https://doi.org/10.1016/j.ssmph.2022.101331.
45. Farhana Mann et al., "Loneliness and the Onset of New Mental Health Problems in the General Population", *Social Psychiatry and Psychiatric Epidemiology* 57, no. 11 (2022), p. 2161–78, https://doi.org/10.1007/s00127-022-02261-7.
46. Escritório do Cirurgião Geral dos Estados Unidos, *Social Media and Youth Mental Health: The U.S. Surgeon General's Advisory*, 2023, https://www.hhs.gov/sites/default/files/sg-youth-mental-health-social-media-advisory.pdf.
47. Mann et al., "Loneliness and the Onset of New Mental Health Problems."
48. Emily A. Vogels, Risa Gelles-Watnick e Navid Massarat, "Teens, Social Media, and Technology 2022", Pew Research Center, 10 de agosto de 2022, https://

www.pewresearch.org/internet/2022/08/10/teens-social-media-and-technology-2022/.

49. American Psychological Association, "Health Advisory on Social Media Use in Adolescence", maio de 2023, https://www.apa.org/topics/social-media-internet/health-advisory-adolescent-social-media-use; Yalda T. Uhls, Nicole B. Ellison e Kaveri Subrahmanyam, "Benefits and Costs of Social Media in Adolescence", *Pediatrics* 140, Supplement 2 (2017), p. S67–S70, https://doi.org/10.1542/peds.2016-1758.
50. Vogels, Gelles-Watnick e Massarat, "Teens, Social Media, and Technology 2022"; Eline Frison e Steven Eggermont, "The Impact of Daily Stress on Adolescents' Depressed Mood: The Role of Social Support Seeking Through Facebook", *Computers in Human Behavior* 44 (2015), p. 315–25, https://doi.org/10.1016/j.chb.2014.11.070.
51. Kira E. Riehm et al., "Associations Between Time Spent Using Social Media and Internalizing and Externalizing Problems Among US Youth", *JAMA Psychiatry* 76, no. 12 (2019), p. 1266, https://doi.org/10.1001/jamapsychiatry.2019.2325.
52. Melissa G. Hunt et al., "No More FOMO: Limiting Social Media Decreases Loneliness and Depression", *Journal of Social and Clinical Psychology* 37, no. 10 (2018), p. 751–68, https://doi.org/10.1521/jscp.2018.37.10.751.
53. Victoria Rideout e Michael B. Robb, *Social Media, Social Life: Teens Reveal Their Experiences* (San Francisco: Common Sense Media, 2018), 2018-social-media-social-life-executive-summary-web.pdf.
54. Olivia Carville, "TikTok's Viral Challenges Keep Luring Young Kids to Their Deaths", *Bloomberg*, 29 de novembro de 2022, https://www.bloomberg.com/news/features/2022-11-30/is-tiktok-responsible-if-kids-die-doing-dangerous-viral-challenges.
55. Clare Dyer, "Social Media Content Contributed to Teenager's Death 'in More than a Minimal Way', Says Coroner", *BMJ* 379 (2022), p. o2374, https://doi.org/10.1136/bmj.o2374.
56. Jacqueline Nesi e Mitchell J. Prinstein, "Using Social Media for Social Comparison and Feedback-Seeking: Gender and Popularity Moderate Associations with Depressive Symptoms", *Journal of Abnormal Child Psychology* 43, no. 8 (2015), p. 1427-38, https://doi.org/10.1007/s10802-015-0020-0; Annalise G. Mabe, K. Jean Forney e Pamela K. Keel, "Do You 'Like' My Photo? Facebook Use Maintains Eating Disorder Risk", *International Journal of Eating Disorders* 47, no. 5 (2014), p. 516–23, https://doi.org/10.1002/eat.22254.
57. David Bickham et al., *Adolescent Media Use: Attitudes, Effects, and Online Experiences* (Boston, MA: Boston Children's Hospital Digital Wellness Lab, 2022), https://digitalwellnesslab.org/wp-content/uploads/Pulse-Survey_Adolescent-Attitudes-Effects-and-Experiences.pdf.
58. Michelle P. Hamm et al., "Prevalence and Effect of Cyberbullying on Children and Young People: A Scoping Review of Social Media Studies", *JAMA Pediatrics* 169,

no. 8 (2015), p. 770-77, https://doi.org/10.1001/ jamapediatrics.2015.0944; Mohammed Alhajji, Sarah Bass e Ting Dai, "Cyberbullying, Mental Health, and Violence in Adolescents and Associations with Sex and Race: Data from the 2015 Youth Risk Behavior Survey", *Global Pediatric Health* 6 (2019), https://doi.org/10.1177/2333794X19868887.

59. Rea Alonzo et al., "Interplay Between Social Media Use, Sleep Quality, and Mental Health in Youth: A Systematic Review", *Sleep Medicine Reviews* 56 (2021), p; 101414, https://doi.org/10.1016/j.smrv.2020.101414; Michael Rich, Michael Tsappis e Jill R. Kavanaugh, "Problematic Interactive Media Use Among Children and Adolescents: Addiction, Compulsion, or Syndrome?", em *Internet Addiction in Children and Adolescents: Risk Factors, Assessment, and Treatment*, editado por Kimberly S. Young e Cristiano Nabuco De Abreu (Nova York: Springer Publishing Company, 2017), p. 3–28.
60. "The Inspired Internet Pledge," Boston Children's Hospital Digital Wellness Lab, https://inspiredinternet.org/.
61. Monica Anderson et al., "Connection, Creativity and Drama: Teen Life on Social Media in 2022", Pew Research Center, 16 de novembro de 2022, https://www.pewresearch.org/internet/2022/11/16/connection-creativity-and-drama-teen-life-on-social-media-in-2022/.
62. Jessica Gall Myrick, "Emotion Regulation, Procrastination, and Watching Cat Videos Online: Who Watches Internet Cats, Why, and to What Effect?", *Computers in Human Behavior* 52 (2015), p. 168–76, https://doi.org/10.1016/j.chb.2015.06.001.
63. Jessica Taylor Piotrowski e Patti M. Valkenburg, "Finding Orchids in a Field of Dandelions: Understanding Children's Differential Susceptibility to Media Effects", *American Behavioral Scientist* 59, no. 14 (2015), p. 1776–89, https://doi.org/10.1177/0002764215596552.
64. Jay N. Giedd et al., "Brain Development During Childhood and Adolescence: A Longitudinal MRI Study", *Nature Neuroscience* 2, no. 10 (1999), p. 861–63, https://doi.org/10.1038/13158.
65. Susan A. Carlson et al., "Influence of Limit-Setting and Participation in Physical Activity on Youth Screen Time", *Pediatrics* 126, no. 1 (julho de 2010), p. e89–96, https://doi.org/10.1542/peds.2009-3374.
66. Vivek H. Murthy, MD, *Together: The Healing Power of Human Connection in a Sometimes Lonely World* (Nova York: Harper, 2023), 113.
67. Jamie Nesbitt Golden, "South Side Storytelling Workshop Teaches Young Adults to Use Their Phones to Change the World", Block Club Chicago, 6 de julho de 2023, https://blockclubchicago.org/2023/07/06/south-side-storytelling-workshop-teaches-young-adults-to-use-their-phones-to-change-the-world/.
68. Boston Children's Hospital Digital Wellness Lab, https://inspiredinternet pledge.org.

Capítulo 5: O que o amor tem a ver com isso?

1. Zhiying Yue, "Sexual Media and Behaviors", em *Encyclopedia of Child and Adolescent Health (Primeira Edição)*, editado por Bonnie Halpern-Felsher (Oxford: Academic Press, 2023), p. 239–47.
2. Alexandra C. Kirsch e Sarah K. Murnen, "'Hot' Girls and 'Cool Dudes': Examining the Prevalence of the Heterosexual Script in American Children's Television Media", *Psychology of Popular Media Culture* 4, no. 1 (2015), p. 18–30, https://doi.org/10.1037/ppm0000017.
3. Sarah M. Coyne et al., "Contributions of Mainstream Sexual Media Exposure to Sexual Attitudes, Perceived Peer Norms, and Sexual Behavior: A Meta-Analysis", *Journal of Adolescent Health* 64, no. 4 (2019), p. 430–36, https://doi.org/10.1016/j.jadohealth.2018.11.016.
4. Coyne et al., "Contributions of Mainstream Sexual Media Exposure to Sexual Attitudes".
5. Coyne et al., "Contributions of Mainstream Sexual Media Exposure to Sexual Attitudes".
6. US Departament of Health and Human Services, "Increase the Proportion of Adolescents Who Get Formal Sex Education before Age 18 Years—Fp-08", https://health.gov/healthypeople/objectives-and-data/browse-objectives/family-planning/increase-proportion-adolescents-who-get-formal-sex-education-age-18-years-fp-08.
7. Guttmacher Institute, "Sex and HIV Education", última atualização em setembro de 2023, https://www.guttmacher.org/state-policy/explore/sex-and-hiv-education; Laura D. Lindberg e Leslie M. Kantor, "Adolescents' Receipt of Sex Education in a Nationally Representative Sample, 2011–2019", *Journal of Adolescent Health* 70, no. 2 (2022), p. 290–97, https://doi.org/10.1016/j.jadohealth.2021.08.027; US Department of Health and Human Services, and Centers for Disease Control and Prevention, *Results from the School Health Policies and Practices Study* (Washington, DC: CDC, 2017), https://www.cdc.gov/healthyyouth/data/shpps/pdf/shpps-results_2016.pdf.
8. Guttmacher Institute, "US Adolescents' Receipt of Formal Sex Education", fevereiro de 2022, https://www.guttmacher.org/fact-sheet/adolescents-teens-receipt-sex-education-united-states.
9. Paola Miano e Chiara Urone, "What the Hell Are You Doing? A PRISMA Systematic Review of Psychosocial Precursors of Slut-Shaming in Adolescents and Young Adults", *Psychology and Sexuality* (2023), p. 1–17, https://doi.org/10.1080/19419899.2023.2213736.
10. Walpurga Antl-Weiser, "The Anthropomorphic Figurines from Willendorf", *Wissenschaftliche Mitteilungen Niederösterreichisches Landesmuseum* 19 (2008), p. 19–30, https://www.zobodat.at/pdf/WM_19_0019-0030.pdf.
11. Teresa Nelson, "Minnesota Prosecutor Charges Sexting Teenage Girl with Child Pornography", *American Civil Liberties Union*, 5 de janeiro de 2018, https://www.

aclu.org/news/juvenile-justice/minnesota-prosecutor-charges-sexting-teenage-girl-child-pornography.

12. Jessica Ringrose et al., *A Qualitative Study of Children, Young People, and "Sexting": A Report Prepared for the NSPCC*, National Society for the Prevention of Cruelty to Children (Londres: NSPCC, 2012), https://eprints.lse.ac.uk/44216/1/_Libfile_repository_Content_Livingstone%2C%20S_A%20qualitative%20study%20of%20children%2C%20young%20people%20and%20%27sexting%27%20%28LSE%20RO%29.pdf.
13. Rachel Simmons, "The 'Slut List' as Badge of Honor: Breaking News?", *Huff Post*, 28 de novembro de 2009, https://www.huffpost.com/entry/the-slut-list-as-badge-of_b_302435.
14. Susanna Paasonen, "Pornification and the Mainstreaming of Sex", *Oxford Research Encyclopedia of Criminology and Criminal Justice* (Oxford: Oxford University Press, 2016), https://doi.org/10.1093/acrefore/9780190264079.013.159.
15. Michael B. Robb e Supreet Mann, *Teens and Pornography* (San Francisco: Common SenseMedia, 2023), https://www.commonsensemedia.org/sites/default/files/research/report/2022-teens-and-pornography-final-web.pdf.
16. Robb and Mann, *Teens and Pornography*, 6.
17. Beata Bothe et al., "Problematic and Non-Problematic Pornography Use Among LGBTQ Adolescents: A Systematic Literature Review", *Current Addiction Reports* 6, no. 4 (2019), p. 478–94, https://doi.org/10.1007/s40429-019-00289-5.
18. Daniel Delmonaco e Oliver L. Haimson, "'Nothing That I Was Specifically Looking For': LGBTQ+ Youth and Intentional Sexual Health Information Seeking", *Journal of LGBT Youth* 20, no. 4 (2022), p. 818–35, https://doi.org/10.1080/19361653.2022.2077883.
19. Centers for Disease Control and Prevention, *Youth Risk Behavior Survey Data Summary and Trends Report: 2011–2021* (Washington, DC: CDC, 2023), 11, https://www.cdc.gov/healthyyouth/data/yrbs/pdf/YRBS_Data-Summary-Trends_Report2023_508.pdf.
20. Victoria J. Rideout et al., *Common Sense Census: Media Use by Tweens and Teens, 2021* (San Francisco: Common Sense Media, 2022), 22, https://www.commonsensemedia.org/sites/default/files/research/report/8-18-census-integrated-report-final-web_0.pdf; "Teens and Mobile Phones," Pew Research Center, 20 de abril de 2010, https://www.pewresearch.org/internet/2010/04/20/teens-and-mobile-phones-3.
21. Niki Fritz et al., "A Descriptive Analysis of the Types, Targets, and Relative Frequency of Aggression in Mainstream Pornography", *Archives of Sexual Behavior* 49, no. 8 (2020), p. 3041–53, https://doi.org/10.1007/s10508-020-01773-0.
22. "The 2022 Year in Review", PornHub, 8 de dezembro de 2022, https://www.pornhub.com/insights/2022-year-in-review; "New BBFC Research Reveals Children Are More Exposed to Sites Specializing in Non-Photographic Pornography, Compared to Adults", British Board of Film Classification, https://www.bbfc.co.uk/about-us/news/new-bbfc-research-reveals-children-are-more-

exposed-to-sites-specialising-in-non-photographic-pornography-compared-to-adults.

23. Brenda K. Wiederhold, "How COVID Has Changed Online Dating—and What Lies Ahead", *Cyberpsychology, Behavior, and Social Networking* 24, no. 7 (2021), p. 435–36, https://doi.org/10.1089/cyber.2021.29219.editorial.
24. Andrej Hadji-Vasilev, "25 Online Dating Statistics and Trends in 2023", *Cloudwards*, 16 de março de 2023, https://www.cloudwards.net/online-dating-statistics.
25. Artur Acelino Francisco L. N. Queiroz et al., "Vulnerability to HIV Among Older Men Who Have Sex with Men Users of Dating Apps in Brazil", *The Brazilian Journal of Infectious Diseases* 23, no. 5 (2019), p. 298–306, https://doi.org/10.1016/j.bjid.2019.07.005; Ashlee N. Sawyer, Erin R. Smith e Eric G. Benotsch, "Dating Application Use and Sexual Risk Behavior Among Young Adults", *Sexuality Research and Social Policy* 15, no. 2 (2018), p. 183–91, https://doi.org/10.1007/s13178-017-0297-6.
26. Monica Anderson, Emily A. Vogels e Erica Turner, "The Virtues and Downsides of Online Dating", Pew Research Center, 6 de fevereiro de 2020, https://www.pewresearch.org/internet/2020/02/06/the-virtues-and-downsides-of-online-dating; Kristin Veel e Nanna Bonde Thylstrup, "Geolocating the Stranger: The Mapping of Uncertainty as a Configuration of Matching and Warranting Techniques in Dating Apps", *Journal of Aesthetics and Culture* 10, no. 3 (2018), p. 43–52, https://doi.org/10.1080/20004214.2017.1422924.
27. Perry Stein, "FBI Warns of Explosion of 'Sextortion' Cases Targeting Boys, Teens", *The Washington Post*, 19 de dezembro de 2022, https://www.washingtonpost.com/national-security/2022/12/19/sextortion-children-fbi-online.
28. Stein, "FBI Warns".
29. Stein, "FBI Warns".
30. Ginger Allen, "I-Team: New Data Shows More Young People Are Getting Catfished", CBS Texas, 16 de dezembro de 2022, https://www.cbsnews.com/texas/news/younger-people-getting-catfished.
31. Allen, "I-Team".
32. Amanda Watts, Tina Burnside e Zoe Sottile, "Virginia Man Accused of 'Catfishing' Teen Before Killing Her Family, Police Say", CNN, 28 de novembro de 2022, https://www.cnn.com/2022/11/28/us/austin-edwards-riverside-catfishing-murders/index.html.
33. Robin Abcarian, "Opinion: 'Catfishing' Murder Serves a Reminder That Kids Are Easy Prey", *Virginian Pilot*, 9 de dezembro de 2022, https://www.pilotonline.com/2022/12/09/opinion-catfishing-murder-serves-a-reminder-that-kids-are-easy-prey.
34. Pranshu Verma, "AI Fake Nudes Are Booming. It's Ruining Real Teens' Lives", *Washington Post*, 5 de novembro de 2023, https://www.washingtonpost.com/technology/2023/11/05/ai-deepfake-porn-teens-women-impact/.
35. *O clube dos cinco*, dirigido por John Hughes (Universal City, CA: Universal Pictures, 1985), filme.

Capítulo 6: Momento de ensino

1. E. B. White, "Removals", em *One Man's Meat*, 13ª ed. (Thomaston, ME: Tilbury House, 2003).
2. Winthrop Jordan, *The Americans* (Boston: McDougal Littell, 1996), p. 798.
3. "Number of Telephones in Use and Households with Radio and Television Sets in the United States from 1876 to 1986", *Statista*, gráfico, 2023, recuperado de https://www-statista-com.ezp-prod1.hul.harvard.edu/statistics/1247483/us-number-telephones-radio-tv-historical.
4. Newton N. Minow, *Television and the Public Interest*, discurso, 9 de maio de 1961, https://www.americanrhetoric.com/speeches/newtonminow.htm.
5. Fred Rogers, "Senate Statement on PBS Funding [Gravação de vídeo e transcrição na página]", American Rhetoric, https://www.americanrhetoric.com/speeches/fredrogerssenatetestimonypbs.htm.
6. Rogers, "Senate Statement on PBS Funding".
7. Rogers, "Senate Statement on PBS Funding".
8. Fred Rogers, "Fred Rogers: Look for the Helpers", vídeo no YouTube, 15 de abril de 2013, 0:57, https://www.youtube.com/watch?v=-LGHtc_D328.
9. Sesame Street, "Sesame Street: Show Open Season 1", vídeo no YouTube, 10 de abril de 2009, 0:53, https://www.youtube.com/watch?v=jfQSp92L88I.
10. Michael Davis, *Street Gang: The Complete History of Sesame Street* (Nova York: Viking Books, 2009), p. 8.
11. Gerald S. Lesser, *Children and Television: Lessons from Sesame Street,* primeira edição (Nova York: Random House, 1974).
12. Shalom M. Fisch e Rosemarie T. Truglio, eds., *G Is for Growing: Thirty Years of Research on Children and Sesame Street* (Nova York: Routledge Communication, 2000).
13. Fisch e Truglio, eds., *G Is for Growing.*
14. Maura Hohman, "This 'Mister Rogers' Moment Broke Race Barriers. It's Just as Powerful Today", *Today*, 8 de junho de 2020, https://www.today.com/popculture/how-mister-rogers-pool-moment-broke-race-barriers-t183635.
15. Dartmouth Office of Communications, "Revisiting Fred Rogers' 2002 Commencement Address", 27 de março de 2018, https://home.dartmouth.edu/news/2018/03/revisiting-fred-rogers-2002-commencement-address.
16. Alexandra C. Kirsch e Sarah K. Murnen, "'Hot' Girls and 'Cool Dudes': Examining the Prevalence of the Heterosexual Script in American Children's Television Media", *Psychology of Popular Media Culture* 4, no. 1 (2015), p. 18–30, https://doi.org/10.1037/ppm0000017.
17. Shalom M. Fisch, *Children's Learning from Educational Television: Sesame Street and Beyond* (Londres: Routledge Communication, 2014).
18. Aletha C. Huston et al., "Sesame Street Viewers as Adolescents: The Recontact Study", em *G Is for Growing: Thirty Years of Research on Children and Sesame Street*, editado por Shalom M. Fisch e Rosemarie T. Truglio (Nova York: Routledge Communication, 2000), p. 131–43.

19. Dale Kunkel e Julie Canepa, “Broadcasters ’License Renewal Claims Regarding Children’s Educational Programming”, *Journal of Broadcasting and Electronic Media* 38, no. 4 (1994), p. 397–416, https://doi.org/10.1080/08838159409364275.
20. “ParentFurther.com Barney vs Power Rangers”, vídeo no YouTube, 19 de outubro de 2011, 7:26, https://www.youtube.com/watch?v=LXbS4Uaaiww.
21. Caroline O’Sullivan, “Professional Wrestling: Can Watching It Bring Out Agressive and Violent Behaviors in Children?” ERIC (1999), https://files.eric.ed.gov/fulltext/ED431526.pdf.
22. Jim Waxmonsky e Eugene V. Beresin, “Taking Professional Wrestling to the Mat: A Look at the Appeal and Potential Effects of Professional Wrestling on Children”, *Academic Psychiatry* 25 (2001), p. 125–31, https://link.springer.com/article/10.1176/appi.ap.25.2.125.
23. Robert H. Durant et al., “Viewing Professional Wrestling on Television and Engaging in Violent and Other Health Risk Behaviors”, *Southern Medical Journal* 101, no. 2 (2008), p. 129–37, https://doi.org/10.1097/SMJ.0b013e31815d247d.
24. Silvia Galdi e Francesca Guizzo, “Media-Induced Sexual Harassment: The Routes from Sexually Objectifying Media to Sexual Harassment”, *Sex Roles* 84, no. 11 (2021), p. 645–69, https://doi.org/10.1007/s11199-020-01196-0.
25. Victoria J. Rideout, Ulla G. Foehr e Donald F. Roberts, *Generation M2: Media in the Lives of 8- to 18-Year-Olds*, The Henry J. Kaiser Foundation (2010), https://www.kff.org/wp-content/uploads/2013/04/8010.pdf.
26. Jenny S. Radesky et al., “Patterns of Mobile Device Use by Caregivers and Children During Meals in Fast Food Restaurants”, *Pediatrics* 133, no. 4 (abril de 2014), p. e843–9, https://doi.org/10.1542/peds.2013-3703.
27. Jenny S. Radesky et al., “Longitudinal Associations Between Use of Mobile Devices for Calming and Emotional Reactivity and Executive Functioning in Children Aged 3 to 5 Years”, *JAMA Pediatrics* 177, no. 1 (2022), p. 62–70, https://doi.org/10.1001/jamapediatrics.2022.4793.
28. Kaitlyn E. May e Anastasia D. Elder, “Efficient, Helpful, or Distracting? A Literature Review of Media Multitasking in Relation to Academic Performance”, *International Journal of Educational Technology in Higher Education* 15, no. 13 (2018), https://doi.org/10.1186/s41239-018-0096-z.
29. Victoria J. Rideout e Michael B. Robb, *The Common Sense Census: Media Use by Tweens and Teens, 2019* (San Francisco: Common Sense Media, 2019), https://www.commonsensemedia.org/sites/default/files/research/report/2019-census-8-to-18-full-report-updated.pdf.
30. Helena Lewis-Smith et al., “A Short-Form Drama Series Created for the Digital Media Environment: A Randomised Controlled Trial Exploring Effects on Girls’ Body Satisfaction, Acceptance of Appearance Diversity, and Appearance-Related Internalised Racism”, *Body Image* 47 (2023), https://doi.org/10.1016/j.bodyim.2023.08.002.
31. Paloma Escamilla-Fajardo, Mario Alguacil e Samuel López-Carril, “Incorporating TikTok in Higher Education: Pedagogical Perspectives from a Corporal Expression

Sport Sciences Course", *Journal of Hospitality, Leisure, Sport and Tourism Education* 28 (2021), p. 100302, https://doi.org/10.1016/j.jhlste.2021.100302.

32. Sarah Jerasa e Trevor Boffone, "BookTok 101: TikTok, Digital Literacies, and Out-of-School Reading Practices", *Journal of Adolescent and Adult Literacy* 65, no. 3 (2021), p. 219–26, https://doi.org/10.1002/jaal.1199.
33. Yu-Ju Lan, Yao-Tin Sung e Kuo-En Chang, "A Mobile-Device-Supported Peer-Assisted Learning System for Collaborative Early EFL Reading", *Language Learning and Technology* 11, no. 3 (2007), p. 130–51, https://www.lltjournal.org/item/10125-44121/; Jeremy Roschelle et al., "Scaffolding Group Explanation and Feedback with Handheld Technology: Impact on Students' Mathematics Learning", *Educational Technology Research and Development* 58, no. 4 (2010), p. 399–419, https://doi.org/10.1007/s11423-009-9142-9; Gustavo Zurita e Miguel Nussbaum, "Computer Supported Collaborative Learning Using Wireless Interconnected Handheld Computers", *Computers and Education* 42, no. 3 (2004), p. 289–314, https://doi.org/10.1016/j.compedu.2003.08.005.
34. Peggy A. Ertmer, Anne Ottenbreit-Leftwich e Cindy S. York, "Exemplary Technology-Using Teachers: Perceptions of Factors Influencing Success", *Journal of Computing in Teacher Education* 23, no. 2 (2006), p. 55–61, https://files.eric.ed.gov/fulltext/EJ876918.pdf; Marie-Anne Mundy, Lori Kupczynski e Rick Kee, "Teacher's Perceptions of Technology Use in the Schools", *SAGE Open* 2, no. 1 (2012), https://journals.sagepub.com/doi/full/10.1177/2158244012440813; Janell D. Wilson, Charles C. Notar e Barbara Yunker, "Elementary In-Service Teacher's Use of Computers in the Elementary Classroom", *Journal of Instructional Psychology* 30, no. 4 (2003), p. 256–64, link.gale.com/apps/doc/A112686159/EAIM?u=anon~26bf0a16&sid=sitemap&xid=901ae932.
35. Shayl F. Griffith et al., "Apps as Learning Tools: A Systematic Review", *Pediatrics* 145, no. 1 (2020), https://doi.org/10.1542/peds.2019-1579.
36. "New Approach Needed to Deliver on Technology's Potential in Schools", OECD web archive, 15 de setembro de 2015, https://web-archive.oecd.org/2015-09-16/371671-new-approach-needed-to-deliver-on-technologys-potential-in-schools.htm.
37. Alexis R. Lauricella e Missi Jacobson, "iPads in First Grade Classrooms: Teachers' Intentions and the Realities of Use", *Computers and Education Open* 3 (2022), p. 100077, https://doi.org/10.1016/j.caeo.2022.100077.
38. Samantha Murphy Kelly, "ChatGPT Passes Exams from Law and Business Schools", CNN Business, 26 de janeiro de 2023, https://www.cnn.com/2023/01/26/tech/chatgpt-passes-exams/index.html.
39. Phil McRae, "Myth: Blended Learning Is the Next Ed-Tech Revolution—Hype, Harm, and Hope", *Alberta Teachers' Association Magazine* 95, no. 4 (2015), p. 11-17.
40. Victoria J. Rideout e Michael B. Robb, *The Common Sense Census: Media Use by Kids Age Zero to Eight, 2020* (San Francisco: Common Sense Media, 2020), https://www.commonsensemedia.org/sites/default/files/research/report/2020_zero_to_eight_census_final_web.pdf; *Common Sense Census: Media Use by Tweens and Teens, 2021*

(San Francisco: Common Sense Media, 2022), https://www.commonsensemedia.org/sites/default/files/research/report/8-18-census-integrated-report-final-web_0.pdf.

41. Connections Academy, "New Parent Survey Reveals Why K-12 Students Attend Online Schools Full Time", 24 de junho de 2014, https://www.multivu.com/players/English/7067853-connections-academy-parent-survey-why-k-12-students-attend-online-schools-full-time/.
42. David S. Bickham, Summer Moukalled e Michael Rich, "Young People's Media Use and Remote Schooling Experiences During the COVID-19 Pandemic" (trabalho apresentado na Technology, Mind and Society, 2021, Anais da Conferência); Rideout et al., *Common Sense Census: Media Use by Tweens and Teens.*
43. Vikki Katz e Victoria Rideout, *Learning at Home While Under-Connected: Lower-Income Families During the COVID-19 Pandemic* (New America Foundation, 2021), https://www.newamerica.org/education-policy/reports/learning-at-home-while-underconnected; Katherine Schaeffer, "What We Know About Online Learning and the Homework Gap Amid the Pandemic", Pew Research Center, 1 de outubro de 2021, https://www.pewresearch.org/fact-tank/2021/10/01/what-we-know-about-online-learning-and-the-homework-gap-amid-the-pandemic.
44. Suevon Lee, "On Eve of Boston Public Schools' First Day, One Last Push to Get Students to Come to School", WBUR, 7 de setembro de 2022, https://www.wbur.org/news/2022/09/07/boston-back-to-school-absenteeism; Bianca Vázquez Toness, "One in Five Boston Public School Children May Be Virtual Dropouts", *Boston Globe*, 23 de maio de 2020, https://www.bostonglobe.com/2020/05/23/metro/more-than-one-five-boston-public-school-children-may-be-virtual-dropouts.
45. Marshall McLuhan, *Understanding Media: The Extensions of Man* (Cambridge, MA: MIT Press, 1964).
46. Albert Bandura, *Social Learning Theory* (Englewood Cliffs: Prentice Hall, 1977).
47. McLuhan, *Understanding Media.*
48. George Santayana, *The Life of Reason: Or, The Phases of Human Progress* (Nova York: Charles Scribner's Sons, 1906), p. 284.
49. Kimberly M. Thompson e Fumie Yokota, "Violence, Sex, and Profanity in Films: Correlation of Movie Ratings with Content", *Medscape General Medicine* 6, no. 3 (2004), p. 3, https://www.ncbi.nlm.nih.gov/pmc/articles/PMC1435631/.

Capítulo 7: Influenciadores insidiosos, paixões consumistas

1. Kristen Elmore, Tracy M. Scull e Janis B. Kupersmidt, "Media as a 'Super Peer': How Adolescents Interpret Media Messages Predicts their Perception of Alcohol and Tobacco Use Norms", *Journal of Youth and Adolescence* 46, no. 2 (2017), p. 376–87, https://doi.org/10.1007/s10964-016-0609-9.
2. Eric Stice e Heather E. Shaw, "Adverse Effects of the Media Portrayed Thin-Ideal on Women and Linkages to Bulimic Symptomatology", *Journal of Social*

and Clinical Psychology 13, no. 3 (1994), p. 288–308, https://doi.org/10.1521/jscp.1994.13.3.288.

3. Jean Kilbourne, *Can't Buy My Love: How Advertising Changes the Way We Think and Feel* (Nova York: Simon and Schuster, 1999), p. 90.
4. Kilbourne, *Can 't Buy My Love*, p. 90–91.
5. Rachael Berman, "Depictions, Perceptions, and Harm: An Interview with Media Critic Jean Kilbourne", *TheHumanist.com*, 3 de agosto de 2017, https://thehumanist.com/features/interviews/depictions-perceptions-harm-interview-media-critic-jean-kilbourne.
6. Jean Piaget e Barbel Inhelder, *The Psychology of the Child* (Nova York: Basic Books, 1969).
7. Piaget e Inhelder, *The Psychology of the Child.*
8. Dafna Lemish, "Viewers in Diapers: The Early Development of Television Viewing", em *Natural Audiences: Qualitative Research of Media Uses and Effects*, editado por T. R. Lindlof (Norwood, NJ: Ablex Publishing Corp, 1987), p. 33–57; Patti M. Valkenburg e Joanne Cantor, "The Development of a Child into a Consumer", *Journal of Applied Developmental Psychology* 22, no. 1 (2001), p. 61–72, https://doi.org/10.1016/S0193-3973 (00)00066-6.
9. Valkenburg e Cantor, "The Development of a Child".
10. Piaget e Inhelder, *The Psychology of the Child.*
11. Dan S. Acuff, *What Kids Buy and Why: The Psychology of Marketing to Kids*, editado por Robert H. Reiher (Nova York: Free Press, 1997); Heather L. Kirkorian, Ellen A. Wartella e Daniel R. Anderson, "Media and Young Children's Learning", *The Future of Children* 18, no. 1 (2008), p. 39–61, https://doi.org/10.1353/foc.0.0002; Dafna Lemish, *Children and Television: A Global Perspective* (Malden, MA: Blackwell Publishing, 2007).
12. Holly K. M. Henry e Dina L. G. Borzekowski, "The NAG Factor: A Mixed-Metodology Study in the US of Young Children's Requests for Advertised Products", *Journal of Children and Media* 5, no. 3 (2011), p. 298–317, https://doi.org/10.1080/17482798.2011.584380.
13. Jean Kilbourne, *Can't Buy My Love: How Advertising Changes the Way We Think and Feel* (Nova York: Simon and Schuster, 2000), p. 27.
14. Piaget e Inhelder, *The Psychology of the Child.*
15. Brian Wilcox et al., *Report of the APA Task Force on Advertising and Children: Psychological Issues in the Increasing Commercialization of Childhood* (Washington, DC: APA, 2004), https://www.apa.org/pi/families/resources/advertising-children.pdf.
16. MediaSmarts, Canada's Centre for Digital Media Literacy, https://mediasmarts.ca.
17. Media Power Youth, https://mediapoweryouth.org.
18. E. B. White, "Removals", em *One Man's Meat*, 13ª ed. (Thomaston, ME: Tilbury House, 2003).
19. Marshall McLuhan, *Understanding Media: The Extensions of Man* (Cambridge, MA: MIT Press, 1964), p. 25.

20. Matteo Cinelli et al., "The Echo Chamber Effect on Social Media", *Proceedings of the National Academy of Sciences* 118, no. 9 (2021), p. e2023301118, https://doi.org/10.1073/pnas.2023301118.
21. Piaget e Inhelder, *The Psychology of the Child*.
22. Sandra L. Calvert, "Children as Consumers: Advertising and Marketing", *The Future of Children* 18, no. 1 (2008), p. 205–34, https://doi.org/10.1353/foc.0.0001.
23. Trudy Hui Hui Chua e Leanne Chang, "Follow Me and Like My Beautiful Selfies: Singapore Teenage Girls' Engagement in Self-Presentation and Peer Comparison on Social Media", *Computers in Human Behavior* 55 (2016), p. 190-97, https://doi.org/10.1016/j.chb.2015.09.011; Giovanna Mascheroni, Jane Vincent e Estefanía Jimenez, "'Girls Are Addicted to Likes So They Post Semi-Naked Selfies': Peer Mediation, Normativity, and the Construction of Identity Online", *Cyberpsychology: Journal of Psychosocial Research on Cyberspace* 9, no. 1 (2015), p. 5, https://doi.org/10.5817/CP2015-1-5.

Capítulo 8: Um eu mais perfeito

1. Eric Stice e Heather E. Shaw, "Adverse Effects of the Media Portrayed Thin-Ideal on Women and Linkages to Bulimic Symptomatology", *Journal of Social and Clinical Psychology* 13, no. 3 (1994), p. 288–308, https://doi.org/10.1521/jscp.1994.13.3.288.
2. Sydney M. Hartman-Munick et al., "Association of the Covid-19 Pandemic with Adolescent and Young Adult Eating Disorder Care Volume", *JAMA Pediatrics* 176, no. 12 (2022), p. 1225–32, https://doi.org/10.1001/jamapediatrics.2022.4346; Anna C. Schlissel et al., "Anorexia Nervosa and the Covid-19 Pandemic Among Young People: A Scoping Review", *Journal of Eating Disorders* 11, no. 1 (2023), p. 122, https://doi.org/10.1186/s40337-023-00843-7.
3. Jacinthe Dion et al., "Correlates of Body Insatisfaction in Children", *The Journal of Pediatrics* 171 (2016), p. 202–07, https://doi.org/10.1016/j.jpeds.2015.12.045.
4. Sharon Hayes e Stacey Tantleff-Dunn, "Am I Too Fat to Be a Princess? Examining the Effects of Popular Children's Media on Young Girls' Body Image", *British Journal of Developmental Psychology* 28, no. 2 (2010), p. 413–26, http://dx.doi.org/10.1348/026151009X424240; Professional Association for Childcare and Early Years, "Children as Young as 3 Unhappy with Their Bodies", 31 de agosto de 2016, https://www.pacey.org.uk/news-and-views/news/archive/2016-news/august-2016/children-as-young-as-3-unhappy-with-their-bodies.
5. Stephanie R. Damiano et al., "Dietary Restraint of 5-Year-Old Girls: Associations with Internalization of the Thin Ideal and Maternal, Media, and Peer Influences", *International Journal of Eating Disorders* 48, no. 8 (2015), p. 1166–69, https://doi.org/10.1002/eat.22432.
6. Amy I. Nathanson e Renée A. Botta, "Shaping the Effects of Television on Adolescents' Body Image Disturbance: The Role of Parental Mediation",

Communication Research 30, no. 3 (2003), p. 304–31, https://doi.org/10.1177/0093650203030003003.

7. Duane Hargreaves e Marika Tiggemann, "Longer-Term Implications of Responsiveness to 'Thin-Ideal' Television: Support for a Cumulative Hypothesis of Body Image Disturbance?" *European Eating Disorders Review* 11, no. 6 (2003), p. 465-77, https://doi.org/10.1002/erv.509; Rachel F. Rodgers e Tiffany Melioli, "The Relationship Between Body Image Concerns, Eating Disorders, and Internet Use, Part I: A Review of Empirical Support", *Adolescent Research Review* 1, no. 2 (2016), p. 95–119, https://doi.org/10.1007/s40894-015-0016-6; Eric Stice et al., "Relation of Media Exposure to Eating Disorder Symptomatology: An Examination of Mediating Mechanisms", *Journal of Abnormal Psychology* 103, no. 4 (1994), p. 836–40, https://doi.org/10.1037/0021-843X.103.4.836.
8. Natalie Angier, "Drugs, Sports, Body Image, and G.I. Joe", *New York Times*, 22 de dezembro de 1998, https://www.nytimes.com/1998/12/22/science/drugs-sports-body-image-and-gi-joe.html.
9. Harrison G. Pope, Katharine A. Phillips e Roberto Olivardia, *The Adonis Complex: How to Identify, Treat, and Prevent Body Obsession in Men and Boys* (Nova York: Free Press, 2002).
10. Jason M. Nagata et al., "Muscle-Building Behaviors from Adolescence to Emerging Adulthood: A Prospective Cohort Study," *Preventive Medicine Reports* 27 (2022), p. 101778, https://doi.org/10.1016/j.pmedr.2022.101778.
11. Allison Lin et al., "Dry Scooping and Other Dangerous Pre-Workout Consumption Methods: A Quantitative Analysis", *Pediatrics* 149, no. 1, Meeting Abstracts, (fevereiro de 2022), p. 204, https://publications.aap.org/pediatrics/article/149/1%20Reunião%20Abstracts%20Fevereiro%202022/204/185966/Dry-Scooping-and-Other-Dangerous-Pre-workout.
12. Lin et al., "Dry Scooping".
13. Kyle T. Ganson et al., "Prevalence and Correlates of Dry Scooping: Results from the Canadian Study of Adolescent Health Behaviors", *Eating Behaviors* 48 (2023), p. 101705, https://doi.org/10.1016/j.eatbeh.2023.101705.
14. Dale Duncan, "Dry Scooping: A Risky Dietary Practice Common Among Adolescents and Young Adults", *Neuroscience News*, 10 de fevereiro de 2023, https://neurosciencenews.com/dry-scooping-health-22482/#:~:text=Analyzing%20data%20from%20over%202%2C700,times%20over%20that%20time%20period.
15. The Dove Self-Esteem Project, *Girls and Beauty Confidence: The Global Report*, 2017, https://assets.unilever.com/files/92ui5egz/production/43439da93d53ada63d6e2bac732657040a27e770.pdf/dove-girls-beauty-confidence-report-infographic.pdf.
16. The Dove Self-Esteem Project, *Girls and Beauty Confidence*.
17. S. Leung et al., *Youth Survey Report 2022*, Mission Australia (Sydney, NSW: Mission Australia, 2022), http://hdl.voced.edu.au/10707/651728.
18. Reuters Staff, "Apple Sells 1 Million New iPhones", *Reuters*, 14 de julho de 2008, https://www.reuters.com/article/business-apple-iphone-dc-idITN1445985820080714.

19. Debbie Ging e Sarah Garvey, "'Written in These Scars Are the Stories I Can't Explain': A Content Analysis of Pro-Ana and Thinspiration Image Sharing on Instagram", *New Media and Society* 20, no. 3 (2018), p. 1181–200, https://doi.org/10.1177/1461444816687288.
20. Carolyn Costin, "Thin Commandments", Eatingdisorders.com, https://eatingdisorders.com/specific/thin-commandments.
21. Ging e Garvey, "'Written in These Scars'".
22. Ging e Garvey, "'Written in These Scars'".
23. Atte Oksanen et al., "Pro-Anorexia and Anti-Pro-Anorexia Videos on YouTube: Sentiment Analysis of User Responses", *Journal of Medical Internet Research* 17, no. 11 (2015), p. e256, https://doi.org/10.2196/jmir.5007.
24. Georgia Wells, Jeff Horwitz e Deepa Seetharaman, "Facebook Knows Instagram Is Toxic for Teen Girls, Company Documents Show", *The Wall Street Journal*, 14 de setembro de 2021, https://www.wsj.com/articles/facebook-knows-instagram-is-toxic-for-teen-girls-company-documents-show-11631620739?mod=hp_lead_pos7&mod=article_inline.
25. *60 Minutes*, "Whistleblower: Facebook Research Showed Instagram Is Worse for Teenagers Than Other Social Media", vídeo no YouTube, 3 de outubro de 2021, 3:50, https://www.youtube.com/watch?v=oT2sMDCW_2k.
26. Bobby Allyn, "Here Are 4 Key Points from the Facebook Whistleblower's Testimony on Capitol Hill", NPR, 5 de outubro de 2021, https://www.npr.org/2021/10/05/1043377310/facebook-whistleblower-frances-haugen-congress.
27. Alyssa N. Saiphoo e Zahra Vahedi, "A Meta-Analytic Review of the Relationship Between Social Media Use and Body Image Disturbance", *Computers in Human Behavior* 101 (2019), p. 259–75, https://doi.org/10.1016/j.chb.2019.07.028.
28. Saiphoo e Vahedi, "A Meta-Analytic Review".
29. Jasmine Fardouly et al., "Social Comparisons on Social Media: The Impact of Facebook on Young Women's Body Image Concerns and Mood", *Body Image* 13 (2015), p. 38–45, https://doi.org/10.1016/j.bodyim.2014.12.002; Annalise G. Mabe, K. Jean Forney e Pamela K. Keel, "Do You 'Like' My Photo? Facebook Use Maintains Eating Disorder Risk", *International Journal of Eating Disorders* 47, no. 5 (2014), p. 516–23, https://doi.org/10.1002/eat.22254.
30. Saiphoo e Vahedi, "A Meta-Analytic Review".
31. Siân A. McLean, Susan J. Paxton e Eleanor H. Wertheim, "Does Media Literacy Mitigate Risk for Reduced Body Satisfaction Following Exposure to Thin-Ideal Media?", *Journal of Youth and Adolescence* 45, no. 8 (2016), p. 1678-95, https://doi.org/10.1007/s10964-016-0440-3; "The Role of Media Literacy in Body Insatisfaction and Disordered Eating: A Systematic Review", *Body Image* 19 (2016), p. 9–23, https://doi.org/10.1016/j.bodyim.2016.08.002; Susan J. Paxton, Siân A. McLean e Rachel F. Rodgers, "'My Critical Filter Buffers Your App Filter': Social Media Literacy as a Protective Factor for Body Image", *Body Image* 40 (2022), p. 158–64, https://doi.org/10.1016/j.bodyim.2021.12.009.

32. Marisa Minadeo e Lizzy Pope, "Weight-Normative Messaging Predominates on TikTok—a Qualitative Content Analysis", *PLOS ONE* 17, no. 11 (2022), p. e0267997, https://doi.org/10.1371/journal.pone.0267997; Emily A. Vogels, Risa Gelles-Watnick e Navid Massarat, "Teens, Social Media and Technology 2022", Pew Research Center, 10 de agosto de 2022, https://www.pewresearch.org/internet/2022/08/10/teens-social-media-and-technology-2022/.
33. Minadeo e Pope, "Weight-Normative Messaging"; Tracy L. Tylka et al., "The Weight-Inclusive Versus Weight-Normative Approach to Health: Evaluating the Evidence for Prioritizing Well-Being over Weight Loss", *Journal of Obesity* 2014 (2014), p. 983495, https://doi.org/10.1155/2014/983495.
34. Center for Countering Digital Hate, *AI and Eating Disorders: How Generative AI Is Enabling Users to Generate Harmful Eating Disorder Content*, agosto de 2023, https://counterhate.com/wp-content/uploads/2023/08/230705-AI-and-Eating-Disorders-REPORT.pdf.

Capítulo 9: Sem conexão e conectado

1. "Smoking and Tobacco Use: Diseases and Death", Centers for Disease Control and Prevention, última revisão em 29 de julho de 2022, https://www.cdc.gov/tobacco/data_statistics/fact_sheets/fast_facts/diseases-and-death.html.
2. "Youth and Tobacco Use", Centers for Disease Control and Prevention, última revisão em 10 de novembro de 2022, https://www.cdc.gov/tobacco/data_statistics/fact_sheets/youth_data/tobacco_use/index.htm.
3. Martha N. Gardner e Allan M. Brandt, "'The Doctors' Choice Is America's Choice': The Physician in US Cigarette Advertisements, 1930–1953", *American Journal of Public Health* 96, no. 2 (2006), p. 222–32, https://doi.org/10.2105/ajph.2005.066654.
4. "Tobacco Use Among Children and Teens", American Lung Association, última atualização em 31 de maio de 2023, https://www.lung.org/quit-smoking/smoking-facts/tobacco-use-among-children.
5. Matthew C. Farrelly et al., "The Influence of the National Truth® Campaign on Smoking Initiation", *American Journal of Preventive Medicine* 36, no. 5 (2009), p. 379–84, https://doi.org/10.1016/j.amepre.2009.01.019; David R. Holtgrave et al., "Cost–Utility Analysis of the National Truth® Campaign to Prevent Youth Smoking", *American Journal of Preventive Medicine* 36, no. 5 (2009), p. 385–88, https://doi.org/10.1016/j.amepre.2009.01.020.
6. "Tobacco Industry Marketing", Centers for Disease Control and Prevention, última revisão em 14 de maio de 2021, https://www.cdc.gov/tobacco/data_statistics/fact_sheets/tobacco_industry/marketing/index.htm.
7. "Youth and Tobacco Use", CDC.
8. Leo Burnett, propaganda, "Now More to Like Than Ever: Marked Improvement in Marlboro Filter Does Not Disturb Famous Marlboro Flavor", 19 de agosto de 1958, https://www.industrydocuments.ucsf.edu/tobacco/docs/#id =xkhn0117.

9. Desconhecido, "Come to Marlboro Country", 1981, https://www.industry documents.ucsf.edu/tobacco/docs/#id=ngbk0022.
10. Dale Carnegie, *How to Win Friends and Influence People* (New York: Pocket Books, 1982), 14, recuperado de https://archive.org/details/howtowinfriendsi00carn/page/14/mode/2up?q="Pride+and+Vanity".
11. Eunice Park-Lee et al., "Tobacco Product Use Among Middle and High School Students-United States, 2022", *Morbidity and Mortality Weekly Report* 71, no. 45 (2022), p. 1429–35, http://dx.doi.org/10.15585/mmwr.mm7145a1.
12. Maria Cooper et al., "Notes from the Field: E-Cigarette Use among Middle and High School Students—United States, 2022", *Morbidity and Mortality Weekly Report* 71, no. 40 (2022), p. 1283–85, http://dx.doi.org/10.15585/mmwr.mm7140a3.
13. National Center for Chronic Disease Prevention and Health Promotion (US) Office on Smoking and Health, *Preventing Tobacco Use Among Youth and Young Adults: A Report of the Surgeon General* (CDC, 2012), https://www.ncbi.nlm.nih.gov/books/NBK99237/.
14. Annemarie Charlesworth e Stanton A. Glantz, "Smoking in the Movies Increases Adolescent Smoking: A Review", *Pediatrics* 116, no. 6 (2005), p. 1516–28, https://doi.org/10.1542/peds.2005-0141.
15. Michael A. Tynan et al., "Tobacco Use in Top-Grossing Movies—United States, 2010–2018", *Morbidity and Mortality Weekly Rep* 68, no. 43 (2019), p. 974–78, http://dx.doi.org/10.15585/mmwr.mm6843a4.
16. Smoke Free Media, https://smokefreemedia.ucsf.edu.
17. Nada Adibah et al., *Smoking in Movies: 2020* (NORC na University of Chicago, 2021), https://truthinitiative.org/sites/default/files/media/files/2022/01/NORC%20report_v6.pdf.
18. Digital Wellness Lab no Boston Children's Hospital, "Alcohol, Tobacco, and Drugs", https://digitalwellnesslab.org/parents/alcohol-tobacco-and-drugs.
19. Lindsay M. Squeglia, Joanna Jacobus e Susan F. Tapert, "The Influence of Substance Use on Adolescent Brain Development", *Clinical EEG and Neuroscience* 40, no. 1 (2009), p. 31–38, https://doi.org/10.1177/155005940904000110.
20. National Highway Traffic Safety Administration, "Drunk Driving", https://www.nhtsa.gov/risky-driving/drunk-driving#age-5056.
21. National Institute on Alcohol Abuse and Alcoholism, "Get the Facts About Underage Drinking", atualizado em julho de 2023, https://www.niaaa.nih.gov/publications/brochures-and-fact-sheets/underage-drinking.
22. Raimee H. Eck et al., "Company-Specific Revenues from Underage Drinking", *Journal of Studies on Alcohol and Drugs* 82, no. 3 (2021), p. 368–76, https://doi.org/10.15288/jsad.2021.82.368.
23. Kimberly M. Thompson e Fumie Yokota, "Representation of Alcohol, Tobacco, and Other Substances in G-Rated Animated Feature Films", *Pediatrics* 107, no. 6 (2001), p. 1369–74, https://doi.org/10.1542/peds.107.6.1369.
24. Thompson e Yokota, "Depiction of Alcohol".

25. Cristel Antonia Russell et al., "Television's Cultivation of American Adolescents' Beliefs About Alcohol and the Moderating Role of Trait Reactance", *Journal of Children and Media* 8, no. 1 (2014), p. 5–22, https://doi.org/10.1080/17482798.2014.863475.
26. Janis B. Kupersmidt, Tracy M. Scull e Erica Weintraub Austin, "Media Literacy Education for Elementary School Substance Use Prevention: Study of Media Detective", *Pediatrics* 126, no. 3 (2010), p. 525–31, https://doi.org/10.1542/peds.2010-0068.
27. Christine A. Edwards et al., "Out of the Smokescreen: Does an Anti-Smoking Advertisement Affect Young Women's Perception of Smoking in Movies and Their Intention to Smoke?" *Tobacco Control* 13, no. 3 (2004), p. 277, https://doi.org/10.1136/tc.2003.005280; Cornelia Pechmann e Chuan-Fong Shih, "Smoking Scenes in Movies and Antmoking Advertisements Before Movies: Effects on Youth", *Journal of Marketing* 63, no. 3 (1999), p. 1–13, https://doi.org/10.1177/002224299906300301.
28. Eunice Park-Lee et al., "Tobacco Product Use Among Middle and High School Students-United States, 2022", *Morbidity and Mortality Weekly Report* 71, no. 45 (2022), p. 1429–35, http://dx.doi.org/10.15585/mmwr.mm7145a1.
29. Victor C. Strasburger e The Council on Communications and Media, "Children, Adolescents, Substance Abuse, and the Media", *Pediatrics* 126, no. 4 (2010), p. 791–99, https://doi.org/10.1542/peds.2010-1635.
30. Jie Guo et al., "Developmental Relationships Between Adolescent Substance Use and Risky Sexual Behavior in Young Adulthood", *Journal of Adolescent Health* 31, no. 4 (2002), p. 354–62, https://doi.org/10.1016/S1054-139X(02)00402-0.
31. Sandra C. Jones, "Alcohol-Branded Merchandise Ownership and Drinking", *Pediatrics* 137, no. 5 (2016), p. e20153970, https://doi.org/10.1542/peds.2015-3970.

Capítulo 10: Lições de medo e aversão

1. Christina Pazzanese, "U.S. Hurtles Toward New Record for Mass Shootings", *Harvard Gazette*, 31 de outubro de 2023, https://news.harvard.edu/gazette/story/2023/10/u-s-hurtles-toward-new-record-for-mass-shootings-says-atf-director/; BBC News, "How Many US Mass Shootings Have There Been in 2023?", 26 de outubro de 2023, https://www.bbc.com/news/world-us-canada-41488081.
2. Jason E. Goldstick, Rebecca M. Cunningham e Patrick M. Carter, "Current Causes of Death in Children and Adolescents in the United States", *New England Journal of Medicine* 386, no. 20 (2022), p. 1955–56, https://doi.org/10.1056/NEJMc2201761.
3. Melonie Heron, "Deaths: Leading Causes for 2019", *National Vital Statistics Reports* 70, no. 9 (julho de 2021), p. 1–114, https://dx.doi.org/10.15620/cdc:107021.
4. Albert Bandura, Dorothea Ross e Sheila A. Ross, "Imitation of Film-Mediated Aggressive Models", *Journal of Abnormal and Social Psychology* 66, no. 1 (1963), p. 3–11, https://doi.org/10.1037/h0048687.

5. Albert Bandura, *Social Learning Theory* (Englewood Cliffs: Prentice Hall, 1977).
6. Jennifer E. Lansford, "Aggression: Revisiting Bandura's Bobo Doll Studies", em *Developmental Psychology: Revisiting the Classic Studies*, editado por Alan Slater e Paul C. Quinn (Londres: SAGE, 2012), p. 176–90.
7. Leonard D. Eron, "Relationship of TV Viewing Habits and Aggressive Behavior in Children", *Journal of Abnormal and Social Psychology* 67, no. 2 (1963), p. 193–96, https://doi.org/10.1037/h0043794.
8. Monroe M. Lefkowitz et al., *Growing Up to Be Violent: A Longitudinal Study of the Development of Aggression* (Nova York: Pergamon Press, 1977).
9. Lefkowitz et al., *Growing Up to Be Violent.*
10. L. Rowell Huesmann et al., "Stability of Aggression over Time and Generations", *Developmental Psychology* 20, no. 6 (1984), p. 1120–34, https://doi.org/10.1037/0012-1649.20.6.1120.
11. Brad J. Bushman e L. Rowell Huesmann, "Effects of Televised Violence on Aggression", em *Handbook of Children and the Media*, editado por Dorthy Singer e Jerome Singer (Thousand Oaks, CA: Sage Publications, 2001), p. 234.
12. Craig A. Anderson e Brad J. Bushman, "Human Aggression", *Annual Review of Psychology* 53, no. 1 (2002), p. 27–51, https://doi.org/10.1146/annurev.psych.53.100901.135231; "Media Violence and the General Aggression Model", *Journal of Social Issues* 74, no. 2 (2018), p. 386–413, https://doi.org/10.1111/josi.12275.
13. Sumiko Iwao, Ithiel de Sola Pool e Shigeru Hagiwara, "Japanese and US Media: Some Cross-Cultural Insights into TV Violence", *Journal of Communication* 31, no. 2 (1981), p. 28–36, https://doi.org/10.1111/j.1460-2466.1981.tb01225.x.
14. Nicole Martins e Karyn Riddle, "Reassessing the Risks: An Updated Content Analysis of Violence on U.S. Children's Primetime Television", *Journal of Children and Media* 16, no. 3 (2022), p. 368–86, https://doi.org/10.1080/17482798.2021.1985548.
15. Alessandro Gabbiadini et al., "Acting Like a Tough Guy: Violent-Sexist Video Games, Identification with Game Characters, Masculine Beliefs, and Empathy for Female Violence Victims", *PLOS ONE* 11, no. 4 (2016), p. e0152121, https://doi.org/10.1371/journal.pone.0152121; Silvia Galdi e Francesca Guizzo, "Media-Induced Sexual Harassment: The Routes from Sexually Objectifying Media to Sexual Harassment," *Sex Roles* 84, no. 11 (2021), p. 645-69, https://doi.org/10.1007/s11199-020-01196-0; Steven J. Kirsh, "Cartoon Violence and Aggression in Youth", *Aggression and Violent Behavior* 11, no. 6 (2006), p. 547-57, https://doi.org/10.1016/j.avb.2005.10.002.
16. Peter Fischer et al., "The Effects of Risk-Glorifying Media Exposure on Risk-Positive Cognitions, Emotions, and Behaviors: A Meta-Analytic Review", *Psychological Bulletin* 137, no. 3 (2011), p. 367-90, https://doi.org/10.1037/a0022267; Joan Tucker, Jeremy Miles e Elizabeth D'Amico, "Cross-Lagged Associations Between Substance Use-Related Media Exposure and Alcohol Use During Middle School", *Journal of Adolescent Health* 53, no. 4 (2013), p. 460-64, https://doi.org/10.1016/j.jadohealth.2013.05.005.

17. Galdi e Guizzo, "Media-Induced Sexual Harassment: The Routes from Sexually Objectifying Media to Sexual Harassment"; Kirsh, "Cartoon Violence and Aggression in Youth"; Nicole Martins e Karyn Riddle, "Reassessing the Risks: An Updated Content Analysis of Violence on U.S. Children's Primetime Television", *Journal of Children and Media* 16, no. 3 (2022), p. 368–86, https://doi.org/10.1080/17482798.2021.1985548.
18. Yael Shany e Yaacov B. Yablon, "The Contribution of Face-to-Face and Embedded Mediation to Early Childhood Aggression After Watching Violent Media Content", *Psychology of Violence* 11, no. 6 (2021), p. 519–28, https://doi.org/10.1037/vio0000385; Jennifer Ruh Linder e Nicole E. Werner, "Relationally Aggressive Media Exposure and Children's Normative Beliefs: Does Parental Mediation Matter?", *Family Relations* 61, no. 3 (julho de 2012), p. 488–500, https://doi.org/10.1111/j.1741-3729.2012.00707.x.
19. Justin H. Chang e Brad J. Bushman, "Effect of Exposure to Gun Violence in Video Games on Children's Dangerous Behavior with Real Guns: A Randomized Clinical Trial", *JAMA Network Open* 2, no. 5 (2019), p. e94319, https://doi.org/10.1001/jamanetworkopen.2019.4319; Kelly P. Dillon e Brad J. Bushman, "Effects of Exposure to Gun Violence in Movies on Children's Interest in Real Guns", *JAMA Pediatrics* 171, no. 11 (2017), p. 1057–62, https://doi.org/10.1001/jamapediatrics.2017.2229.
20. Patrick E. Jamieson e Daniel Romer, "The Association Between the Rise of Gun Violence in Popular US Primetime Television Dramas and Homicides Attributable to Firearms, 2000–2018", *PLOS ONE* 16, no. 3 (2021), p. e247780, https://doi.org/10.1371/journal.pone.0247780.
21. Steven Stack, "Contribuing Factors to Suicide: Political, Social, Cultural, and Economic", *Preventive Medicine* 152 (2021), p. 106498, https://doi.org/10.1016/j.ypmed.2021.106498.
22. John Gramlich, "What the Data Says About Gun Deaths in the U.S.", Pew Research Center, atualizado em 26 de abril de 2023, https://pewrsr.ch/448q4hU.
23. Corinne David-Ferdon et al., "Vital Signs: Prevalence of Multiple Forms of Violence and Increased Health Risk Behaviors and Conditions among Youth-United States, 2019", *Morbidity and Mortality Weekly Report* 70, no. 5 (2021), p. 167–73, https://doi.org/10.15585/mmwr.mm7005a4; Forrest Stuart, "Code of the Tweet: Urban Gang Violence in the Social Media Age", *Social Problems* 67, no. 2 (2020), p. 191–207, https://doi.org/10.1093/socpro/spz010.
24. Jih-Hsuan Lin, "Do Video Games Exert Stronger Effects on Aggression Than Film? The Role of Media Interactivity and Identification on the Association of Violent Content and Aggressive Outcomes", *Computers in Human Behavior* 29, no. 3 (2013), p. 535–43, https://doi.org/10.1016/j.chb.2012.11.001.
25. Douglas A. Gentile, Christopher L. Groves e Ronald J. Gentile, "The General Learning Model: Unveiling the Teaching Potential of Video Games", em *Learning by Playing: Video Gaming in Education*, editado por Fran C. Blumberg, p. 121-42 (Oxford: Oxford University Press, 2014), p. 134.

26. Daphne Bavelier e C. Shawn Green, "The Cognitive Neuroscience of Video Games", em *Digital Media: Transformations in Human Communication*, editado por Paul Messaris e Lee Humphreys (Nova York: Peter Lang Publishing, 2007), p. 211–24.
27. James C. Rosser et al., "The Impact of Video Games on Training Surgeons in the 21st Century", *Arch Surg* 142, no. 2 (fevereiro de 2007), p. 181–6, https://doi.org/10.1001/archsurg.142.2.181.
28. James Alex Bonus, Alanna Peebles e Karyn Riddle, "The Influence of Violent Video Game Enjoyment on Hostile Attributions", *Computers in Human Behavior* 52 (2015), p. 472-83, https://doi.org/10.1016/j.chb.2015.05.044; Youssef Hasan, Laurent Begue, Michael Scharkow e Brad J. Bushman, "The More You Play, the More Aggressive You Become: A Long-Term Experimental Study of Cumulative Violent Video Game Effects on Hostile Expectations and Aggressive Behavior", *Journal of Experimental Social Psychology* 49, no. 2 (2013), p. 224-27, https://doi.org/10.1016/j.jesp.2012.10.016.
29. Jordan Sirani, "The 10 Best-Selling Video Games of All Time", IGN, atualizado em 16 de outubro de 2023, https://www.ign.com/articles/best-selling-video-games-of-all-time-grand-theft-auto-minecraft-tetris.
30. Craig A. Anderson e Karen E. Dill, "Video Games and Aggressive Thoughts, Feelings, and Behavior in the Laboratory and in Life", *Journal of Personality and Social Psychology* 78, no. 4 (2000), p. 772–90, https://www.apa.org/pubs/journals/releases/psp784772.pdf; Douglas A. Gentile, Sarah Coyne e David A. Walsh, "Media Violence, Physical Aggression, and Relational Aggression in School Age Children: A Short-Term Longitudinal Study", *Aggressive Behavior* 37, no. 2 (2011), p. 193–206, https://doi.org/10.1002/ab.20380.
31. Zhaojun Teng et al., "Violent Video Game Exposure and (Cyber)Bullying Perpetration Among Chinese Youth: The Moderating Role of Trait Aggression and Moral Identity", *Computers in Human Behavior* 104 (2020), p. 106193, https://doi.org/10.1016/j.chb.2019.106193.
32. Leonard Berkowitz, "Some Effects of Thoughts on Anti- and Prosocial Influences of Media Events: A Cognitive-Neoassociation Analysis", *Psychological Bulletin* 95, no. 3 (maio de 1984), p. 410–27, https://doi.org/10.1037/0033-2909.95.3.410.
33. Nelly Alia-Klein et al., "Reactions to Media Violence: It's in the Brain of the Beholder", *PLOS ONE* 9, no. 9 (2014), p. e107260, https://doi.org/10.1371/journal.pone.0107260.
34. Ian Hawkins et al., "Extensions of the Proteus Effect on Intergroup Aggression in the Real World", *Psychology of Popular Media* 10, no. 4 (2021), p. 478–87, https://doi.org/10.1037/ppm0000307.
35. Johanna Burkhardt e Wolfgang Lenhard, "A Meta-Analysis on the Longitudinal, Age-Dependent Effects of Violent Video Games on Aggression", *Media Psychology* 25, no. 3 (2022), p. 499–512, https://doi.org/10.1080/15213269.2021.1980729.
36. Anna T. Prescott, James D. Sargent e Jay G. Hull, "Metaanalysis of the Relationship Between Violent Video Game Play and Physical Aggression over Time", *Proceedings*

of the National Academy of Sciences 115, no. 40 (2018), p. 9882–88, https://doi.org/10.1073/pnas.1611617114.

37. Anat Shoshani e Maya Krauskopf, "The Fortnite Social Paradox: The Effects of Violent-Cooperative Multi-Player Video Games on Children's Basic Psychological Needs and Prosocial Behavior", *Computers in Human Behavior* 116 (2021), p. 106641, https://doi.org/10.1016/j.chb.2020.106641.
38. Zhaojun Teng et al., "Violent Video Game Exposure and (Cyber)Bullying Perpetration Among Chinese Youth: The Moderating Role of Trait Aggression and Moral Identity", *Computers in Human Behavior* 104 (2020), p. 106193, https://doi.org/10.1016/j.chb.2019.106193.
39. Dave Grossman e Gloria DeGaetano, *Stop Teaching Our Kids to Kill: A Call to Action Against TV, Movie, and Video Game Violence*, edição revisada e atualizada (Nova York: Harmony Books, 2014).
40. S. L. A. Marshall, *Men Against Fire: The Problem of Battle Command* (Norman, OK: University of Oklahoma Press, 1947).
41. Brad J. Bushman, "'Boom, Headshot!': Violent First-Person Shooter (FPS) Video Games That Reward Headshots Train Individuals to Aim for the Head When Shooting a Realistic Firearm", *Aggressive Behavior* 45, no. 1 (2019), p. 33–41, https://doi.org/10.1002/ab.21794.
42. Grossman e DeGaetano, *Stop Teaching Our Kids to Kill*.
43. Joe Nocera, "Unlearning Gun Violence", *New York Times*, 11 de novembro de 2013, https://www.nytimes.com/2013/11/12/opinion/nocera-unlearning-gun-violence.html.
44. Brad J. Bushman et al., "Gun Violence Trends in Movies", *Pediatrics* 132, no. 6 (2013), p. 1014–18, https://doi.org/10.1542/peds.2013-1600.
45. Resolve S.168, 188 (2013–2014), The 193rd General Court of the Commonwealth of Massachusetts (2013), https://malegislature.gov/Bills/188/Senate/S168.
46. Nicholas L. Carnagey e Craig A. Anderson, "The Effects of Reward and Punishment in Violent Video Games on Aggressive Affect, Cognition, and Behavior", *Psychological Science* 16, no. 11 (2005), p. 882-89, https://doi.org/10.1111/j.1467-9280.2005.01632.x.
47. Andrew Webster, "'Grand Theft Auto V' Sets Record by Earning $1 Billion in Just Three Days", *The Verge*, 20 de setembro de 2013, https://www.theverge.com/2013/9/20/4752458/grand-theft-auto-v-earns-one-billion-in-three-days.
48. University of California Santa Barbara, *National Television Violence Study*, editado por M. Seawell (Thousand Oaks, CA: Sage, 1997); *National Television Violence Study Volume 2*, editado por M. Seawell (Thousand Oaks, CA: Sage, 1998); *National Television Violence Study Volume 3* (Thousand Oaks, CA: Sage, 1998).
49. Jean Piaget, *The Construction of Reality in the Child* (Nova York: Basic Books, 1954).
50. Victor C. Strasburger, Amy B. Jordan e Ed Donnerstein, "Health Effects of Media on Children and Adolescents", *Pediatrics* 125, no. 4 (2010), p. 756–67, https://doi.org/10.1542/peds.2009-2563; Lauren Hale et al., "Youth Screen Media Habits and Sleep: Sleep-Friendly Screen Behavior Recommendations for Clinicians,

Educators, and Parents", *Child and Adolescent Psychiatric Clinics of North America* 27, no. 2 (abril de 2018), p. 229–45, https://doi.org/10.1016/j.chc.2017.11.014.

51. Fumie Yokota e Kimberly M. Thompson, "Violence in G-Rated Animated Films", *JAMA: The Journal of the American Medical Association* 283, no. 20 (2000), p. 2716–20, https://doi.org/10.1001/jama.283.20.2716.
52. Kimberly M. Thompson e Kevin Haninger, "Violence in E-Rated Video Games", *JAMA 286*, no. 5 (2001), p. 591–98, https://doi.org/10.1001/jama.286.5.591.
53. Chris Kohler, "July 29, 1994: Videogame Makers Propose Ratings Board to Congress", *Wired*, 29 de julho de 2009, https://www.wired.com/2009/07/dayintech-0729.
54. Kimberly M. Thompson e Fumie Yokota, "Violence, Sex, and Profanity in Films: Correlation of Movie Ratings with Content", *Medscape General Medicine* 6, no. 3 (2004), p. 3, http://www.medscape.com/viewarticle/480900.
55. Robin M. Kowalski e Susan P. Limber, "Psychological, Physical, and Academic Correlates of Cyberbullying and Traditional Bullying", *Journal of Adolescent Health* 53, no. 1, Supplement (2013), p. S13-S20, https://doi.org/10.1016/j.jadohealth.2012.09.018; Michele L. Ybarra, Marie Diener-West e Philip J. Leaf, "Examining the Overlap in Internet Harassment and School Bullying: Implications for School Intervention", *Journal of Adolescent Health* 41, no. 6, Supplement (2007), p. S42-S50, https://doi.org/10.1016/j.jadohealth.2007.09.004.
56. Sameer Hinduja e Justin W. Patchin, *Bullying Beyond the Schoolyard: Preventing and Responding to Cyberbullying*, 3ª ed. (Thousand Oaks, CA: Corwin Press, 2009).
57. Michael Rothfeld e Christina Caron, "After Teen's Suicide, a New Jersey Community Grapples with Bullying", *New York Times*, 13 de fevereiro de 2023, https://www.nytimes.com/2023/02/13/nyregion/nj-teen-suicide-bullying-school.html.
58. Shari Kessel Schneider et al., "Cyberbullying, School Bullying, and Psychological Distress: A Regional Census of High School Students", *American Journal of Public Health* 102, no. 1 (2012), p. 171–77, https://doi.org/10.2105/ajph.2011.300308.
59. Emily A. Vogels, "Teens and Cyberbullying 2022", Pew Research Center, 15 de dezembro de 2022, https://www.pewresearch.org/internet/2022/12/15/teens-and-cyberbullying-2022/.
60. Monica Anderson, "A Majority of Teens Have Experienced Some Form of Cyberbullying", Pew Research Center, 27 de setembro de 2018, https://www.pewresearch.org/internet/2018/09/27/a-majority-of-teens-have-experienced-some-form-of-cyberbullying/.
61. U.S. Department of Education, *Student Reports of Bullying: Results from the 2017 School Crime Supplement to the National Crime Victimization Survey* (NCES, 2019), https://nces.ed.gov/pubs2019/2019054.pdf.
62. Dieter Wolke, Kirsty Lee e Alexa Guy, "Cyberbullying: A Storm in a Teacup?", *European Child and Adolescent Psychiatry* 26, no. 8 (2017), p. 899–908, https://doi.org/10.1007/s00787-017-0954-6.
63. Sally Ho, "Cyberbullying on the Rise with Girls 3 Times More Likely to Be Harassed", *PBS News Hour*, 26 de julho de 2019, https://www.pbs.org/newshour/nation/cyberbullying-on-the-rise-with-girls-3-times-more-likely-to-be-harassed.

64. Vogels, “Teens and Cyberbullying 2022”.
65. Vogels, “Teens and Cyberbullying 2022”.
66. Valerie A. Earnshaw et al., “Bullying Among Lesbian, Gay, Bisexual, and Transgender Youth”, *Pediatric Clinics of North America* 63, no. 6 (2016), p. 999–1010, https://doi.org/10.1016/j.pcl.2016.07.004.
67. Sameer Hinduja e Justin W. Patchin, "Bullying, Cyberbullying, and Suicide", *Archives of Suicide Research* 14, no. 3, (2010), p. 206–21, https://doi.org/10.1080/13811118.2010.494133.
68. “Effects of Bullying”, US Departament of Health and Human Services, StopBullying.gov, revisado pela última vez em 21 de maio de 2021, https://www.stopbullying.gov/bullying/effects.
69. Shay Arnon et al., “Association of Cyberbullying Experiences and Perpetration with Suicidality in Early Adolescence”, *JAMA Network Open* 5, no. 6 (2022), p. e2218746-e46, https://doi.org/10.1001/jamanetworkopen.2022.18746; Charisse L. Nixon, “Current Perspectives: The Impact of Cyberbullying on Adolescent Health”, *Adolescent Health, Medicine and Therapeutics* 5 (2014), p. 143-58, https://doi.org/10.2147/AHMT.S36456; Justin W. Patchin e Sameer Hinduja, “Cyberbullying and Self-Esteem”, *Journal of School Health 80*, no. 12 (2010), p. 614-21, https://doi.org/10.1111/j.1746-1561.2010.00548.x; Shari Kessel Schneider et al., “Cyberbullying, School Bullying, and Psychological Distress: A Regional Census of High School Students”, *American Journal of Public Health 102*, no. 1 (2012), p. 171–77, https://doi.org/10.2105/ajph.2011.300308.
70. Arnon et al., “Association of Cyberbullying Experiences”.
71. Arianna Prothero, “How Educators and Teens Disagree on What’s Harming Students’ Mental Health, in Charts”, *EducationWeek*, 24 de outubro de 2023, https://www.edweek.org/leadership/how-educators-and-teens-disagree-on-whats-harming-students-mental-health-in-charts/2023/10.
72. Nixon, “Current Perspectives”.
73. Traci L. Wike e Mark W. Fraser, “School Shootings: Making Sense of the Senseless”, *Aggression and Violent Behavior* 14, no. 3 (2009), p. 162–69, https://doi.org/10.1016/j.avb.2009.01.005.
74. William E. Copeland et al., “Adult Psychiatric Outcomes of Bullying and Being Bullying by Peers in Childhood and Adolescence”, *JAMA Psychiatry* 70, no. 4 (2013), p. 419–26, https://doi.org/10.1001/jamapsychiatry.2013.504; Elizabeth Englander et al., “Defining Cyberbullying”, *Pediatrics* 140, Supplement 2 (2017), p. S148–S51, https://doi.org/10.1542/peds.2016-1758U.
75. Sharon Padgett e Charles E. Notar, “Bystanders Are the Key to Stopping Bullying”, *Universal Journal of Educational Research* 1, no. 2 (2013), p. 33–41, https://files.eric.ed.gov/fulltext/EJ1053992.pdf.
76. Caitlin Elsaesser et al., “Parenting in a Digital Age: A Review of Parents ’Role in Preventing Adolescent Cyberbullying”, *Aggression and Violent Behavior* 35 (2017), p. 62–72, https://doi.org/10.1016/j.avb.2017.06.004.

Capítulo 11: Virtualmente conectado

1. David Wallis, "Just Click No", *New Yorker*, 5 de janeiro de 1997, https://www.newyorker.com/magazine/1997/01/13/just-click-no.
2. Wallis, "Just Click No".
3. Kimberly S. Young, "Internet Addiction: The Emergence of a New Clinical Disorder", *Cyberpsychology and Behavior* 1, no. 3 (1998), p. 237–44, https://doi.org/10.1089/cpb.1998.1.237.
4. Laurel J. Felt e Michael B. Robb, *Technology Addiction: Concern, Controversy, and Finding Balance* (San Francisco: Common Sense Media, 2016), https://www.commonsensemedia.org/sites/default/files/research/report/2016_csm_technology_addiction_executive_summary.pdf.
5. Felt e Robb, *Technology Addiction*.
6. Philip McRae, "Growing Up Digital Alberta: Parent and Grandparent Perspectives on Digital Technology, Health, and Learning" (Alberta, Canada: Alberta Teachers' Association, 2018), https://legacy.teachers.ab.ca/SiteCollectionDocuments/ATA/About/Education%20Research/Promise%20and%20Peril/COOR-101-10-1%20GUD%20Phase%202%20-%20Infographic%202018%20(web).pdf.
7. American Psychiatric Association, *Manual diagnóstico e estatístico de transtornos mentais: DSM-5*, 5ª ed. (Porto Alegre: Artmed, 2014).
8. Organização Mundial da Saúde, *International Classification of Diseases*, 11ª revisão (CID-11) (2023), https://icd.who.int/browse11.
9. Michael Rich, Michael Tsappis e Jill R. Kavanaugh, "Problematic Interactive Media Use Among Children and Adolescents: Addiction, Compulsion, or Syndrome?", em *Internet Addiction in Children and Adolescents: Risk Factors, Assessment, and Treatment*, editado por Kimberly S. Young e Cristiano Nabuco De Abreu (Nova York: Springer Publishing Company, 2017), p. 3–28.
10. Robert C. Lorenz et al., "Video Game Training and the Reward System", *Frontiers in Human Neuroscience* 9 (2015), https://doi.org/10.3389/fnhum.2015.00040.
11. Charles B. Ferster e B. F. Skinner, *Schedules of Reinforcement* (Nova York: Appleton-Century-Crofts, 1957).
12. David S. Bickham, Summer Moukalled e Michael Rich, "Young People's Media Use and Remote Schooling Experiences During the COVID-19 Pandemic" (trabalho apresentado na Technology, Mind and Society, 2021, Anais da Conferência).
13. reStart Life, "Too Much Screen Time?: Reconnect with Your Inner Greatness", https://www.restartlife.com/program/services-for-teens/.
14. Outdoor Behavioral Healthcare Center, College of Health and Human Services, University of New Hampshire, https://www.obhcenter.org/.

Capítulo 12: Gambito da rainha

1. Heath Evans, "'Content Is King'—Essay by Bill Gates 1996", 27 de janeiro de 2019, https://medium.com/@HeathEvans/content-is-king-essay-by-bill-gates-1996-df74552f80d9.

2. William Becker et al., "Killing Me Softly: Organizational E-Mail Monitoring Expectations' Impact on Employee and Significant Other Well-Being", *Journal of Management* 47, no. 4 (2019), p. 1024–52, https://doi.org/10.1177/0149206319890655.
3. "Employment Law Guide", US Department of Labor, dezembro de 2019, https://webapps.dol.gov/elaws/elg/minwage.htm.
4. "Right to Disconnect", Eurofund, 1 de dezembro de 2021, https://www.eurofound.europa.eu/observatories/eurwork/industrial-relations-dictionary/right-to-disconnect.
5. David Z. Morris, "New French Law Bars Work Email After Hours", *Fortune*, 1 de janeiro de 2017, https://fortune.com/2017/01/01/french-right-to-disconnect-law.
6. Hunter G. Hoffman et al., "Virtual Reality Pain Control During Burn Wound Debridement in the Hydrotank", *The Clinical Journal of Pain* 24, no. 4 (2008), p. 299–304, https://doi.org/10.1097/AJP.0b013e318164d2cc; Theresa McSherry et al., "Randomized, Crossover Study of Immersive Virtual Reality to Decrease Opioid Use During Painful Wound Care Procedures in Adults", *Journal of Burn Care and Research* 39, no. 2 (2018), p. 278–85, https://doi.org/10.1097/BCR.0000000000000589.
7. Everest Virtual Reality Experience, 2019, https://www.everest virtualreality.com/; *Titanic VR*, 2018, http://www.titanicvr.io.
8. Craig M. Hales et al., "Prevalence of Obesity Among Adults and Youth: United States, 2015–2016", *NCHS Data Brief*, no. 288 (outubro de 2017), p. 1-8, https://stacks.cdc.gov/view/cdc/49223.
9. Brian Stierman et al., *National Health and Nutrition Examination Survey 2017–March 2020 Prepandemic Data Files Development of Files and Prevalence Estimates for Selected Health Outcomes*, em *National Center for Health Statistics Reports*, no. 158 (2021), p. 1–21, https://stacks.cdc.gov/view/cdc/106273.
10. Stierman et al., *National Health and Nutrition Examination Survey*.
11. Stierman et al., *National Health and Nutrition Examination Survey*.
12. Stierman et al., *National Health and Nutrition Examination Survey*.
13. Steven L. Gortmaker et al., "Television Viewing as a Cause of Increasing Obesity Among Children in the United States, 1986–1990", *Archives of Pediatrics and Adolescent Medicine* 150, no. 4 (abr. 1996), p. 356–62, https://doi.org/10.1001/archpedi.1996.02170290022003.
14. Cleveland Clinic, "Cleveland Clinic Study Finds Obesity as Top Cause of Preventable Life-Years Lost", *EurekAlert!*, 22 de abril de 2017, https://www.eurekalert.org/news-releases/738629; Russell M. Viner e Tim J. Cole, "Television Viewing in Early Childhood Predicts Adult Body Mass Index", *The Journal of Pediatrics* 147, no. 4 (outubro de 2005), p. 429–35, https://doi.org/10.1016/j.jpeds.2005.05.005.
15. Leonard H. Epstein et al., "A Randomized Trial of the Effects of Reducing Television Viewing and Computer Use on Body Mass Index in Young Children", *Archives of Pediatrics & Adolescent Medicine* 162, no. 3 (2008), p. 239–45, https://doi.org/10.1001/archpediatrics.2007.45.

16. Leigh Ramsey Buchanan et al., "Reducing Recreational Sedentary Screen Time: A Community Guide Systematic Review", *American Journal of Preventive Medicine* 50, no. 3 (março de 2016), p. 402–15, https://doi.org/10.1016/j.amepre.2015.09.030; Epstein et al., "A Randomized Trial of the Effects of Reducing Television Viewing".
17. Lauren Hale e Stanford Guan, "Screen Time and Sleep Among School-Aged Children and Adolescents: A Systematic Literature Review", *Sleep Medicine Reviews* 21 (2015), p. 50–58, https://doi.org/10.1016/j.smrv.2014.07.007.
18. Alison L. Miller, Julie C. Lumeng e Monique K. LeBourgeois, "Sleep Patterns and Obesity in Childhood", *Current Opinion in Endocrinology, Diabetes and Obesity* 22, no. 1 (2015), p. 41–47, https://doi.org/10.1097/MED.0000000000000125.
19. Campbell Foubister et al., "Time Spent on Social Media Use and BMI Z-Score: A Cross-Sectional Explanatory Pathway Analysis of 10798 14-Year-Old Boys and Girls", *Pediatric Obesity* 18, no. 5 (março de 2023), p. e13017, https://doi.org/10.1111/ijpo.13017.
20. Margaret Gamble e Nancy Cotugna, "A Quarter Century of TV Food Advertising Targeted at Children", *American Journal of Health Behavior* 23, no. 4 (1999), p. 261–267, https://doi.org/10.5993/AJHB.23.4.3; Irvin Molotsky, "Reagan Vetoes Bill Putting Limits on TV Programming for Children", *New York Times*, 7 de novembro de 1988, https://www.nytimes.com/1988/11/07/us/reagan-vetoes-bill-putting-limits-on-tv-programming-for-children.html.
21. Catherine M. Mc Carthy, Ralph de Vries e Joreintje D. Mackenbach, "The Influence of Unhealthy Food and Beverage Marketing Through Social Media and Advergaming on Diet-Related Outcomes in Children—A Systematic Review", *Obesity Reviews* 23, no. 6 (2022), p. e13441, https://doi.org/10.1111/obr.13441.
22. Jennifer L. Harris, John A. Bargh e Kelly D. Brownell, "Priming Effects of Television Food Advertising on Eating Behavior", *Health Psychology* 28, no. 4 (2009), p. 404–13, https://doi.org/10.1037/a0014399.
23. Dina L. G. Borzekowski e Thomas N. Robinson, "The 30-Second Effect: An Experiment Revealing the Impact of Television Commercials on Food Preferences of Preschoolers", *Journal of the American Dietetic Association* 101, no. 1 (2001), p. 42-46, https://doi.org/10.1016/S0002-8223(01)00012-8.
24. Thomas N. Robinson et al., "Effects of Fast Food Branding on Young Children's Taste Preferences", *Archives of Pediatrics and Adolescent Medicine* 161, no. 8 (2007), p. 792–97, https://doi.org/10.1001/archpedi.161.8.792.
25. David S. Bickham et al., "Characteristics of Screen Media Use Associated with Higher BMI in Young Adolescents", *Pediatrics* 131, no. 5 (2013), p. 935–41, https://doi.org/10.1542/peds.2012-1197.
26. Elroy Boers et al., "Association of Screen Time and Depression in Adolescence", *JAMA Pediatrics* 173, no. 9 (2019), p. 853–59, https://doi.org/10.1001/jamapediatrics.2019.1759.
27. #Halfthestory, https://www.halfthestoryproject.com.

28. Jean M. Twenge, "More Time on Technology, Less Happiness? Associations Between Digital-Media Use and Psychological Well-Being", *Current Directions in Psychological Science* 28, no. 4 (2019), p. 372–79, https://doi.org/10.1177/0963721419838244.
29. David Bickham et al., *Adolescent Media Use: Attitudes, Effects, and Online Experiences*, Boston Children's Hospital Digital Wellness Lab, (Boston, MA: 2022), https://digitalwellnesslab.org/wp-content/uploads/Pulse-Survey_Adolescent-Attitudes-Effects-and-Experiences.pdf.
30. Bickham et al., *Adolescent Media Use*.
31. Bickham et al., *Adolescent Media Use*.
32. Jessica N. Fish et al., "'I' m Kinda Stuck at Home with Unsupportive Parents Right Now': LGBTQ Youths' Experiences with COVID-19 and the Importance of Online Support", *Journal of Adolescent Health* 67, no. 3 (2020), p. 450–52, https://doi.org/10.1016/j.jadohealth.2020.06.002.
33. Ester di Giacomo et al., "Estimating the Risk of Attempted Suicide Among Sexual Minority Young: A Systematic Review and Meta-Analysis", *JAMA Pediatrics* 172, no. 12 (2018), p. 1145–52, https://doi.org/10.1001/jamapediatrics.2018.2731; Madeleine Irish et al., "Depression and Self-Harm from Adolescence to Young Adulthood in Sexual Minorities Compared with Heterosexuals in the UK: A Population-Based Cohort Study", *The Lancet Child and Adolescent Health* 3, no. 2 (2019), p. 91–98, https://doi.org/10.1016/S2352-4642(18)30343-2; Geoffrey L. Ream, "What's Unique About Lesbian, Gay, Bisexual, and Transgender (LGBT) Youth and Young Adult Suicides? Findings from the National Violent Death Reporting System", *Journal of Adolescent Health* 64, no. 5 (2019), p. 602–7, https://doi.org/10.1016/j.jadohealth.2018.10.303.
34. Matthew N. Berger et al., "Social Media's Role in Support Networks Among LGBTQ Adolescents: A Qualitative Study", *Sexual Health* 18, no. 5 (2021), p. 421–31, https://doi.org/10.1071/SH21110; Matthew N. Berger et al., "Social Media Use and Health and Well-Being of Lesbian, Gay, Bisexual, Transgender, and Queer Youth: Systematic Review", *Journal of Medical Internet Research* 24, no. 9 (2022), p. e38449, https://doi.org/10.2196/38449.
35. Ine Beyens, Eline Frison e Steven Eggermont, "'I Don't Want to Miss a Thing': Adolescents' Fear of Missing Out and Its Relationship to Adolescents' Social Needs, Facebook Use, and Facebook Related Stress", *Computers in Human Behavior* 64 (2016), p. 1-8, https://doi.org/10.1016/j.chb.2016.05.083; Linda Charmaraman et al., "Associations of Early Social Media Initiation on Digital Behaviors and the Moderating Role of Limiting Use", *Computers in Human Behavior* 127 (2022), p. 107053, https://doi.org/10.1016/j.chb.2021.107053; Holly Scott, Stephany M. Biello e Heather Cleland Woods, "Identifying Drivers for Bedtime Social Media Use Despite Sleep Costs: The Adolescent Perspective", *Sleep Health* 5, no. 6 (2019), p. 539-45, https://doi.org/10.1016/j.sleh.2019.07.006.
36. Michael B. Robb, *The New Normal: Parents, Teens, Screens, and Sleep in the United States* (San Francisco: Common Sense Media, 2019), https://www.commonsensemedia.

org/sites/default/files/research/report/2019-new-normal-parents-teens-screens-and-sleep-united-states-report.pdf

37. H. R. Colton e B. M. Altevoght, eds., "Sleep Disorders and Sleep Deprivation: An Unmet Public Health Problem", Institute of Medicine (US) Committee on Sleep Medicine and Research (Washington, DC: National Academies Press, 2006), https://www.ncbi.nlm.nih.gov/books/NBK19961/.
38. Jose L. Cantero et al., "Sleep-Dependent Theta Oscillations in the Human Hippocampus and Neocortex", *The Journal of Neuroscience* 23, no. 34 (2003), p. 10897-903, https://doi.org/10.1523/jneurosci.23-34-10897.2003; Gahan Fallone, Judith A. Owens e Jennifer Deane, "Sleepiness in Children and Adolescents: Clinical Implications", *Sleep Medicine Reviews* 6, no. 4 (2002), p. 287-306, https://doi.org/10.1053/smrv.2001.0192.
39. Heather Cleland Woods e Holly Scott, "#Sleepyteens: Social Media Use in Adolescence Is Associated with Poor Sleep Quality, Anxiety, Depression, and Low Self-Esteem", *Journal of Adolescence* 51 (2016), p. 41–49, https://doi.org/10.1016/j.adolescence.2016.05.008.
40. Philippe Verduyn et al., "Passive Facebook Usage Undermines Affective Well-Being: Experimental and Longitudinal Evidence", *Journal of Experimental Psychology: General* 144, no. 2 (abril de 2015), p. 480–8, https://doi.org/10.1037/xge0000057; "Do Social Network Sites Enhance or Undermine Subjective Well-Being? A Critical Review", *Social Issues and Policy Review* 11, no. 1 (2017), p. 274-302, https://doi.org/10.1111/sipr.12033; "Social Comparison on Social Networking Sites", *Current Opinion in Psychology* 36 (2020), p. 32–37, https://doi.org/10.1016/j.copsyc.2020.04.002; Philippe Verduyn et al., "Do Social Networking Sites Influence Well-Being?: The Extended Active-Passive Model", *Current Directions in Psychological Science: A Journal of the American Psychological Society* 31, no. 1 (2022), p. 62–68, https://doi.org/10.1177/09637214211053637.
41. Patti M. Valkenburg et al., "Social Media Browsing and Adolescent Well-Being: Challenging the 'Passive Social Media Use Hypothesis'", *Journal of Computer-Mediated Communication* 27, no. 1 (2022), p. zmab015, https://doi.org/10.1093/jcmc/zmab015.
42. Ine Beyens et al., "The Effect of Social Media on Well-Being Differs from Adolescent to Adolescent", *Scientific Reports* 10, no. 1 (2020), p. 10763, https://doi.org/10.1038/s41598-020-67727-7.
43. Ine Beyens et al., "Social Media Use and Adolescents' Well-Being: Developing a Typology of Person-Specific Effect Patterns", *Communication Research* (2021), https://doi.org/10.1177/00936502211038196.

Capítulo 13: A arte de viver

1. Austin Carr, "The Most Important Leadership Quality for CEOs? Creativity", *Fast Company*, 18 de maio de 2010, https://www.fastcompany.com/1648943/most-important-leadership-quality-ceos-creativity.

2. Lisa H. Trahan et al., "The Flynn Effect: A Meta-Analysis", *Psychological Bulletin* 140, no. 5 (2014), p. 1332–60, https://doi.org/10.1037/a0037173.
3. Michael E. Martinez, "How Experience Cultivates Intelligence", em *Future Bright: A Transforming Vision of Human Intelligence* (Nova York: Oxford University Press, 2013), p. 155–94, https://doi.org/10.1093/acprof:osobl/9780199781843.003.0006.
4. Paul E. Torrance, "Torrance Tests of Creative Thinking", *Educational and Psychological Measurement* (1966), https://psycnet.apa.org/doiLanding?doi=10.1037%2Ft05532-000.
5. Kyung Hee Kim, "The Creativity Crisis: The Decrease in Creative Thinking Scores on the Torrance Tests of Creative Thinking", *Creativity Research Journal* 23, no. 4 (2011), p. 285–95, https://doi.org/10.1080/10400419.2011.627805.
6. Jonathan A. Plucker, "Is the Proof in the Pudding? Reanalyses of Torrance's (1958 to Present) Longitudinal Data", *Creativity Research Journal* 12 (2), p. 103–14, https://doi.org/10.1207/s15326934crj1202_3.
7. Rex Jung et al., "The Structure of Creative Cognition in the Human Brain", *Frontiers in Human Neuroscience* 7, art. 330 (2013), https://doi.org/10.3389/fnhum.2013.00330.
8. David K. Carson e Mark A. Runco, "Creative Problem Solving and Problem Finding in Young Adults: Interconnections with Stress, Hassles, and Coping Abilities", *The Journal of Creative Behavior* 33, no. 3 (1999), p. 167-88, https://doi.org/10.1002/j.2162-6057.1999.tb01195.x.
9. Walter Isaacson, *Einstein: His Life and Universe* (Nova York: Simon e Schuster, 2007); Maxwell King, *The Good Neighbor: The Life and Work of Fred Rogers* (Nova York: Abrams Press, 2018).
10. Simone Kuhn et al., "The Importance of the Default Mode Network in Creativity—a Structural MRI Study", *The Journal of Creative Behavior* 48, no. 2 (2014), p. 152–63, https://doi.org/10.1002/jocb.45; Ben Shofty et al., "The Default Network Is Causally Linked to Creative Thinking", *Molecular Psychiatry* 27, no. 3 (2022), p. 1848–54, https://doi.org/10.1038/s41380-021-01403-8.
11. Andy Goldsworthy, "Andy Goldsworthy Natural Sculptures with Ice, Stone and More | Rivers and Tides | Documentary Central", vídeo no YouTube, 11 de setembro de 2022, 1:34:04, https://www.youtube.com/watch?v=AT7VBmd4J6w.
12. Michele Root-Bernstein e Robert Root-Bernstein, "Imaginary Worldplay in Childhood and Maturity and Its Impact on Adult Creativity", *Creativity Research Journal* 18, no. 4 (2006), p. 405–25, https://doi.org/10.1207/s15326934crj1804_1.
13. David Bickham et al., *Adolescent Media Use: Attitudes, Effects, and Online Experiences*, Boston Children's Hospital Digital Wellness Lab, (Boston, MA: 2022), https://digitalwellnesslab.org/wp-content/uploads/Pulse-Survey_Adolescent-Attitudes-Effects-and-Experiences.pdf.
14. Emma Uprichard, "Children as 'Being and Becomings': Children, Childhood, and Temporality", *Children and Society* 22, no. 4 (2008), p. 303-13, https://doi.org/10.1111/j.1099-0860.2007.00110.x.

15. Peter Gray, "The Decline of Play and the Rise of Psychopathology in Children and Adolescents", *American Journal of Play* 3, no. 4 (2011), p. 443–63, https://files.eric.ed.gov/fulltext/EJ985541.pdf.
16. Kate Cowan, *A Panorama of Play—A Literature Review*, Digital Futures Commission (Londres: 5Rights Foundation, 2020), https://digitalfuturescommission.org.uk/wp-content/uploads/2022/02/A-Panorama-of-Play-A-Literature-Review.pdf.
17. Michael Yogman et al., "The Power of Play: A Pediatric Role in Enhancing Development in Young Children", *Pediatrics* 142, no. 3 (2018), p. e20182058, https://doi.org/10.1542/peds.2018-2058.
18. Michael Yogman, comunicação pessoal com o autor, 14 de setembro de 2023.
19. Digital Futures Commission, 5Rights Foundation, https://digitalfuturescommission.org.uk/.
20. Sonia Livingstone e Kruakae Pothong, *Playful by Design: A Vision of Free Play in a Digital World*, Digital Futures Commission (Londres: 5Rights Foundation, 2021), https://digitalfuturescommission.org.uk/wp-content/uploads/2021/11/A-Vision-of-Free-Play-in-a-Digital-World.pdf.
21. Maria Violaris, "Einstein at the Patent Office", *The Oxford Scientist*, 7 de fevereiro de 2020, https://oxsci.org/einstein-at-the-patent-office.
22. Albert Einstein, comunicação pessoal com sua enteada Margot Einstein, após a morte de sua irmã Maja, 1951; citado por Hanna Loewy em A&E Television *Einstein Biography*, VPI International, 1991.
23. Walter Isaacson, *Einstein: His Life and Universe* (Nova York: Simon e Schuster, 2007).
24. Richard Louv, *Last Child in the Woods: Saving Our Children from Nature-Deficit Disorder* (Chapel Hill, NC: Algonquin Books, 2008).
25. Jiaxing Wang et al., "Progression of Myopia in School-Aged Children After COVID-19 Home Confinement", *JAMA Ophthalmology* 139, no. 3 (2021), p. 293–300, https://doi.org/10.1001/jamaophthalmol.2020.6239.
26. Sanne W. C. Nikkelen et al., "Media Use and ADHD-Related Behaviors in Children and Adolescents: A Meta-Analysis", *Developmental Psychology* 50, no. 9 (2014), p. 2228-41, https://doi.org/10.1037/a0037318; Kirsten Weir, "Nurtured by Nature", *Monitor on Psychology* 51, no. 3 (2020), p. 50, https://www.apa.org/monitor/2020/04/nurtured-nature.
27. Leyla E. McCurdy et al., "Using Nature and Outdoor Activity to Improve Children's Health", *Current Problems in Pediatric and Adolescent Health Care* 40, no. 5 (2010), p. 102–17, https://doi.org/10.1016/j.cppeds.2010.02.003.
28. Trina Hinkley et al., "Cross Sectional Associations of Screen Time and Outdoor Play with Social Skills in Preschool Children", *PLOS ONE* 13, no. 4 (2018), p. e0193700, https://doi.org/10.1371/journal.pone.0193700.
29. Tassia K. Oswald et al., "Psychological Impacts of 'Screen Time' and 'Green Time' for Children and Adolescents: A Systematic Scoping Review", *PLOS ONE* 15, no. 9 (2020), p. e0237725, https://doi.org/10.1371/journal.pone.0237725.
30. Michael Mutz, Johannes Müller e Arne Göring, "Outdoor Adventures and Adolescents' Mental Health: Daily Screen Time as a Moderator of Changes", *Journal*

of Adventure Education and Outdoor Learning 19, no. 1 (2019), p. 56–66, https://doi.org/10.1080/14729679.2018.1507830.

31. Hayley Christian et al., "Dog Walking Is Associated with More Outdoor Play and Independent Mobility for Children", *Preventive Medicine* 67 (2014), p. 259–63, https://doi.org/10.1016/j.ypmed.2014.08.002.
32. *Friending Fresh Air: Connecting Kids to Nature in the Digital Age*, National Wildlife Federation (Reston, VA: National Wildlife Federation, 2013), https://www.nwf.org/~/media/PDFs/Be%20Out%20There/BOTTechReport85x11FINAL.ashx.
33. Richard Louv, *The Nature Principle: Reconnecting with Life in a Virtual Age* (Chapel Hill, NC: Algonquin Books, 2012); *Vitamin N: The Essential Guide to a Nature-Rich Life* (Chapel Hill, NC: Algonquin Books, 2016).
34. Netta Weinstein, Andrew K. Przybylski e Richard M. Ryan, "Can Nature Make Us More Caring? Effects of Immersion in Nature on Intrinsic Aspirations and Generosity", *Personality and Social Psychology Bulletin* 35, no. 10 (2009), p. 1315–29, https://doi.org/10.1177/0146167209341649.
35. Oksana Bartosh et al., "Improving Test Scores Through Environmental Education: Is It Possible?", *Applied Environmental Education and Communication* 5, no. 3 (2006), p. 161–69, https://doi.org/10.1080/15330150600912937.
36. Julie (Athman) Ernst e Martha Monroe, "The Effects of Environment-Based Education on Students' Critical Thinking Skills and Disposition Toward Critical Thinking", *Environmental Education Research* 10, no. 4 (2004), p. 507–22, https://doi.org/10.1080/1350462042000291038.
37. Kate Bianchi, "The Ultimate List of Forest Schools, Outdoor-Based and Nature-Inspired Schools of the USA", *The Forest Homeschool*, 8 de janeiro de 2021, https://naturallykatey.wordpress.com/2021/01/08/list-of-forest-schools-outdoor-based-nature-inspired-schools-in-the-us.
38. Amber Amaya, "Neurodiversity in Nature: Occupational Therapy in the Outdoors Helps Children Find Confidence", *Children and Nature Network*, março de 2023, https://www.childrenandnature.org/resources/neurodiversity-in-nature-occupational-therapy-in-the-outdoors-helps-children-find-confidence.
39. Catherine Steiner-Adair e Teresa Barker, *The Big Disconnect: Protecting Childhood and Family Relationships in the Digital Age*, 1ª ed. (Nova York: Harper, 2013), p. 260–64.

Parte 4: Idades e estágios: um guia de bem-estar digital

1. Brooke Auxier et al., "1. Children's Engagement with Digital Devices, Screen Time", do relatório *Parenting Children in the Age of Screens*, Pew Research Center, 28 de julho de 2020, https://www.pewresearch.org/internet/2020/07/28/childrens-engagement-with-digital-devices-screen-time/.
2. "School-Age Children Development", Mount Sinai Today Blog, 2023, https://www.mountsinai.org/health-library/special-topic/school-age-children-development.

3. Emily A. Vogels, Risa Gelles-Watnick e Navid Massarat, "Teens, Social Media, and Technology 2022", Pew Research Center, 10 de agosto de 2022, https://www.pewresearch.org/internet/2022/08/10/teens-social-media-and-technology-2022/.

Índice